政治學的科學探究（五）

憲政結構與政府體制

胡　佛　著

三民書局印行

國家圖書館出版品預行編目資料

政治學的科學探究（五）憲政結構與政府體制／胡
佛著.－－初版二刷.－－臺北市；三民，2003
　　面；　　公分

ISBN 957-14-2753-5　（平裝）

1.政治─哲學，原理─論文，講詞等
2.政治─研究方法─論文，講詞等

570.107　　　　　　　　　　　　　　86016213

網路書店位址　http : // www. sanmin. com. tw

©　政治學的科學探究（五）憲政結構與政府體制

著作人　胡　佛
發行人　劉振強
著作財　三民書局股份有限公司
產權人　臺北市復興北路386號
發行所　三民書局股份有限公司
　　　　地址／臺北市復興北路386號
　　　　電話／(02)25006600
　　　　郵撥／0009998-5
印刷所　三民書局股份有限公司
門市部　復北店／臺北市復興北路386號
　　　　重南店／臺北市重慶南路一段61號
初版一刷　1998年7月
初版二刷　2003年9月
編　　號　S 571100
基本定價　陸元陸角
行政院新聞局登記證局版臺業字第○二○○號

ISBN　957-14-2753-5　（平裝）

自　序

　　政治學不僅是一門學科(discipline)，更重要的是一門科學(science)。但在所有的社會科學中，政治學的科學性質，常常不易彰顯，甚至受到扭曲。簡單地說，主要的原因可能來自兩方面，其一是社會的現實。何以說呢？我們不必從歷史，就從自身的經歷，即可清晰地看到，在一個政治權勢不容懷疑的威權社會，統治階層的特殊觀念，透過政治權力的行使，就會籠罩一切，政治的知識不過是信仰與奉行而已，那裡還有可能容忍政治學者，自由地根據學術求真的精神，運用嚴謹的分析方法，作科學性的探究呢？其二是學術的環境。我們也可試想，如政治學者本身的觀念就流於封閉，不能接納科學的新知，又如何能產生開放及開創的態度，拓展科學研究的學術天地呢？實際上，社會的現實與學術環境每是互為表裡的。威權政治愈是強烈，政治學者愈會受到牽制，但在另一面，也愈會有人刻意迎合，弄得政學不分。這樣的惡性循環，使得政治學的科學探究，益發不易開展。處於這樣的環境，還要堅持學術自由的原則，從事政治學的科學性與開創性的研究，那就不是一件輕易而輕快的事了。

　　我在上面對政治學的科學研究可能發生的一些困境，作了一些說明，主要的用意就是要指出，在過去的數十年間，我國正值威權政治極盛的時代，政治學的研究環境受到重重束縛，作為一個力求突破禁制，熱愛科學探究的政治學者，如不經歷種種的磨練與奮鬥，是不可能累積一些成果的。我最近檢點過去的若干學術著述，擬編輯成書，一些曾經引起爭議，甚至被查禁的研究與論文，又來到眼底。想到以往所遭遇的困阨與苦況，以及奮力對抗所滋生的激情，當時不易為人所知，現時人恐怕更難體會。而我自己，作為一段歷史人生的見證，則不能不在此一記。對於過去的境遇，我有時難免有點抱屈，但又覺

得十分幸運。想到身處威權統治，豈不是適逢其會，我還能有所突破，開展若干科學性的研究，對今日學術風氣的開放，總算提供了一點貢獻，這對一個政治學者來說，不也是非常難得的際遇麼！

相對於其他社會學科，政治學具有非常明確而獨特的觀察領域，即：權力。但傳統的政治學研究，特別在國內，多著重國家與政府體制的分析，而且常以正式的法令規章為主。權力的概念僅是隱藏其中，並不成為刻意探討的對象。對規制的解析當然是必要的，不過，如不能進入到權力的結構與運作的觀察，恐祇能得一個形式的瞭解，有時還不脫一種表象。要從形式進而探究政府體制實質而動態的運作，就必須包羅多種權力結構，尋覓交互影響的互動關係，這種關係的規律、類型，以及因果，才是科學性探究的對象。我在 1960 年代之初，就嘗試運用這樣的方法研析憲政結構。值得一提的是，在 1964 與 1965 年間，我們臺大政治學系的同仁，合作進行監察院的研究，我乃選擇政黨及利益團體對監察功能的影響，從事實質的動態觀察。我們初次運用問卷，並進行訪談，望能發現互動的規律，結構的實質類型，以及對整體監察體制的影響。不意這一學術研究竟觸犯了政治的現實，我們大多是執政國民黨的黨員，不僅受到黨紀的懲處，更進一步受到政治性的調查與影響。所寫作的著作，皆被收繳，成為禁書。這是科學研究所引來的一場政治風暴，餘波歷久不息，現祇能簡略在此順筆一述罷了。

從權力結構觀察政治體制是政治學科學探究的一面，但權力結構不能離開人的活動而獨存。因之，對人的政治行為的觀察，應是科學探究的另一面，並且是根本的一面。我的基本看法是，人的政治行為與活動來自政治生活的需要，而政治生活則是在政治體系內進行。我認為政治體系是由認同、結構與功能三者所組合而成，三者的內部及相互之間的互動，才是決定體系的穩定與變遷的主因。在另一面，群體的政治文化影響到個人的政治人格，又構成政治體系的認同、結構

與功能的基礎；如文化不能達到共識，整體政治體系就會發生動搖，終而影響到政治生活的經營。以上是非常簡單地從政治體系的立體面，加以剖解，其實學者間對此類政治體系的主張與理論，也多采多姿，並不少見。但我總是覺得，無論在體系的縱的層次及橫的環節上，若干論點，似未能緊密地掌握住政治的權力本質。就因如此，一些有關的理論，即有欠周延，而嫌鬆散。我從 1970 年代的初期，決心試建以權力關係為核心概念的整體理論架構，並發展各種假設，設計量表及問卷，進行經驗性觀察，加以驗證。這種嘗試當然要投入相當的心力、人力與物力。在研究的過程上，我先對權力的概念加以檢視，然後在演繹的推理上，將體系內組成份子的權力關係分成三類，即：組成份子或成員相互之間的，成員與權威機構相互之間的，以及權威機構相互之間的。這一演繹性的權力分劃，可涵蓋各種權力關係，而構成類型建立的理論基礎。在這一基礎上，即能進一步運用認同、結構與功能的概念，分別從文化、態度及行動的層次，發展多層的概念與理論架構，作多種類型及因果關係的探索。

　　體系的功能屬價值分配的決定過程，我接受系統論從「投入」(input)，到「轉變」(conversion)，再到「產出」(output)的三種運作環節的演繹性劃分，但將權力的概念注入。這樣的融合，一方面可將政治體系的觀察範圍擴大至國家與政府之外，包括民間社會與政治社會的多種團體；一方面可從功能運作的性質，設定各種功能體系，如選舉體系、經濟體系等等，加以觀察。這些體系在上述三個環節的運作上，也可發展多類的概念與理論架構，探尋類型及因果的關係。貫串起來看，在權力的核心概念下，推論的過程可由政治人格及政治文化到政治態度與活動，並連結至體系的運作，然後再從體系的運作而到權力的結構與體系的維繫與發展。如此，一個整體的科學性探究架構就可清晰地呈現出來。這是運用特定的權力概念，由個體(micro)的行為發展到總體(macro)的體系，如說是一種自我設定的研究範型

(paradigm)，也就不妨了。

　　以上祇是一個大概，主要在說明致力科學探究的大方向，但我在困心衡慮之餘，也有一些自得。我覺得在發展研究架構的過程中，尚能作自主性及開創性的思考，並不一味沿襲西方學者的理論。我常想我們中國學者，對政治變遷大多皆有切身的經驗，如能善加體會，對政治運作的研析，應能更加深入、精當。不失自信，才能實踐自我，進而掌握方向。除此，我在概念的釐清上，亦尚能嚴格地加以定性，然後在架構中定其位，再在理論的假設上定其作用。我常在研究中作一些概念的檢討與自我的答辯，這在思辨上，也有助益，但有時會弄得自己能知，他人難讀，那就未免有些自憾了。

　　我在 1970 年代的中期，先就民主、法治等政治價值及社會化的過程，設計量表問卷，測量臺大法學院的學生。在 1976 與 1977 年間，我約同臺大政治學系同仁陳德禹教授及朱志宏教授，合力完成政治系統的權力價值取向及交互作用的整體架構，並進一步發展政治文化、政治態度、政治參與等數種概念架構及量表，在臺北市內湖區測量所有公務人員及公民的樣本。我們將公務人員與公民對比觀察，以探究體系的維繫與變遷的方向。在取樣上，我們自行設計兩層抽樣法，即先就第一母體的戶籍資料，隨機抽出相當實際觀察樣本十倍的第二母體，然後再從中隨機抽出十分之一的實訪公民樣本。如此，我們就存有多達九倍的預備樣本，可供隨機抽補，因之，訪問的成功率近於百分之百。我很高興當時參與討論及實地訪問的年輕同仁，現都進入教育及學術界，貢獻心力，如梁雙蓮教授、林嘉誠教授、彭懷恩教授、朱雲漢教授、徐火炎教授及陳明通教授等。

　　我們在內湖地區運用抽樣、統計等方法探究民眾的權力價值，這在國內是僅見的，當然會引起若干爭議。竟有學術主管站在政治現實的立場，認為權力是不能成為觀察的對象，更有人反對以統計的量化來研析政治。1980 年底，在中美斷交後，國內恢復中央民意代表的增

額選舉，我覺得選舉參與及投票行為，關係到政治體系的變遷，在我們的總體研究架構中是極為重要的，我下定決心，連同研究同仁，進行實證觀察。當時國內的政治體制無論在政黨結構、政見範圍及競選過程等，皆與西方民主國家不盡相同，於是我們乃重新發展概念架構，用以探索我國選舉的特色。但我們在籌劃研究時，一再遇到困擾，特別在經費的申請上，受到多方抵制。但幾經折衝，總算克服，我們對政治學的科學探究從此又進了一大步。

　　自 1980 年代以來，我們對國內重要的選舉，皆進行實證研析。對政治學者來說，這真是極為難得，而且可供定期觀察比較的實證場地。我們除觀察選舉行為，也根據總體的研究架構，一併觀察政治文化，政治態度，以及政治參與與變遷等，所以我們的問卷是整體結構的，並不限於選舉的一端。我們的抽樣，僅初次在臺北市，其後就擴展到全省地區。我們先要南北奔波抽樣，然後再作全省性的施測，每次皆要動員數十人。我們當然也有一些甘苦談，記得大批問卷回收，但我的研究室十分狹窄，祇能排列在地板上，我與陳德禹教授及其他年輕同仁，也只好列坐地板，俯身加以檢視、復查。當時尚年輕的同仁游盈隆教授，尤為辛勤。另要特別感念的是另一位年輕同仁高朗教授，在一次選舉研究中，數位同仁出國進修，他特來相助，作了這段緊要時期的義工。

　　我們不斷地在全省抽樣作實證性的科學研究，我們的研究小組也就很自然地形成了一個工作室，就稱為「政治體系與變遷研究工作室」。我們進一步探究候選人與地方派系，嘗試尋覓臺灣社會及政治流動的軌跡。這也關連到政治變遷，因之，我們的觀察就朝向臺灣政治體系威權結構的形成、鞏固、鬆散與轉型。這些皆需要發展新的概念與理論架構，我們都作了規劃，並完成對政治人物作深度訪談的問卷。我們更收集了極為珍貴的有關派系人物的資料，並設計估量的方法，加以轉錄及分析。在 1992 年，我與研究室的數位同仁，根據我們在臺灣

探究政治文化與政治參與的研究架構與理論，與美國哥倫比亞大學、杜克大學、加州大學洛杉磯校區及香港中文大學的學者合作，進行中國大陸、臺灣及香港三地有關政治文化及政治參與的研究。1994 年我與朱雲漢教授應邀參加在四十餘國進行的國際性選舉體制與投票行為的比較研究。我很欣慰我們多年來的科學探究，逐漸受到國際的認可。

　　我與研究室同仁所開發的多種研究仍在繼續進行，且時時加以檢討、充實與改進。近些時來，我們將過去多達十多次的大量實證研究資料，重加整理，輸入電腦，送請中央研究院保存，公開提供學界使用。我轉而想到也可將自己過去若干的著述及研究，先印成書，這樣才易於檢閱。我一向將著作隨手放置，現費了一些時間，才能彙齊，恐仍有遺漏。整理之餘，不時想到多年執著科學研究的信念與往事，所以決定用政治學科學研究的總稱，按著作的性質，先編成五本專書。現將書名，分列如下：

一、政治學的科學探究（一）：方法與理論

二、政治學的科學探究（二）：政治文化與政治生活

三、政治學的科學探究（三）：政治參與與選舉行為

四、政治學的科學探究（四）：政治變遷與民主化

五、政治學的科學探究（五）：憲政結構與政府體制

　　我在前面說過，早年從事研究時，就在政治權力的核心概念下，發展總體的研究架構，所以各書的著作大多能脈絡相通，祇可能在個別架構的說明上，有一些重複。還有一些已成專書的研究，如選舉方面的，我就不再納入。

　　我原先並未預計要把五本專書出齊，正在躊躇之際，陳明通教授特來協助編輯及安排出版事宜，張佑宗學隸及研究室多位助理也從旁協助，事乃有成，真使我非常心感。

　　我的學殖生涯雖遇到若干波折，但終能幸運地在研究的道路上不斷前進，這要感謝國內外許多學術界朋友對我的呵護與支持。我更要

感謝這許多年來與我共同研究的研究室同仁，如沒有相互的切磋、問難，甚至爭執到相持不下，那是不會有今日的研究進展的。我們的實證調查每次都是多位研究助理率同數十位的訪員，不避寒暑、無分日夜，在全省各地進行，我每一念及，即感激不置。我不能一一列出所有對我錯愛及協助者的大名，但皆會銘記心版，不敢相忘。我很想在未來多寫一些學術研究的追憶，以鑒往知來。

　　最後要感念的當然是我的家人，我的小女胡紈、胡蕙、胡芹，平時就幫我打字編稿，現更協助整理著作，令我頗感欣慰。我常常處在逆境，內人曉英則是最大的精神支柱。在電腦程式還未普及時，我試寫一些統計的計算程式，她在夜晚運用家庭的小電算機，登錄問卷，加以計算，而完成我最早的研究。數十年的時光轉眼即過，真可說歲月如流。我們有時在後山曲徑散步，夕陽、山風、溪水、鳥鳴，真覺得患難相扶，用「牽手」一語表意，實最為貼切。我雖不解音律，也即景生情，口占一首小詞，特錄在下面，作為序言之結：

牽　手　調寄浣溪沙

翠聲新篁半入天，水溢澗溪注枳園，道人心緒是啼鵑。
空山夕照留片刻，飛絮輕飄去無邊，拾階語住手相牽。

胡　佛

1997 年 12 月 5 日夜於大湖山莊

VIII 政治學的科學探究（五）：憲政結構與政府體制

前　言

　　權力的政治生活是在政治體系內經營的，作者曾將政治體系分成
三個部分的有機組合：統攝的認同、政體的結構及施政的功能，而這
三個部分的運作，實際皆受到歷史、文化，以及社會、經濟等環境的
影響。如政治體系為國家，則國家的建立、維繫與發展，就不能不取
決於上述三個部分的運作及所受環境的影響。一般說來，現代的國家
皆訂定憲法，主要在於規範政體結構的自由與民主，從而憲法乃具有
自由與民主的特定內涵，而為現代政治發展的方向與徵表。但從政治
體系的三個有機組合的部分看，憲法不僅規範政體的結構，也規範國
家統合的結構與施政的原則與過程，而且，國家結構與政體結構之間
的權力分劃，更會影響到政府的體制及決策的過程。再從政治體系實
際運作的情形看，具有最高法效的憲政結構，能否發揮政治制度的作
用，形成名符其實的法治國家，還是徒具形式，不過是一種政治標榜，
或是混淆、雜亂，造成紛爭，就成為政治發展與變遷的具體反映。這
些皆涉及制度與現實之間的差距與消長的問題，非常值得重視。作者
多年來建構政治體系的概念架構，並在此基礎上發展權力及法效的雙
重指標，以綜合觀察整體憲政結構的維繫與變遷，以及政府體制的功
能運行。本集共納入作者的著十一篇，皆是有關這方面的探究，現再
扼要說明如下：

　　一、美國憲法為世界最早的成文憲法，且實施至今已達二百多年，
使美國成為最具傳統及成就的自由民主國家。在憲政結構與政府體制
上，美國憲法的主要貢獻在三權分立與聯邦體制的創建，現要探究的
是：這二項體制是怎樣創建的。作者特就歷史、文化等各種環境的背
景，根據原始的資料，包括制憲會議的實錄等，溯其淵源，再作系統
性的分析，認為美國移民的自治傳統及全體意識的合致，是其主因，

可見〈美憲制訂時的折衷案〉及〈美國聯邦制度的背景〉二文。

　　二、與美國相比，我國在推翻滿清，創立民國後所歷經的立憲過程，則充滿紛亂與艱辛。當時，無論國家的整合、政體的重建，在在皆欠缺文化的傳統與制度的共識，而由此造成各種勢力的衝突與對抗，實為歷史上的一大變局。作者特就這一變局的成因，以及各種政府體制的規劃、實施與毀棄的經過，詳作研析，可見第三篇著作〈民國初年的政局與政府體制〉。

　　三、我國第一部憲法遲至 1947（民 36）年才告制定完成，正式公布施行，但隨即制定動員戡亂時期臨時條款，二年後政府播遷臺灣，再宣布全國戒嚴，而形成與憲法扞格的非常體制。這使得整體憲政結構產生質變，且引發若干有關憲法觀念的爭議。作者特根據政治結構的五種權力關係及憲法的法律特性，發展為分析的架構，對非常體制的破壞憲政，作明確的分析，並進而澄清誤導的憲法觀念。有關方法的運用及實質的內涵剖解，可見第四篇著作〈憲政結構的流變與重整〉。

　　四、政府遷台後所建立的非常體制，主要的目的在實行強人統治的威權政治，因而不能不與憲法的規定在多方面發生衝突。但要「回歸憲法」，實行民主，必得再一步檢視我國憲法在憲政理論及制度規劃上，是否可配合當前的需要，以推動民主。作者特就我國憲法的特殊性質與結構，以及有關的爭議，加以解析，可見第五篇及第六篇著作〈當前政治民主化與憲政結構〉及〈論回歸憲法與強人體制〉。

　　五、民主政治基本上是一種代議政治，而內閣制最能一方面發揮代議民主的功效，一方面化解權力運作的衝突。其中的原因固多，但作者認為這一體制將國家與政體的兩種結構，在權力上加以分割，應是主因。這樣的分割一面使代表國家的元首統而不治，一面使當政的行政首長治而不統，兩者雖相分，實相成，因可導致整體政局的穩定。作者在這方面的探討，可見第七篇著作〈國家結構與憲政改革〉及第八篇著作〈國家結構與政體結構的解析〉。

六、我國近年來進行多次修憲，重點在總統的直選與擴權。這一變動究觸動怎樣的政治爭議？對整體憲政結構又產生怎樣的影響？作者的解析可見第九篇〈總統民選與憲政結構的變化〉。

七、創制、複決是由公民直接投票所行使的民權，孫中山先生的憲政理論即非常強調此兩種直接民權。但現行憲法則加以凍結，而構成我國憲法結構上的一大爭議。作者根據此兩權的性質，分為四個類型，再就十個國家憲政體制的有關規定及運作情形，加以比較分析，可見第十篇著作〈各國創制、複決制度之比較研究〉。

八、對政府體制的探究，不僅在制度的分析，更在實際運作的觀察。這一動態的歷程，在現代政治當然離不開政黨及利益團體的活動。作者特就監察院作實證性的研究，可見第十一篇著作〈政黨及利益團體與監察院〉。這篇著作是在過去戒嚴時期所完成，因分析到監察委員的派系及執政國民黨當局對監察權行使的干預，而引發政治風波。作者遭受執政黨的懲戒，著作亦從此遭禁，現予摘錄重刊，特附誌於此。

政治學的科學探究（五）：憲政結構與政府體制

目　　次

美憲制定時的折衷案

一、概　說

　　美國憲法是在公元 1787 年制定的，到今年為止，已歷時一百七十五年。從人類全部活動的歷史上看，一百多年並不算太長，但從憲法的制定史來看，一部成文憲法能維持這麼長久，能受人尊重這麼長久，實不是易事。一部憲法的持續性如何，因素固多，但就憲法制定的本身研討，它必須自始即為各方所願接受的。為各方所接受的憲法，在理論上並不一定是最好的，在實際上亦不一定是能滿足各方所需要的，不過，它卻是能行的。能行這點很重要，法如能行才有機會逐步成長；如不能行，即是具文，等於無法，生機就很渺茫了。

　　近世憲法，大多是革命後的產物。在革命之時，理想總是比較抽象，意見總是比較一致，如爭取民主、自由、獨立等是。革命成功後，就得接觸到現實的問題，各方意見很易發生差異。這種情形常常反映在制定憲法的過程上。就一般說來，制憲當時如能以民主精神互相協調，制憲才能成功，憲政的根基才能寬廣厚實；如不能互相協調，甚或以實力互相逼迫，其後果若不是造成分崩離析的局面，就會產生集

權專政的狀態。二者對民主憲政的前途皆是破壞。

　　不相信理想的絕對，尊重他人的利益，著重討論與同意，這皆是民主的精髓，而爲協調的基礎。制憲各方如能在結成一個國家的大前提下，互相協調，制憲才可成功，民主才可反映於憲政。也唯有如此，才能使憲法隨歲月而成長，永遠協調各方的需要。憲法是「一束協調」(a bundle of Compromise)，這話的含義是相當深刻的。

　　美國憲法是經過協調折衷而成。其後一百七十多年的成長與發展即是成功的佐證。這篇文字特就美國制憲會議的實況，來探討當時各方協調的過程與成就。由此我們可以看出，一部憲法的成功並非偶然的。

二、維幾尼亞草案的提出

　　美國獨立戰爭勝利後，13 州曾在 1771 年訂立了一個邦聯條款(Articles of Confederation)，但這個條款經過 6 年的考驗，認爲不能滿足各州的需要，加上新情勢的發生加速各州對統一的要求，[1] 所以在 1787 年的 2 月，大陸會議乃邀請各州派遣代表來重新檢討和修訂這個條款。各州除羅得島州外，皆同意派遣代表集會討論。於是美國的一流政治領袖乃齊集賓夕凡尼亞州的費城，爲這個國家重新制定了一個條款，此即美國現行的憲法。這個制憲會議於 1787 年 5 月 25 日在費城的獨立廳舉行，至 9 月 17 日結束，會期將近四個月。參加大會的代表共 55 人，華盛頓被推爲主席。全體代表並通過每州祇有一投票權，會議情形對外保密。

---

[1] 詳情可參閱：Beard 1927:297-355; Hockett 1939:153-204; Kelly and Harbison 1948:100-113.

在開會的初期，大家皆認為邦聯條款過於軟弱，皆同意需要一個
比較堅強的中央政府。但這個中央政府應給予多大的權能？中央權與
州權之間應如何劃分，大家意見就很有出入。某些代表主張中央的權
能應較廣泛，各州應受中央的節制；這些代表多來自麻塞諸賽
(Massachusetts)、賓夕凡尼亞(Pennsylvania)、及維幾尼亞(Virginia)等大
州。在很多情形下，他們頗獲得北加羅林納(North Carolina)、南加羅
林納(South Carolina)、喬治亞(Georgia)及康納克鐵克諸州代表的支持。
某些代表則反對中央的權力過份集中，強調各州自身的主權，這些代
表多來自新澤西(New Jersey)、戴勒維爾(Delaware)、馬里蘭(Maryland)
及紐約(New York)等小州。有時候他們也得到康納克鐵克及喬治亞等
州代表的支持。在制憲過程中，凡是重要的問題，大州的主張都振振
有聲，很能控制投票的結果。但小州每加以併力抵制，甚至以退會相
威脅，最後逼使互相協調，終於通過折衷性的議案。

制憲過程中最激烈的爭論，莫過於小州在中央政府中的地位，亦
即州權大小的問題。小州很怕大州控制中央政府，轉而控制小州，所
以特別注意中央政府的體制。大州是主張中央集權的，維幾尼亞州為
此曾擬定一個草案，而為各大州所贊成，史稱維幾尼亞草案(Virginia
Plan) (Mathews and Beedahl 1940:39-41)。這個草案在 1787 年 5 月 29
日由維州州長倫道夫(Edmund Randolph)向大會提出，立刻引起小州的
非議。根據這個草案，將來的聯邦立法機構（國會）分為上下兩院；[2] 下
院議員由各州人民直接選舉，[3] 上院議員先由各州的州議會提名，再
由下院選舉。[4] 國會的立法權相當廣泛，可制定關於全國性的法律。

---

[2] 見該草案第三條。

[3] 見該草案第四條。

[4] 見該草案第五條。

凡各州無法立法的法案，以及各州如予立法即有損國家調和的法案，
國會皆可立法，且法律的拘束力可直接及於全國人民。國會甚至可主
觀認定州的某項立法違背憲法，而予以否定。[5] 草案規定的行政機構
負責執行法律，亦由國會選舉，[6] 但有權可抵制國會；即行政機構如
認為某項國會的立法係越權制定時，它可聯合某些法官開會審議，審
議的結果可使該法失效。但如國會第二次再予通過時，行政機構就必
得加以執行，不能再加拒絕。[7] 草案亦建議建立一中央的司法系統。
法官為終身職，非有不當行為，不能更動。在某些案件，中央法院有
完整的審判權（由初審直至終審皆受中央法院的直接管轄）。

　　維幾尼亞草案的提議，很多人認為是革命性的。它使從前鬆懈的
邦聯組織成為一個較凝固的中央政府。小州的代表雖也感覺邦聯的鬆
懈，須加改進，但卻認為這個草案過份削減了各州的州權，且有意圖
利大州而損及各州平等的原則。如與邦聯時代比較，聯邦的國會可以
否定各州議會的立法，自是對州權的一種削減。聯邦政府今後可藉此
來束縛各州。國會的眾院由全國人民直接普選，自對大州有利；大州
的人口多，所普選出來的眾院議員，當然要較小州為多。參院議員則
由眾院選舉，眾院的大州代表多，所選出的參院議員定還是大州佔優
勢了。但大州代表認為如要謀取全體的進步及避免各自為政的紊亂情
況，這些皆是必要步驟，非如此不能成為一個有力的中央政府。所以
漢彌爾登說：「一個國家沒有一個中央政府，這是個可怕的景象。」[8]
　　一方面要成立一個有力的中央政府，一方面又不能過份削減平等

---

[5] 見該草案第六條。

[6] 見該草案第七條。

[7] 見該草案第八條。

[8] 見：Hamilton, Madison, and Jay, *The Federalists*, no.85。

的州權，這實是制憲大會的難題，好在已有維幾尼亞草案的提出，不管小州如何反對，總算有了個討論的起點。

維幾尼亞草案經提出後，大會立即組織了一個全體委員會(The Committee of the Whole)加以審議。這個委員會在 1787 年的 5 月 31 日未經激辯即通過草案的第二條，即「中央政府的國會應包括兩院」(Farrand 1911:20)。這個決議在同年 6 月 21 日由大會以 7 票多數通過。國會應否包括兩院是無關重要的，重要的乃是它的組成。所以當草案第三條有關國會組成的規定接著提出時，就引起了雙方的激辯。贊成派以威爾遜(James Wilson)，麥的遜(James Madison)，凱因(Rufus King)及摩利斯(Gouverneur Morris)等人爲首，力主人民普選的原則。麥的遜曾慨乎言之地說：「人民的普選對自由政府的每一計劃皆關重要。……這個偉大的結構如求鞏固和耐久，唯有建築在人民自己的堅固基礎上，而不是單單建築在州議會的幾根柱子上。」(Ibid. 47)反對派以修曼(Roger Sherman)及吉萊(Elbridge Gerry)等人爲首，他們反對人民普選，主張國會的眾院應由州議會選舉。吉萊曾警告著說：「我們皆曾嘗試過過份民主所帶來的罪惡。」(Ibid. 49)

反對派的聲浪雖甚激烈，但委員會在 5 月 31 日仍以 6 對 2 票通過下院由人民普選。投反對票的是新澤西州，及南加羅林納州；康納克鐵克特及戴勒維爾州的票分散掉了(Ibid. 50)。在 6 月 6 日，委員會雖曾從新考慮人民普選眾院的問題，但結果仍是贊成派獲勝（康納克鐵克特州，新澤西州及南加羅林納州投反對票）。委員會乃將這個結果提送大會討論，大會在 6 月 21 日以 9 對 1 票予以通過，僅新澤西一州投票反對，戴勒維爾州的票分散(Ibid. 354)，這是大州主張普選政府以來的第一次重大勝利。

小州在人民普選眾院上失了敗，但在反對參院由眾院選舉上卻獲成果。在 6 月 7 日，戴勒維爾州的狄克生提議參院應由各州的議會選

舉，麥的遜及威爾遜在討論時皆予反擊，強調國會的權威應當建築在
全國人民的基礎上，但修曼則力言參院應當代表各州。當時尚未牽涉
到各州代表的人數問題，且委員會亦認爲在這一點上可對小州讓步，
於是一致通過了狄克生的提案。6月25日大會討論委員會的決議，復
以9對2票予以通過（維幾尼亞及賓夕凡尼亞反對）(Ibid. 447-448)。
參院代表州的原則到此確定。美國雖擺脫了邦聯政治，但祇能過渡到
聯邦政治。政治成長總是按部就班的。

　　對於國會產生的問題，大州與小州於是初步獲得了協調，即眾院
採取了大州的辦法由人民普選；參院採取了小州的辦法由州議會選舉。

　　國會兩院的產生雖獲妥協，但緊跟著又來了另一難題，此即國會
兩院代表權應如何分配的問題。大州主張以人口的多寡爲計算的標準，
小州則主張各州代表權一律平等，不管各州人口多寡代表數目一致。
小州十分恐懼大州藉人口的優勢，選出多數的議員來控制國會，並藉
國會來控制各州。所以當這個問題在委員會提出時，雙方爲此曾激辯
數日。麥的遜與威爾遜一再堅持國會應代表人民，故國會代表的選舉
自應以人口多寡爲標準，但他們在原則上的發揮，並不能平息小州在
實際上的恐懼。新澤西州的代表彼得遜曾激動地說：他的這一州「寧
願向專制與極權屈服，亦不願甘於這種命運」(Ibid. 179)。他的這種說
法雖嫌過份，但足可說明小州代表當時的心情。但大州的代表並不爲
彼得遜之言而讓步，威爾遜亦以牙還牙，警告彼得遜說：「假如新澤
西州還不能放棄她的獨立主權，那就不必奢談什麼中央政府了。」(Ibid.
180)這句話的含義是很嚴重的。

　　小州的溫和派很怕這件事弄僵，使制憲工作受到破壞，故商量著
與大州妥協。他們的腹案是：在眾院順從大州，以人口多寡爲議員人
數的標準，但在參議院則堅持各州平等代表權的原則，決不讓步。康
納克鐵克特州的修曼在6月11日的一次辯論中曾作此建議，希望局勢

能獲得緩和。但大州集團氣焰正甚,仍然斥責州權平等的不公平,呼籲打消。他們的策略是:先由凱因及威爾遜向委員會提議眾院的選舉不能再比照邦聯時的舊制,維持各州相等的代表數,而須以人口的多寡爲定。這一提案獲得委員會的通過。康納克鐵克特州認此提議與他們所建議的妥協案的第一部份相同,故亦投票同意。康納克鐵克特州同意這一部份,旨在換取大州同意其第二部份,亦即由各州選派同數的代表出席參院。該州的修曼與愛爾斯我斯(Ellsworth)旋向委員會作此提議,並強調說:「小州決不會同意在此院實用平等代表權以外的任何原則。」但這一提議並未換得大州集團的贊成,結果仍以 5 對 6 票失敗。(康納克鐵克特、紐約、新澤西、戴勒維爾及馬里蘭州投票贊成)。威爾遜及漢彌登緊趕著這次勝利,實行他們的次一步驟,即對此作正面的提議,主張參院亦應比照眾院的辦法,由人口的多寡決定代表數。這個提案復以 6 對 5 票通過(Ibid. 195)。大州雖同意參院由州議會間接選舉代表各州,但參議員若按人口的比例選舉,大州仍可控制參院,並進一步牽制全局,至於間接選出與否,倒不是問題的中心。反過來看,小州如在參院失去平等的代表權,就等於失去了平等的州權,今後處處就要仰大州的鼻息,失去聯邦的意義,這種情形就很嚴重了。所以小州寧願在眾院讓步,來換取在參院的成功。但這項妥協,最後仍告失敗,小州集團的憤慨真是不言可喻的。如有適當的機會,他們當然會全力反擊,予以翻案的。

在 6 月 15 日,全體委員會結束了對維幾尼亞草案的審議工作,並將決議向制憲大會提出。大州所主張的中央集權計劃,在這一回合中雖遭修訂,幸損失不大,但小州所堅持的州權平等原則,卻毫無成就。但當小州的代表們帶著失敗的心情重回制憲大會時,不由信心大增。原來小州以前未及出席的幾位代表都趕來參加了,其中包括馬里蘭州的馬丁(Luther Martin),紐約州的藍辛(John Lansing),戴勒維爾州的彼

得福特(Gunning Bedford)，他們皆是擁護州權的堅強份子。小州集團於是聲勢一振。新澤西州的彼得遜乃趁勢提出與維幾尼亞草案相對的新澤西草案(New Jersey Plan)，[9] 並強調這個草案是純粹聯邦性的，不若維幾尼亞草案的中央集權化。這個新草案受到小州的支持。

　　新澤西草案的提出，使局面轉趨複雜。全體委員會審訂維幾尼亞草案的成就因此打了個折扣。一般說來，新澤西草案，僅是過去邦聯條款的一種改良，不若維幾尼亞草案是革命性的。它主張維持邦聯時代獨院制的國會，議員由各州選出，代表各州；且不管州的大小，所出議員的人數一律相等。中央行政機構由此一獨院制的國會選出，[10] 當然受各州的控制。新澤西草案亦建議成立一中央的司法系統，但主要的權能僅在接受某些由州法院轉來的上訴案件。[11] 中央的法規先受各州的法院解釋與實用，中央法院祇有終審權，所以中央法院的審判權不是完整的，這較維幾尼亞草案所規定的要差多了。

　　這個草案仍交由全體委員會審議，在會中威爾遜與倫道夫皆曾發表強烈的演講，批評維持獨院制的不當，認此邦聯時代的舊制，不若維幾尼亞草案的為優。新澤西草案於是提付表決，提案內容很簡單，即維幾尼亞草案「是否較彼德生所提的新澤西草案為優，而應為各方所適用。」投票結果以 7 對 3 通過（投反對票的 3 州是紐約、新澤西及戴勒維爾，馬里蘭州分散）(Ibid. 510)，亦即新澤西草案被否決掉了，這是大州的再一次勝利。全體委員會通過此一表決後即告散會，並將前經修訂過的維幾尼亞草案再送回制憲大會討論。

---

[9] 草案全文見 Matthew 41-44。

[10] 見該草案第四條。

[11] 見該草案第五條。

三、「大妥協案」的設計

維幾尼亞草案，經過這一番週折後，終於又回到了制憲大會，全體委員會在 6 月 19 日向大會正式提出該草案的修正報告。

大會對於該修正案草案中有關眾院代表人民（由人民直接選舉，是大州所主張的）及參院代表各州（由州議會間接選舉，是小州所主張的）的折衷方案，很順利的以多數票通過（通過時的日期及票數，見前引）。但在 6 月 27 日，一觸及兩院代表人數的分配問題時，激辯又隨之展開了。

如前所述，全體委員會在討論草案中有關兩院代表人數的分配標準時，大州與小州的代表們曾爭論得面紅耳赤，相持不下。後來委員會所通過以州人口數爲準作爲所出議員數的辦法，完全是出於大州的主張，是大州的勝利。小州曾想在眾院讓步，而在參院主張維持州的平等代表權，以爲另一折衷方案，但這一折衷案復遭委員會否決。小州見勢態嚴重，又在大會提出新澤西草案以爲對抗，可惜又功虧一簣。不過小州的幾度掙扎，頗振聲勢，那種堅決的態度，也給與會代表們一種強烈的感覺，即這個問題如不能圓滿解決，大會的前途是值得憂慮的。現大會又正式討論這件事，這是小州最後的反擊機會了。

小州的代表路德・馬丁以兩天的時間對大會作疲勞轟炸式的演說，認爲：「共同的政府僅是用來維護州政府的，並不是用來統治人民的，它的權限應限制在較小的範圍內」(Ibid. 437)。他堅主州權平等，宣稱小州決不讓步。

在 6 月 28 日，紐約州的藍辛提議大會應推翻維幾尼亞修正草案中，有關兩院代表人數分配基於人口多寡的決議。威爾遜與麥的遜照例予以反駁，麥的遜且指出，小州懼怕大州聯合起來壓迫小州的想法僅是

一種過慮。他說維幾尼亞、麻塞諸賽、賓夕凡尼亞三大州之間並沒有共同利害關係的存在；此不論在風俗習慣上、宗教上、以及出產上皆是如此。維州產的是煙草，麻州產的是魚類，賓州產的是麵粉，它們是毫無理由非聯合成一體不可的(Ibid. 447-448)。但小州的代表們並不爲麥的遜的言詞所折服，雙方的爭論且愈演愈烈，很多代表皆擔心制憲大會已瀕臨失敗的邊緣了。班簡明·富蘭克林(Benjamin Franklin)甚至呼籲大家每日向上帝祈禱，乞求神的力量來解決大會的難題。

在 6 月 29 日，康納克鐵克特州的強生(Johnson)向大會再度提出以前修曼在全體委員會建議的折衷案，即：衆院根據各州人口的多寡來分配議席，參院則維持各州平等的議席。但強生提案的命運同修曼的提案一樣，又告失敗，大會以 6 對 4 票予以否決（投贊成票的四州爲康納克鐵克特、紐約、新澤西、及戴勒維爾、馬里蘭州的票分散掉了）(Ibid. 461)。至此，兩個星期的討論同協商竟一無成就，絲毫沒有變更大州代表們的心意，但小州代表仍不接受這種安排，仍希望再來一次翻案。於是第三次的折衷案終又被提出了。這一次還是由康納克鐵克特州的代表提出，不過換了人，改由愛爾斯我斯出面。

大州代表對小州代表的一再提出折衷案，阻礙大會通過修正草案的做法，甚感困惱，但亦無可奈何。麥的遜又重複強調不必擔憂大州定會聯合，他說：「州與州間的分合是在於各自不同的利益，並不在於州的大小。……各州利益最大的不同主在是否蓄奴，所以美國不會分成大小州的集團，但會分成南北州的集團」(Ibid. 486)，（按美國南部各州當時大量蓄養黑奴）。因之，他以爲如須折衷妥協，應當是南北兩集團間的折衷妥協，不必涉及大小的問題。他根據這個觀點乃建議另一種的折衷案，即在參院的選舉，南方各州可將黑奴的數目完整地計算在人口數以內，但在衆院的選舉，黑奴的數目祇能折算爲五分之三，如此南北兩方的利益可以獲得折衷的效果。他因反對州的大小

分野說，故亦反對各州在參院代表額的平等說；他因看出南北利益的不同，所以亦主張維持適度折衷的辦法。但他的這種提議爲小州所反對，因小州的代表是一向堅主州權絕對的平等說的。

愛爾斯我斯再度提出同一折衷案後，小州代表急盼能獲通過，故對大州的反對顯得很激動。戴勒維爾州的耿寧‧彼德福得在講演中竟以極端偏激的口吻說道：「大人先生們，我並不信任你們，如你們一旦抓到大權，就無法限制你們的濫用。……但大州是不敢解散邦聯的，如果真膽敢如此，小州會找到很友善的外國盟邦……」(Ibid. 491-492)。他的話使得凱因暴跳如雷，他隨即攻擊彼德福得竟擅離自己國家的立場而覓外援，「他應當悲哀這種思想會走進他的心中。……唯一可予解釋的，是他的激動」(Ibid. 493)。會場的氣氛真夠緊張的了，幸好第二天是個星期天，讓大家冷卻了一下。大州的有些溫和派，現在感覺這樣下去，很不妥當，要挽救制憲的危機及避免小州的走向極端，似乎不再能固執下去了。

在 7 月 2 日，愛爾斯我斯所提的折衷案又付諸表決，結果形成 5 對 5 的僵持票數（康納克鐵克特州、紐約州、新澤西州、戴勒維爾州及馬里蘭州贊成，麻塞諸賽州、賓夕凡尼亞州、維吉尼亞州、北卡羅林納州、南卡羅林納州反對，喬治亞州的票各半分散）(Ibid. 510)。這個僵局的形成主在喬治亞州的代表票未能集中一方投出；在投票時，喬治亞州的一位代表威廉‧庇爾士(William Pierce)因去紐約開會，未參加投票。他是反對折衷案的，故如在場投票，喬治亞州的一票是定會投向大州一邊的。馬里蘭州的丹尼爾(Daniel of St. Thomas Janifer)因出席略晚而未及投票，他也是反對折衷案的，如他亦參加投票，也會影響到馬里蘭州決定的。所以華倫教授(Charles Warren)說，這兩個人的缺席，變更了憲法的命運(Warren 1937:261)。

5 對 5 票的結果，在小州方面無疑地是一大進步，但這仍是個困

局（折衷案尚未被通過）。為了打開這個困局，賓克奈(Charles C. Pinkney)
乃建議設一委員會，由各州派一代表參加，來討論折衷的可能性。他
的提議立即受到很多代表的支持，就是大州的溫和份子如麻州的吉萊
(Gerry)亦加贊可，他認雙方此時必須互作讓步，否則憲法即無法制成
(Farrand 1911:515)。始終堅持反對的人物，仍是威爾遜及麥的遜。但
大會終於通過設一委員會（僅賓州反對），並選出大州的吉萊、富蘭
克林、梅生(Mason)、大衛(Davie)、露特吉(Rutledge)，小州的愛爾斯
我斯、葉特(Yates)、彼德遜、彼德福得、馬丁、以及喬治亞州的鮑得
溫(Baldwin)為代表(Ibid. 509)。

委員會根據富蘭克林的建議作成了一個折衷案，並在 7 月 5 日，
由吉萊向大會提出報告。這個折衷案包含下列三點：

1.在國會的第一院（眾院），每四萬居民選一代表。

2.凡是有關籌款、撥款及決定薪津的法案，必須由這個第一院（眾
院）提出，第二院（參院）不能加以變動或修訂。

3.在第二院（參院），每一州有平等的投票權(Ibid. 526-528)。

正如麥的遜所一再指出的，這個折衷案的提出是小州的一大勝利。
小州的那種寧為玉碎，毋為瓦全的態度，迫使大州的某些溫和代表改
變立場，趨向妥協的一途，大州的內部因而發生分歧，陣腳就開始動
搖了。

麥的遜曾指責這個折衷案仍是舊調重彈，完全是犧牲了基本的原
則，向一時的方便投降；不過是安撫了少數人的利益而對美國的多數
人不公(Ibid.)。麥的遜的話雖如此，但大州另外二位代表（吉萊同梅生）
則呼籲加以接受。吉萊很感慨地說，他並不贊成這個折衷案，但如果
大州堅持加以拒絕，某些小州就要退出大會，甚至退出這個聯邦了。
團結是必須的，外侮的威脅尚未解除，「我們自己如不能好好地得個
協議，外國的刀斧會逼使我們如此的」，他說(Ibid. 532-533)。這項態

度使這一多災多難的折衷案慢慢地站穩了。如後所說,折衷案的確實內容還要經過一番週折同妥協,但大原則卻未再變動。此折衷案的能夠成立,制憲大會已可成功一半,許多美國憲法史學者稱之爲「大妥協案」(Great Compromise)是一點不錯的。

四、國會結構的折衷案

　　從 7 月 6 日起,委員會所提大折衷案的三點建議在大會受到逐點的討論。關於第一點即在衆院每 40 萬居民選一代表的建議,大會決定另組一小型委員會深入加以審議;並推摩利斯、高爾翰(Gorham)、倫道夫、露透吉及凱因組織。

　　在 7 月 9 日,摩利斯將小型委員會的決議向大會提出報告。根據他的報告,衆院議員名額爲 56 人;分配情形如下:新罕西爾州 2 名、麻塞諸賽州 7 名、羅德島州 1 名、康納克鐵克特州 4 名、紐約州 5 名、新澤西州 3 名、賓夕凡尼亞州 8 名、戴勒維爾州 1 名、馬里蘭州 4 名、維幾尼亞州 9 名、北卡羅林納州 5 名、南卡羅林納州 5 名、喬治亞州 2 名(Ibid. 557)。國會有權可隨時決定增加名額;在某州經過分合或有新州加入時,國會並可根據其財富及居民的數目來決定其應出的代表額。

　　大會對國會有權根據財富及居民數目的原則,來決定將來代表額的方案,表示同意(9 票贊成,僅紐約州及新澤西州反對),但對目前各州所分配的名額頗有爭議。於是又另組一委員會,由各州出一代表組織,重加審定。推定的代表爲凱因、修曼、葉特、布累萊(Brearley)、摩利斯、累德(Read)、卡羅爾(Carroll)、麥的遜、威廉遜(Williamson)、露透吉、豪士頓(Houston) (Ibid. 558)。他們在 7 月 10 日另做一建議,

將各州在眾院開始時的代表額分配如下：新罕西爾州 3 名、麻塞諸賽州 8 名、羅德島州 1 名、康納克鐵克特州 5 名、紐約州 6 名、新澤西州 4 名、賓夕凡尼亞州 8 名、戴勒維爾州 1 名、馬里蘭州 6 名、維幾尼亞州 10 名、北卡羅林納州 5 名、南卡羅林納州 5 名、喬治亞州 5 名 (Ibid. 563-564)。這個分配數字提出後，仍引起幾州作增減變動的要求，但結果均未成功。大會最後終將上述的分配數字批准，票數是 9 對 2 （僅南卡羅林納州及喬治亞州反對）(Ibid.)。

目前的名額算是決定了，但將來何時調整？人口額計算的標準又如何？這還是一個問題。倫道夫因向大會提議在一定的時候，應作人口的普查與核計(Ibid. 570-571)。但他的提議還是籠統的。北卡羅林納州的威廉遜在隔日（7 月 11 日）乃提修正案；建議在人口普查時，白人居民 1 人算為 1 人，黑奴則折算為五分之三(Ibid. 579-580)。黑奴當時是被「蓄養」著的，僅被視作一種財產，他們不是「自由人」(Free men)，亦享受不了民權。但他們的如何計算，卻關係著各州將來所能產生的議員額。南方各州的黑奴多，當然希望能 1 人折算 1 人，如此可多出議員額；北方則反是，當然加以反對了。所以威廉遜提議的折算為五分之三，實際上已是一種折衷的辦法。但他的建議並不為南方各州所歡迎，南加羅林納州的白特勒(Butler)及考特斯我蚩(Cotesworth)立即加以反對，曾提案要求予以完整計算，結果未能成功（僅南加羅林納州、喬治亞州、及戴勒維爾州贊成）。另一方面，五分之三的計算法又不為大州所歡迎。最後在表決時以 6 票多數決定根本不計算黑奴在內。這僵局須被打開。不過這次大州的態度並不十分堅持。威爾遜在表決前雖曾發表演說攻擊蓄奴制度的不當，並謂如黑奴算人，就應整個計算，如算是財產，則其他的財產怎不予計算？然而他仍盼黑奴可予計算，作為一種必要的折衷(Ibid. 587)。

在 7 月 12 日，摩利斯提出另一個提案，即每州出稅的多寡應與其

議員額成比例。這個提議使南方要求整個計算黑奴的立場不得不有所
改變了。因要整個計算，議員額雖會增多，但稅額亦會連帶增多。若
要減稅，就不能整個計算黑奴的數目了。這在南方各州是個兩難，解
決之道，仍是折衷，五分之三的計算法，不仍是個好辦法嗎？南加羅
林納州及喬治亞州雖仍主張計算，但其他蓄奴較多的州就不再願意。
北加羅林納州的大衛(Davie)乃呼籲重新考慮五分之三計算黑奴的老辦
法。經過一番辯論後，這個折衷案終爲大會所接受了，（僅新澤西州
及戴勒維爾州反對；麻塞諸賽州及南加羅林納州的票分散）(Ibid. 591-
600)。此後凡是議員額及稅額的決定皆適用五分之三的黑人計算法。

　　在 7 月 13 日，大會根據倫道夫的建議，刪改了 7 月 9 日的一項決
議案，將財富視爲議員額的根據一點，予以刪去（黑人當作財富計算
爲例外）。大會並決定，國會第一次會後的第六年，作一次人口普查，
以後每隔 10 年再普查一次。

　　大折衷案的第一點方案經修正後，就此確定。

　　大折衷案的第二點方案是建議凡是籌款及撥款的法案，應專在衆
院提出。大會在 7 月 6 日即開始討論此點。摩利斯曾發言，認參院被
剝奪制定籌款及撥款法案的權能是國家的一種損失，且由此易於導致
參衆兩院的齟齬。但一般大州代表皆認專在衆院提出是對大州有利，
因衆院的大州議員多，便於控制。小州爲了換取大州對後說的第三點
（即在參院各州有平等代表權的協議），乃保持緘默，而予讓步。大
會終於以 5 對 3 票（賓夕凡尼亞州、維幾尼亞州、南加羅林納州反對，
麻塞諸賽州、紐約州、及喬治亞州分散）加以接受(Ibid. 539)。如此祇
剩下大折衷案第三點了。這點是大小兩州集團爭執最烈的，即有關各
州在參院平等代表權的問題。現在祇等待再一次的表決了。

　　委員會向大會提出大折衷案時，曾規定其三點內容的取捨要一併
決定，不能單獨通過其中的一點。所以當第一及第二兩點經仔細討論

及修正通過後，就須連同第三點交由大會作一最後的整體決定。在 7 月 14 日，馬里蘭州的路德‧馬丁乃正式作此動議。但隨此動議而起的，又是唇槍舌劍，全場氣氛甚爲緊張，幸好隔日又是個星期天，再有一次冷卻的機會。到了 7 月 16 日，大會剛開始集會時即將整體的大折衷案提付表決，結果終以 5 對 4 票予以通過〔康納克鐵克特州、新澤西州、戴勒維爾州、維幾尼亞州及北加羅林納州贊成；賓夕凡尼亞州、馬里蘭州、南加羅林納州及喬治亞州反對；麻塞諸賽州分散（吉萊及史屈朗 2 人贊成，凱因及高爾翰 2 人反對），這票的分散是大折衷案能通過的關鍵〕(Ibid. 15)。此案通過後，大州代表們立即集會檢討，有的主張不應分散大州的優勢，應善加運用再加抵制；有的主張不必過爲已甚，怕小州被逼退會，影響到整個聯邦的前途。大家意見分歧，莫衷一是，最後終不能再有所作爲。

有的憲法史學者，稱這個大折衷案叫「康納克鐵克特折衷案」，因這個折衷案的能夠成功，康納克鐵克特州的代表居功很大（開始的提議人是該州的代表，後來二度在大會提出的還是該州的代表）。不過有些憲法史學者認爲用該州名稱爲折衷案的名稱，並不公允，因他州的代表如高爾翰、梅生、狄肯生、吉萊等，皆是這個折衷案的大功臣，他們的勞績是不能被抹煞掉的(Kelly and Harbison 1948:29-130)。

大折衷案的通過，當然對將來美國政治的發展有深遠的影響。但當時大家所爭辯的問題，後來並不全如想像中的發展。麥的遜曾擔心，這樣的一個參院會變成各州維持本位主義及用來對抗中央一統的場所，但後來演變的結果，參院並不那樣「州權」化。它理論上雖代表各州，事實上它「國家」化的程度，決不弱於眾院。另一方面，當時小州的代表認各州利益的異同與各州的大小有關，並預料小州將來會聯合起來對抗大州，這種想法，後來證明亦無根據。反是麥的遜的看法對，即後來州與州間的分合常是基於區域利益性的。至於籌款及撥

款法案專由眾院提出一點，對參院亦無當初想像中的困難，參院可自由接受或不接受，這個權力的行使，自可變更法案的內容了。不過參院內各州代表權的平等，不僅顯示出州權的重要性，且進可證明美國確是一個聯邦制的國家。近數十年來，美國中央與各州間的關係有著甚多的變動；但每次變動皆牽涉到州權及聯邦性質的問題。由此可見美國人的州權觀念仍是很濃厚的，這在美國憲法判例法(Constitutional Law)中可清楚地看出，不用贅述了。

五、行政權獨立的折衷案

有關國會產生及組織的危機，終給上述的大折衷案所解決。但中央行政機構如何產生的問題又緊隨著而來。大會對這個問題的爭論幸未至決裂的程度，不過也著實費去不少時間同唇舌才獲致妥協。

當時大會代表們對行政機關的看法可分為兩派，一派主張中央行政權不能過大，應受國會的控制；國會是至上的，行政部門必須由國會選出。這一派的人自然都是贊成州權的，如修曼、狄肯生、馬丁等人是。另一派則主張中央行政權必須強大，不可從屬於國會；行政部門應能獨立，而由人民直接選出。這一派的人自然都是贊成中央集權的，如威爾遜、麥的遜、摩利斯、漢彌爾登等人是。主張中央集權的人，總認為各州各自為政的時代已經過去，要追求將來美國的進步和繁榮，就必須讓中央的行政部門能放手做事，如此就必得授與較大的行政權力。小州的代表們在心理上頗受大州優勢力量的壓迫，故想藉國會以自保，挾州權以自衛。他們很懼怕大州藉普選而控制行政機構，轉而逼迫並控制小州。

如前所述，維幾尼亞草案將選舉行政部門的職權交給國會。國會

中眾院的議員由人民直接選舉，參院議員則由眾院選舉。這個安排是對大州有利的，因大州可多出議員，便於控制國會；國會如受控制，即可進一步操縱行政部門了。行政向立法（國會）負責的體制是從英國學來的，但威爾遜、麥的遜等大州的中央集權派人士卻加反對。他們當時很擁護孟德斯鳩(Montesquieu)三權分立，互相制衡的思想，認行政附麗立法，必會造成腐化無能的政治。

大會在 7 月初旬開始討論行政部門的問題，威爾遜等時時為他們的見解辯護，並提議修改維幾尼亞草案的辦法，將行政部門改由人民直接選舉，與國會保持平等及制衡的關係。這個問題乃隨交全體委員會審議。

委員會的多數代表總覺行政部門由人民普選的建議不妥，認當時的社會還不夠成熟，還是間接由國會議員選舉為佳。威爾遜也感覺到這種情形，乃另提一折衷方案，即由各州人民先直接選舉總統選舉人，再由總統選舉人集會選舉總統。這個提議以 8 對 2 票受到失敗。委員會並隨以同樣的票數通過總統應由國會選舉。在 7 月 15 日，委員會將這一決定向大會提出報告。

委員會的決定提到大會後，威爾遜，麥的遜及摩利斯等立刻展開反擊，堅持須予更改。在 7 月 19 日，康納克鐵克特州的愛爾斯我斯重將總統選舉人團的方案提出，而以 6 對 3 票獲得大會通過(Farrand 1911:24)。這是主張行政權強大派的第一次勝利。但這個勝利並未持續得太久，數天之後，即 7 月 26 日，大會在梅生一篇反對選舉人團的演講之後，又贊成由國會選舉的老辦法，票數是 7 對 2。這個決定並列入精審委員會(Committee on Detail)在 8 月初向大會提出的報告中。

威爾遜等人復在大會反覆辯解三權分立的優點，他們的見解及堅決的態度漸漸轉移了很多代表的態度。在 8 月 31 日，大會在接近尾聲的時候，特另設一委員會，由各州推一代表參加，來審議這一懸案。

　　這個委員會所提出的建議是基於威爾遜的折衷案而略作修改而成的，可說是折衷中的折衷。根據這個建議，總統仍由選舉人團選舉，但對選舉人的選舉方式，不作硬性規定，而授權由各州的州議會決定。州議會可以決定讓人民選舉，一如威爾遜所提出的；但也可以決定採用任何其他適合的方法。這種安排的確很富彈性，所以向大會提出後，就很順利地被接受而成定案了。一般憲法史學者，接認這是威爾遜派的一項勝利，他的折衷案雖經修改，但原則並未變動。行政權獨立的制度，乃告確立。

六、結　語

　　美國制憲大會對國會組織所做的折衷案，一方面保留了各州主權的色彩，一方面實現了中央統一的要求，這開創了聯邦制(federation)的先河，並為後世提供了寶貴的實例同經驗。折衷的過程更在說明：統一可以用制度來完成，不必仰仗幾千年來沿用的刀和劍。大同世界是哲人的理想，但這理想由於聯邦制度的貢獻，至少在世界政府(world government)的組織上有實現的可能。這個由多人智慧所激盪，由多人理智所容忍而後產生的折衷案，確是一項政治上的瑰寶。

　　另一項政治上的瑰寶即是有關行政權獨立行使的折衷案，這使世界上第一次出現了三權分立，互相制衡的制度，而使民權獲得進一步地保障。三權分立、互相制衡的制度，確是民主進展歷程上的里程碑，極值我們一提。

　　但這兩項瑰寶，皆是由互相協調得來。因能協調才能為大家所接受，因能為大家所接受才能發展改良而成為良好的制度。良好的制度就是這樣生根長成的。不為大家所接受的制度是沒有根的，怎能發生

力量？但我們回頭來看看，一個根芽的能夠成長，要經過多少心血的灌溉！要經過多少耐心的等候！美國折衷案的民主制定過程，真給我們不少啟示。

　　制憲大會中，還通過了其他的折衷案，如規定黑奴進口的情形等等，但這對後世無巨大的影響力，所以本文從闕。　　（原文分上、下兩篇，載：《思與言》，1卷1期，頁18-20；2期，頁28-30；1963。）

參考文獻

Beard, Charles. A. 1927. *The Rise of American Civilization*. New York: Macmillan.

Hockett, Homer. C. 1939. *The Constitutional History of the United States*. 1775-1826. New York: Macmillan.

Kelly, Alfred H. and Winfred A. Harbison. 1948. *The American Constitution: Its Origins and Development*. New York: Norton.

Mathews, John M. and Clarence A. Beedahl. 1940. *Documents and Readings in American Government*. New York: Macmillan.

Hamilton, Alexander James Madison, and John Jay, *The Federalists*. no.85.

Farrand, Max. 1911. *The Records of the Federal Constitution of 1787*. vol. I, New Haven: Yale University Press.

Warren, Charles. 1937. *The Making of Constitution*. Boston: Little, Brown.

美國聯邦制度的背景

一、序　說

　　早在 1754 年，Benjamin Franklin 就看出美洲各殖民地間似合而分的不妥，曾在自辦的賓夕凡尼亞公報(Pennsylvania Gazette)上，刊出一幅生動的漫畫加以諷刺。畫中是一條蜷曲而奮進的蛇，但身子卻斷裂成若干節，每一節分別註明著當時的殖民地；蛇身下另標明兩個醒目的大字：「連接或死亡」(Join, or Die)。[1] 這幅畫真道破了美國革命前後各殖民地間的實況。事實上，十三州的有識之士都懷著與 Franklin 相同的心情，徘徊於「分」與「合」，「連接」與「死亡」之間，急盼有一個制度能兼顧各州的分與整體的合，將十三州一舉連串起來。1787 年的制憲大會，終能集思廣益，設計出一個統籌兼顧的制度，即

---

[1] 此圖被認為係美國政治漫畫的始祖，後經多次複印，見：Hicks and Mowry 1956:62。

一面在各州之上，建立一中央政府，一面仍任各州保留相當的自主權，這就是聯邦制度。聯邦制度使州與中央各具獨立行使職權的範圍，而以憲法加以保障，在世界政治史上，創一範例。

聯邦制度自在美國運行以來，影響遍及世界，據 William H. Ricker 的統計，至 1964 年止，全球共有十八個聯邦國家，統治著半數以上的人口，所似他說：「這是一個聯邦主義的時代」(1964:1)。其實，許多國際組織也或多或少仿效聯邦主義的原則，西歐超國家的聯盟 (supranational union)即「屬於國家聯邦主義的洪流」(Macmahon 1962: 409)。美國的聯邦制度即是洪流的起源，不能不加探索。

歷來美國的學者曾嘗試用各種途徑(approach)加似觀察及解釋。如 George Bancroft(1882 366-67)的神意觀，認制憲諸人能創設此一巧妙的制度係天意使然；Hannis Taylor 等人的英制延續觀，認美國的制度非是一種創設，而是一本英國的制度而來。其中亦有人強調英語民族特具自治的天性，故能發展這種自治制度(Taylor 1911:18-19, 243-44; Tucker 1899:177)；Charles A. Beard(1935:324-25)的經濟觀，認美國的制憲諸人，皆具各別的經濟觀點，尤其是資產階級爲了維持本身的經濟利益而促使憲法的制定；Allan L. Benson(1914:ch.1)的社會階級觀，認美國的憲法是富人階級的自私產物。這些途徑，有些欠科學上的實證根據（如神意及天賦的說法）；有些雖各有所成，總嫌各有所偏。Beard 的經濟觀雖曾轟動一時，但 Robert E. Brown(1956)卻舉出反證，責爲偏頗，可見單純因素或變數(variable)的解釋，不能盡愜人意。

聯邦制度是一種政治體制，政治體制屬於社會體制，不能脫離社會而獨存。William S. Livingston(1952:81-95)即指出：聯邦制度是社會的反映，唯有具聯邦性質的社會才會產生聯邦政治。社會關係複雜，不能不用多變數分析法(multi-variate analysis)。傳統的研究每將變數單純化，這個問題不僅在變數資料收集及觀察上的困難，而且在概念結

構(conceptual framework)的欠缺。自 1950 年代以來,對傳統研究的懷疑與抨擊,日益熾烈,新的觀念與途徑亦隨之產生,至政治系統(political system)論的建立,終使政治關係的研究得一較爲理想的概念結構。

政治關係是一種社會關係,所以政治系統論者多受社會學者,尤其是 Talcott Parsons 的影響。Parsons(1951)認爲人群相互的關係,如以價值(value)觀念及行爲範則(norms)爲取向,從事規則性的互動(patterned interaction),且在某種範圍內(boundaries)具持續性(persistent),而維持一種平衡(equilibrium)的狀態,即構成社會系統(social system)。社會系統的運作,表現在下列四個問題:(1)環境的適應,(2)資源的動用,以完成社會的目的,(3)成員的整合,(4)價值觀念及行爲範則的維持及緊張情勢的處理。這四個問題的解決,乃形成四個不同的低層系統(subsystem):第一個涉及富源的生產,爲經濟性的;第二個涉及政治的行爲,以決定及達成社會的目的,爲政治性的;第三及第四個分別涉及成員的控制及社會價值及範則的維持,爲社會控制(social control)性及社化(socialization)性的。這四個低層系統各具結構與功能(structure function),且互相影響而發生「投入」(input)及「產出」(output)的「轉變」(conversion)關係。「產出」可以「回投」(feedback),而發生連鎖的作用。但社會系統並非獨自存在,而是處於外在的物質環境(material environment)、文化體系(cultural system)及其他社會系統的影響之下,從而,所屬的四個低層系統也同樣受到影響(Holt 1967:86-107)。

人類的政治關係屬於政治系統,政治系統的作用則起於「投入」。在外在因素及其他低層系統的影響下,「要求與期望」(demands and expectation)及「資源」(resources)與「支持」(support)構成「投入」;再經「轉變」的功能後,而發生權威性(authoritative)的「產出」,即對社會目的所作權威性的決定及所採權威性的行動,從而對價值與代

價(values and costs)及系統的整合(integration)作權威性的分配(allocation)與控制(control)。「產出」可作為「要求」「資源」及「支持」而「回投」，系統的功能乃告完成(Mitchell 1970:ch. 1)。政治系統論的學者雖對結構內容有詳略之分，但於基本概念並無二見，即對政治系統論的主要學者，如 David Easton 及 Gabriel A. Almond 等有所評論的學者，如 Hebert J. Spiro(1967:164-74)，也認為政治系統為研究政治學所不可缺少的概念結構。在系統論的概念結構中，人類的政治行為及關係易受觀察，較完整的理論與假設也較易獲得。

美國聯邦制度是兼顧「分」「合」而來，但分的原因何在？合的原因何在？相互間的關係為何？統攝的程序怎樣？自然與社會環境怎樣影響？文化體系如何作用？如要將這些問題合併探討，最宜運用系統論的概念結構，來分析所有的背景因素或變數(background variables)。但美國聯邦制度制定時的環境及有關人物皆去今已遠，追索不易，現祇能就舊存的資料，作嘗試性的新解析，明知疏漏難免，仍望對舊的學說略具改良及提鍊的作用。

二、自然與社會環境

美洲是一塊新大陸，對十七世紀的美國人講，仍然是遙遠而神秘。探險的時期雖已過去，但要背井離鄉，冒大海的風波，遠適三千浬外的蠻荒 之地，可能需要比探險精神更大的決心與毅力。十七世紀初年來自美國的移民，大多就具備這種冒險犯難及創業的精神，這是地理因素的選擇。

移民帶著新的精神踏上新大陸後，雖覺荒煙處處，荊棘叢叢，但祇要耕耘，決有收穫，何況沃野千里，發展不受限制？墾荒是辛勤工

作，開拓尤須奮鬥，「成就」(achievement)的精神最為重要。站在新大陸，舊的牽連已經割斷，後顧雖無憑藉，精神卻獨立自在。成就的追求是埋首奮進，實事求是；是新事物的追求，新經驗的吸取，而日新又新。這些皆有助於「個人主義」(individualism)的形成。

　　大海的阻絕，也將舊社會的階級觀念沖淡。移民們的身份、教育、職業、興趣容有不同，但來到新大陸後，一切自由解脫，海闊天空，無拘無束。大家所面對的是相同的環境及相同的需要，所讀的是相同的聖經，所經歷的是相同的艱苦。社會背景及財富之分，在開拓的環境中，已失其重要性。這是一個新社會，具有新的人物，新的精神及新的平等，在當時幾乎沒有一個人類的社會，堪以比匹(Perry 1964:72)。

　　成就及平等的精神構成美國人民的獨特性格，這種性格，據社會學者 Seymour Martin Lipset(1967:321-22)的說法，可促進社會的流動(Social mobility)，而使固定的身份不易形成，民主政治亦賴以穩定。

　　新大陸在另一個半球，兩面的大洋，是難以超越的屏障。移民們的新農莊，真的成為世外桃園，可避免外來的擾亂。內部容有印第安人的敵視，但他們是落後的土著，尚無可以對抗的文明與組織。英國政府原視移民為墾荒他鄉的游子，任由發展，且相隔三千浬，航程八星期，對海外情形也不甚了了，未有明確的政策(Andrews 1961:5)。等到後來，發現殖民地的富足，欲加強管制時，殖民地已相當成熟，不易就範。他們藉新大陸之遠、之富、之新，以新的精神，在舊的傳統上，發展他們的民主及自治的生活。

三、移民的拓殖精神與政治傳統

　　新大陸的新人物原是來自舊社會，仍具有舊社會的氣質與傳統。

他們帶來舊社會的宗教信仰，價值觀念，行為規範，也將英國地方自治的精神與傳統一併帶來。

事實上，英國的許多小型團體，如村、鎮、行號、同業公會等，早在殖民前二百餘年，已開始實行自治。到了十七世紀初年，村、鎮的居民會議已行之有素，移民們皆耳熟能詳了。早期的移民工作，雖屬商業性，卻已是自治的組織。美洲的第一次移民工作，是由維幾尼亞公司(Virginia Company)主持。當時公司出售股票（每股為十二鎊十先令），股票持有人可出席大會(General Courts)選舉理事會(Treasurer and Council)以實際掌理移民的進行及管理工作(Morison and Commager 1953:37-38)。英皇在 1609 年頒給該公司的第二個特許狀中曾明定：「理事及其他官員由自己任命，以管理自身的事務。理事會有全權決定是否接受加入公司的其他人選；大會如有正當理由，經多數同意後，可開除某人或數人出會」(Commager 1949:10-12)。這種基於組成份子同意的公司組織，是符合當時習慣法的規定的，也可以說是繼承著條頓民族傳統的自治精神。維幾尼亞公司後來也適用同樣的精神於維幾尼亞殖民地，准許當地的移民組成一個居民議會。

後來在美洲陸續成立的殖民地，凡是由公司管理的，公司組織皆採自治制。且所有的殖民地，不管是皇家的、公司的或領主的，皆准許人民組織議會行使部份的自治權。殖民地的法律更須「符合理性，不能違背或與牴觸；應與英格蘭王國的法令規章習慣及權利相一致」(Commager 1949:22)。這裏所稱的「理性」、「習慣與權利」就是條頓民族「自由政府」(free government)的自治精神所寄。Ralph Barton Perry(1956:4)說：「獨立宣言的政治理想，與早期殖民地特許狀中所含有的原則甚相符合。」由此可見英國的政治傳統與移民間的密切關係。

移民的自治傳統怎樣在一個新的環境內建立？有些怎樣的成就？

這要從移民的拓殖及早期生活說起。

英國殖民美洲的初期熱潮始於 1606 年，並一直延續到 1637 年
(Morison and Commager 1953:36)。在這三十年間，英國在美洲建立了
三處主要的殖民地，即齊沙皮克(Chesapeake)地區的維幾尼亞(Virginia)
與瑪利蘭(Maryland)，新英格爾(New England)，及英屬西印度群島
(British West Indies)。其中的維幾尼亞，及新英格蘭兩地，爲美加最主
要的殖民地，特別值得重視。

維幾尼亞的移民來得最早。在 1606 年，英國倫敦公司(London
Company)派遣了三艘滿載移民的船隻，循著哥倫比亞的舊航路，直駛
美洲，並在詹姆斯城(Jamestown)順利登陸。1608 年及 1609 年復有多
艘移民船集體西來，奠定維幾尼亞殖民地的基礎。據記載，早期的維
幾尼亞移民，都較窮困，「多是失意的士紳，開釋的監犯，及少數正
當而無事可作的工匠」(Morison and Commager 1953:39)。但他們卻具
冒險的精神及創業的毅力，熱望此行能帶來新的契機。一般說來，他
們很著重經濟上的目的，曾被形容爲：「在海上歡呼.... 要取得珍珠
與金塊，....」[2] 並認爲維幾尼亞是地球上的唯一樂土。但實際上，
他們的移民生活充滿著艱苦。珍珠與金塊不但當時未見，瘟疫、饑饉、
及印第安土人的仇視反時來侵襲。如非他們帶有冒險犯難的精神，根
本就沒法忍受。在這種鄉關千里無所依恃的環境下，移民們如要生存，
自須一面努力克服自然環境，一面加強「自我管治」(self-govern)。後
者與前者更相互牽連，同爲客觀環境所需要。就主觀因素說，移民們
大多具冒險及創業的精神，是所謂「獨立特行」之士，他們本已帶有
英國的自治傳統，但卻更愛自由，更著重自動與自立。大家再因同處

---

[2] Michael Drayton, "Ode to the Virginia Voyage," quoted in Morison and
Commager (1953:38).

於一個共同的環境，復生濃厚的休戚感及團體的隸屬感(sense of belonging)。這種「自」感與「共」感的合致，奠定了自治生活的現實心理狀態。

維幾尼亞經過十多年的殖民以後，耕地拓廣，人口增多，於是在殖民地陸續興起了若干自治社區(autonomous community)，繼續進行自治的傳統生活。到了 1619 年，主管移民事務的倫敦公司，同意移民的自治社區推選代表組織議會。這個議會在 7 月 30 日，於詹姆斯城的教堂集會，第一個殖長地的議會乃在美洲產生。根據 1621 年 7 月 24 日該公司發佈的「維幾尼亞訓令」(Ordinance for Virginia)第四條的規定，議會係每年由總督召開一次，「由國務院 Council of State（按即上議院）議員及每村鎮、百家村(hundred)、或其他農莊選出的代表二人組成，....經多數同意後可以決定及命令執行任何事件，但總督保留否決權」。[3]

倫敦公司在 1624 年取消，次年英王查理一世(Charles I)繼位，除派遣總督外，仍准議會的存在。這一事實使得殖民地的議會制度從此確立，而為其他殖民地的張本。殖民地人民也從此視自治生活，為不可爭辯的權利(Andrews 1967:33-34)。

到了十八世紀，大批移民陸續湧到，其中多中產階級的商人、教師、船主及各種知識份子。他們也是抱著尋求新自由與新機運而來，且受歐州啓明(enlightenment)文化的洗禮，更富進取、創造、人道及民主的精神。這些移民在戴勒維爾(Delaware)地區登陸，後來建立費拉德菲亞城(Philadelphia)，而為啓明文化的傳播中心(Bridenbaugh 1942)。

新英格蘭的移民則另成一個系統，它是清教主義(Puritanism)的產物。清教主義不僅是一宗教運動，且是一社會運動，它的影響力及於

---

[3] Ordinance for Virginia, July 24, 1621. In Commager 1949:14.

美國社會的各層次。簡單說來，清教主義是要將新教徒的革新運動
(protestant reformation)澈底執行，使他們的宗教及社會生活皆完全合
於聖經本身所宣示的原則。他們認為教徒應不分貧賤與富貴，在上帝
之前一律平等，神秘主義及出家主義應予揚棄；懶惰與腐敗應是罪惡，
不能寬容等。當時英國的宗教制度是介於羅馬舊教與新教之間的妥協
物，在很多方面，不能滿足清教徒的願望。早期史都亞特(Stuart)王朝
的浮囂與奢侈的風氣，更為清教徒所不滿。他們乃相約不去英國教會
的教堂，改在自己的家中設立講座相互勗勉，並交換宗教上的觀點與
生活上的經驗。清教徒的這種做法，深為英王詹姆士一世(James I)所
痛恨，曾加脅迫：如不能服從英國教會，即將驅逐出境，而造成清教
徒的往美洲遷移。在英王查理一世(Charles I)時，情勢更為惡劣。當時
英國教會的大主教勞德(Bishop Laud)且重新以舊教的聖餐儀式
(Eucharist)為基督崇拜的中心課題，並經查理一世命令強制執行。清教
徒至此已忍無可忍，除在國內與其他階層結合醞釀革命外，一部份人
士乃分批向美洲遷移，謀求新的宗教自由與社會生活(Morison and
Commager 1953:50-52)。

　　最早的一批清教徒是在 1620 年 11 月 11 日，乘看「五月花」
(Mayflower)號抵達新英格蘭，開始他們的移民生活。與維幾尼亞移民
相比，他們的目的比較是宗教性的，但他們經濟生活的困苦，以及對
逆境忍耐與克服的精神，較之維幾尼亞移民有過之而無不及。在另一
面，他們的休戚感，與團體隸屬感因滲入共同的宗教感，而更形顯著。
清教徒的自由平等觀及嚴肅的生活觀，亦更使他們能互相尊重而自動
自立。當然，新的殖民環境亦促使他們加強「自我管制」的發展。實
際上，清教徒在英國本土就因宗教關係而發展成某種程度的自治生活，
他們的第一批移民在「五月花」號上即曾簽訂過一個有名的「五月花
公約」(Mayflower Compact)，把自治的觀念清晰地說了出來：

在上帝與相互之前，為了更好的秩序與生存，我們立此
盟約，使大家結合組成一個公民的政治團體。....(Mathews
and Berdahl 1940:3)。

這幾句簡單的話實代表著一個重要的觀念，即「政治團體」的組
成係根據眾人的同意。它的目的是為了共同的「更好的秩序與生存，」
民主自治的涵意實已盡於此了。在如此主觀及客觀的自治因素交互影
響下，新英格蘭移民對自治生活的發展與愛好，當然益發堅強而熱烈。
自 1629 年以後，清教徒的移民大增，於是出現了一個個的村落，稱為
村鎮(town)。村鎮有村鎮會議(town meeting)，由全體村民組成，「用
來解決地方事務，如支助學校、鋪設道路、規劃伐木、決定畜牧。....
在這裏，民主來到了英格蘭。開創的祖先們從沒有懷疑過它，亦沒有
急盼過它」(Morison and Commager 1953:56)。

移民的自治生活傳統發展到殖民地的階段後，範圍足與英國本土
相比。英政府遠在海外，不過為殖民地的共同上層組織，所以 Richard H.
Leach 說：「殖民地從一開端，就具聯邦精神」(Leach 1970:2)。

四、政治發展（一）：自治生活的堅持與進展

從十七世紀初到 1776 年美國獨立革命的一百數十年間，殖民地人
民在自治生活方面已有相當成熟的發展。初來的移民尚有他鄉遊子的
感覺，他們的子孫則生於斯、育於斯、食於斯，已自認為當地的主人，
對英國的情感已遠不如祖先們強烈。這些下一代的移民更習於，也更
堅持殖民地的自治生活。

殖民地的經濟、社會及文化，在這一段漫長的時間內，也有相當

酌發展。拓殖的範圍已日益擴大，除在東海岸向南北兩邊展延外，並逐漸伸向西部的內陸。海港則舳艫雲集，貿易不僅在殖民地間進行，且遠達歐陸各地。貿易的繁榮，使海港及物品集散地形成都市，製造業也紛紛興起。農產也因墾殖的發展大為增多，人民生活水準提高，皆能豐衣足食，「美國商人及農場主人所獲的財富足使祖國的居民心生妒忌」(Dickerson 1951:55)。

　　隨著商業的發展及內陸的拓殖，交通也愈為便利。蓬車大道四通八達，人民的交往頻繁，文化的活動與交流也日漸增多。清教主義的自律、堅定及平等的精神，與啟明文化的進取、人道、開明的精神相互溶匯，更加強殖民地人民對個人主義及民主主義的信仰，而有助於自治生活的堅持。

　　殖民地的教育也快速發展，哈佛學院(Harvard College)即十七世紀清教徒所建。當時的教育雖多為教會所控制，但亦賴教會的推動而普及。個人主義的思想，民主自治的精神，皆賴教育及教會的社化(socialization)而深入人心。

　　社會因經濟的發展、人口的增加，而形複雜。階級利益出現，但社會的流動性(social mobility)很大。「個人主義得在其內自由發展，而不虞逾越。社會及公民的持久責任感，可使個人及資產者的自私獲得控制，不致走上極端。一個機敏的年輕人，不管教養與經歷如何，在社會中有成功的良機。縱有人想造成社會階級的人為障礙，但社會卻穩定地，也許無意地，趨向十九世紀的民主大道」(Bridenbaugh 1942:26-27)。

　　社會富足而繁榮，流動而穩定；社化功能則隨教會與學校而發展，使得整個社會系統安定平衡。社會的自足與進展，也影響到傳統自治生活的自足與進展，最顯著的是殖民地人士民主及自治性格的養成。在社化的功能下，移民多以民主與自治為「內在取向」(inner-directed)

的價值，而形戎「內在取向的」性格(Riesman 1969:ch.VIII)。這種性格較能堅持原則，排除困難，所以移民們一面能強調民主與自治，一面能抗拒外來的牽制與干擾。一位年青的美國劍橋大學畢業生 Andrew Burnaby，曾在 1759 年往新英格蘭的麻薩諸賽灣及維幾尼亞旅行二年，歸後寫道：

> （新英格蘭的居民）並未消失他們的清教徒主義與自律精神。上流社會的男士與女士皆殷勤而和善；在他們的行為上飄蕩著謙恭而自恃的氣質。…維幾尼亞人的公共或政治性格與他們的私人性格若合符節：他們對所享有的自由感覺驕傲而珍貴，對束縛不能忍耐，對上層控制的思想亦不能接受。他們多認殖民地是獨立的國家，與英國無什關連，若說是有，不過是同一君主及相連的自然感情而已(Burnaby 1775:31-32)

從這些話中，可以想見殖民地人民的自由及自治的性格。

英國政府，如前所述，對早期移民的自治生活，甚少干涉，後來雖發覺殖民地的經濟利益，採取某種程度的管制，但主要目的在利用殖民地的資源，加惠本土，全是商業上的考慮。這個現象一直維持到十七世紀末(Andrews 1967:9)，對殖民地自治的成長，裨益甚大。但在十七世紀的中葉以後，法國全力向海外開拓，英政府有感於競爭的激烈，已逐漸考慮加強殖民地的統治。1696 年「貿易及拓殖局」(Board of Trade and Plantation)成立，強化的措施乃告逐步推行。到了十八世紀中，除康乃狄格(Connecticut)、羅德島(Rhode Island)、瑪琍蘭(Maryland)及戴勒維爾(Delaware)外，所有的殖民地皆被置於英王的直接統治之下。但移民的自治生活，已行之有年，早成為社會生活的一部份而根深蒂固，英政府不能不加正視，所以仍維持殖民地的議會，使享有相

當程度的自主權。當時殖民地被分爲兩大類，即特許殖民地(Charter Colonies)與皇家的省(Royal Provinces)；後者又可分爲二種，即領主殖民地(Proprietary Colonies)與皇家的直轄殖民地。特許殖民地（爲Connecticut 及 Rhode Island）所享的自治權能甚大。根據英皇所頒特許狀的規定，人民不但可選議會，且可自選總督（另由議會選一參政院或上議院協助總督處理行政）。因特許狀規定的寬大，該地在革命後祇將「英皇」兩字改爲「人民」即變成了當時的憲法。皇家直轄殖民地（爲 New Hampshire、Massachusetts、New York、New Jersey、Virginia、North Carolina、South Carolina 及 Georgia）與領主殖民地（爲Maryland 及 Delaware）所享的自治權略小，但人民亦可自選議會（總督及參政院或上議院則由國王直接任命，或由領主經國王同意後任命），以從事自治的活動(Nevins 1927)。

議會的組織及議事程序及習慣皆仿自英國的國會，議員由選舉產生，設有財產限制。人民選舉權的取得也要根據財產，但據 Brown(1956)的考證，除婦孺奴隸外，大多人民，皆能符合財產的條件，取得選舉權。殖民地議員怎樣從事競選？選民如何行使投票權？現已不能盡悉，但可知議會的選舉及自治權十分受到重視。殖民地人士且認爲議會應與英國下院相等，享有同樣的權能，不能僅是一個下級的議會。這個觀念顯與英國主權至上的傳統，背道而馳。英國是一個帝國，不是許多小國家所聯成的團體，怎可容殖民地的議會與下院有同等的權？殖民地人民對自治權的堅持，進展到這一階段後，與英國的正面的衝突實已不可避免了(Andrews 1967:41)。

五、政治發展（二）：聯合的嘗試

　　殖民地在社會、經濟、文化等各方面的發展，固促進自治傳統的進展，但也增進各殖民地間的交往，有助全體意識的滋長。殖民地人民原來自同一文化體系，後共居同一地理環境，更共處同一社會及經濟體制，可稱利害相關，休戚與共。殖民地人民雖強調自治而著重自主權，但自主權並非絕對，尤其在共同問題產生時，不能不謀一聯合的組織，合作解決。事實上，殖民地在建立不久，就發現有共同的問題，需聯合解決。有識之士也曾多方努力，以促其成，後來雖沒有持久的效果，但已逐漸沖淡自主權的絕對觀念，為將來聯合的努力打下基礎。

　　一般說來，使殖民地人士最感有團結必要的，是生存問題。當時威脅殖民地人民生命、財產、及「自主」權的，一是外來的因素，如法國、荷蘭及印第安人的覬覦；一是內部的因素，即各殖民地間相互的抵制與爭執。這些威脅，使得新英格蘭區的殖民地人士首先嘗試聯合的組織。在 1637 年，康乃狄格(Connecticut)殖民地的官員即提出聯合的建議，這個建議復經過 1639 年及 1640 年的兩度提出，漸為著重「地方權」的其他殖民地所重視。1642 年英國發生內戰，殖民地人士恐懼無法從英國獲得更多的保障，於是麻塞諸賽灣(Massachusetts Bay)殖民地的官員將舊案重提，並在 1643 年與其他三個殖民地〔康乃狄格、勃列莫斯(Plymouth)及紐海芬(New Haven)〕的代表簽訂了一個聯合的條款，組成美洲歷史上第一個聯合的政治組織：新英格蘭合眾殖民地(The United Colonies of New England)，亦稱新英格蘭邦聯(New England Confederation)。

　　這個邦聯意圖把各自「獨立」的殖民地聯合在一起，組成一個「堅固及永久的友好聯盟」，目的是為了「攻擊及防禦，在各種場合，相互諮詢及救助，以維護及普及真理與崇信的自由，以及自己的共同安

全與福利」(Commager 1949:26)。[4] 值得我們注意的是，這幾句話寫在 1643 年，早於美憲的制定一百四十四年，但與美憲序言所說的：「爲了成立一個更完善的聯邦，樹立公平的司法制度，保障國內的安寧，建立國防，增進一般人的福利，使我們自己和我們後代享有自由的幸福，」似不謀而合。由此可見，聯合的嘗試亦是一種傳統，不過隨著自治的堅持而消長罷了。在殖民初期，「攻擊及防禦」的目的雖是最重要的，但這個責任卻由英國人負了一大部分。殖民地內部亦有共同的問題，如邊疆土地的開拓及罪犯的引渡等，但尚不嚴重。所以那時的自治傳統是「長」的，而聯合的要求是「消」的。

　　新英格蘭邦聯由四殖民地各派同數的代表二人組織邦聯會議，每年開常會一次，負責「聽取、檢討、衡量、決定有關戰爭、和平、連結、援助、征收費用等事務，以及戰爭的人數，戰利品的分配或因征服所獲的任何事物，接受更多的同盟....及共同有關的事務。....」[5] 邦聯會議亦授權「考慮制定一般內政性質的協議及命令，以維持自己內部的和平，防止戰爭的發生及相互的歧見。....」[6] 邦聯的殖民地間應互相歸還逃匿的奴隸及罪犯，以及尊重各自的「完整」管轄權。[7] 邦聯會議對有關戰爭事項須一致決定，一般事項需四分之三的決定。[8] 對殖民地違背條款的事項，祇得由邦聯會議考慮，無強制的規定。以上的規定與一百三十四年後的美國邦聯條款甚相類似，其間有甚多脈絡相通處。另一點須加稅明的，即規定中欠缺商業及共同航行方面的條

---

[4] The New England Confederation, 1643. In Commager 1949:26.

[5] Article VI of the New England Confederation. In Commager 1949:27.

[6] Article VIII of the New England Confederation. In Commager 1949:27-28.

[7] Article III of the New England Confederation. In Commager 1949:26-27.

[8] Article IX of the New England Confederation. In Commager 1949:28.

款，此可證明當時尚未興起強有力的工商階級。邦聯的成立主要是由於「外灼」，非因內部經濟發展的結果。經濟的力量，如不說是社會結合的唯一力量，但不能否認是主要力量。早期美洲殖民地間的聯合運動，皆欠持久的成就，這不能不說是一個原因。

新英格協邦聯在 1675 年至 1676 年與印第安人戰爭期間，頗發揮作用。後來因戰事已過，地方權的觀念轉趨濃厚，加上英國的加強統治政策，於是作用漸失，但仍斷續維持到 1684 年才告正式失效。

新英格蘭邦聯雖然瓦解，卻留下一個很好的經驗，從此殖民地人士對聯合的期望日益加強，且有很多知名之士提出全面聯合的具體計劃來。其中最有名的應是 William Penn 在 1697 年所提出的聯盟計劃，以及 Franklin 在 1754 年所草擬的奧爾巴奈計劃(Albany Plan)。

Penn 的計劃雖然把當時所有的殖民地包括在內，但在性質上仍不出新英格爾邦聯條款所規定的範圍。它建議成立一個聯盟大會(Congress)，由各殖民地派遣同數的二位代表參加。這個大會每年開會一次，討論及解決共同的安全與福利問題。英王並任命一個行政長官為大會的主席。各殖民地間可藉大會調整雙方的歧見，如規劃越境的人民與罪犯，彌補商業上的缺失，以及考慮抵抗共同敵人的方案等。在戰爭期間英王任命的行政長官即成為最高統帥，統一指揮聯盟的軍事。[9] Penn 注意到商業上的問題及需要一個統一的行政長官，是比較特出的地方。但以各殖民地立於平等的磋商地位，他的聯盟充其量不過是一個邦聯的組織而已。

Penn 的計劃祇是一種個人的建議，後來未被殖民地的當局所採行。

從 Penn 的聯盟計劃一直到阿爾巴奈計劃，中間相隔五十七年。在

---

[9] Penn's Plan of Union, 1697. In Commager 1953:131.

這半個世紀中，殖民地無論在經濟生活上及社會生活上皆有快速的發展。最顯著的現象是工商階級的活動頻繁，以及地主與農民階級的向西發展。新興的工商階級一面要求英國政府放鬆對殖民地貿易的束縛，一面要求規劃及加強殖民地對外及相互間的商業活動，亦即要求一個全面的貿易。地主及農民階級則因殖民地的人口日增，[10] 要求向西開拓新天地，驅逐法人及印第安人的勢力。工商階級及地主與農民階級的這些要求，實際上皆須一個統一的大力量從中主持。英國政府是一個大力量，但殖民地人民懷疑它的統治性，不願依賴過甚。互相聯合亦是一個大力量，但殖民地人民又習於分權的傳統，不想進一步地聯合。最後祇得仍在英國政府的統治下，作有限度的聯合活動。奧爾巴奈計劃就是這個背景下的產物。

1754 年英國政府為保護殖民地人民的向西發展，乃與法國及印第安人發生正面的衝突。為了使殖民地間有進一步的團結，以贏取戰爭，英國政府乃在該年 6 月於紐約的奧爾巴奈(Albany)召開一項會議，由七殖民地的議會各選代表參加。這個會議曾宣布「為了自存，殖民地之間的聯盟實屬絕對必須」(Morison and Commager 1953:131) 。並決定由 Franklin 起草一個聯合的方案，以促其實現。這個方案就是奧爾巴奈計劃。

奧爾巴奈計劃主張將所有的殖民地結合在一個「統一政府」(General Government)之下，由英王派遣一位總理(President General)及由各殖民地代表選舉一個議會(Grand Council)主持。各殖民地的議員名額，打破以往各自平等的觀念，係按照殖民地負擔統一政府財務能力的大小分配（計 Massachusetts Bay 七名，New Hampshire 二名，Connecticut

---

[10] 從 1913 年的 360,000 人增至 1760 年的 1,600,000 人，見 Morison and Commager 1953:29。

五名，Rhode Island 二名，New York 四名，New Jersey 三名，Pennsylvania
六名，Maryland 四名，Virginia 七名，North Carolina 四名，South Carolina
四名），議員任期爲三年，議長由議員自選。總理經議會同意後，可
決定與印第安人間的戰爭與和平、相互的貿易、印第安人土地的購置、
新移民工作的展開、陸海軍的設立與維持、征稅及任命中央財務首長
與殖民地財務官吏等。這些皆是共同的事務，故由中央負責。各殖民
地仍保留自己的議會與行政組織，以及獨自處理內政的權限。中央甚
至「在未得殖民地議會同意前，不能強迫任一殖民地的人民服役。」
當然統一政府的決定不能違反英國政府的法律及決定。[11]

如與新英格蘭邦聯及 Penn 的計劃相比，阿爾巴奈計劃要「集權」
得多。它所主張的單一首長制及比例代表的一院制，皆是創舉，而成
爲後來美國憲法的嚆矢。這個計劃已擺脫邦聯的範疇而進入聯邦的境
界，是針對當時需要的最佳設計。美洲殖民地如果真按照奧爾巴奈計
劃進行，聯合在一個政府之下，不但可協同一致幫助英國擴展殖民地
的力量，亦可站在一堅強的立場與英國辦理交涉，維持自己的權益。
英國政府亦可藉這一個統一的政府爲對象完成各種改革，不致在對法
與印第安人的戰爭勝利後，加強對殖民地的控制。殖民地這樣反能保
持自己的自治傳統，並逐漸實現全體的利益。但奧爾巴奈計劃後來未
爲各殖民地的議會所接受，終告流產。Franklin 本人常認爲這個計劃
如獲通過，可能避免革命的發生。他的看法是有相當見地的(Morison and
Commager 1953:131)。

---

[11] Albany Plan of Union, 1754. In Commager 1949:43-45.

六、政治變遷

　　1763 年可以說是英國與殖民地間關係惡化的轉捩點。自此以後，殖民地發生激烈的政治風暴，終導至獨立革命，推翻英國的統治。

　　英國於 1754 到 1763 年的殖民地戰爭中，一舉擊敗法國，於是加強實施帝國主義，要將「散漫」的美洲殖民地納入帝國直接治理的系統之下。為了彌補戰費的消耗，及維持大批佔領地的費用，需要款項，乃開始在殖民地徵稅，且視為是應有的權利。稅收的課徵不能說不增加人民的負擔，對商人說，印花稅及進口稅須以硬幣繳付，不無造成損失與不便，但當時的殖民地「既不貧窮，也不鬧饑荒」，經濟情況是進步，而非衰退(Brinton 1965:31-32)。一般人民，尤其是商人對課徵額應可負擔。但事實上商人卻領先抗議，除向英政府請願外，復組織團體，連絡各殖民地人士，採取抵制進口及消費等運動。他們主要的不滿是，英國的征稅及對商業的控制嚴重損害了他們經濟發展的「自由」。實際上，他們已產生 Adam Smith 所說的「經濟自由主義」(economic liberalism)的需要，不願在商業發展上受到任何束縛。Oliver M. Dickerson 曾研究獨立革命前十年左右殖民地與英國之間的貿易，認為雙方貿易平衡，單從經濟上看，英國的措施決未迫使殖民地人士趨向絕境，造成革命的條件(Dickerson 1951:31-57)。

　　商人主要的願望是回復到 1763 年以前的自由狀態，但激進的知識份子則趨向於獨立。他們熟悉大憲章(Magna Carta)及普通法的規定，讀過自由大師如 John Locke 等人的著作，再受多年自由及自治生活的薰陶，已養成以自由及自治為「內在取向」的堅強性格。他們不能容忍英國的束縛，要「反奴役，爭自由」，而「他們所爭的自由，意指

對自己政府的全部控制，不受任何外力的干擾」(Andrews 1967:167)。
他們所採取的行動是激烈的，且深入民間，宣傳革命。如「自由之子」
(Sons of Liberty)等革命組織，皆經常利用村、鎮會議及教會爭取群眾，
從事獨立運動。一般平民對政治原理無知，對商人所強調的經濟自由，
也無切膚之痛，但他們經營自治生活多年，厭惡英國人的加強管制，
所以一經激進知識份子的慫恿，即揭竿而起，趨向暴力。商人在激進
份子的活動中，漸趨消沉。貿易的自由多少是自利的，「自由」「獨
立」等口號則可喚起信仰的熱情，發揮犧牲的精神。在美國獨立戰爭
後的六十二年，一位美國史學家特去訪問一位老戰士，探詢獨立戰爭
的原因，而有下面一段意味深長的對話：

> 「你為何這樣做呀（指參加獨立戰爭）？……我的歷
> 史告訴我，你們參加革命的人物，拿起武器，是為了反抗不
> 能忍受的壓搾。」
>
> 「這是什麼話？壓搾？我並未感受到。」
>
> 「什麼？你並未受到印花法案(Stamp Act)的壓搾麼？」
>
> 「我從未看到過這些印花啊！……老實說，我從未在
> 這上面付過一文錢。」
>
> 「好罷，茶稅怎樣？」
>
> 「茶稅？我從未喝過一滴茶，那些傢伙把它從船上扔到
> 海中去了。」
>
> 「那麼，我想，你定是讀過哈林頓(Harrington)，或雪奈
> (Sidney)及洛克(Locke)有關自由的永恆原則了。」
>
> 「我聽都未聽過！」
>
> 「哦！那麼這是怎麼一回事呢？你究竟是為了什麼去打
> 這個仗呢？」

　　「弟台，我們去打這些穿紅制服的人，是為了這個：我
們一向是自己管理自己，我們就是要這樣，但他們不認為我
們應當是這樣。」(Chamberlain 1898:248)

　　老戰士最後的一段話，有直探本源之妙。他不是當時的一位大人
物，不會講許多冠冕堂皇的話，但他老老實實地道出心中的感觸，即
是為了自治的生活而戰。

　　政治風暴從貿易、課稅的爭論，逐步進展到暴力的使用及政治理
論及信仰的堅持；另一面又從散亂的行動，逐步進展到組織的對抗行
為。激進派領袖 Sam Adams 首先組成「聯繫委員會」(Committee of
Correspondence)，展開各殖民地間的連絡活動，其後各殖民地的議會
也在傳統的合作基礎上，從事各種新的聯合。第一次及第二次大陸會
議的召開，是激進份子的成功，也使獨立的決定成為不可避免。Franklin
且在第二次大陸會議集會不久，曾建議組織一個與奧爾巴奈計劃相似
的統一政府，從事共同的活動，惜未受重視。但大會通過了一個有名
的獨立宣言，並制定了「邦聯條款」(Articles of Confederation)。獨立
的理論與組織至此皆告完備。

　　這個條款在美國歷史上第一次將所有的殖民地（獨立後改稱州）
結合在 The United States of America 的名稱下。這一名稱首先出現在獨
立宣言上，意義是指十三個美利堅聯合起來的州，共同發表一個宣言，
尚缺乏統一組織的意義。邦聯條款則直稱 The United States of America
是一個邦聯(Confederacy)，[12] 已具備中國譯名「合眾國」的涵義了。
但根據邦聯條款的規定，這個邦聯國是異常鬆懈的。各州雖「為共同
的防禦、自由的保障、相互的一般福利、而各自進入一堅固的同盟」，

---

[12] Article I of the Articles of Confederation. In Commager 1949:111.

[13] 尚仍「保留它的主權、自由與獨立，以及所有未曾明示由邦聯授與國會的權力、管轄權與權利。」[14] 此處所說的主權、自由與獨立，以現代的眼光看，當然並非絕對的，因各州在未得國會同意之前，原則上不能獨立從事外交（如派遣與接受使節、簽訂條約、締結同盟等）與國防（如軍艦及軍隊的設置、戰爭的決定等）等活動。[15] 亦即邦聯在這些方面具有最高的權限，在法律上算得上是一個高階層的政治組織，可稱為「合眾國」。

邦聯的最高權力機關是邦聯議會(Congress)。由各州派遣代表二人至七人組成，唯祇有一平等的投票權。執行機關未予設立，所需防禦及共同福利的款項，由各州按土地價值比例供應，不能自籌。即除發行公債外，毫無財政決定權。邦聯條款最後雖曾規定「各州須遵守議會的規定，完全服從邦聯條款」，[16] 但卻沒有強制的規定。

儘管邦聯組織欠缺足夠的行政統一權，但一完整的獨立組織總算產生，並與英政府形成對立的「雙重主權」(dual sovereignty)狀態(Brinton 1965:135)。從此各殖民地人士開始「用國家的觀點，而不用地方的觀點去考慮合眾國的問題」(Doren 1948:ii)。

七、投入（一）：共同政府的需要及所獲的支持

殖民地的政治變遷發展到獨立的階段以後，建立一個新的政府體

---

[13] Article III of the Articles of Confederation. In Commager 1949:111.

[14] Article II of the Articles of Confederation. In Commager 1949:111.

[15] Article VI of the Articles of Confederation. In Commager 1949:112.

[16] Article VIII of the Articles of Confederation. In Commager 1949:115.

制(polity)來決定及執行共同的目的與政策，乃屬事之必須。從大陸會議到邦聯的組織，可以看出殖民地人士在這方面的認識與努力。但各殖民地所發展及實行多年的自治傳統及對上層統治權力的畏懼心理，使得聯合的基礎祇能建立在各殖民地的「主權」之上。邦聯雖將十三個「獨立」的州拉攏在一個邦聯議會之中，但它既無執行的機構，又無強制的權力，根本不能完成強力的決策功能。十三州常朝秦而暮楚，「今天是一個國家，明天就變成十三個」。[17]

　　大陸會議與邦聯議會一共維持了十五年，包括整個的革命戰爭時期(1775-1983)在內。在戰爭爆發以後，十三州的這個共同組織所表現的遲緩無力，使得革命軍總司令華盛頓受到不少牽制（參見：Anderson and Weidner 1953:70）。各州對費用、兵源、糧餉皆不能按時供應，中央復不能強制執行，當時的窘況可見。所以在邦聯條款剛生效時（1981年3月），即有人要求改革。James Madison 曾代表國會的一委員會提出報告，建議應授權國會「運用合眾國武力」強制「一州或多州履行它們的邦聯義務」(McLaughlin 1935:143)。但這一建議案，未能送往各州批准。在財務方面，集權派人士於邦聯條款尚未生效以前（1781年2月）即提出修正案，建議授權國會直接征收百分之五的進口稅。此一修正案雖經十二個州的批准，但遭羅德島州的拒絕而廢棄。1783年類似的修正案復經提出（列出某數種貨品的稅額，其他一列征百分之五，期間不超過二十年），仍未爲各州所接受。邦聯條款的確「隨著戰爭的進行，而愈顯得不適當」(McLaughlin 1935:143)。但所有修改的努力，皆遭失敗，難怪有人憤怒地說：「這是地球上最卑賤的國家之一」(Farrand 1921:1)。

　　戰後的情形不見得更好。雖然 Franklin 認爲當時的經濟情形並不

---

[17] 華盛頓語，見 Magruder 1953:38。

過差，[18] 但甚多有識之士則擔心政治的不安終會導至商業的蕭條、財政的紊亂與社會的空虛。事實上確有許多工商業人士數次向邦聯國會請願，要求加以保護。就整個的局勢看，那時英國的統治力量已去，整體的向心力未固，十三州如同斷了鍊的珠環，顯得步驟零亂。有些州甚至停派代表出席邦聯會議。一位法國的駐美公使在寫回國內的報告說：「現在美國並沒有一個全國的政府，沒有首腦、沒有國會、沒有行政機構」(Magruder 1953:39)。

商業問題是當時最迫切的問題之一。戰時商業活動停頓，戰後亟待恢復。但要達到這個目的，至少要排除兩方面的困難：第一是對外的，即要保護對外貿易，不受英國人的騷擾與控制；第二是對內的，即要相互協調，不必以強凌弱，自造壁壘。後者的情形，尤待改善。Madison 曾指出，有些州「因缺乏方便的商港，祇得經過鄰州，任其征課。新澤西州位在費拉德菲亞與紐約之間，真像一個兩旁鑿孔的桶；北加羅林納州則為維幾尼亞與南加羅林納州所挾持，正如一位兩臂皆流血的病人」(Farrand 1921:39)。John Fiske 對這一情形有更詳細的敘述：

　　有三萬人口的紐約市，多年來都由康乃狄格州供應柴薪，由新澤西的豐富農田供映牛油、乳酪、雞與菜蔬。據觀察所得，這種貿易將數以千計的金錢，自紐約市帶進了紐約人所憎恨的新英格蘭人(Yankees)與紐約人所輕視的澤西人(Jerseymen)的錢袋。紐約人說：「這是對於紐約本地工業有害的。我們必須制定一種管理航行的法律與一種保護關稅，

---

[18] Letter from William Grayson to Madison, March 22, 1786, quoted in Bancroft 1882:258.

來停止這個趨勢」。於是他們通過了法案，迫使每一艘經過黑爾門(Hell Gate)而來的新英格蘭人的單桅船與每一艘由保勒斯灣(Paulus Hook)划至紐約市柯特蘭街(Cortlandt Street)的澤西人的販貨船，都必須在紐約海關繳納進口費並取得通行證，如同由倫敦及漢堡來的商船一樣。同時每一車自康乃狄格載來的柴薪，也必須先繳一筆很重的稅，....於是新澤西的農民與康乃狄格的木商頗為不平。新澤西州的州議會首先決心報復。恰巧紐約市新近在新澤西州境內的沙灣(Sandy Hook)購買了一小塊土地，並且建築了一所燈塔，....新澤西人乃向該村燈塔每年征稅一千八百元以洩激憤。康乃狄格人也不落後，他們在新倫敦(New London)召開一個商人大會，全體一致通過與紐約斷絕一切商業往來....(Magruder 1953:39-40)。

要解消這種惡性的抵制及規劃互相的商業活動，自非有一個強力的中央政府不可。

各州內部的商業活動，因互築壁壘受到打擊。對外的商業活動，則反因相互之間不能築成對外的大壁壘，而受到損失。各州在缺乏統一的保護政策之下，高價競購外來的製品，削價外銷國內的產物，形成惡性競爭，使對外貿易完全操於人手，製造業受到摧殘，消費者負擔加重，一切皆是自己吃虧。1787 年 11 月的情形是：

在紐約港內，有六十條船隻，其中有五十五條是英國的；南加羅林納州的貨物裝了一百七十條船，其中有一百五十條是英國的，....國家的利益能不為任何人所關心，但對一個有效聯邦政府的迫切需要則是一目瞭然的。如缺此，北方諸

州人口將迅速減少，並步入窮境，南方諸州亦將變成為歐州
鞠躬盡瘁的蠶(Beard 1935:46-47)。

這個情形不僅在紐約港如此，波斯頓、巴的摩爾及費拉德菲亞等
大港莫不如是。當時市面上外貨充斥，大量入超的情形，足以產生民
窮財盡的危險。船隊既爲英國所控制，新英格蘭的造船業乃一蹶不振。
其他如絲、糖、毛皮、釀酒等工業亦無法發展。一位作者在 1787 年 2
月感嘆地寫道：

> 零星雜物與瓶罐等皆須進口，諸位，罪惡已在你們當中。
> 一位新罕什爾人一年喝了四十先令的甜酒而不考慮花費，此
> 將掀起群眾來削減州長的薪給(Beard 1935:46-47)。

情勢的急迫，使得「無數製造業、船舶業、貿易及商界的人士盼
望通過一部憲法，作爲確切的保證，即對外來的競爭予以保障」(Beard
1935:41-42) 。他們的代表在戰後的 1784 年，曾建議修正邦聯條款，
削減州權，付予國會「保護商業的權能，因前此從未能控制貿易中雙
方的利益。沒有這些控制，我們的對外貿易定將沒落，最後將會絕滅。」
(McLaughlin 1935:142)但這一修正案，以未能獲得各州的一致同意又
遭廢置。1789 年新政府剛成立後，工商階級乃迫不及待地一連提出數
個請願案，要求國會立即制定保護關稅的法令以抵制外貨入口，所列
的項目，幾乎籠罩所有的入口貨物(Beard 1935:42-44)。由此可見，工
商階級急須一個中央政府的情形了。

殖民地在戰時及戰後財政紊亂的情況，亦要求一個強力的中央政
府加以整頓。當時邦聯本身的財務狀況十分惡劣，各州的徵款不來，
軍隊的糧餉無著，公債則大量發行但歸還無期，外債亦無力償付。....
此使得負責財務的 Robert Morris 捉襟見肘，日坐愁城。他在 1783 年 1

月 11 日寫了一封牢騷滿腹的信給 Franklin：

> 請試想一下，一個負責國家財政卻無收入的人是處於怎
> 樣的境地：為債主所包圍著，他們的苦惱及吵鬧，使人無法
> 安撫。軍隊已近於解體及叛變，政府的權力仍祇限於建議
> (McLaughlin 1935:140)。

在 1783 年，邦聯從各州獲得的款項，祇抵原徵求額的四分之一。
賓夕凡尼亞的軍隊中，有八十個醉兵終於因欠薪而叛變，迫使邦聯國
會由費拉德菲亞逃至普林斯敦(Princeton)，借普林斯頓大學為安身地
(Magruder 1953:38-39)。

公債的本利不能償還，價值一落千丈。在戰後的市場價值僅及票
面價值的六分之一至十分之一，有時竟賣到二十分之一。這些近於「廢
紙」的國內公債，總值卻高達六千萬元(Beard 1935:34)，可見影響國
內財政及人民利益之巨。早在 1781 年即有賓夕凡尼亞州的債權人向國
會請願：

> 貴國會是為了美好的及偉大的目標，本著所有的智慧發
> 行債券的，但同樣貶值的情形已達到超過大家想像的奇妙程
> 度。此種欺詐式的償付，敞開了邪惡的及荒謬的非正義之門，
> 而與發行債券的美好與偉大目標，正相違背。....敬請向各
> 州建議採納一安全有效的辦法以謀補救(Beard 1935:57)。

真正補救的辦法，決非是再由邦聯會議提一、二修正案，必須真
正建立一個新的中央政府，徹底改進財政制度才可。

各州在戰後，雖自矜獨立的實現，但財政的情形與邦聯一樣地紊
亂。州債受到經濟蕭條的影響，亦不易償還。如欲經濟復興，同樣需

要一個力能統籌兼顧的中央政府。

　　州的問題尚不止公債的無法償還，最嚴重的的情形是在內部秩序的動盪。各州內陸地區的小農爲了購地及耕作曾向地主、富商及政府舉債，因而成爲債務階級。這個階級希望在州的政治轉變之際，控制州議會，使能通過延擱債務，重訂歸還土地貸款的公平價格，以及發行紙幣等辦法。在通貨膨脹的情況下，紙幣的價值貶低，以之償還原有的債務最爲相宜。一位債務人坦白地說道：「要選擇這樣的人，他能開設一家足夠大的銀行，發行紙幣來償還我們的債務。」[19] 他的意思是要銀行無價地把這些「印刷品」交在他們手中，以之償債。當時已有七州發行紙幣，使得州的經濟發生混亂，亦使得社會動盪不安。在羅德島州，自議會爲紙幣派所控制後，紙幣乃得大量發行，至於貶值。債務階級准用極優惠的辦法請貸幣款，用似還債。議會且另通過法律，規定凡拒絕接受紙幣債款的，須加懲罰，且不適用陪審(jury)程序。此造成債主及商人的不安，該州的最高法院終於根據特許狀的規定，宣佈議會的法律無效(Trevett V. Weeden, 1786)，此又造成議會與司法的衝突。在麻賽諸塞州，議會操於沿海城鎮的人士之手，他們皆較富足，拒絕紙幣的發行，且決議另征重稅，以償戰債，無力償付的，可強制拍賣財產(sheriffs' sales)。內陸的農民多爲債務階級，於是由鮮斯（Daniel Shays）領導發生暴動，史稱鮮斯叛亂(Shays's Rebellion)。這個叛亂雖迅爲民團敉平，但在各地引起廣泛的關注：一面同情債務階級的處境，一面擔心這樣的發展，會造成各州無政府的狀態，既不能保障人民的自由與安寧，也不能維持社會的秩序。諾克斯將軍(General Knox)在 1786 年底寫信告訴華盛頓說：

---

[19] New Haven Gazette, March 22, 1787, quoted in McLaughlin 1935:142.

　　叛變的那些人從未繳過或僅繳過一點稅，但他們卻看準
了政府的弱點。與富裕者相比，他們立刻感覺到自己的貧窮
及自己的力量，於是決定運用後者來救濟前者。在他們的想
像裏，美國的財產是大家共同努力從英國人沒收的危機中獲
來的，故應屬於全體。誰來反對即是正義與平等之敵，應從
世界的表面上清除。總之，他們決定消滅公私債務，實行有
益農民的法律。這最好的辦法就是發行無準備金的紙幣。....
我們會有一個反對理性、政府原則及自由精義的可怕變亂。
這一情勢使得新英格蘭地區具有原則及財產的人士受到警
告，他們從夢中醒來問道：我們的幻想是什麼？怎樣能保障
我們的安全以對抗暴力與無法無天的人？我們的政府必須要
受到撐持、改變，轉而保障我們的生命與財產。....具有理
想及原則的人已決定努力建一政府，使有力量保障他們從事
合法的活動，及有效對付內部的動亂與外來的侵略。他們認
為自由必須要有基礎；自由是平等及堅決的法治的產物。他
們希望一個共同的統一政府，因他們認為地方議會必定會自
然地趨向於阻礙及挫折所有的統一政府(Beard 1935:58-60)。

　　諾克斯的這封信是站在資產階級的立場講話的，但也可反映出社
會動亂的情形，他主張自由的實現在於法治，而法治的實行則在於一
個強有力的中央政府。其實債務階級一樣期望中央政府的建立，戰後
經濟的不景氣，各殖民地在商業上的互相抵制，農產品的滯銷，向內
陸西部的開拓等等，皆與農民的利益汲汲相關，也皆須要中央政府的
努力改進。麻賽諸塞州的政府與議會在 1787 年以後為債務階級及同情
解斯叛亂的人士所控制，但他們仍繼續支持已派往費城參加聯邦制憲
會議的代表，後來復批准聯邦憲法，由此可以推知在 1787 年前他們對

中央政府也同樣需要(Brown 1956:61)。

當然，中央政府的建立與美洲的安全與發展皆有關。在戰後，英國雖簽訂了巴黎條約承認失敗，但巴黎條約尚未被有效執行。從鉛伯蘭湖(Lake Champlain)到麥克諾(Mackinaw)之間，英國人仍控制著若干據點，掌握著與印第安人在北部的皮毛貿易。西班牙人則緊扼著密西西比河的咽喉，不讓美國自由通過。跨過密西西比河有廣大無垠的土地，但亦有印第安人的部落。如欲監視英國人的侵略，擊破西班牙人的束縛及征服印第安人的勢力，在在皆須建立一個強有力的中央政府。

以上從經濟、社會及安全的觀點說明對中央政府需要的情況。這個需要到了戰爭結束以後，已刻不容緩，如維幾尼亞與瑪琍蘭州在1785年於未徵求邦聯的同意前，逕自商訂一項共同利用波多馬克河流(Potomac River)的協定。這一行為是違反邦聯條款的規定的，但兩州代表不之顧。他們在華盛頓的維農山莊(Mount Vernon)另獲致協議，要更進一步「廣泛討論一般商務及關稅事項」(Farrand 1921:100)，且呼籲更多的州參加。

對中央政府的需要，不僅具刻不容緩的強烈性質，且受到普遍的「支持」(support)。各州雖有地理與經濟及社會情況的不同，人民之間雖有職業及貧富的分別，但期待及需要一個統一的中央政府來實現各人共同的或各別的目的則一。革命前後的激進份子，尤其是領導階層的中堅知識份子(intellectual elite)，對國家事權的統一尤其熱望。多年來他們從事全體的革命運動，眼光及情感已超脫鄉土及州的本位。新國家的建立及全國的統一與繁榮是他們「內在取向」所堅持的原則之一。他們的支持與贊助，使得聯邦政府的建立，成為最大的可能。其他如過去殖民地人民嘗試聯合的制度與經驗，皆可供策劃中央政府時的參考，而發生「回投」的作用。

八、投入（二）：集權與分權的需要及所獲的支持

中央政府的建立，不僅是普遍而緊急的需要，且獲得普遍而堅決的支持，但中央政府應具備怎樣的權力組織？與各州之間的權力關係如何？這些問題卻無法獲得普遍的同意與支持。

殖民地的政治發展，如前所述，是環繞在自治的傳統上，但要實行自治，必需具自足(self-supporting)的統治權。要有自足的統治權，必須上層組織不集權而分權(decentralization)，於是自治與分權成為一事之兩面，具有相因而不可分的關係。殖民地人民的自治，從村、鎮逐漸發展到十三個殖民地，亦即後來的十三州。州的成立有歷史、地理、經濟、宗教等因素，但一經成立後，即成為一個具統治力的政治團體。殖民地人民在這個統治組織下從事各方面的生活與活動而產生「州的意識」，「認州為自己的產物」(McLaughlin 1935:138)。Sammel E. Morison 曾說：

> 1790 年的大部分美國公民，如問起他們的籍貫或國籍，即不定會回答是美國，而說是加羅林納人、維幾尼亞人、賓夕凡尼亞人、紐約人或新英格蘭人(Macmahon 1962:33)。

由此可見，殖民地人民的州的意識由來已久，且深入人心。這個現象，使得各殖民地對分權，亦即州權的要求，變得十分強烈。

但各殖民地是處在一個共同的自然、社會、經濟及文化的大環境下，有不少共同的事務須合作處理。此種共同的利益關係，也帶來了「共同的意識」，使得州的強烈意識不致絕對。自從獨立革命醞釀以來，「共同的意識」高漲，尤其是激進的知識份子頗具有國家主義

(nationalism)的色彩。他們強調美國的統一與繁榮，共謀打銷強烈的州權傳統，要以中央集權的新觀念取代。

激進的國家主義派，在獨立戰爭時是最活躍及最有貢獻的革命份子。在獨立戰爭後，是最強調建立中央集權政府的集權份子。1787 年全美制憲會議的召開，他們的奔波之力爲多。

激進份子所主張的中央集權政府，可見於維幾尼亞州州長 Edmund Randolph 在制憲大會所提出的草案。根據這個草案，將來的聯邦立法機構（國會）分爲上下兩院；下院議員由各州人民直接選舉，上院議員先由各州的州議會提名，再由下院選舉。國會的立法權相當廣泛，可制定關於全國性的法律。凡各州無法立法的法案，以及各州如予立法即有損國家調和的法案，國會皆可立法。且法律的拘束力可直接及於全國人民。國會甚至可主觀認定州的某項立法違背憲法，而予以否定。再各州如違背憲法的規定義務，國會可召集聯盟武力加以強制。行政機構負責執行法律，亦由國會選舉，但有權可抵制國會，即行政機構如認爲某項國會的立法係越權制定時，它可聯合某些法官開會審議，審議的結果可使該法失效；但如國會第二次再予通過時，行政機構就必得加以執行，不能再加拒絕。草案亦建議建立一中央的司法系統。法官爲終身職，非有不當行爲，不能更動。在某些案件，中央法院有完整的審判權（由初審直至終審皆受中央法院的直接管轄）。[20]

這個草案，將中央政府直接建築在人民的基礎上，大爲削減了州權，Madison 曾加辯解說：

> 人民的普選，對自由政府的每一計劃皆關重要。……

---

[20] Articles III, IV, V, VII, VIII & IX, of the Virginia Plan. In Commager 1949:39-41.

這個偉大的結構如求鞏固和耐久，唯有建築在人民自己的堅
固基礎上，而不是單單建築在州議會的幾根柱子上(Farrand
1911:47)。

　　反對中央集權的人士多爲州權派，他們雖也需要一個強有力的中
央政府，但主張政府的基礎必須建立在州的分權上。他們承襲著自治
與州權至上的傳統，對集權的上層組織，心懷恐懼。在制憲大會上，
由新澤西州代表 William Paterson 所提出的相對草案，可代表這派的主
張。這個草案雖授權國會直接征收所得稅、關稅及進口稅，以及規劃
對內及對外的商業與貿易等，但它仍主張維持邦聯時代獨院制的國會，
議員由各州選出，代表各州；且不管州的大小，所出議員的人數一律
相等。中央行政機構由此一獨院制的國會選出，當然受各州的控制。
新澤西草案亦建議成立一中央的司法系統，但主要的權能僅在接受某
些由州法院轉來的上訴案件。[21] 中央的法規受各州法院的解釋與實
用，中央法院祇有終審權，所以中央法院的審判權不是完整的，這較
維幾尼亞草案所規定的情形有別。

　　新澤西草案以州爲中央政府的基礎，正如瑪利蘭州的代表 Luther
Martin 所說：「共同的政府僅是用來維持州政府的，並不是用來統治
人民的，它的權限應限制在較小的範圍內」(Farrand 1911:437)。

　　當時各州的人民對「集權」及「州權」支持的情形現無確切的資
料可證。大體說來，州權派的人士對州權的原則十分堅持，對各州平
等代表權的立場絕不讓步，有「寧爲玉碎，毋爲瓦全」之勢，如戴勒
維爾州的州議會，且曾限令出席制憲會議的代表，不得在州權上退讓。
人口較少的州，尤其畏懼大州藉人口的優勢，選出多數代表，控制中

---

[21] Articles II, IV & V of the New Jersey Plan. In Commager 1949:41-43.

央政府，轉而壓制小州。「集權」派的人士雖在制憲會議上佔優勢，但後來因溫和派的讓步，而與州權派妥協。溫和派讓步的主要原因固是避免雙方的決裂，但也擔心過於中央集權的方案，不易爲人民接受，可能在州議會批准時遭受否決。由此可見自治與州權的觀念在當時仍具相當的勢力，此使絕對中央集權的觀念，不能立刻實現。

九、轉變與產出

中央政府的建立雖是共同普遍的要求，但集權與州權的需要則相互抵觸，並不一致。如何將共同的要求，不同的需要，轉變成一個具體的中央制度，則是制憲大會的任務。

制憲大會的任務也就是決策，所決定的中央制度即「產出」。「產出」能否發生良好的作用，達成社會的目的，要看決策機構的組織及過程是否適當。本文不擬對制憲大會的決策過程作詳盡的分析，[22] 但有數點現象可以指出：

1.參加制憲會議的各州代表，亦即決策機構的成員，皆素符眾望，爲一時之選。遠在法國的 Thomas Jefferson 曾形容爲：「這是半仙(demigods)的集會」(Farrand 1921:109)。大會主席爲華盛頓，他雖甚少發言，卻被視爲團結及成功的象徵。一般人民對會議代表亦即對制憲大會所懷的信心與熱望，是可以想見的，這有助於人民對決策的接受與支持。

2.代表的平均年齡約爲四十二歲餘，這正是一個成熟而開展的年齡。他們在費城悶熱的長夏中，經過四個月的詰難辯解，終能相互妥

---

[22] 其詳可參見：胡佛 1963。

協，制定出人類第一部成文憲法，使聯邦制度，見諸於世，不爲無因。

3.約百分之七十的代表是學法出身，以律師或法官爲專業，可見他們皆是當時的高級知識份子，具有豐富的學養，能使聯邦制度的制定，順利成功。

4.所有代表中有百分之七十六曾參加或出席過各種州際的聯合組織或會議，其中大多出任過邦聯會議的代表。他們之具有整體的眼光與全國的感情，可以想見，此對會議的成功，有所影響。

5.各州的代表多具有討論與決策的全權，僅少數的州設有特殊限制（如前述的戴勒維爾州，限制代表不得在州權上讓步）。他們在開會時享有充份的自由裁量權，所發揮的意見，多是自己的，並不代表各州，同州的代表常因意見齟齬而致投票分散。當時政黨的觀念尚未形成，利益團體(interest groups)亦無嚴密的組織，所以在決策的過程中，外界的影響力不大，但他們卻時常顧慮到人民的是否支持接受，是無形中也有約束。

6.集權與州權的對立是經過一連串的協調，始告化解，所以可以說決策過程就是妥協過程。妥協是雙方不堅持絕對，而尊重相對，既經達成後，即易爲雙方接受。

從上述可知，決策機構的組織與過程皆是相當精當的，所以最後的「產出」當然也是最能達成社會的目的的。這個「產出」就是集權與州權經妥協程序後所得的聯邦制度：在中央政府設立眾議院，直接建立在人民的基礎上，由人民按人口比例，直接選舉代表組織；另設參議院，代表平等的州權，由各州議會選舉同數的代表組織。任何議案皆必須經兩院共同的通過，且賦與各州對憲法修改的同意權，作爲保障。制憲大會對兩院之間，以及中央與各州之間的權限劃分，另有詳細的規定，但對聯邦制度的基本形態而言，已屬枝節問題，可不必多說了。

十、結 論

美國聯邦制度源遠流長，背景因素深植於整個的自然及社會環境。移民遠涉重洋，追求新生活，所具的自治傳統為新的精神及新的環境所滋潤，而欣欣向榮。其後亦受政治發展與政治變遷的推挽，乃日趨圓滿自足，成為中心價值。移民執此善而固執，抗拒英國帝國主義的強制，而導至獨立革命。因獨立革命生同仇敵愾之心，終發展為國家主義的情感，政治文化至是乃同具自治與統一的因素。戰後的紛擾，使中央政府成為普遍的需要，「半仙」的治憲大會乃應運而生，並折衷於分權與集權之間，產生聯邦制度。

聯邦制度確符社會的潮流，「順乎天而應乎人」。它在州權的傳統上求統一，在社會的「異」(diversities)上求「合」(integration)。即在制憲大會中堅持集權的激進派，亦退而承認聯邦制度的完美性，而為文多方辯解及贊助。聯邦制度一經社會的接受及熱愛後，不再停留在達成社會目的的程序階段，而進至社會目的的本身，也就是由原有的工具價值，變成目的價值。此一目的價值再反回影響社會系統的各面，而增加社會的聯邦性。社會的聯邦性再作用於政治的聯邦性，如此互動(interaction)的結果，使聯邦制度經歷兩百餘年，穿越國際及國內社會的巨大變遷，仍能維持精神於不墜。今日的美國精神，籠統說來，是理想築於現實，成就在於自由，統治基於同意；在社會結構上，政府屬於社會，社會另為包括政黨在內的各種自主的團體(voluntary groups)所充實，且皆由下往上聯合，互相牽動，分別完成社會的多樣目的。這一些皆在聯邦主義中透著消息。　（原載：《美國研究》，中央研究院，1 卷，2 期，1971，頁 91-123。）

參考文獻

胡佛，1963，＜美憲制訂時的折衷案＞，載：《思與言》，1 卷 1 期，
　　頁 18-20；2 期，頁 28-30。

Anderson, William and Edward W. Weidner. 1953. *American Government.*
　　New York: Holt.

Andrews, Charles M. 1961. *The Colonial Background of the American
　　Revolution.* New Haven: Yale University Press.

Bancroft, George. 1882. *History of the Formation of the Constitution of
　　the United States of America.* New York: Appleton.

Beard, Charles A. 1935. *An Economic Interpretation of the Constitution
　　of the United States.* New York: Macmillan.

Benson, Allan L. 1914. *Our Dishonest Constitution.* New York: Huebsch.

Bridenbaugh, Carl and Jessica Bridenbaugh. 1942. *Rebels and Gentlemen:
　　Philadelphia in the Age of Franklin.* New York: Oxford
　　University.

Brinton, Crane. 1965. *The Anatomy of Revolution.* New York: Vintage.

Brown, Robert. 1956. *Charles Beard and the Constitution.* Princeton:
　　Princeton University Press.

Burnaby, Andrew. 1775. *Travels through the Middle Settlements in North
　　America.* London: Payne.

Chamberlain, Mellen. 1898. *John Adams, the Statesman of the American
　　Revolution.* Boston and New York: Houghton, Mifflin.

Commager, Henry Steele. 1949. *Documents of American History.* New

York: Appelton-Century-Crofts.

Dickerson, Oliver M. 1951. *The Navigation Acts and the American Revolution*. Philadelphia: University of Pennsylvania Press.

Farrand, Max. 1921. *The Fathers of the Constitution*. New Haven: Yale University Press.

Hicks, John D. and George E. Mowry. 1956. *A Short History of American Democracy*. Boston: Houghton, Mifflin.

Holt, Robert T. 1967. "A Proposed Structural-Functional Framework." In James C. Charlesworth (ed.) *Contemporary Political Analysis*. New York: Free Press.

Leach, Richard H. 1970. *American Federalism*. New York: Norton.

Lipset, Seymour Martin. 1967. *The First New-Nation*. New York: Doubleday.

Livingston, William S. 1952. "A Note on the Nature of Federalism." *Political Science Quaterly* LXVII(March):81-95.

Macmahon Authur W. 1962. *Federalism, Mature and Emergent*. New York: Russell & Russell.

Magruder Frank A.（王聿修、丁大維譯），1953，*American Government*（美國政治制度），香港新世紀出版社。

Mathews, John Mabry and Clarence Arthur Berdahl. (ed.) 1940. *Documents and Readings in American Government*. New York: Macmillan.

McLaughlin, Andrew C. 1935. *A Constitutional History of the United States*. New York: Appleton-Century-Crofts.

Mitchell, William C. 1970. *The American Polity*. New York: Free Press.

Morison, Samuel Eliot and Henry Steele Commager. 1953. *The Growth of the American Republic*. New York: Oxford University Press.

Nevins, Allan. 1927. *The American States during and after the Revolution, 1775-1789.* New York: Macmillan.

Parsons, Talcott. 1951. *The Social System.* Glencoe, Ill, Free Press.

Perry, Ralph Barton. 1956. "The Declaration of Independence." In Earl Latham (ed.) *The Declaration of Independence and the Constitution.* Boston: Heath.

Perry, Ralph Barton. 1964. *Puritanism and Democracy.* New York: Harper & Row.

Riesman, David. 1969. *The Lonely Crowd.* New Haven: Yale University Press.

Riker, William. 1964. *Federalism: Origin, Operation, Significance.* Boston: Little, Brown.

Spiro, Herbert J. 1967. "An Evaluation of Systems Theory." In James C. Charlesworth (ed.) *Contemporary Political Analysis.* New York: Free Press.

Taylor, Hannis. 1911. *The Origin and Growth of the American Constitution.* Boston and New York: Houghton, Mifflin.

Tucker, John. R. 1899. *The Constitution of the United States.* Chicago:Callaghan.

民國初年的政局與政府體制

　　辛亥年的武昌起義，將國家推向一個新的時代。但在時代的開端，也就是在起始的階段，必然會遭遇到整體政治及社會變遷所帶來的衝擊，政局的混亂與不安，是可以想像得到的。辛亥革命的主要目的，是要將中國的政治文化與制度，在根本上作一變革：在政治認同上，要從對滿清帝王的效忠，反轉過來，成爲排滿興漢，而且要進一步打倒列強的侵略；在政治結構上，則要推翻傳統的專制體制，改建民主共和，進而進行新政，發揮現代化的政治功能，這些就構成民國史上推動各項建設的主要動力。

　　在表面看來，革命是在短時間內用激烈的非常手段改變現狀的一種活動。但在事實上，革命常與歷史的長期演化密切相關。辛亥革命所真正要改變的，實是一個以帝王專制爲傳統的政治文化與體制。數千年的傳統政治文化猶如寬廣深邃的海洋，而革命不過是因海嘯而形成的浪濤。革命波濤洶湧過後，人民的政治認同縱有若干改變，但新的政治結構並不易建立，新的政治功能也不易發揮，一切變革都不可能立竿見影，而仍然需要相當時間進行政治文化的轉化。政治文化的

變動，是很難由一個激烈的革命所能短期奏效的。

民國初年的政治，正是前述新政治結構、功能及認同等重建的開端，其中涉及的人物，大致可分爲以下數類：革命派、立憲派、軍方、傳統官僚、在華列強，以及滿州宮廷。前三者，在民初政治史上，居有舉足輕重的地位；而後三者，也發揮某種程度的影響與牽制的作用。但我們要強調的是，辛亥革命的主要動力是國家主義與民族主義，並不是由於階級利益的衝突。在當時的中國，排滿、反對帝國主義，以及建設富強的現代化國家，實是超於階級利益，而爲一般民眾的共同願望。

在政治的現代化建設方面，辛亥革命的目的，則在以民主、共和的立憲主義，取代以君君，臣臣爲主體的專制及極權的傳統規範。進言之，思以議會、政黨與憲政體制的建立，以達到民主共和的政治理想，這實在是民國史上的最大特色。

當然，由於三千年來君主制度的傳統，已在傳統社會形成強而有力的專制及極權的政治文化，一時極難滌除盡淨。而且，當時的民眾對民主政治認知及實行的經驗，皆甚缺乏，因此使得民主革命的前途，充滿崎嶇。我們可從國人實行民主政治的艱辛過程，看到民初政治變遷與發展的軌跡，這也是本章所擬討論的主題。

一、民國初年的政治形勢

武昌起義的槍聲，把中國推入一個嶄新的時代。民主共和的理想，隨著排滿反帝的民族情緒，成爲政治革命的主流。

由於時勢所趨，緊接著武昌起義之後，漢陽、漢口、長沙、西安、九江、太原、雲南、南昌、上海、貴州、杭州、蘇州、廣西、鎮江、

揚州、安慶、廣東、福州、重慶、成都、南京等地,在不到兩個月的時間內,皆告光復(郭廷以 1964:1405-1438)。在其他地區,革命的浪潮也風起雲湧,其中尤以華中、華南、新疆、陝甘一帶為最。我們可以很清楚地看到,從武昌之役(1911年10月10日)到南京光復(1911年12月2日),中國的政治形勢有了極為巨大的變化。

在武昌起義的隔天,革命的新軍擁立第二十一混成旅協統黎元洪出任軍政府的都督,[1] 並以軍政府名義,一方面照會漢口各國領事,承認所有滿清政府與各國締結的條約,保證保護外國人民財產與既得利益,但要求各國嚴守中立,並於10月17日承認其為交戰團體;另一方面則強化組織,於10月16日公布鄂州約法,17日成立鄂軍都督府。此後,其他各地於光復後也分別成立都督府,革命的力量乃逐漸凝聚及強化。11月15日光復各省都督府所派遣的代表,在上海召開聯合會,並在10月21日決議,以武昌作為中央軍政府的所在地,由鄂軍都督執行中央政務,另委任伍廷芳、溫宗堯為民國外交總長及副總長。同時,軍政府的革命武力仍繼續與清軍對抗,但也準備派遣代表,隨時與清廷談判,俾減少傷亡,儘速達成肇建民國的任務。

立憲派的人士因對清廷缺乏立憲的誠意感到失望,所以在這段期間也紛紛改變態度,積極響應,[2] 甚至投入革命軍的陣營。如湯化龍等早於10月12日即以湖北諮議局、教育會、武漢商會名義,通電各

---

[1] 黎元洪原無意於革命,在新軍起義時,曾避居所部參謀劉文吉家。武昌光復後,革命黨人及以諮議局議長湯化龍為首的立憲派人士及士紳在馬廠諮議局集會,商討成立軍政府及推選都督。其時因起義新軍領袖,資歷太淺,恐難服眾舉事,又一時不能覓得適當人選,故經議員劉賡藻提議推舉黎氏,眾人贊同,乃到黎氏避居的劉宅擁之而出。黎初猶豫,後來才決心革命,推翻清室(張難先 1946:226;李廉方,載:文獻編纂委員會編 1971:363)。

[2] 立憲派人士要求清廷立憲及與辛亥革命的關係,請參閱:張朋園 1983。

省諮議局，要求同聲響應，並於 10 月 17 日加入鄂軍都督府，擔任政事部長等職。立憲派人士多爲當地的政治領袖或士紳，由於他們的合作，武昌的局面迅得穩定。在穩定的局面下，才能獲得列強承認爲交戰團體；更因爲湯化龍以諮議局的名義通電各省，才易使十四省響應。又如譚延闓，除繼焦達峰之後擔任湖南軍政府都督之外，更將視線推及全國，通電建議及早組織臨時政府，成立參謀本部於南京，俾便統一北伐事宜（張朋園 1983:150-156）。

新軍因起義而形成革命軍的主幹，也佔有十分重要的地位。在各地推動光復的新軍領袖，如武昌的黎元洪、孫武、張振武，宜昌的唐犧元（10 月 19 日），西安的張鳳翽（10 月 22 日），九江的馬毓寶（23 日），灤州的張紹曾、藍天蔚（29 日），雲南的蔡鍔、李根源、唐繼堯（29 日）等，都對革命的推展，具有實際的貢獻，也成爲舉足輕重的政治人物。

整個來說，辛亥革命的確爲革命派人士所策動，但各地新軍的起義，及各省諮議局立憲派人士的及時參與，加入革命的行列，才使革命的情勢改觀。在革命行動的實際開展上，上述革命勢力在三個關鍵地區的突破，穩定了整個革命的大勢：（李劍農 1969:307）

1.長沙位於武昌的後方，而九江則爲武昌下游最近之地，這兩地的快速響應，使武昌的革命軍無後顧之憂，而能全力對抗由北方南下的清軍。特別是從長沙趕到的援軍，更適時地支援革命軍在漢陽一帶與清軍相持一月有餘。有了這一段時間，才能鼓動革命的浪潮，擴展至全國各地。

2.陝西、山西兩省，離清廷首都北京較近。這兩省的相繼響應，使清廷不能全力對付武漢，削減武漢所承受的軍事壓力。

3.南京爲長江下游的重地。清督張人駿所轄清軍及張勳、鐵良所部，對中游武昌地區的革命軍原可形成極強的壓力，但因蘇、滬、浙

等處先後響應，使之無法兼顧，而且在漢陽被清軍攻克，進而威迫武
昌之時，蘇、滬、浙等東南地區的革命軍竟能合力攻克南京，成立臨
時政府，反使革命的聲勢大振，扭轉整個大局。

武昌之役，以及各省的響應，除了使革命派、立憲派，以及各地
新軍的影響力快速成長之外，北洋軍系也因此受到清廷的倚重，當作
抗衡革命勢力的主力。

革命軍在漢陽光復的翌日（10月12日），清廷一方面諭令瑞澂、
張彪革職留任，帶罪立功外，一方面命陸軍大臣廕昌，親率北洋軍隊
兩鎮南下鎮壓。但廕昌轉戰不利，清廷在10月14日乃不得不起用袁
世凱為湖廣總督，辦理剿撫事宜，並著即速赴任；除湖北原有軍隊歸
其節制調遣外，亦得會同調遣其他水陸各援軍。但因清廷在戊申年
(1908)，以袁氏足疾為由，加以放逐。現袁亦以足疾未痊，「養痾鄉
里，未能自效」為由，力辭不出（渤海壽臣 1971:1261）。10月20日，
徐世昌奉奕劻之命，至彰德晤袁，袁即利用機會，提出六項重要條件，
要求清廷悉行允諾，否則決不出山。這六項重要條件為：（李劍農
1969:308-309）[3]

1.明年即開國會；

2.組織責任內閣；

3.寬容此次事變之人；

4.解除黨禁；

5.須委以指揮水陸各軍及關於軍隊編制的全權；

6.須給予充足軍費。

從這六項重要條件可以看出，袁氏在表面上，擬以較和緩的態度
來對付革命黨人士，但在實際上，則想掌握足夠的軍力，用來壓迫革

---

[3]另見渤海壽臣 1971：46。

命勢力的滋長。在這種兩面手法之下，袁個人更可獲得實質利益，成為清廷軍事上非借重不可的唯一人選。在另一方面，袁又逼迫清廷，組織所謂的責任內閣，示意將親貴內閣廢止，一以削減皇族的影響力；二可將政治上的力量，也掌握在自己的手中。因此，「無論革命黨受妥協不受妥協，滿清皇位能維持不能維持，大權總是攬在他自己手裏了。」（李劍農 1969:311-312）袁氏原即握有全國最新式、最龐大的北洋新軍，現清廷再迫於情勢，祇得於 10 月 27 日授袁為欽差大臣；繼於 30 日取消內閣暫行章程，不以親貴充國務大臣，並於 11 月 1 日開去奕劻等人總理大臣、協理大臣及國務大臣之職，正式授袁為內閣總理大臣，節制派赴湖北的陸海軍，而使袁氏於半個多月之內，集軍事與政治的大權於一身。由袁所統領的北洋軍系，此後一枝獨秀，成為民國初年政治上的最大一股力量。

袁氏受任為總理大臣之後，組成內閣，設立九部，各部大臣為（李劍農 1969:314）：

外務部大臣	梁敦彥
民政部大臣	趙秉鈞
度支部大臣	嚴 修
陸軍部大臣	王士珍
海軍部大臣	薩鎮冰
學 部大臣	唐景崇
法 部大臣	沈家本
郵傳部大臣	唐紹儀
農工商部大臣	張 謇

從這份名單，可以看出袁氏有意將北洋勢力之外，具有新知識的官僚及某些立憲派的領導人士也一併納入內閣，組成一股更為龐大的

力量，有利於未來的政治運作。

至於革命派的人士，當然也要廣結奧援，以達到推翻滿清，建立民主共和的目的。因此，革命派也不斷地擴大爭取立憲派、新軍，甚而至於舊官僚的支持。在這樣的相持下，我們可以清楚地看出，政治的趨向是袁氏蓄意造成自己的政治勢力，逐步擺脫清廷的牽制。革命派雖力謀整合，厚結奧援，但實力則分散各地，不僅各有淵源，且各具用心。立憲派及舊官僚則依違其間，利用形勢，一面促袁反清；一面促與革命黨聯合。對清廷來說，覆亡的命運實已註定。換言之，在袁氏組成內閣（11 月 16 日），以及光復各省代表在京、滬集會時（11月 15 日），清廷已經註定覆滅。推翻清廷雖為當時各主要勢力的共同價值與目標，且因而促使相互之間的合作與妥協，但等到清廷覆滅的情勢明朗後，這方面的共同價值及目標已經達成，於是其他不同的價值，皆告出現，形成民初政治發展上相當紛亂的局面。

我們進一步觀察即可發現，革命派與袁世凱在政治立場以及權力取得的方式上，是十分對立的。但新軍及立憲派的態度則比較游離、分散，有傾向激進的，也有傾向保守的。再看革命派，對排滿雖主張積極地革命，但在清室顛覆時，內部也呈現分裂的危機。有人結合保守的立憲派，也有人結合激進的立憲派。縱是發動革命的同盟會，內部也意見分歧，顯得十分零亂。這樣的局面，對代表舊勢力的袁世凱而言，是相當有利的。袁的主要考慮是實質的利益，特別是個人的權勢，而且掌握最大的軍事實力及官僚集團，在當時的中國，無人能望其項背。這些使得袁氏在民初紛亂的局面下，易於操縱控制，成為最大的獲益者。反觀領導同盟會革命，時常亡命於海外的孫中山先生，他雖有理想，但沒有如袁世凱一樣雄厚的政治及軍事實力。在這種不同條件下的相互競爭，袁自然較為有利。當然，從另一個角度看，袁雖能操縱一時，但因缺乏政治的理想與遠識，無法迎合新時代的趨勢，

而不能創立民主共和的新局，終於開時代的倒車，作帝王迷夢，走上毀滅之途。孫中山先生雖在民初未能握有政治的實權，但由於洞悉世局，堅持民族、民權及民生的政治理想，終能為中國的未來繪出遠大的藍圖，蔚成一股沛然莫之能禦的革命潮流，推動中國現代化步伐的前進。

　　本文所要敘述的，也就是分別以孫中山先生與袁世凱為首的前進與保守勢力之間，在民初相互折衝的過程。由於立憲派、舊官僚以及在華列強的依違其間，使這一過程顯得十分曲折，但就整體政治發展的歷史而言，這也無異是革命初成階段的典型表現。也就是說，在邁向現代民主自由的早期過程中，保守勢力仍具有操縱政局的力量，雖然從較長遠的觀點來看，已受到前進的力量的牽引。進步的歷史潮流常是峰迴路轉的，現代民主政治的建設也必然會遭遇到一些轉折。民初的歷史，就是這個轉折的記錄。

二、臨時政府組織大綱的制定

　　武昌之役後，各省雖然聞風響應，紛紛獨立，但仍各自為政，名稱也極不一致，而且又互不相統屬，政局非常紊亂，根本不能發生整合的力量。到了 11 月 9 日，武昌首義的新軍領袖黎元洪乃通電各省，請派全權代表來鄂會議，組織臨時政府。雲南的新軍領袖蔡鍔也於同一天通電各省，主張選派代表集會武昌，籌議統一組織，規劃團體（郭廷以 1964:1424）。同月 11 日江蘇都督程德全與浙江都督湯壽潛等，則聯電上海都督陳其美，建議仿照美國獨立時十三州集會謀求統一的故事，在上海設立臨時議會，並提出集議的辦法：(1)各省諮議局各舉代表一人；(2)各省現時都督府各派代表一人；(3)以江蘇教育總會為招

待所；(4)兩省以上代表到會即行開議，續到者，隨到隨與議。另提議
討論大綱三條：(1)公認外交代表；(2)對於軍事進行之聯絡方法；(3)對
於清皇室之處理（吳宗慈 1973:3）。[4] 無論爲了推翻清室或籌建新的
民主和國，獨立各省謀求力量的統一及體系的整合，不僅爲當時情勢
所急需，也是中國大一統的文化傳統所必然，所以皆按通電集會的辦
法，紛紛派遣代表至滬。各地代表之所以依程、湯而未依黎、蔡的建
議前赴武昌，主因是上海本爲此次革命運動的最初策源地（吳相湘
1964:97-105），交通又極便利，而且，武昌起義以來，各地的同志大
都聚集上海。12 日，蘇、浙兩省所推派的代表再電各省代表至滬集會，
籌組臨時政府，並請公認伍廷芳及溫宗堯二人爲臨時外交代表。15 日，
並依「兩省以上代表到會，即行開議」的辦法，在上海開第一次會議，
並決議將代表會正式定名爲「各省都督府代表聯合會」。從 11 月 17
日至 20 日，聯合會則商議如何解決黎、蔡通電以武昌爲會議地點的難
題。最後決定，仍在上海開會，並電請武昌即派代表與會。聯合會也
同時承認武昌的軍政府爲民國中央軍政府，以及以鄂省都督執行中央
政務，並請以中央政府名義，委任各省代表所推定的伍廷芳、溫宗堯
爲民國外交總長及副總長（許師慎編 1967:110）。11 月 23 日，鄂省
代表居正、陶鳳集到滬，表示鄂省希望各省派全權代表赴鄂組織臨時
政府。隔日黎元洪又電蘇、浙都督催派代表來鄂。上海方面的代表睹
此情形，乃議決各省部份代表赴鄂商組臨時政府，另每省留一人在滬，

---

[4] 電文中稱：「自武漢起義，各省響應，共和政治已為全國輿論所共認，
然事必有所取，則功乃易於觀成，美利堅合眾國之制，當為吾國他日之
模範。美之建國，其初各部，頗起爭端，外揭合眾之幟，內伏渙散之機，
其所以苦戰八年，收最後之功者，賴十三州會議總機關有統一進行維持
秩序之力。……務必各省舉派代表，迅速赴滬集議。」由此電文可知，
美國獨立後，十三州謀求統一的經驗及所建立的制度，深為當時起義各
省領導人士所重視。

以為聯絡聲氣的機關。各地赴鄂或在鄂開會的代表，以及留滬或未赴
鄂的代表如下：（張玉法 1984:85）[5]

表一　獨立各省區留滬、赴鄂或在鄂的代表

省區	赴鄂或在鄂代表	留滬或未赴鄂代表
江蘇	雷奮	
鎮江		馬良
浙江	湯爾和、陳時夏、黃群、陳毅	
江西		王照、陳宦彥、徐鍾
福建	潘祖彝	林長民
山東	謝鴻燾、雷光宇	
安徽	王竹懷、許冠堯、趙斌	
湖南	譚人鳳、鄒代藩	宋教仁
廣西	張其鍠	
滬軍	馬君武、陳陶遺	袁希洛、俞寰澄、朱葆康
四川	周代本	
直隸	谷鍾秀	
河南	黃可權	
湖北	胡瑛、王正廷、孫發緒、時象晉	居正、陶鳳集
奉天		吳景濂
吉林		趙學臣
貴州		席正銘、歐陽煜
共計	23 人	15 人

　　各地代表到鄂後，適逢漢陽失守，武昌全城陷於砲火之下，乃假
借漢口英租界中的順昌洋行作為會所。11 月 30 日開第一次會，推譚
人鳳為議長。12 月 2 日，決議制定臨時政府組織大綱，並推選雷奮、

---

[5] 依據吳宗慈的資料，參與制定臨時政府組織大綱，並簽名的代表，只有
　　二十二人，其中缺少張玉法前表所列的四川代表周代本。又張氏所列之
　　表，將「滬軍」作為獨立單位，自蘇省劃開，亦與吳氏將滬軍代表馬君
　　武、陳陶遺與江蘇代表雷奮合併同稱蘇省代表者不同（吳宗慈，載：胡
　　春惠編 1978）。

馬君武、王正廷等三人為大綱起草人；另外又議決如果清廷內閣總理大臣袁世凱反正，當公舉為臨時大總統（吳宗慈，載：胡春惠編 1978:280）。

12 月 3 日，再議決中華民國政府組織大綱二十一條，並於 12 月 5 日公佈。條文見附錄二（張溶西、岑德彰等編 1973）。

這部臨時政府組織大綱，不僅是中華民國創建時第一部具憲法性質的根本大法，而且在紛亂的政治環境中，具有初步的整合作用。至少在對抗清室及袁世凱的反撲過程中，具有團結各省力量的效果。不過，若從憲法的觀點看，當然還不夠周詳。有人即指出組織大綱遺漏了「人權條款」，也有人認為不應該將行政各部，刻板地規定在具有憲法性質的根本法內。對這些批評，制法者也有解釋，他們強調：這祇是一部臨時政府的組織法，有效期間十分短暫，第二十條即明定：在臨時政府成立之後，六個月以內，應由臨時大總統召集國民議會，商討今後的大政方針。也就是說，制法者祇預期臨時政府組織大綱發生六個月的法效，藉以從事更進一步的整合（李劍農 1969:321-322）。但無論就政治的實效及法理說，此一大綱在當時皆曾引起若干爭議。

先看實效，組織大綱所規定的組織，在權力的分配上，仍然出現問題。因為「一把總統椅子，五把部長椅子……實在不敷分配」（李劍農 1969:322）。另外，組織大綱採行總統制，當時對採用美式總統制或法式內閣制已多爭議。宋教仁平時最主張採用內閣制，因此，當組織大綱從漢口郵傳到滬，民立報在發刊時，即指摘其內容有欠完備，並請宋氏加以按語，多所抨擊。[6] 不意此語一出，反對之聲大起。章

---

[6] 宋氏的按語如下：「按：此草案不適合者頗多，如：人民權利義務毫不規定；行政官廳之分部則反載入以制限其隨時伸縮之便利。又如法律之提案權不明，大總統對於部長以下文官吏之任免權不具，皆其失處也。聞赴鄂各代表，不日當會合留滬各代表再開議於南京。甚望其反覆審定，

炳麟在神州日報另宣稱：（吳相湘 1964:110, 135）

　　1.臨時政府首領當稱元帥，不當稱大總統；

　　2.下江浮議，有欲待孫君歸國，始正名號者，此無異兒童之見；

　　3.今日但應由首領委任內閣總理；

　　4.建置內閣，首推宋君教仁。

　　章氏的立論與各方主張或成議均不相同，其中實挾有舊日的意氣。在武昌起義後，宋氏在幕後操縱，擁護黃興，抵制黎元洪，試圖建立革命派的正統及領導權(Liew 1971:131)。宋氏的作法，自然得不到武昌黎系新軍及諮議局中立憲派人士的支持。還有，大綱的制定，也有同盟會人士的參加，他們對宋的反對，頗為不憚，再加上章炳麟對宋的推重，更增許多誤會，以為宋氏平日的主張，完全是為了自己本身的利益。這些使得宋氏四面受敵，也使得他後來所提出來的意見，遭遇許多制肘。

　　宋氏為了貫徹他向所主張的內閣制，特於 12 月 28 日宴請各省代表，發表修改臨時政府組織大綱的主張，共歷二小時之久，但是贊成的並不多。等到 12 月 31 日，中山先生就職臨時大總統的前一天，才由滇省代表呂志伊、鄂省代表居正與時任湘省代表的宋教仁共同向各省代表會提出修正案。修改的要點為：(1)增設副總統；(2)把固定的行政五部，變為活動不定的國務各員；(3)將總統制改為國務員負責的內閣制。前面兩點，已於當晚的代表會議決通過，第三點則因夜深擬延至次日續議。

　　不使貽笑大方也。」（《民立報》1912：1）。宋教仁與馬君武素不和睦，宋氏對馬氏三人所起草的大綱多所抨擊，或亦為不睦的一因。但因此增長同盟會內部的紛爭與分裂。

　　但在中山先生就任臨時大總統的次日，亦即民國元年 1 月 2 日，以馬君武爲首的蘇、皖、浙、桂、閩五省代表，對剛通過的修正案又向代表會提出異議，認爲如此重大的問題，不應在夜間議定，應視作無效。其實，當時的代表會開會，並沒有一定的時間，祇要十省以上的代表到會，所議決的事項便應有效。但問題的關鍵並不在議決案的是否有效，而在革命陣營，甚至同盟會內部發生裂痕，產生意氣之爭。有人甚至指摘宋提修正案，係謀內閣總理，純爲個人利益打算。結果是推翻前日所通過的修正案，重新再提出修正。這一次修正的內容，「只承認增加副總統和國務員的椅子，而不許責任內閣制出現」；「換言之，就是要打擊宋教仁。以反對個人的精神，來定政府機關的組織，這是當時代表會極不健全的心理」（李劍農 1969:323）。

　　從法的立場上看，臨時政府組織大綱是在倉促中完成的，雖對臨時大總統與參議院的產生及職權有所規定，但未及人民的權利與義務，而且起草者也不是人民的代表，他們是由光復地區的都督所指派的，其中有革命黨人，也有立憲派人，觀點並不一致。有人說，這是中華民國頒布的第一個憲法，嚴格說來，其中仍有許多缺陷，算不得是一部周延而民主的憲法。除掉上述未規定人民的權利與義務外，對政府與人民之間的關係，以及總統與國務員應向議會所負的責任，也都沒有規定（平心 1947:76-77）。另外，大綱中所設置的立法機關，也非來自民選，而由各地都督派遣，須受其節制。至於臨時大總統，以及副總統的選舉，則規定由各省代表選舉，「以得票滿投票總數三分之二以上爲當選，代表投票權每省以一票爲限」（大綱第一條）。各省代表既受各地都督節制，祇有一票之權，這使得總統的選舉受到各省都督的完全控制。因之，這一部大綱不能說是民主共和賴以維繫的根本大法，「此種規定，祇能認爲當時軍事期中，一種特殊的形式」（楊幼炯 1960:4）。

　　這一部民國初年的臨時政府組織大綱，經修正後，大體仍維持美國的總統制，其主要特徵有三：

　　1.國務院不設總理，各部部長直接對元首負責，由元首任免。

　　2.臨時大總統具有統率海、陸軍（第三條）、任免國務員暨外交專使（第五條）、締結國際條約（第四條）及退回參院議決交付覆議（第十三條）等權，此均與美國憲法中關於總統權限的規定相仿。

　　3.大總統的選舉，由各省代表投票，每省祇限一票。此與美國革命時的十三州代表大會相似，即每州不論代表人數的多寡，均以兩票為限。由此亦可看出各省無論大小皆具相等的地位，這使得政府制度，具有聯邦制的色彩。

　　這部大綱為了牽就當時的情勢，且由於制定時的匆促，不免呈現出若干缺失：

　　1.各省代表並不代表人民，只是代表各地的都督。

　　2.對國民的基本權利與義務毫無規定。

　　3.大總統實際由各省都督的贊可與支持而出任，與民意的向背不一定符合。

　　4.參議院開會的法定人數為何，也無規定；換言之，祇要有兩人以上開會，即可決議國家大事。

　　5.未規定大綱本身修改的手續。

　　以上的缺失，再加上與會代表的意氣之爭，使得臨時政府組織大綱的價值與功效皆受到損失。不過，這部大綱適用的時間也極短，在臨時政府成立及清廷覆滅後，袁世凱即將就任第二任臨時大總統之前，南京參議院迫於需要，另制定了臨時約法，組織大綱也就到此結束。

三、南京臨時政府的成立

　　自漢陽失守後，鄂省的革命情勢頓呈緊張，但在 1911 年 12 月 2 日江浙聯軍克復南京及浦口，使得革命情勢具有決定性的扭轉。去鄂的各省代表在制定臨時政府組織大綱後，乃於 12 月 4 日決議將臨時政府暫時設在南京。留在上海的各省代表則認爲赴鄂代表既無法組織臨時政府，而臨時政府的組織又刻不容緩，於是於同日推舉黃興爲假定大元帥，黎元洪爲假定副元帥；再於 12 月 5 日議決，以大元帥組織中央臨時政府。但上海代表的決議，頗受到去鄂代表以及江浙革命軍人的強烈反對，[7] 且因此產生大元帥與副元帥人選之爭。12 月 8 日，黎元洪通電各省都督，反對設置大元帥與副元帥。其實黎之所以反對，重點並不在元帥制度，而是不願屈居黃興之下。黃也因各方的反對，推辭不就。當然，黎以及去鄂的代表也希望早日成立政府，依照所訂的組織大綱選舉總統。但由於臨時無法找到適當人選，在鄂代表不得不於 12 月 15 日通電各省，主張延期選舉大總統。而在滬的代表在反對的壓力下，並於翌日改舉黎爲大元帥，黃爲副元帥並代行大元帥職權。對此決定黎雖表示承認，但同盟會同志則均表示憤慨，黃興也始終拒絕接受，這使得中央臨時政府一時無從組織。

　　黃興於 12 月 17 日曾發出「力辭」代行大元帥的通電，並推舉黎元洪暫任大元帥。黃之所以如此，主要的意圖，則在等待中山先生的歸來。而就在黎、黃相爭，革命軍群龍無首的時節，中山先生也如眾所望，已踏上了歸途。

　　武昌事發之際，中山先生正在美國，向華僑募款。10 月 12 日，得知此一意外消息之後，認爲今後的成敗，繫於列強的態度甚大，特

---

[7] 反對黃興任大元帥的，除武漢代表、江浙軍人之外，還有立憲派與光復會。而黃本人也堅持不就（郭廷以 1980：147）。江浙軍人挾戰勝之餘威，聲言不願隸屬在漢陽敗將的黃興之下，幾欲動武（章炳麟 1965：16）。

別是英國與日本。當時的革命勢力集中在華中、華南一帶，而華中、華南則屬於英國的勢力範圍；日本則為英國的同盟，且與革命黨關係密切。整個而言，英國的動向實可影響全局，因之，取得英國政府對中國革命的諒解與支持應是當務之急，所以中山先生決定先赴倫敦進行。在武漢革命初起時，清廷即向四國（英、法、德、義）銀行團借款，以為壓制革命之用。但英駐華公使朱爾典則主張迫使清廷將政權交予袁世凱，於是電請倫敦拒絕。四國銀行團乃通過決議，暫時不與中國談判。10 月下旬，中山先生抵倫敦，再繼續努力，並請英國阻止日本援助清廷。30 日，轉往巴黎，晤法國朝野人士後啟程東歸。

12 月 21 日中山先生至香港，會晤廣東都督胡漢民。胡認為中山先生一至南京，雖必被各方擁戴，但革命必需倚靠實質的力量，而中山先生在南京、上海，並無自己的軍隊，再加上各方意見紛淆，號令難行，根本不可能有所作為；袁世凱則心懷叵測，更不能信任。所以胡力勸中山先生，不如暫留廣州，整理軍務，然後再鼓行北上，方有勝算。中山先生並不以為然，認為上海、南京為前方，須身當其衝，對內部的爭議，也認為應加以消弭，不應趨避（胡漢民，載：羅家倫主編 1953:53-54）。對於袁世凱的詭變，中山先生亦稱：「袁世凱不可信，誠然；但我因而利用之，使推翻二百六十餘年貴族專制之滿洲，則賢於用兵十萬。」（胡漢民，載：羅家倫主編 1953:54）

12 月 25 日，中山先生與胡漢民等抵上海，黃興、陳其美、宋教仁決定組織中央政府，大元帥的問題已不了自了。

12 月 28 日晚，各省代表齊集南京舉行臨時大總統選舉預籌會，投票選出孫中山、黃興及黎元洪為臨時大總統候選人。12 月 29 日上午 9 時，舉行臨時大總統選舉會，到會的有直、奉、魯、豫、鄂、湘、粵、桂、閩、晉、陝、滇、贛、皖、蜀、蘇、浙等 17 省代表，共 45人，由議長湯爾和宣布按省依次投票，結果孫中山先生得 16 票，黃興

1 票，黎元洪 0 票，孫中山先生當選爲臨時大總統。[8]

　　各省代表復決議由各省代表聯合會組成臨時參議院。中山先生在同日則電袁世凱，聲明暫時擔任組織政府之責，望袁早定大計。31 日，臨時參議院通過中山先生的提議，採行陽曆，並以隔天（1912 年 1 月 1 日）作爲中華民國元年 1 月 1 日。1 月 1 日，中山先生離滬赴南京就職。夜十時舉行接任禮，各省代表推景耀月報告選舉情形。致詞畢，孫大總統宣讀誓詞如下：「顚覆滿淸政府，鞏固中華民國，圖謀民生幸福，國民的公意，文實尊之，以忠於國，爲民服務。至專制政府既倒，國內無變亂，民國卓立於世界，爲列邦公認，斯時文當解臨時大總統之職。謹以此誓於國民。中華民國元年元旦。」中華民國乃正式在歷史上誕生。1 月 2 日，代表會通過臨時政府組織大綱第二次的修正案，增設副總統，旋即舉行副總統選舉會，到代表 34 人，各省代表均選黎元洪爲副總統（《民立報》 1912:4）。翌日，中山先生一方面電請各省按臨時政府組織大綱的規定推派代表，正式組成參議院，另方面則草擬臨時政府各部總長的內閣名單。經過一些折衝，終獲代表會的同意。[9] 現將臨時政府的重要人士名單臚列如下：（臨時政府公報第三

8　參見：〈大總統選舉記〉，《民立報》1911：2。

9　內閣總長名單實際由黃興草擬，再由孫大總統核定。據于右任的記述，他在南京去看黃興時，黃興正擬內閣名單，見他來，將他抓住說：「你來的好極了，先生（指中山先生）要我擬內閣名單，正要找你商量。（慕黃 1953：4）。原核定的名單中，內政總長爲宋教仁，教育總長爲章炳麟，但代表會對宋、章及外交總長王寵惠皆表激烈反對（許師愼等編 1954：531-532）。宋因力主內閣制，被指爲別具用心，欲自立爲總理，受到反對。章則因與中山先生不睦，且與同盟會人時有衝突，而多妄談，受到非議（胡漢民，載：羅家倫主編 1953：55-58）。王寵惠則被視爲不適宜，要求改任伍廷芳。（《國父當選臨時大總統實錄》：133）。後經黃興居中調和，改以程德全長內政，蔡元培長教育，餘不變動，另改任宋爲法制局長，並聘章爲樞密顧問，以息爭議。

號 1912，池田誠 1968:102）

表二　臨時政府的領導人士

職　稱	姓　名	備　註
臨時大總統	孫中山	
臨時副總統	黎元洪	
秘書長	胡漢民	
陸軍部總長	黃興（兼參謀部總長）	次長蔣作賓
海軍部總長	黃鍾瑛	次長湯薌銘
司法部總長	伍廷芳（兼議和全權代表）	次長呂志伊
外交部總長	王寵惠	次長魏宸組
財政部總長	陳錦濤	次長王鴻猷
內務部總長	程德全	次長居　正
教育部總長	蔡元培	次長景耀月
實業部總長	張謇	次長馬君武
交通部總長	湯壽潛	次長于右任
法制局長	宋教仁	
南京衛戍總督	徐紹楨	
關外都督	藍天蔚（兼北伐軍第二軍總司令）	
參謀部次長	鈕永建（兼議和參贊）	
上海通商交涉使	溫宗堯（兼議和參贊）	
議和參贊	汪兆銘、王正廷、胡瑛	
法制顧問	寺尾亨、副島義一、章宗祥	
政治顧問	犬養毅	

以上這份名單之中，有幾點特色：

1.總長人選中，混合了革命派、立憲派與舊官僚。革命派中有黃興、蔡元培、王寵惠；立憲派及曾任清廷高等官員的則有張謇、湯壽潛、伍廷芳、陳錦濤和程德全等人。

2.次長人選中，則大多是同盟會的革命派人士。

3.武昌首義的人士在總長及次長的人選中，皆未獲得安置。[10]

4.四個顧問當中，有 3 名是日本人。[11]

從這份名單，我們也不難看出，民國一成立，革命派理想的實踐，即遭遇到難題。在實際政治上，革命黨的領袖中山先生尚須借重一些與革命理想具有相當差異的人士，才能完成臨時政府的組織。儘管中山先生對各部次長的人選，仍大多以革命黨人士充任，但這樣的安排，實已透露出理想不能不遷就現實的無奈。這祇是一個臨時而混合的政府，各種政治勢力一方面雖勉強整合，另一方面則皆期待北方袁世凱的逼使清廷退位。除這一期待相同外，各政治勢力間的理想及利害皆極不一致，可說是貌合神離，所以臨時政府的基礎並不是十分穩固的。如張謇對革命黨即懷有成見，在民國元年 2 月初為反對以漢冶萍公司抵押借款，辭實業總長職，轉而走向反對臨時政府的陣營（章炳麟 1965:18）。內務總長程德全則以臥病上海租界，根本未來就職。交通總長湯壽潛就職後即出京，一直留住上海租界（胡漢民，載：羅家倫主編 1953:58），而司法總長伍廷芳，也在南京就職後，將印信攜回上海不再視事，後經次長呂志伊往返說明，才將印信交出（許師慎等

---

[10] 如武昌首義的孫武擬參加臨時政府為次長而不可得，此可能與黃興在漢陽之戰失利後，與武昌首義同志交惡有關。于右任即曾向黃興提及應注意武漢首義同志孫武等人，但未受重視。此使得武漢首義人士另組民社，受到袁世凱的拉攏，削減革命黨的力量（張繼 1951：30；劉鳳翰 1967：55）。

[11] 據郭廷以所著的《中華民國史事日誌》（1979），對民國元年一月七日的記事，謂：「日人犬養毅、頭山滿到南京，……告以日本外相內田康哉反對中國共和政體，……為孫所拒。」日本對中國的實行共和廢去君主政體十分介意，因此不可能全心全意支持中山先生的南京臨時政府。事實證明，日本政府正以兩面手法，一方面遣私人支持中山先生，一方面又透過外交途徑支持袁世凱。

編 1954:538）。在這一期間，一面調和各政治勢力，維持整合的局面，以因應袁世凱之變，一面推動臨時政府軍政實務的，則為黃興。黃與立憲派及新軍皆具淵源，故能身當衝要，雖無內閣總理之名，但具其實（胡漢民，載：羅家倫主編 1953）。據張繼的記述：「總理在臨時總統期間，諸事由克強作主。」（張繼 1951:238）民國 3 年，中山先生在日組中華革命黨，亦曾致函鄧澤如說（《國父全集》 1965：玖─197）：「即如南京政府之際，弟忝為總統，乃同木偶，一切皆不由弟主張。」

　　至於革命派也各有淵源，發展的方向也互異。武昌與上海的革命派人士早即壁壘分明：上海方面以同盟會的正統自居，武昌方面則以首義功高，而在中央政府內閣中未佔重要位置，覺得憤憤不平，遇事立異（郭廷以 1980:418）。在各省起義的都督，出身也不齊整，實際上也各自為政，不盡聽命於中央。我們從下表可以看出，響應武昌革命的各省都督之中，真正的革命派仍屬少數：[12]

表三　起義的各省與都督

省名	總督或巡撫	獨立月日	軍政府所在	都督名	派別	備考
湖南	巡 余格誠	10月22日	長沙	焦達峰*	革命派	
		10月31日		譚延闓*	立憲派	
江西	巡 馮汝騤	10月23日	九江	馬毓寶*	軍人	九江都督府於11月21日取消，改歸江西都督府支配
		10月31日	南昌	吳介璋	軍人	
		11月12日		彭程萬*	革命派？	
		11月21日		馬毓寶*	軍人	
		12月 日		李烈鈞*	革命派軍人	由安徽率兵回，繼任都督。

[12] 此表係參考池田誠所製表加以修訂而成，見前揭書，頁 103。

陝西　巡　錢能訓 　　　　總　升　允	10 月 22 日	西安	張鳳翽*	軍人	
山西　巡　陸鍾琦	10 月 29 日	太原	閻錫山*	軍人	
雲南　總　李經羲	10 月 30 日	昆明	蔡鍔	立憲派軍人	
貴州　巡　沈瑜慶	11 月 4 日	貴陽	楊藎誠	軍人	
	2 月 2 日 (1912 年)	貴陽	趙純城	軍人	
	3 月 4 日 (1912 年)		唐繼堯	軍人	
江蘇　巡　程德全	11 月 7 日	上海	陳其美*	革命派	
	11 月 5 日	蘇州	程德全	舊官僚	
	11 月 8 日	鎮江	林述慶	革命派	
浙江　巡　增　韞	11 月 4 日	杭州	湯壽潛	立憲派	
	11 月 28 日		蔣尊簋	革命派軍人	
安徽　巡　朱家寶	11 月 8 日	安慶	朱家寶	舊官僚	
	11 月 25 日		李烈鈞	革命派軍人	李氏乃暫行兼理都督事宜
	11 月 28 日		孫毓筠*	革命派	
福建　總　松　壽	11 月 9 日	福州	孫道仁	革命派軍人	
廣東　總　張鳴岐	11 月 9 日	廣州	胡漢民*	革命派	
	12 月 20 日		陳炯明	革命派	
廣西　巡　沈秉堃	11 月 7 日	桂林	沈秉堃	舊官僚	
	11 月 11 日		陸榮廷*	軍人	
四川　總　趙爾豐 　　　　　↓	11 月 22 日	重慶	張培爵	革命派	
	11 月 25 日	瀘州	劉朝望		
岑春煊	11 月 27 日	成都	蒲殿俊*	立憲派	
	12 月 8 日		尹昌衡*	軍人	
山東　巡　孫寶琦 　　　　　↓	11 月 13 日	濟南	孫寶琦	舊官僚	11 月 27 日取消獨立
	11 月 12 日	芝罘	王傳炯	軍人	
張廣建					
奉天　總　趙爾巽	11 月 11 日	奉天	(趙爾巽)	舊官僚	奉天安保會。11 月 16 日吉林保安會，11 月 17 日黑龍江保安會成立。
	11 月 26 日		藍天蔚	軍人	關東革命大都督

說明：1.「總」為總督；「巡」為「巡撫」。
　　　2.「＊」號為本地人士。

在上表所列都督的名單中，革命派約有 6 人，革命派軍人 3 人，

立憲派 3 人，立憲派軍人 3 人，一般軍人 14 人，而舊官僚則有 5 人。
與傳統的舊勢力相比，革命派的勢力的確仍嫌薄弱。

　　依照臨時政府組織大綱規定，各省都督府代表聯合會的任務，至
參議院成立後終止（第十六條）；參議院以各省都督府所派的參議員
組成之（第七條）；參議員每省以 3 人為限，派遣的方法則由各省都
督府自定（第八條）。各省都督府代表聯合會於 1911 年 12 月 29 日，
在選出大總統的同日，即致電各省都督派遣人員組織參議院。臨時參
議院在 1912 年，亦即民國元年的 1 月 28 日正式在南京開幕。

　　南京臨時參議院的參議員，有各省新派的，也有仍以舊派的代表
充任者。開幕時的參議員，計來自 18 省，共 45 人（其中新派者有 34
人）。但事實上經常參加開會的只有 20 人左右（張玉法 1977:90）。
參議員的名單如下：

表四　民元臨時參議院的參議員

省別	新　　派	舊　　派	備　　註
廣東	趙士北、錢樹芬、金章		趙原為江西代表
湖南	歐陽振聲、彭允彝、劉彥		B 資料無彭允彝
湖北	時功玖、劉成禹、張伯烈		
江西	文群	湯漪、王有蘭	
廣西	曾彥、鄧家彥		B、E 資料另有朱勱文，F 資料謂朱勱文、曾彥皆未到職
浙江	王正廷、殷汝驪	黃群	王正廷原為湖北代表，A、B 資料無黃群而有陳毓川
福建	陳承澤、林森	潘祖彝	林原為江西代表
江蘇	楊廷棟、凌文淵	陳陶遺	B 資料無楊廷棟
安徽	常恒芳、凌毅、胡紹斌		A、B、E 資料無胡紹斌而有范光啟
山西	景耀月	劉懋賞、李素	A、E 資料謂有景耀月，景時任教育次長，未到會
貴州	平剛、文崇高		
雲南	張耀曾、席聘臣	段宇清	B、E 資料無張、席二人，F 資料謂席未到職
陝西	趙世鈺、康寶忠		C、D 資料無康寶忠，此據 F 資料，A、

			B、E 資料謂另有舊派之張蔚森、馬步雲
四川	熊成章、黃樹中、李肇甫		A、B、E 資料謂三人為張懋隆、吳永珊、周代本
奉天		吳景濂	
直隸		谷鍾秀	
河南	陳景南	李磐	B、E 資料無陳景南，C、D 資料有陳景南
山東	彭占元、劉星楠		B、E 資料無此二人，F 資料謂劉未到職

說明：1. A、〈紀南京參議院開成立大會事〉，《順天時報》，宣統 3 年 12 月 20 日，版 4；B、〈各省參議會蒞會人名〉，《時報》，民國元年 1 月 30 日，版 1；C、謝振民，《中華民國立法史》，附錄，頁：5-7；D.谷鍾秀《中華民國開國史》，附錄，頁 3；E、〈參議院大會記〉，《天鐸報》，民國元年 1 月 31 日；F、〈南京參議院之近狀〉，《順天時報》，民國元年 3 月 12 日，版 4。

　　2.上表 A、B、E 資料所載為參議院開幕時名單，C、D 資料為派定的名單，上表略以後者為憑。

　　3.上表及資料來源和說明，均錄自張玉法 1984:89。

　　如上所述，中山先生所領導的臨時政府，並不能順利整合當時的各種政治勢力，也無法掌握民初的政治大勢。實際上，政治的重心已逐漸移往極具實力的袁世凱。他一方面挾持清室以自重，二方面結列強為奧援，三方面握有北洋的軍力，四方面則受到大部份舊官僚、軍人及為數相當可觀的立憲派甚至革命派人士的擁護。臨時政府在這樣的情勢下，實不可能有所作為。同盟會在進入到臨時政府後，也不能不與各種新舊政治勢力周旋妥協，早期的革命性格就不免逐漸變色。宋教仁等即主張改組同盟會為普通政黨，並以政黨政治為主要的目的。同盟會內部的變化也使中山先生無法在民國建元後遂行其志，以民族革命、民權革命與社會革命同時並舉，畢其功於一役。他後來曾感慨地說到：（《國父全集》 1965：叁—146）

乃於民國建元之初，予則極力主張施行革命方略，以達
革命建設之目的，實行三民主義，而吾黨之士多期期以為不
可。經予曉諭再三，辯論再四，卒無成效，莫不以為予之理
想太高。……既無革命之建設，又安用革命之總統為？此予
之所以萌退志，而於南京政府成立之後，仍繼續停戰，重開
和議也。

對當時政局的不利於革命建設，中山先生自到滬親自介入實際政
治後，已有相當的了解，當然也難免有些失望，但他仍然容忍，支持
和議，有所期待。他的主要考慮仍然在結合各方的勢力，先行排滿，
並為共和奠基。事實上亦證明他來滬、寧組織臨時政府，至少在這兩
方面具有極大的貢獻。臨時政府成立後，使得袁世凱不能不在逼使清
室退位後，在此基礎上組織民國的共和政府。

中山先生在組織臨時政府時即公開同意袁世凱如能推翻清室，即
讓予大總統的職務，使全國共和早日實現。在國內的建設方面，他主
張應注重工商，而他本人則願意為中國開一新局面，不爭政權。[13] 至
於對外政策，則主張應與各國商議重訂關稅，並取消領事裁判權，收
回租界。在就任大總統後，他曾於 1 月 5 日正式發布告友邦書，願與
各國「敦平等之睦誼」，[14] 並宣稱：清政府所訂的條約，繼續有效，
至期滿為止；清政府所借外債，照舊償還；各國或個人所得權益，照
舊尊重，希望各國更篤交誼，靜待民國之成，並盼予以承認（郭廷以
1980:419）。

---

[13] 參見：〈總理孫中山先生自巴黎致民國軍政府盼速定總統電〉，載：羅
家倫主編 1953：1。

[14] 參見：〈臨時大總統布告友邦書〉，《國父全集》1965：785。

　　後來的演變是，袁世凱在南方臨時政府的承諾下，逼使清室退位，而在極短的時間內結束了長達數千年的君主專制，完成了排滿興漢的民族革命。但臨時政府的對外政策則未奏效。在華列強仍重實際的利害，對於孫大總統的布告，大都不予理會，視為無足輕重（郭廷以1980:419）。

　　南京的臨時政府總共祇維持了三個月，其中的大部分時間都用於對付袁世凱。在清室退位之後，為了防制袁氏的野心，則又忙於重訂法制加以約束。

　　無論如何，在民初共和政治草創期間，臨時政府對早期的政治整合及組織型態具有奠基性的貢獻；除此之外，臨時政府也開展了民國的法統，並從事某些內政改革，尤其在社會人權方面，產生深遠的意義，諸如：

　　1.正式宣告改用陽曆，並以黃帝紀元 4,609 年 11 月 13 日為中華民國元年元旦（即 1912 年 1 月 1 日）（《國父全集》 1965：玖－107）。並編定曆書，頒行全國。[15]

　　2.採用五色旗為國旗，[16] 十八星旗為陸軍旗，青天白日旗為海軍

---

[15]　參見：〈內務部咨各省頒佈新曆由〉，羅家倫（主編）：443。

[16]　孫中山先生一向堅主以陸皓東所設計的青天白日旗為國旗，在同盟會成立後，曾向黨員大會提議採用，並強調紅、藍、白三色旗具有三色本質，富有美術性，且合於漢家咸儀及科學原理，亦可代表博愛、自由、平等之義（許師慎等編 1954：161；賀嶽僧：35）。但黃興則主張井字旗，以象徵平均地權，且指稱：「以日為表，是效法日本，必速毀之」等語。（章炳麟 1965：11）。 孫先生則認為井字旗既不美觀，又嫌有復古思想，不能採用（馮自由 1953：28），而與黃發生衝突（宋教仁 1962：319），終不歡而散，未作定論。辛亥起義後，程德全與宋教仁主張採用五色旗，以示五族共和，並合中國文化五數的習慣（谷鍾秀 1962：21）。臨時政府成立後，代表會在元月十二日決議採用五色旗為國旗， 孫中山先生深表反對，認為「清國舊制，海軍以五色旗為一、二品大官之旗，今黜滿清之國旗，而用其官旗，未免失禮。……」他堅主採用青天白日旗，

旗。

3.提倡平等觀念。革除前清官廳的「大人」、「老爺」稱呼，改以官職相稱，而人民則以「先生」或「君」相稱。（但燾，載：許師慎編 1967:231）

4.維護人權。禁止買賣人口，所有人民均得享有公權與私權。

5.尊重言論與出版的自由。

6.男子剪除髮辮，女子不許纏足。

7.提倡女權。[17]

四、君主專政的告終

自武昌起義直到民國肇元，臨時政府的成立，前後祇得三數個月的時間。在這極為短暫的時間，全國各地，幾乎都沾染到革命的氣息，其中以華中為最，華南次之，華北再次之。

清廷在決定起用袁世凱之後，政治及軍事的力量已快速地轉移到袁的掌握中。在民元甫肇的前後數個月期間，清室面對排滿及共和的時代壓力，已極難抵擋。不但革命派決志加以推翻，即所倚賴最殷的袁世凱一系，也在大勢所趨之下逐漸改變態度。

前已言及，在武昌之役後四天，清廷已不能不依賴北洋新軍的首

「因青天白日，取義宏美⋯⋯且示光明正照，平等自由之義。」（參見：〈大總統覆參議院論國旗函〉，載：羅家倫主編：112-113。）咨請覆議，但未為接受。他後來指摘，採用五色旗是官僚的主張，而黨人竟然附和，他並強調青天白日旗是「二十年以來先烈之血所沃成」，應採用為國旗」。（《國父全集》1965：捌－86）

[17] 以上各點，請參見：臨時政府公報第六號、二十九號、三十五號、三十七號，頁 111-112, 628, 700, 810。另參見：郭廷以 1980。

領袁世凱，而於 10 月 14 日補授湖廣總督，促即由家鄉河南彰德來京，加以起用。10 月 18 日，清廷再促袁力疾就道，並將長江一帶水陸各軍歸其調遣。袁則利用時機，採取兩面手法，一方面向清廷提出南下的六大條件，另一方面於 10 月 25 日，奏請任命其親信馮國璋、段祺瑞為第一與第二軍統領，迅速率軍南下壓制。11 月 1 日先攻克漢口，再續克漢陽，對武昌革命軍施加壓力。另於 29 日以道員劉承恩與黎元洪有同鄉之誼，特囑致書黎元洪，以實行立憲、赦開黨禁、下詔罪己、皇族不問國政為條件，與民軍言和（曹亞伯 1929:173-174）。30 日，清廷下罪己詔，取消內閣暫行章程，責成資政院迅速審議憲法，並從資政院奏，開黨禁，將所有戊戌以來，因政變獲咎，與先後因犯政治革命嫌疑，懼罪逃匿，及此次亂事被脅，自拔來歸者，均全數赦免，不究既往。在漢口攻克後，袁再遣劉承恩及蔡廷幹攜函至武昌與黎元洪直接洽商和議，請承認君主立憲以息爭，但黎與居正、宋教仁等當面拒之。[18] 11 月 27 日，袁軍攻陷漢陽後，乃請英駐華公使朱爾典(John Jordan)出面斡旋，雙方終同意停戰（曹亞伯 1929:173），局勢乃趨於緩和，而袁則在清廷與革命派之間，從中操縱，實際控制政局的發展。

　　清廷先任袁為欽差大臣，其後更進一步授與更大的權柄。11 月 3 日在立憲派的壓力下，清廷正式宣佈資政院所擬定的憲法十九信條。4 日，決定採取和緩手段，准袁命令前敵各軍停止前進，並命各路統兵大員宣布朝廷德意，妥速安撫。5 日，從資政院奏，准革命黨人按照法律，改組政黨。9 日，再據十九信條的規定，任命袁為內閣總理大臣。袁獲授內閣總理大臣後始於 13 日北上抵京，並於 16 日迅即組成內閣（李劍農 1969:315-317）。十九信條的條文見附錄一。

　　在革命聲勢的快速擴展下，清廷雖不得不起用袁世凱，不過，也

---

[18]　參見：中華民國史事紀要委員會（編）：908-914。

未嘗不希望達到以漢制漢的目的。但當時的客觀形勢已有根本上的變動，革命派的人士不僅具有高昂的排滿情緒與反對帝國主義的民族精神，且具有現代的民主共和的價值觀，要建立一個現代化的新中國。立憲派的主要人士也受到立憲維新觀念的洗禮，對清廷以滿族為中心的封閉政權，也表示反對；而袁系的北洋派則受到時勢的影響，頗有人傾向於維新的變革，而與立憲派的主要人士相互接納。整體客觀形勢發展至此，清廷的專制王朝已難逃覆亡的命運，所謂以漢制漢的政策，雖是不得已，但也更加強漢人的勢力，加速自身的式微。如上所述，袁世凱掌權後，即用兩面手法，操縱政局，一面逼清室退位，一面為自己的權力鋪路。

我們可看權力轉換的過程，12 月 6 日隆裕皇太后准攝政王載灃退位，將國家最高統治大權讓予漢人袁世凱。袁在攻克漢陽，迫革命軍協議停戰後，乃進一步謀求和議。於是清廷在 12 月 7 日，任袁為全權大臣，委託代表，馳赴南方，討論大局。而袁即委託郵傳部大臣唐紹儀為全權代表，嚴修、楊士琦為參贊，與革命軍議和。獨立各省也公推伍廷芳為代表，溫宗堯、汪精衛、王寵惠、鈕永建、胡瑛、王正廷為參贊，與唐等議和，並以漢口為議和地點。唐等於 12 月 12 日抵漢，但獨立各省代表會留滬代表為掌握中央政府的領導權，反對在漢口開議，主張移至上海。各國領事，尤其是英國領事也盼望在上海開議（觀渡廬：492）。唐等乃赴滬。12 月 18 日，革命軍代表伍廷芳與唐紹儀會於上海英租界議事廳，展開和議談判（郭廷以 1979:1445）。20 日，伍廷芳提議清帝退位及改行共和立憲，唐紹儀並無反對之意，惟望和平達成，由國民大會決定民主或君主國體。至此，清廷的權力幾已全失，命運也不能由自己掌握了。

我們從 12 月 6 日至 20 日短短十多天的發展，確實可以看出清廷權勢的失落。憲法十九信條的第一條還規定：「大清帝國之皇統萬世

不易」，但在和議時則變成國體之爲君主或民主，將交予國民大會議決。換言之，和議的雙方基本上已肯定人民主權的原則，即不論君主制度是否仍舊保留，都要由人民而不是由清廷的君主來決定。唐紹儀雖代表袁，袁則代表清室參加和議。唐的不反對民主共和，可見袁的心態。由此也可見清廷失去權勢，無可如何的困境。

　　1911 年 12 月 29 日，中山先生當選臨時政府大總統，並於 1912 年 1 月 1 日就職，改國號爲中華民國。孫氏就職，對清室與袁氏而言，無疑是一極大的震撼。從這個新年度的開始，清室、袁氏與革命政府之間的三角關係，就進入一個對決的階段。袁的兩面政策，以及所擁有的軍事與政治實力，終使得他能操縱當時的變局。他一面以大局的劇變懾清室，一面以停止戰爭，逼退清室及建設共和，與革命政府相周旋並進而妥協。這一操縱的過程，更使得他受到南北雙方注重本身實力的各地督軍、企圖避免社會大變的立憲派，以及著重維持既得利益的列強所支持，終成爲對決中的最大獲利者。

　　前面說過，袁在 1911 年 10 月 20 日曾提出復出的六大要求，並一再遣劉承恩等致書或面見黎元洪，以六大要求爲基礎，表示和談的誠意。袁的這一兩面的作法，不但給清廷緩頰的機會，以便操縱懾服，也給革命軍在北洋軍圍攻武昌的壓力下停戰的機會，以利和議與妥協的進行；同時也給在華諸列強，帶來穩定中國政局，以保障既得利益的希望。於是，黎元洪在 11 月 8 日函復袁氏，勸能贊助民軍，推翻清室；果如此，將推他爲共和國的大總統。而中山先生也於 11 月 12 日自巴黎電民國軍政府，主張：「今聞已有上海議會之組織，欣悉總統自當推定黎君，聞黎有請推袁之說，合宜亦善」。[19] 12 月 2 日，革命軍各省代表復議決，如袁反正，即公舉爲大總統。革命軍此種作法，

<hr>

[19] 參見〈自巴黎致民國軍政府盼速定總統電〉，《國父全集》1981：163。

使清室的退位與袁的就任總統成為二而一的一件事。袁見君主專政已
江河日下，民主共和正方興未艾，當然也有意乘時之便，逼退清室，
就任民國總統。其子袁克定且密遣留日學生朱苐煌於 11 月 29 日攜汪
兆銘函到武昌，主南北聯合，要求清帝退位，同時舉袁為總統（郭廷
以 1979:1436）。[20] 黃興亦於 12 月 9 日電復汪精衛，如袁能令中國為
完全民國，決舉其為大總統。同時各省代表也決議，革命政府暫設大
元帥、副元帥，而不設總統，其意即在虛懸以待袁。立憲派的重要領
袖張謇亦密電袁謂：「甲日滿退，乙日擁公，東南諸方一切通過。」
（張孝若 1965:1）

　　1911 年 12 月中旬之後，南北雖暫成對峙之局，但實際上，雙方
皆主和議。南方各省代表於孫中山先生返國之後，舉為大總統，組織
臨時政府，重在建立民主共和的法統；在另一方面也在促袁早日表明
態度，推翻清室，共建共和。因之，中山先生也公開表示，祇要和議
成立，清帝退位，當舉袁以自代。換言之，在各省代表心目中，中山
先生僅屬暫時大總統，任何時候，只要袁氏反正，即以大總統相讓。
中山先生自己也有共同的認識。

　　袁對南方的組織臨時政府，選舉孫中山先生為大總統，以建立民
主共和的法統雖無法阻止，但對南方藉此所表明的決心及所施加的壓
力，總感不快。袁乃藉口所謂上海和議所訂召集國民會議的辦法不妥，
反對南方政府的決議。但他仍然繼續在上海與南方談判；但是一方面
則利用軍人，嗾使馮國璋聲稱誓死反對共和；另則勾結外力，希望各
國相助（郭廷以 1980:419），對南方政府反施壓力。

　　在交互的壓力下，中山先生乃直接電袁，明言係暫時承乏，[21] 仍

---

[20] 胡適曾親見朱苐煌記述此事的日記（胡適，載：吳相湘編 1959：1-40）。

[21] 參見：〈致袁世凱告暫時承乏臨時大總統電〉，《國父全集》1981：165。

虛位以待，請袁早定大計。袁則答以國體尚待公決，不願預聞臨時政
府之事。中山先生再去電，再次明言：

> 倘由君之力，不勞戰爭，達國民之志願，保民族之調和，
> 清室亦得安樂，一舉數善，推功讓能，自是公論。[22]

中山先生在這裏，表示了幾項基本態度：
1.清室必須退位，但仍維護其安樂。
2.民主共和政體必須建立。
3.民族間的仇恨，在清室退位之後即不再強調。換言之，滿洲在
清廷瓦解之後，仍可居五族共和的地位，以保民族的調和。

　　由上述可知，南方政府及中山先生想透過和平途徑，實現共和的
苦衷，已昭然若揭。[23] 但整個問題的關鍵仍在清帝的何時退位以及如

---

[22]　〈復袁世凱解釋誤會電〉，《國父全集》1981：167。

[23]　南京政府內部的許多弱點，是 孫中山先生不得不對袁屢次讓步的根本
　　原因。郭廷以（1980：420）認為主要有以下幾點：
1.山西、陝西、皖北的革命勢力正迅速被袁軍所鉗制。
2.革命軍大都為臨時招募，形成烏合之眾。
3.財政空虛，若和議不成，根本不可能動員軍隊。
4.內部意見不一，武漢的態度與南京並不齊整。
5.立憲派盼和的壓力亦大。
6.無政府主義者（如吳敬恒、李煜瀛）反對戰事的延續。
7.同盟會會員不盡了解全部革命主義，但求推翻滿清。
8.醉心民主的幹部，也認為「名不必自我而立，功不必自我而成」，主張
　　武力革命時期已過，今後當注全力以爭憲法、國會、內閣。
　　總之，無論就政治、軍事、財政，或者革命的意識形態言，幾乎全部革命
　　人士，多傾向妥協。

何退位，因爲中山先生之所以要將總統讓給袁，第一個條件是清帝必須退位。

袁逼清廷退位實際並無多大困難，因當時的清廷已無足夠的權力以自保。但袁之所以遲遲採取行動，主要的考慮有二：一是顧慮「篡奪」之名，思對清室有以保全，給予某些優待；一是不能確定南方政府及領導人中山先生的真正意向。

等到中山先生數度電袁表示謙讓，且同意維護清廷的安樂，並特將 1 月 2 日的電文交民立報刊登，所有的疑慮也獲澄清，所餘的只是一些細節的問題了。

袁決定採取行動後，首先以利害游說奕劻、邢桐，稱大勢已去，退位可享種種優待。其次，透過馮國璋等人強求親貴大臣捐獻以抗革命勢力；袁本人也出面，稱若無軍餉，只好辭職，迫使清廷親貴懾服。

袁也挾外以自重。在華列強對於辛亥之役，原採觀望態度(Lin 1982: 356-361)，但於南京政府建立之後，見南方秩序未固，滿洲即將傾覆，乃轉而尋求支持某一「強人」，以維護既得利益。亦即表面上，對清廷與革命政府之爭，保持中立，但幕後則予袁以實質的援助(Lin 1982: 356-361)。[24] 南北雙方在上海的和議，以國民會議問題發生頓挫之後，各國公使皆指摘南京的要求不近情理，南力應任其咎。對袁則盛稱其公平正直，爲當代中國最有才能的人物。各國的政策性支持，使袁信心更增，並向清室指稱：外蒙古已脫離中國，如再不決定態度，東三省亦將難保，且南方擬自行召開國民會議，各國勢必加以承認，而各口岸洋商則擬請本國政府，強制清廷遜位等等。不久，果然有上海的西人商會，致電奕劻、載灃，勸告遜位。

---

[24] 四國銀行團在 1911 年 12 月至 1912 年 6 月間，曾予袁不下五次的巨額貸款。援助南京的，則只有日本的私人組織。

　　1 月 12 日清室王公會議，奕劻乃主張依照袁所提出的優待條件交出政權，但為載澤、載洵、善耆及恭親王溥偉等所反對。載澤等並決定組織宗社黨與南方對抗。袁氏面對宗室中頑強份子，仍採取武力與外交兼施的手法。1 月 23 日，袁通知英使朱爾典，自稱處境困難，準備辭職出京。朱爾典即會同法、俄、日公使，聲明贊成清室退位。1 月 23 日及 25 日，袁嗾使北洋將領段祺瑞兩電內閣，一稱軍心動搖，共和思想難以遏阻，一責親貴阻撓共和。段另於 1 月 27 日，聯合 47 將領，要求明降諭旨，定立共和政體。

　　革命黨的兩次暗殺事件，也增強袁世凱的危言示警在清太后之前的可信性，[25] 並且對宗社黨的反動舉措，構成直接的打擊。[26]

　　宗社黨健將良弼的被炸，使反對退位的清貴喪膽，善耆與溥偉更遠避大連、青島。清隆裕太后見情勢危急，請袁世凱保全其母子性命。1 月 29 日、30 日的御前會議，王公大臣中，已無人敢再對退位事表示異議。大局乃定。

　　至於優待清室的預定方案，在上海和議時，唐紹儀已將原則提出，後經汪兆銘草擬具體條款，由袁奏明，遍告親貴。2 月 10 日，並經南京臨時參議院通過，要點如下：（郭廷以 1980:422）[27]

　　1.清帝辭位，尊號仍存。

　　2.中華民國待清帝以外國君主之禮，給予歲用四百萬元，暫居宮禁。

---

[25] 1912 年 1 月 16 日，袁進見隆裕後，行至東門，革命黨人楊禹昌、張先培、黃之萌等行刺，但得倖免。楊等三烈士被捕成仁（歐陽雲：717-722）。袁氏被刺，使清室深信袁並未與南京政府勾結，自然對其更加倚賴。

[26] 1 月 27 日，同盟會員彭家珍炸斃宗社黨領袖良弼，彭雖殉難，但清室的少壯主義派，不敢再有反動主張。

[27] 優待條款全文見附錄四。

3.清及蒙、回、藏世爵照舊。

2 月 12 日，清帝正式下詔退位，統治中國達二百八十六年的滿族政權，於是告終，而綿延數千年的君主專政統治，也於是日結束。其後，雖曾有數度君主政治的運動，但均於極短時間內撲滅。中國的歷史，從此進入嶄新的一頁。

五、臨時約法的制定

民國元年(1912) 2 月 12 日，袁世凱成功地促成清帝退位，並於翌日致電南京政府（李劍農 1969:345）：

> 南京孫大總統、黎副總統、各部總長、參議院同鑒：共和為最良國體，世界之公認，今由帝政一躍而躋及之，實諸公累年之心血，亦民國無窮之幸福。大清皇帝，既明詔辭位，業經世凱署名，則宣布之日，為帝政之終局，即民國之始基，從此努力進行，務令達到圓滿地位，永不使君主政體再行於中國。現在統一組織，至重至繁，世凱極願南行，暢領大教，共謀進行之法。祇因北方秩序，不易維持，軍旅如林，須加部署，而東北人心，未盡一致，稍有動搖，牽涉全國。諸君皆洞鑒時局，必能諒此苦衷。……

袁氏此一電文，一方面公開肯定共和民國，以示對南方共和民主法統的承認。二方面則表明清帝退位，由他署名，是出於他的努力，以示南方對他的要求已順利完成，故應依約定讓予民國大總統職位。三方面則提出一項保留，強調無法離開北京。其實，以長期擔任舊帝

國封疆大吏的經歷，以及對中國傳統政治文化的了解，袁對共和政治
並沒有很高的信念與誠意(Young 1977:81)。北方政治氣氛保守，也正
是他的勢力範圍，他可掌握情勢，隨時運用權變，操縱政治的發展，
如離北赴南，即易受南方革命氣氛與勢力的牽制，無法施展。袁在清
室退位後，亦仍操兩面手法，一面公開贊襄共和，滿足南京臨時政府
的基本要求；一面則拒絕南下，為未來的政治動向，預留餘地。

　中山先生在接獲袁氏電文的當天，立刻回電，謂即行辭職。[28] 同
日咨達參議院，辭臨時大總統職，並向參議院推袁繼任，他在辭職咨
文中說：[29]

　　當締造民國之始，本總統被選為公僕，宣言誓書，實以
傾覆專制，鞏固民國，圖謀民生幸福為任。誓至專制政府既
倒，國內無變亂，民國卓立於世界，為列邦公認，本總統即
行辭職。現在清帝退位，專制已除，南北一心，更無變亂，
民國為各國承認，旦夕可期。本總統當踐誓言，辭職引退，
為此咨告貴院，應代表國民之公意，速舉賢能來南京接事，
以便辭職。

但他也附有三個條件：[30]
1.臨時政府地點，設於南京，為各省代表所議定，不能更改。
2.辭職後，俟參議院舉定新總統，親到南京受任之時，大總統及
國務各員始行解職。

---

[28]　參見：〈復袁世凱表示虛位以待電〉，《國父全集》1981：204。
[29]　參見：〈咨參議院辭臨時大總統職文〉，《國父全集》1981：16。
[30]　同前註。

3.臨時政府約法，爲參議院所制定，新總統必須遵守；頒布之一切法律、章程，非經參議院改訂，仍繼續有效。

在向參議院提出辭職咨文的同時，中山先生也正式咨請參議院選袁繼任，且言明是依約推讓：[31]

> ……今日本總統提出辭表，要求改選賢能。選舉之事，原國民公權，本總統實無容喙之餘地。惟前使伍代表電北京，有約以清帝實行退位，袁世凱君宣布政見，贊成共和，即當提議推讓。想貴院亦表同情。此次清帝遜位，南北統一，袁君之力實多。其發表政見，更爲絕對贊成共和。舉爲總統必能盡忠民國。且袁君富於經驗，民國統一，賴有建設之才，故敢以私見貢薦於貴院，請爲民國前途熟計，無失當選之人，大局幸甚。……

由以上的咨文可以看出，中山先生對民主共和政治的堅持，以及對袁的疑慮。他一面強調南京臨時政府的正當性，但同意舉袁自代；一面又訂定明確條件，以防袁的異心。他要求袁必須離開北方的勢力範圍，才能出任總統，而且必須遵守臨時政府的約法，以確保共和的體制。爲了早日推翻清廷，南方的革命政府不得不與袁系合作，但等到清帝退位，即面臨民主體制應如何確保及對袁應如何防範的難題。南方內部的意見並不一致，而革命派的實力亦不足控制全局，對這一難題的解決，祇能用中山先生所提出的上述條件：要求袁接受南方臨時政府的民主共和體制，遵行臨時政府的約法。這是想利用法制，來

---

[31] 參見：〈咨參議院推薦袁世凱文〉，1912。

抑制袁的野心及規範袁的行爲，也就是希望袁在繼任總統後，應完全
依照民國政府所訂定的共和及民主的模式，不能變更。

「臨時政府約法」正是南京臨時政府所構思，用以約制袁氏的最
重要及最基本的法制。這一約法的制定，主要由於「臨時政府組織大
綱」採總統制，而非責任內閣制，無法對袁任總統後的權力，作有效
的約制。在「臨時政府組織大綱」制定時，即曾爲總統制或內閣制發
生爭議，宋教仁且因主張內閣制受到懷疑，而無法擔任內務部總長，
而改任法制局局長。現爲約制袁，則又須由宋主稿修改「臨時政府組
織大綱」，改訂爲責任內閣制(Price 1983: 42, 50, 51)。

實際上，中山先生就任大總統後不久，即向參議院提出「中華民
國臨時政府組織草案」請求討論。但參議院顧及此一草案應由立法機
關自行起草，乃於民國元年 1 月 31 日議決，將原案退回政府（楊幼炯
1960:91），[32] 並於 2 月 7 日起，召集「臨時約法」起草委員會。這個
委員會名爲編輯委員會，實際由宋教仁主稿，共歷經三十日方告完成，
而於 3 月 8 日通過。3 月 11 日由臨時大總統正式公布。全文見附錄三
（張溶西、岑德彰等編 1973）。

這部約法，雖然與組織大綱一樣，仍爲臨時性，但爲各省代表所
組成的參議院所制定。因之，在正式憲法未產生以前，臨時約法應可
視爲民國的根本大法。臨時約法的制定，無疑是臨時政府的一項重要
成就。

臨時政府約法列有專章保障人民的基本權利，彌補了臨時政府組

---

[32] 關於孫中山先生所提的組織法草案，楊氏曾予討論，詳見該書頁 92。
　　另外，各省代表聯合會時期，曾推由景耀月、馬君武、呂志伊等五人負
　　責擬定「中華民國憲法」。他們在一月下旬時，擬妥了一種「大中華民
　　國憲法草案」，並曾提送甫於一月二十八日成立的參議院。詳見：黃嘉
　　謨 1981：338。

織大綱的缺失，也使這部約法更具根本法的性質。對人民權利和自由的保障與促進，在 1905 年同盟會的「民報」發刊詞中（《民報》1905:1-3），即揭櫫爲革命黨的主要目標，現臨時約法在中國歷史上，首次將「天賦人權」和「自由、平等、博愛」的革命理想，具體地以明文加以保障，當然具有劃時代的意義。三千餘年來中國民眾處於專制的統治之下，人民的基本人權從未受到重視，也從無明文保障。因之，在民國初建，就以根本法宣布各族人民一律平等，享有各項民主自由權利，實在是歷史上破天荒的創舉。

對於政府組織，臨時政府約法也一本三權分立的制衡理論。第四條即以明文規定：「中華民國以參議院、臨時大總統、國務員、法院行使其統治權。」根據這一規定，臨時約法再進一步以第三章至第六章分別規定參議院、總統副總統、國務院以及法院的組織與職權。從這些規定可以看出有關政府組織的幾項特色：

1.尙未接受中山先生在同盟會「民報社」成立一週年大會上所演講的五權觀念（胡漢民：94-95），仍以孟德斯鳩的三權制衡理論爲架構，此與一般民主國家的憲法相似。

2.立法權爲民權的行使，故在理論上高於行政，因而掌行政實權的國務院須向掌立法權的參議院負責。

3.總統非具實權的行政首長；掌行政實權的爲國務院。國務院對於法律及命令的公布與發布皆具副署權，且如前述，須向參議院負責，因此形成責任內閣制。

4.司法獨立，法官審判不受干涉，且任職受到保障。

5.各省參議員的名額相等，均爲五人，且選派的方法由各省自定；此很明顯地使臨時政府具有聯邦制的特徵。由此也可看出，各省在辛亥革命後紛紛獨立，在約法制定時尙保留相當自主的地位，中央並不能全盤加以節制。基本上，此與臨時政府組織大綱的規定相似。

　　臨時政府約法繼臨時政府組織大綱再度建立以民主制衡爲基礎的政府組織，也同樣具有歷史上的意義。但在上述的各項特色中，最值得重視的仍在規定責任內閣制，以防袁世凱的專權與異心。

　　前面說過，在各省代表聯合會時期，宋教仁主張修訂臨時政府組織大綱草案爲內閣制，但代表中有人懷疑宋想當內閣總理，加以反對，終採取總統制。現參議院爲了制袁，又委由宋氏主稿採取內閣制。此使民初的法制成爲所謂的「對人立法」（李劍農 1969:348）。對人立法易受制於現實的環境，不能發揚法治的精神；在實際上，所能發揮的效力也不甚確定，常因人而異。政治制度的真正基礎在政治文化，如缺乏政治文化，制度即甚易受人爲的破壞。在民國初建時，我國民眾的民主文化仍相當貧瘠，任何民主法制皆很難奠基。在這樣的文化環境下，欲以臨時約法的責任內閣制以防範袁的權變，當然不易。但當時革命黨的實力既不足，除以制度約束外，也難有其他的良方，這是民初民主政治發展的困局。再進一步看，民主文化必須由民主制度加以體現，而民主制度則又賴掌握實權的政治人物加以倡導與遵行，如政治人物無此觀念，或僅注重個人的特權與既得利益，不僅民主制度受到歪曲與破壞，民主文化更難以建立，整個政治體系的現代化進展，就會停滯，甚至會引發政爭，導致體系的動搖與分裂。

　　往後歷史的演變，正足以證明，南方政府希望利用法制，循正當議會政治的途徑，以內閣制防制袁世凱的專權與異心。但民眾的民主文化並未完備，甚至當時南力的某些在政治上活躍的人物，也不見得具有明顯的民主價值取向（胡佛，載：韋政通、李鴻禧編 1983:149-167），袁終於不受約法的約制，且變本加厲，進行帝制，帶來歷史上長期的動亂與分裂。

　　總之，臨時政府約法對基本人權的保障及分權制衡的設計皆富民

主法治精神，縱然在法理結構上仍有缺點（楊幼炯 1960:95-97），在制虔結構的設計上仍有遺漏（平心 1947:77-79），而且也不符合中山先生五權憲法的理想。[33] 不過，從整個結構看，不僅已較組織大綱完備甚多，也相當具有根本法的特質。惜這部約法欠缺實力的支持，且無政治文化的基礎，始終未能發揮多大的法效，也未能防阻袁世凱的權變。

六、臨時政府的北遷與改組

約法所規定的政府結構，已初具民主共和政體的雛形，而第二任臨時大總統袁世凱，也不能不受此法的約束以組織臨時政府。可是，由於革命甫行發動四閱月，此一以民主爲理想的政府，很難發揮預期的功能，且民主政治的模式更未獲得全國上下普遍的了解與認同，尚未形成一種新的政治文化。在這時節，殘存在大多數人心中的傳統政治文化的勢力，自然繼續發生影響；革命興起之後，反革命的保守勢力依然具有雄渾的內勁，在革命初成的開端，發揮相當大的影響力。它常與溫和力量結合，成爲更大的力量，最後甚至壓過急進的革命勢力，在革命後相當長的時段中，仍然主導著社會。從臨時政府的北遷以及改組，我們可以清楚地看到此一特色。

從袁世凱於 2 月 23 日正式電告，襄贊共和，以及中山先生於當日宣布辭職，薦袁自代以後，立即產生臨時政府是否北遷的爭議。這一爭議實際牽涉到革命勢力的消長及民主共和政治的前途。中山先生在

---

[33]　孫中山先生後來曾說：「兄弟在南京的時候，想要參議院立一個五權憲法，誰知他們各位議員都不曉得什麼叫做五權憲法。後來立了一個約法，兄弟也不理他，……。」見：民國九年在廣東教育會的演講。

辭職時要求袁世凱南來就職，是要將政治中心移出傳統專制文化極爲濃烈及官僚守舊勢力極爲牢固的北地，而在現代思潮較爲活絡及保守勢力較爲衰退的東南地區，加以重建，以便推動全國民主共和政治的發展與勃興。因之，對中山先生所領導的革命勢力而言，南遷乃成爲極爲重要的大事。但保守勢力則仍以傳統的觀念及現實的考慮作衡量，覺得政治中心不能輕易移動，對於中山先生革命勢力的深意，並不能全然了解與贊同。袁世凱的北洋勢力原深植此地，當然更反對南移。

民國元年 2 月 13 日，袁世凱根據清帝退位詔書，布告全國，自稱膺命組織臨時政府。2 月 14 日，南京的參議院在討論臨時政府所在地時，竟維持傳統的觀點，決議仍設北京。中山先生對參議院的議決，異常氣憤，立即依法咨交該院覆議，力主臨時政府設於南京。15 日，參議院覆議時，雖爭論異常激烈，但由於黃興的事先斡旋，終以 19 票對 7 票的多數，重新決議臨時政府設於南京。南方參議院對北遷的態度既不一致，袁世凱自更堅持反對的立場。除此以外，袁也受到兩種勢力的支持（李劍農 1969:350）：

1.以北京爲據點的軍方與舊官僚。

2.在東交民巷享有特權的列強外交團。

袁乃因勢利用，挾以自重。中山先生則再一次電促袁南下就職，並否認清帝可加委任組織民國政府之說。中山先生並進一步建議，如恐北方一時無人維持秩序，可推定某人，畀以鎮守北方的全權，[34] 然後南下。

對於中山先生的電邀，袁並未直接復電，而以通電方式說明，以爭取全國各地的支持（李劍農 1969，上冊：350）：

---

[34]　參見：〈復袁世凱歡迎其來南京電〉，《國父全集》1981：208。

……南行之願，前電業已聲明。然暫時羈絆在此，實為北方危機隱伏，全國半數之生命財產，萬難□置，並非倚清室委任也。　孫大總統來電所論共和政府，不能由清帝委任組織，極為正確。現在北方各省軍隊暨全蒙代表，皆以函電推舉為臨時大總統。清帝委任一層，無足再論。然總未遽組織者，特慮南北政見，因此而生，統一愈難，實非國之福。若專為個人職任計，舍北而南，則實有無窮窒礙；北方軍民意見，尚有紛馳，隱患實繁，皇族受外人愚弄，根株潛長；北京外交團，向以凱離此為慮，屢經言及；奉江兩省，時有動搖，外蒙各盟迭來警告；內訌外患，遞引互牽。若因凱一去，一切變端立見，殊非愛國救世之素志。若舉人自代，實無措置各方面合宜之人。然長此不能統一，外人無可承認，險象環生，大局益危。反覆思維，與其孫大總統辭職，不如世凱退居。……

在這份電文中，袁所強調的有下面的五項要點：

雖自願南行，但迫於北方安定的需要，實在無法南下。

自認具有擔任總統的資格。即使南京臨時參議院不能推為總統，清帝亦不能加以委任，但北方各省軍隊，以及全蒙代表，均仍可推之為總統。

在華列強外交團不欲他離京。

除他本人以外，無人能夠鎮守北方。

如果非南下不可，則寧願不擔任大總統。

對於袁的強硬態度，中山先生亦不妥協，仍舊堅持原議。並根據

袁的通電，於 2 月 17 日再電袁氏：[35]

> ……至公謂目前北方秩序，不能得措置各方面合宜之人，
> 自不待言。然若分別諸要端，多電知數人，俾各受所委，得
> 資鎮懾，此亦為將來政府偏於南北東西必當籌用之一法，公
> 應首肯。

照理，中山先生的建議十分合理，但袁仍不為所動。在雙方的僵
持中，中山先生則派遣蔡元培、汪精衛、宋教仁、魏宸組、鈕永建等
為專使，於 2 月 18 日往北京迎接袁世凱南下，望能打破僵局。

對於中山先生的堅持，袁又採取一貫使用的兩面手法：表面上，
他願意妥協，於 2 月 19 日電先生，表示準備南下，並於蔡、汪等人到
達後予以熱情招待，當面承諾即將南下就任。但在另一面，則藉口兵
變，非他在北方維持鎮壓不可，強調不能南下。2 月 29 日曹錕部在北
京爆發大型兵變，[36] 整隊放火行劫，通宵達旦，商民被禍者數千家，
整個北京城進入驚怖的狀態，持續約四、五日，迎袁專使亦遭波及，
幾至蒙難（吳相湘 1962:7-33）。3 月 1 日，天津及保定的軍隊也發生
同樣的兵變。

這次兵變的內幕，時至今日，仍難完全明瞭，但縱使不是袁的親

---

[35] 參見：〈復袁世凱盼薦人維持北方秩序電〉，《國父全集》1981：210-211。

[36] 吳相湘在國事新聞社編，《北京兵變始末記》（1962）的前言中指出：「一般人談這一兵變，大多認為是袁世凱指使串演的一場苦肉計。但筆者不敢苟同這一說法，……筆者以為：袁無喭使兵變以求達到政治上目的之必要與可能，惟此一兵變適以達成其政治上之目的則為事實。不過這是不同的兩個問題，未可混為一談。」西方學者 Ernest Young 也持同樣的看法（Young 1968：438）。

自發動，也一定與他的心腹將領有關。[37] 由於這次兵變，北京的外交團恐怕演出像庚子拳民之變的故事，乃議決增調軍隊來京。更由於這次兵變，使北上迎袁南下的專使蔡元培等，於 3 月 2 日急電南京孫大總統稱：「培等睹此情形，集議以爲速建統一政府，爲今日最重要問題，餘儘可遷就，以定大局。」（谷鍾秀 1962:81）3 月 4 日，蔡氏諸人見兵變蔓延，外兵日增，大局堪慮，而袁世凱不能南下已成定局，乃於午後集議籌商，眾人均以爲爲大局著想，宜允將臨時政府設於北京，讓袁在北京就職。於是再次電孫大總統說明：「內變既起，外人干涉之象亦現，無政府之狀態，其害不可終日。於是一方面袁君頗不能南行；而一方面則統一政府不可不即日成立，在事實上已有不可易之理由。」（陶英惠 1976:269）並進一步建議：「一、消滅袁君南行之要求；二、確定臨時政府之地點爲北京」（陶英惠 1976:270）。具體的方法則爲（陶英惠 1976:270）：

　　1.袁氏在北京就職。

　　2.袁氏與南京、武昌商定內閣總理。

　　3.由總理在南京組織統一政府，並與南京前設之臨時政府辦理交接，遣外務總長或次長到北京任事。

　　4.參議院與內閣北遷時，用重兵護衛，以鞏固政府。

電文末尾，更要求 孫大總統（陶英惠 1976:271）：

　　　　敢請尊處迅開會議，如贊同袁君不必南行就職及臨時統一政府設在北京之議，請即電復，並宣布中外，以拯危局。至培等放棄職務之罪，則敬請執法懲處。

---

[37] 持此說者爲李劍農，請參閱李劍農 1969：351。

　　中山先生在接獲電文之後，知袁極難南來，而統一政府的組成又不可緩，祇得變通，乃於 6 日咨請參議院，對袁在北京行受職禮等問題加以審議。參議院當即開會，議決統一政府組織辦法六條，[38] 其內容與上述辦法大體相同，並經孫大總統認可，電派蔡元培於袁就職時，代表民國接受誓詞。

　　就這樣，臨時政府北遷的決議大致告成。袁世凱乃於 3 月 10 日在北京就任臨時大總統。蔡元培等人，迎袁南下的目的未達，卻反而成為支持袁氏在北京就職之人。[39]

　　此事在革命黨看來，似乎是無可奈何的事，但卻是一個關鍵性的轉捩點：北方袁世凱與南方革命黨，彼此間勢力的消長，從此有了重大的轉變（左舜生 1933:519），而革命黨所奮鬥爭取，矢志建立的民主共和政體，即因政權的北移，開始一步一步地被雄據北方代表傳統保守勢力的袁世凱所鯨吞與蠶食。

---

[38] 六條辦法如下：（李劍農 1969：352）

1.參議院電知袁大總統，允其在北京就職；

2.袁大總統接電後，即電參議院宣誓；

3.參議院接到宣誓之電後，即電復認為受職，並通告全國；

4.袁大總統受職後，即將擬派之國務總理及國務員姓名電知參議院求同意；

5.國務總理及各國務員任定後，即在南京接收臨時政府交代事宜；

6.孫大總統於交代之日始行解職。

[39] 李劍農在所著《中國近百年政治史》中（1969：352），對蔡氏有激烈的抨擊：「畢竟蔡、汪等愛國有餘，膽量不足，竟入了袁的圈套；南京臨時政府，也是一樣，中山無可如何了。此時日本的帝國主義者正想把中國造成一個南北對峙的局面，中山若固執己意，勢必成為南北對峙，墮入日本的陰謀中，故也不固執了。」但是陶英惠認為不然。陶以蔡元培的信函及「口述傳略」等為證據，證明蔡早已洞悉袁的野心，這時絕不會落入袁的圈套。詳見：陶英惠 1976：282-283。

　　上面曾經提及，南方的革命政府在將政權拱手讓袁之時，同時也
制定了臨時約法，希望藉所規定的責任內閣制加以牽制。因此，在袁
於 3 月 10 日就任第二任臨時大總統後的隔日，南方的臨時政府即公布
民國臨時政府的約法。袁既接受民國的法統，並繼任臨時政府的大總
統，對約法也祇能接受。

　　袁世凱就職後，按約法的規定，提名唐紹儀為內閣總理。唐經南
京參議院同意後，袁於 3 月 15 日再提出十二部國務員名單，請求參議
院同意。參議院以其與十部不符，電請改正。唐紹儀乃決定南下，而
於 3 月 25 日抵達南京籌組內閣。29 日，參議院通過唐氏內閣名單。
其人選與派別如下：

表五　唐紹儀的內閣人選及派別

職　稱	姓　名	派　別
外交總長	陸徵祥	官僚體系
財政總長	熊希齡	立憲派
海軍總長	劉冠雄	袁世凱派
教育總長	蔡元培	同盟會派
工商總長	陳其美	同盟會派
內務總長	趙秉鈞	袁世凱派
陸軍總長	段祺瑞	袁世凱派
司法總長	王寵惠	同盟會派
農林總長	宋教仁	同盟會派
交通總長	唐紹儀（兼任）	袁世凱派

說明：交通總長原提梁如浩，但未獲參議院通過，乃由唐
　　　紹儀兼任，臨時政府北遷後，由施肇基代理；再陳
　　　其美未就職，由王正廷代理。

　　從這份內閣名單可以看出，袁世凱在當時頗想調協南北各方的政
治勢力；在內閣閣員中，除本身的北洋勢力外，也包羅同盟會與立憲

派。可是，袁派所掌握的，都是具有實權的內政、陸軍與海軍等部。同盟會雖分配四部，但皆不能影響政治的實力。唐氏的出組內閣，則受到南北雙方的歡迎與支持：南方認爲唐早已贊成共和，同情革命黨，並且也加入同盟會；袁世凱則認定此一多年的老友及同事，[40] 應是自己的私黨，可以善加指揮。

　　在唐內閣組成之後，南北終告統一，民國的始基也告奠立，這在我國的政治發展史上，可稱是破天荒的大事。唐是清末派往美國留學的童生，受到美國立國精神及民主憲政思想的薰陶甚深。他在南方和議時，雖受袁世凱的委任，充當清廷的代表，但在商討國體時，已非常明顯地贊同共和，且加入同盟會。在出任民國的首任內閣總理後，他則堅持臨時政府約法所規定的內閣制，想進一步奠定法治的基礎，使民主共和政治能逐步制度化。唐對內閣制的態度與宋教仁很相似。宋一向主張內閣制，現更力主政黨內閣，因而人稱唐紹儀內閣爲唐、宋內閣。宋並計劃將同盟會改組爲公開的政黨，然後透過選舉，進一步爭取國會的多數議席，以掌握政權，至少也可以國會與內閣的相互制衡，推展民主政治，並用來鉗制袁氏的野心(Price 1983:44-45; Liew 1971:chap.11)。但袁對民主政治既欠缺深刻的認識與信念，且久集北洋的軍政大權於一身，本難安於內閣制下的虛位總統，再加上左右又盡多專制時代的舊式官僚及敵視同盟會的政客，這些人更無法治的觀念，且經常奔走於袁的門下，故勸說袁不能以大權受制於內閣，而視唐紹儀以內閣總理決定大政，僅使袁在事後副署發布，是唐別有所圖，對袁不忠。在觀念上，袁與唐差距日漸加大，相互之間的裂痕乃迅速加深。終於在四國銀行團的借款案以及王芝祥的督直案，雙方決裂。袁不尊重內閣制，否定唐的決定。唐無實力對抗，以維持制度，祇得

---

[40] 二人間之關係，可參見：李劍農 1969：375-376。

憤而掛冠，於民國元年 6 月 15 日辭職出京，同盟會的閣員宋教仁等也於 6 月 22 日緊隨求去。唐內閣於是瓦解。

　　唐一下臺，袁即提外交總長陸徵祥爲總理，獲參議院通過，但陸氏在參議院宣布政見時，發言不當，新提的六內閣閣員全數遭遇否決。參議院的此種作法，立即引來許多的批評。北京軍方指參議院挾持私見，黎元洪責其違背共和精神，章炳麟斥之爲「奸府」，請袁便宜行事，盛傳將解散參議院（郭廷以 1980:430）。參議院迫於形勢，先於 6 月 29 日，通過袁氏第二次提出閣員名單中的五位（一位未通過），次日即彈劾陸徵祥失職。陸稱病請假，由趙秉鈞代理。此爲國會與袁之間的第一次的正面衝突，亦爲袁第一次正式對國會施加壓力（郭廷以 1980:430）。民初的政局，自此更陷入不安的狀態。

七、國民黨的建立與政黨政治的演變

　　民國的成立，不僅是宣告清廷的覆亡、排滿民族主義的勝利，更重要的是宣示數千年專制政治體系的解體。但舊的體制雖告瓦解，新的體制應如何建立，對初成立的民國，仍是一項嚴重的挑戰與考驗。自武昌起義後，各省紛紛獨立，形成所謂的多元主權的局面，體系的整合實已刻不容緩。再從政治的結構觀察，原有的規範也發生了根本的變化。帝制廢除，環繞在極權專制周圍的一套行爲規範，已無法續存。臨時政府的建立，就是一方面努力於政治體系的整合，一方面嘗試新政治結構的建立。民國的建國理想是民主共和，所以臨時政府組織大綱所設置的民國大總統，由各省代表公舉，主要的職權則是「以

忠於國，為眾服務。」[41] 官吏既不是總統的奴才，也並非人民的父母官，性質上與總統一樣，也是為民服務，作民眾的公僕。政治的決策權，過去由君王一個人壟斷，現則轉移到議會由各省所推派的代表公決，並在這個基礎上整合分裂中的體系。

　　但這一變局的重整與重建，如前所述，並不是革命黨所能控制的。立憲派、獨立各省的新軍領袖及掌握實力的舊官僚組織，特別是袁世凱的北洋軍系，皆各具政治上的圖謀，操縱當時的政局，而最後的得利者則為袁世凱。孫中山先生革命理想的不能澈底實現是受到各種勢力的牽制使然。就是在革命黨內，對革命情勢的判斷也不一樣。不少革命黨人即主張應配合當時的政治現況，從事民主共和政治的建設。面對這樣的處境，中山先生也祇能讓步，也祇能牽就，也祇能抱一些希望，樂觀其成，甚至寧願自己退出政壇。既然如此，辛亥革命後的同盟會，就無法不從革命前的秘密團體，轉變而為一般公開的政黨，進行政黨政治及議會政治的活動。民國的議會成立後，同盟會當然要爭取多數席，並進而掌握政權。中山先生任臨時大總統時，臨時政府的組織是根據臨時政府組織大綱。民國元年 2 月 14 日，中山先生辭職，薦袁世凱自代。到了 3 月 8 日，參議院乃議定臨時約法，代替臨時政府組織大綱，將每省的議員額，由三人增至五人，選派的方法，則仍由各省自定。在開始選派時，各省都督皆自行決定。但不久，即有省議會反對都督指派，而贊成民選，「湖北省議會通電，持之尤力，參議院乃議決，即現有機關改民選，令各省臨時省議會選舉來代。……自是絡繹交迭，其制漸備。……各行省悉自省議會，是為民選時代」（林長民，載：左舜生編 1958:743-744）。

　　光復後的各省議會，固然不少由革命黨人所控制，但大多不過是

---

[41] 參見：〈臨時大總統誓詞〉，《國父全集》1965：伍—2。

舊諮議局的化身，仍以立憲派的人士爲主。革命黨曾分裂，立憲派亦有激進與漸進之分，所選出的參議員亦分屬數個政黨。民國元年 4 月中旬，參議員陸續北上，並決定改選全體職員。當時在一百二十餘席的參議院中，同盟會與共和黨各佔四十餘席，皆不過半，但共和黨是「順應袁政府組織極大與黨之要求，而用以對抗全盛之中國同盟會者也」（謝彬 1962:45），所以十分勢盛。辛亥革命後，原屬革命黨的章炳麟與同盟會決裂，先組中華民國聯合會，再與立憲派的領袖張謇等合組統一黨；至民國元年 5 月，統一黨再聯合武昌首義份子黎元洪、孫武等所組織的民社，並合併國民協進會、國民公會、國民共進會等三個小政團，組成共和黨。據谷鍾秀說：「共和黨成立後，其勢駕同盟會而上之。以國權主義相揭櫫，而其實爲政府所用。又惟恐政府勢力不強固，而以擁護爲己任。詆之者目爲御用黨。」（谷鍾秀 1962:99）處於同盟會與共和黨之間的，是統一共和黨，在參議院中共得 25 席，稱第三黨。這一第三黨卻具有舉足輕重的勢力，因倒向同盟會，同盟會即可控制參議院；反之，倒向共和黨，情形亦一樣。統一共和黨於民國元年 4 月 11 日在南京成立，列名發起的是立憲派中較激進，而親近革命黨的人士，如谷鍾秀、殷汝驪、彭允彝、吳景濂等。實際上是由谷鍾秀的共和統一黨、殷汝驪的國民共進會及彭允彝的政治談話會等三個政團所合併而成立的。臨時政府移至北京，參議院改組時，統一共和黨即操縱於同盟會與共和黨之間，「吳景濂之得議長，谷鍾秀之得全院委員長，殷汝驪之得財政委員長，均屬操縱之效。」（謝彬 1962:46）大體上，統一共和黨是與同盟會相提攜的。同盟會在唐紹儀內閣時代，極力主張尊重臨時約法所規定的內閣制，即責任在內閣，決策權力亦在內閣，政府律令的頒發，皆須內閣總理的副署。統一共和黨亦盡力贊助，而且統一共和黨的吳、谷、殷等，皆成爲參議院的領導人士，所以更遭官僚實力派及共和黨的忌恨。黃遠庸曾記述吳等

因支持唐拒絕副署袁改命王芝祥赴南遣散軍隊事,「有署曰軍界公啓者,聲討吳景濂、谷鍾秀、殷汝驪罪狀,並牽及谷之死力爲王芝祥君督直者,受得賄賂若干云云,且謂將與天下共誅之。」(黃遠庸 1961:76)由此可見統一共和黨與同盟會關係的密切。唐閣倒,共和黨因不得多數席,故一味附和袁系的主張,贊成組超然內閣,以陸徵祥爲總理。同盟會與統一共和黨則聯合反對,主張政黨內閣。後統一共和黨因格於現實政治,無法提出組閣人選,始同意陸出組內閣,但其後仍與同盟會聯合加以彈劾。

統一黨與民社所合組的共和黨,再附合舊官僚與同盟會相角,使得同盟會不能不與統一共和黨作全面的合作,消極地謀求參議院的優勢,積極地爭取組織政黨內閣。陸徵祥組閣時初提的閣員名單曾遭參議院否決,共和黨擁袁的議員及官僚實力派的軍警,皆對統一共和黨的負責人,加以攻擊;不但共和黨的議員如劉成禺等,對議長吳景濂痛罵,使得「議長是日之尊嚴爲之大損,」(黃遠庸 1961:77)且軍警會議公所的軍警官員曾威脅以武力解散參議院等,使吳、谷、殷等大爲激憤。正式國會按臨時約法的規定,須在約法施行後的十個月內召集(約法是民國元年 3 月 8 日所制定,11 日由政府公布施行的,正式國會應在民國 2 年元月 11 日前集會),因之,統一共和黨如能與同盟會正式合併,在國會議員的選舉上,亦將互蒙其利,於是乃有兩黨合併之議。

宋教仁原主張政黨內閣,自在北京實際負責同盟會的會務後,主張更烈。他爲了堅持這一原則,不惜辭去總長的職位,與唐內閣共進退。其實,他並不反袁,對陸徵祥也無成見,且「嘗語人曰:『以現勢論之,正式總統,非袁公莫屬,然內閣必須由政黨組織,始能發揮責任內閣制度之精神,而不必出於己黨也。』」(谷鍾秀 1962:118)他不贊成陸的超然內閣,是要改中國傳統的專權政治,入於民主政治

的正常軌道。統一共和黨最後支持陸的組閣，宋教仁無力阻擋，但堅決反對同盟會的同志入閣。黃遠庸曾記：（黃遠庸 1961:67）

> 同盟會中本分兩派，一派持穩健主義，且不甚贊成黨員不入閣之說，閣平剛君主之。其多數則絕對不主張以黨員入閣，且提議無論大總統提出何人，一律不投同意之票，宋教仁君、張耀曾君等，持之最力。

宋教仁固然在現實上，謀與統一共和黨合併，以便步調一致，控制議席的多數，但也感覺理想的民主政治，仍以兩黨政治為佳。他想藉議會政黨的兩黨政治，將新舊勢力合糅，再逐漸調和融化，以促進全國國民的政治現代化。自兩黨合併之議出現後，宋教仁即同意變更同盟會的名稱及改良內部的組織。當時同盟會的內部意見並不一致，最後才告贊成。黃遠庸亦有記述：（黃遠庸 1961:67）

> 同盟會改組事，宋教仁、胡瑛、魏宸組、譚人鳳、劉揆一、張耀曾、李肇甫等主之最力。屢次會議，皆無結果。……昨十四會議又經提議，此事由魏宸組君主席，宛轉陳詞，略謂為淘汰流品及融合新舊起見，不能不有此一著。……而白逾桓、田桐等數人，即痛陳同盟會係數十年流血所成，今日當以生命擁護此名與國民同休，奈何提及改組，聲勢激烈。於是有人主張付假表決以覘多數心理，而卒以否決，此數大有力者，莫如何也。

同盟會與統一共和黨既決定合併後，乃「更併合同主義、同系統之其他三黨，合組為國民黨」（謝彬 1962:46）。這三個政團，即王寵惠及徐謙等的國民共進會，董之雲、許廉等的共和實進會，虞熙的

國民公黨。五個政黨的代表在民國元年的 8 月 5 日召開談判會，就同
盟會代表張耀曾所提的草案開始討論，最後決定改草案中民主黨的名
稱爲國民黨。另同盟會代表李肇甫不贊同統一共和黨將民生主義去除
的主張，乃由張繼協調，將黨綱的「採用社會政策」，改爲「採用民
生政策」。其餘皆無異議。[42] 8 月 13 日，同盟會召開全體大會，推宋
教仁及張繼等十六人爲籌備員。8 月 25 日，國民黨召開成立大會於北
京的湖廣會館。其時孫中山先生正抵北京，特來致詞。選舉的結果由
孫中山先生、黃興、宋教仁、王寵惠、王人文、王芝祥、吳景濂、張
鳳翽、貢桑諾爾布等九人當選理事，胡漢民等三十人當選參議。另由
理事推舉孫中山先生爲理事長，中山先生則委宋教仁代理。

　　中山先生北上是爲了調和黨見，黃克強不久亦來，皆與袁相談甚
洽。當時國民黨組成，佔參議院的絕對多數席，且總理陸徵祥因受彈
劾，稱病不理政務，國民黨本可出而組織政黨內閣，但黃克強謙辭中
山先生的推薦。袁對宋教仁的組閣，表面無可，無不可，而實則反對。
黃克強爲了拉攏調和袁的實力派，乃建議總理人選任由袁作決定，不
過連同閣員須加入國民黨。袁與國民黨總部皆同意，於是袁提代理總
理趙秉鈞爲正式總理組閣，而獲國會通過。趙與數位閣員也加入國民
黨。表面看來，似乎組成國民黨的內閣，實則不過是一種政治上的運
用與妥協，袁的專權觀念很難因此改變。

　　中山先生自同盟會改組後，雖然位尊，但無法實現自己的革命理
想，且決心退出政壇，已如前述，國民黨的成立，多爲宋教仁策劃，
中山先生既不便，恐亦無意過問，所以對黃、宋的政黨內閣主張，同
樣不表反對。他當時對政治既無實質上的影響力，且多少對袁存有一
些期待，於是祇望謀民生的發達，自願致力鐵路的建設。宋教仁等主

---

[42]　參見：〈五黨大合併誌詳〉，《民立報》1912。

張政黨內閣及兩黨政治，原是所謂立憲之治的主要內容。中山先生在原則上並無異見，且表贊同。嘗言：（《國父全集》 1965：捌—62-63）

　　國家必有政黨，一切政治始能發達。政黨的性質，非常高尚，宜重黨綱，宜重黨德，吾人宜注意此點，以與他黨爭勝。吾國政黨，今始發生，一般人聞黨爭之說，非常畏懼，是不知黨爭之真相者也。黨爭必有正當之方法，尤必具有高尚的理由，而後始得謂之黨爭。一般人以黨爭為非，實誤以私爭為黨爭也。一國之政治，必賴有黨爭，始有進步。無論世界之民主立憲國、君主立憲國，固無不賴政黨以成立者。本黨今既佔優勝地位（指元年 12 月中旬國會議員選舉）……將來擔任政治事業，實行本黨之黨綱，其他之在野黨，則處於監督地位。假使本黨實施之黨綱，不為人民所信任，則地位必至更迭。而本黨在野，亦當盡監督責任，此政黨之用意也。互相更迭，互相監督，而後政治始有進步。是以國家必有政黨，政治始得進步，而黨爭者，絕好之事也。須知所爭者，非爭勢力，乃爭公道，可見黨爭實不可少。」

　　但在北京的政局下，中山先生所能著力的仍不出調和政見，因而祗得暫時放棄革命方略的主張，姑且期待袁等官僚實力派及一般人民，能在議會政治的逐步推展下，實現民主政治。民國元年 10 月，他從北京回到上海曾說：（《國父全集》 1965：頁捌—46）

　　余現注全力於鐵路政策，以謀發展民生。黃克強抵京後，主張政黨內閣，調和各派意見，袁總統均甚贊成。余出京時，邀國務員加入國民黨之議始起，今閱報，國務員現已加入本

黨。是今日內閣,已為國民黨內閣,民黨與政府之調和,可
謂躋於成功。

他在這段話中,已說明目前無意於政治,且指出黃克強是調和政
見,邀請國務員加入國民黨的主要倡議人。再參看他委由宋教仁代理
國民黨理事長的事實,應可推知中山先生內心中,定有叢結及難言之
隱。可能內心存有這樣的矛盾:即在理論上不能不贊成宋教仁等政黨
內閣的主張,亦想樂觀其成,但在另一面,又懷疑民智的未開及袁系
等官僚的具有民主的誠意,卻並不望果真如此。在矛盾中,中山先生
似乎產生一些規避的想法,他後來曾追憶當時的心情:(《國父全集》
1965:捌-183)

　　國民黨成立,本部設在北京,推我任理事長,我決意辭
卻。當時不獨不願參加政黨,且對於一切政治問題,亦想暫
時不過問。

民國元年的 12 月中旬,國會的參議院及眾議院的選舉開始辦理,
結果經初選與複選後,國民黨在參、眾兩院皆贏得絕對多數席。宋教
仁是最熱心於議會政黨的,而且極盼將政黨政治建立在民意的基礎之
上,於是在選舉的過程中,仿效民主國家黨魁為黨員競選的辦法,「沿
江而東,而湘、而鄂、而皖、而寧、而滬,時騰其在野黨之口,辯以
暴政府之短,此固各國在野黨之常態,原無足異,然詛咒之者,已不
覺大詫曰:嘻!宋教仁果欲組織政黨內閣耶!何相逼之甚也。」(谷
鍾秀 1962:118)結果宋於民國 2 年 3 月 20 日在上海車站擬乘滬、寧
車赴京時,遇刺而死。兇手為武士英,經「搜得證據,知為袁世凱及
趙秉鈞所主使,舉國震動,而國民黨員,尤為憤怒。」(鄒魯 1965:146)
宋的被刺,在實質上,已表示議會政黨的死亡。參議院時代,雖

有越出常軌的黨爭，但在政治現代化剛起步的國度，並不足驚異。宋在其間的調和糅合，已使得兩黨政治具有規模。黨爭或不能一時泯滅，總趨向和緩，實在不足為慮。惜一般平民及官僚、軍警，一方面籠罩在專制文化的傳統下，覺得政黨與政府之間的意見衝突，為無法容忍之事，會破壞政府的權威，另一方面，又考慮本身的利害，或為維持特殊的權位，或為畏懼特殊的權威，乃不對民主的政治體系，加以支持。袁在這樣的情形下，愈來愈趨向守舊，逐漸要恢復帝制。

八、國會的成立與活動

　　民國元年 5 月，遷往北京的臨時參議院依據臨時約法第五十三條的規定：「國會組織法及選舉法，由參議院定之」，分別起草國會組織法、參議院議員選舉法及眾議院議員選舉法。8 月初各法皆草擬完成，並由臨時政府於 8 月 11 日公布實施。根據新制定的國會組織法，民國議會由參議院及眾議院兩院組成（第一條）。在憲法未制定之前，民國議會的職權就是臨時約法所定參議院的職權（第十四條）。換言之，過去議會的職權由臨時參議院一院行使，現則分別由參、眾兩院共同行使。我們由此可知，國會組織法所規定的參、眾兩院雖取代臨時約法的參議院，但對臨時約法所定的基本政府體制，並無影響。如前所述，臨時約法所採取的基本政府體制是內閣制，現則依舊，可能更較嚴格，因內閣須分別向兩個議院負責。在此時，臨時約法仍是國家的根本法，但既產生正式的國會，總須訂定國家的正式憲法，所以國會組織法另賦與一項特別的權，即制定憲法。按該法第二十條的規定，民國憲法的起草，由兩院各於議員內選出同數的議員行之。另按第二十一條的規定，兩院在合議時，以參、眾兩院院長為正、副議長，

且須兩院議員總額三分之二以上的出席及出席議員四分之三以上的可決，始能通過。至於一般議案也須兩院一致的可決，唯法定人數僅須過半數的出席與通過，但預算及決算案應先經眾議院的議決（以上參見第十三條至十六條）。

　　參、眾兩院議員的產生，按國會組織法的規定：參議院議員由各省（22省）的省議會選出，每省各10人，另由蒙古選舉會選出27人，西藏選舉會選出10人（前後藏各5人），青海選舉會選出3人，中央學會選出8人，華僑選舉會選出6人（第二條），合計274人。眾議院議員由各地方人民所選出，名額依各省人口的多寡而定，每滿80萬人選出1名，在人口調查未畢以前，各省眾議員的名額定為（以上見第四條）：

表六　各省眾議員的名額

地區	名額	地區	名額	地區	名額	地區	名額	地區	名額
直隸	46	安徽	27	湖南	27	陝西	21	廣東	30
奉天	16	江西	35	山東	33	甘肅	14	廣西	19
吉林	10	浙江	38	河南	32	新疆	10	雲南	22
黑龍江	10	福建	24	山西	28	四川	35	貴州	13
江蘇	40	湖北	26						

　　另蒙古、西藏及青海的眾議員名額不須按人口的比例，各別定為：蒙古27名，西藏10名，青海3名（參見第一條至第五條）。以上眾議員的定額合計為596人。參、眾兩院議員的名額總計為867人。

　　這是我國歷史上第一次具有民選的國會，所以非常值得我們的重視。在制度上根據參、眾兩院選舉法的規定，參議員候選人須年滿30歲，眾議員候選人須年滿25歲，且皆須為具中華民國國籍的男子。華

僑選舉會所選出的參議員，以及蒙古、西藏、青海所選出的參、眾議員均規定須通曉漢語（分別見參議院議員選舉法第三條及眾議院議員選舉法第五條）。除掉上述的積極資格外，另再規定消極的條件，也就是不能具備的資格。參、眾兩院議員的消極條件主要可分為三類：

1.能力的缺陷：共包括：

(1)褫奪公權尚未復權者。

(2)受破產之宣告確定後，尚未撤銷者。

(3)有精神病者。

(4)吸食鴉片煙者。

(5)不識文字者。

2.特殊的身份：共包括：

(1)現役陸、海軍人及在徵調期間之續備軍人。

(2)現任行政、司法官吏及巡警。

(3)僧、道及其他宗教師。

但第 2 及第 3 兩款，不適用於蒙、藏及青海。

3.特殊的學校人員：共包括：

(1)小學校教員。

(2)各學校肄業生。

眾議員由人民選舉，選民也須為具中華民國國籍的男子，也不能具備上列消極的資格，但年齡規定為 21 歲以上，另尚須具備以下的積極資格：

1.在選舉區內住居滿二年以上。

2.年納直接稅二元以上者。

3.有值五百元以上之不動產者。但於蒙、藏、青海得就動產計算之。

4.在小學校以上畢業者。

5.有與小學校以上畢業相當之資格者。

　　從以上所規定的各項積極與消極的資格條件可知，我國人民雖在歷史上第一次取得選舉權與被選舉權，但從民權的觀念看，仍存有一些不合平權原則的限制，特別是：(1)性別的限制：女性無選舉及被選舉權；(2)財產的限制：未納直接稅二元以上或未有值五百元以上不動產者無選舉權；(3)知識的限制：不識字者無選舉權及被選舉權；未在小學校以上畢業者，或未具與小學校以上畢業相當的資格者，皆無選舉權；(4)宗教的限制：僧、道及其他宗教師皆無選舉權及被選舉權；(5)職業的限制：陸、海軍人，行政、司法官吏及巡警均無選舉權及被選舉權；(6)學界的限制：小學教員及各學校肄業生均無被選舉權。上列的這些限制，在民權的發展史上皆曾存在，也皆曾遭受非議，而終告消失。但就民初而言，縱在民主的先進國家（如英、美），亦仍存有某些限制，如性別、財產及知識等，[43] 儘管當時已有所爭議，且力謀改善中。因之，民初的參、眾兩院議員的選舉法作上述各項限制，也不能視為不合當時民主國家的通例，但終究未能迎合世界民權運動的潮流及符合革命派一向所強調的平民主義與革命民權的主張。而且，在這樣的限制下，絕大多數的民眾皆喪失選舉權，不能推舉國會代表，伸張民意，以保障自身的權益。以當時二十二省人口約四億七百萬計，合於規定資格的選民據估計約近 4,300 萬，只佔總人口的 10.5%，實在偏低。在另一方面，所能當選的，必然多來自具有知識及資產的社

---

[43] 如英國，在 1928 年改革選舉法後，婦女才獲得完整的投票權。以財產及學歷為條件的複數投票，要到 1948 年的改革選舉法，才予廢除。美國的婦女也要到 1920 年憲法第十九條修正案通過後，才獲得投票權。

會階層。他們所能推動的恐怕不會出士紳型的政治，而對整個中國的問題，無法作一前瞻性的通盤解決。

在各項資格的限制下，參、眾兩院議員的選舉，皆採間接制。如上所述，參院議員係由各省議會及特定的選舉會選舉，任期六年，每二年改選三分之一（國會組織法第六條）。這完全倣效美國參議院的辦法，使新舊議員能夠銜接，在議事與經驗等方面皆不致脫節。實施的方法是：使第一屆各省議會及選舉會所選出的議員分為三班，任期各為二年、四年及六年，以抽籤決定（眾議員選舉法第十六條）。自第二屆起，任期皆為 6 年，而每屆即可改選三分之一。眾議員的任期一列三年，先由合格的選民選舉初選當選人（議員名額的 50 倍），再由初選當選人複選議員。這種複選的間接代表制，對民意更多加了一重限制。由此亦可見民初雖開始實行民主制度，但對一般民眾的問政能力，甚至僅限於對民意代表的選舉，亦持相當保留的態度。

實際上，參、眾兩院議員的選舉並未足額。在參議員方面，因中央學會並未成立，法定的八個名額皆從缺。另青海的三個名額也未選出，蒙古及廣西則各缺選一名，此使得原法定名額的 274 名，減至 261 名。在眾議員方面，湖北及雲南各缺選二名，廣西缺選一名，此亦使得原法定名額的 596 名，減至 591 名。兩院總名額則從 867 名減至 852 名。

自中華民國國會組織法、眾參兩院議員選舉法公布實施後，臨時政府乃於元年 9 月 5 日公告眾議員初選於元年 12 月 10 日舉行，複選於次年 1 月 10 日舉行；參議員選舉，於正式國會召集前，分別由各該省省議會自行選出。選舉日期經公告後，各黨即展開兩院議員的競選活動。

自元年 9 月 5 日至 12 月 10 日，近三個月的時間為眾議員初選競選期間。先由合格的選民直接選出 50 倍於議員定額的初選當選人，然

後再於次年元月，由初選當選人再複選定額的眾議員。這是民國以來首次舉辦的議員民選，選民可運用選舉權影響政府，進行民主性的政治參與。但在我國傳統政治文化與制度中，從無選舉參與的規範與經驗，因此，無論在選舉的辦理、候選人的競選，以及選民的投票等方面，都與真正的民主運作，仍有相當的距離。首先是對選民資格的調查，技術很拙劣，漏報謊報，層出不窮，原因是：當時戶政不發達，戶口調查乃流於草率。另一方面更有選民不明究裏，遇調查員來調查，心生畏懼，不敢實言相告，以致放棄選舉權（《時報》 1912；《順天時報》 1912）。最嚴重的是，由於政治現實的競爭，竟浮報選舉人，以提高得票數，在湖北漢口選區，夏口一地即浮報三萬餘人（《時報》 1913）。

在競選過程中，賄選及舞弊皆很普遍。據當時的報紙報導：「（初選）收買選票，或一、二元，或四、五元一張，出資數百元即可當選。複選時乃有數百元即儼然可為國會議員矣（《時報》 1912）。」廣東、湖北兩地賄選頗猖狂，其他地方如江蘇、浙江、福建、河南等省份，買票之風也很盛。當時的眾議員鍾才宏嘗說：清末諮議局選舉，舞弊少見，而民國以後「則公然行賄」。賄選之外，更有議員不經選舉產生，而由北京政府上下其手。實際上，當時的蒙古、西藏、青海等地均未舉辦選舉，而江蘇的曹汝霖，竟當選為蒙古的參議員。其他如江蘇的汪榮寶、福建的林長民、湖南的易宗夔、湖北的張國溶、江蘇的金還、河南的方貞、直隸的康士鐸，湖南的薛大可等，皆成為蒙古、西藏的議員（張朋園，載張玉法編 1980:93-94）。袁政府的一手包辦蒙古、青海、西藏等地區的選舉，使得民主政治在一開始發展時，即蒙上陰影。

議員的競選雖有種種非法的活動，但新政組成立的國民黨及民主黨，則由宋教仁、湯化龍等政黨領導人士帶頭，四出演講，吸收黨員，

贏取選票。湯化龍原是立憲派的領袖，湖北諮議局的議長，乃以諮議局為基礎，自上海溯江而上，沿途不斷地發表競選演說，並在當地建立民主黨的支分部（《順天時報》 1912）。國民黨的宋教仁，則如前所述，由湖南直至上海，一路上為黨員作助選演說，批評時政，辯論是非，儼然為民主國家的黨魁。

據報導，當時的競選演說大部分都在茶館中進行，統一黨的眾議員王紹鏊曾回憶說：（王紹鏊，載：張玉法編 1980:99-100）

> 當時的競選活動，除了一些人暗中進行賄賂外，一般人都採取公開發表演說方式。我在江蘇都督府任職期間，曾抽暇到江蘇的蘇、松、太一帶作過四十幾次的競選演說。競選者做競選演說大多是在茶館裏或者在其他公共場所裏。競選者帶著一些人，一面敲著鑼，一面高聲叫喊「某某黨某某人來發表競選演說了，歡迎大家來聽呀！」聽眾聚集時，就開始演說。

由上述可知，民初的政黨已在國會議員的選舉中，產生相當的作用，而選舉的過程也正可推動政黨作和平的競爭，逐步進入議會政黨的常規，為民主共和政治奠定基礎。在這樣的基礎上，才可使革命後的分裂之局，作制度化的整合，開展政治現代化的新境界。可惜這一發展迅即受到袁系官僚及保守勢力的摧殘，而隨著宋教仁的被刺，斷絕生機。

民國 2 年 2 月，參、眾兩院議員選舉全部揭曉，國民黨自同盟會改組後，在宋教仁的積極策劃下，贏得了多數的議席。但當時跨黨的風氣很盛，黨籍的認同頗多游移，再加上各黨誇大選戰的結果，各黨實際所獲得的議員席次，並無法作精確的統計，大致的分配可見下表：

表七　參、眾兩院各黨派的席次

	參議院席次	眾議院席次	合計
國民黨	123	269	392
共和黨	55	120	175
統一黨	6	18	24
民主黨	8	16	24
跨黨派	38	147	185
無所屬	44	26	70
總計※	274	596	870

說明：此表係根據鄒魯的統計資料改製而成，見所著：《中國國民黨
　　　史稿》 1965：145-146。

※：總計的席數與法定名額相符，但實際選出的席數，在參議院缺
　　十三席，在眾議院缺五席，故本表所據前引資料，仍非完全精
　　確，祇是大致的估計。

　　根據前表，我們可知國民黨獲取了兩院 392 議席，占全部 870 議
席的 45%，共和、民主、統一等三黨，僅有 223 個席位，尚不及全部
議席的三分之一。在國民黨的優勢壓力下，此三黨乃於 5 月 29 日合併
組成進步黨，以與國民黨對抗。自宋教仁遇刺案發生後，中山先生雖
力主恢復革命組織，以軍事討袁，但北上的國民黨議員則頗感共和建
國及議會體制的得來不易，而大多傾向於法律及政治的解決。也就是
一方面維繫臨時約法及國會組織的體制，一方面則運用在國會兩院的
優勢，要求政府緝捕宋案的真兇，並制衡內閣的施政，逐步達到政黨
內閣的目的。對中山先生的革命主張來說，上述國民黨議員的態度已
相當溫和，但對袁世凱的官僚體系而言，則是對立與困擾，仍然不能
容忍，雙方惡感乃肇因於此。袁先策動進步黨的成立，並抗衡國民黨
的優勢，後來則授意梁士詒合少數御用議員在 9 月 18 日組織公民黨，
作為對抗的工具。在重重的壓力下，國民黨議員雖作某些妥協，但始

終保持優勢。

　　2 年 4 月 8 日，正式國會開幕，參、眾兩院議員陸續完成報到手續。據統計，參議員的平均年齡爲 36.6 歲，眾議員的平均年齡爲 36.3 歲，兩院議員的平均年齡則爲 36.45 歲。在年齡的分組上，則以 30 歲至 39 歲爲絕大多數，參議員共 188 人（佔 72%）；眾議員共 349 人（佔 59%）。

　　至於參、眾兩院議員的教育背景，在僅知的四九九位議員中，計有：257 人（佔 51.5%）接受傳統教育，擁有科舉功名；242 人（佔 48.5%），完全接受新式教育。但在具有傳統功名的議員中，105 人後來曾轉往美、英、日留學，58 人再接受國內新式教育，僅有 94 人未再接觸新式教育。換言之，在已知的 499 位國會議員中，共有 405 人（81.16%）接受過新式教育（張朋園，載：張玉法編 1980:109-110）。

　　再看兩院議員的政治及社會背景，在已知 496 位議員中，計有：170 人（佔 34.27%）過去曾擔任前清資政院、諮議局、縣議會、臨時參議院、臨時省縣議會議員；150 人（佔 30.24%）出身於政府官吏；106 人（佔 21.37%）出身於教育界；另新聞界 9 人（佔 1.81%），工商界 3 人（佔 0.6%），律師 2 人（佔 0.4%），其餘 56 人職業特徵不明顯，僅知是核心的同盟會會員（張朋園，載：張玉法編 1980:112-113）。

　　從以上的分析可知，這一新成立的國會，其構成議員的年齡絕大部分介於 30 歲到 40 歲之間；半數以上擁有科舉功名，80%以上進過新式學堂，接受過新式教育，而且各有 30%以上當過議員或政府官員，以及 20%以上曾置身教育界。如上所述，新國會雖有黨派的分合與爭執，但整體以觀，我們可以說，新國會的議員具有相當成熟而開展的年齡，富於政治經驗，但在社會結構上，則無疑地屬於上層。在知識與觀念上，也大多能新舊兼具，爲當時所少見。這樣的國會可稱爲上層社會的菁英組織。在社會的變遷上，他們可能較注重安定與秩序，

不主張劇變；在政治發展上，他們也比較著重穩定與漸進，不強調革命，而以議會及政黨政治為中心。這些特徵，我們實際上皆可從國會成立後的活動上可以清楚地看到。但值得我們重視的是，當時的社會仍受傳統的專權文化所籠罩，他們所推動的議會政治並無深厚的社會基礎，並不為絕大多數的民眾所了解及支持。在另一方面，袁系的舊官僚體系不僅缺乏民主政治的觀念與理想，而且掌握左右政局的實力，將議會政治的制衡過程，視為亂源，日思破壞，以恢復專權的傳統官僚政治。國會議員的菁英雖能獨樹一幟，但處在前有官僚破壞，後無民眾支持的環境中，在議會政治方面，當然不易施展。政治發展也因而不能步入坦途，現將國會成立後的重要活動，作一說明。

　　國會召開後，首先舉行參、眾兩院正、副議長的選舉。對於選舉的辦法，國民黨主張記名投票，以監視黨員，防止選票外流；統一、共和、民主三黨則表反對。在所舉行的兩院預備會議中，協商毫無結果，國民黨議員乃提議停止討論，提付大會表決，並獲得通過，初次展現優勢的力量。但統一、共和、民主三黨議員，則聯合某些跨黨及無所屬的議員，拒絕出席大會加以抵制。大會因不足法定人數，開會多日，均無結果。袁世凱則操縱其間，一方面對國民黨籍議員，分化利誘，一方面則授意各省都督來電責難國會，加以威脅，以暗助統一、共和及民主三黨。據時為眾議員的鄒魯的記述：（鄒魯 1965:146）

　　　國民黨選舉大獲勝利之後，袁世凱大為駭忌，遂憑借其
　　地位威迫利誘，無所不用其極。……復唆使國民黨分子，別
　　組政黨以分國民黨之勢，而相友會、政友會、癸丑同志會、
　　集益社、超然社等，有如春筍怒生，黨員登報脫黨者，尤日

有所聞。於是國民黨在參議院雖能保其絕對多數，而眾議院
則常現不及半數之微。[44]

　　至 2 年 4 月 26 日參議院卒用記名投票選出國民黨籍議員張繼爲議
長，王正廷爲副議長。28、30 日眾議院亦用記名投票選出民主黨籍議
員湯化龍爲議長，共和黨籍議員陳國祥爲副議長。經過此一折騰，距
離國會開會之日已有兩旬！選舉結果國民黨雖在參議院獲得勝利，但
在眾議院則歸於失敗。而國民黨議員以宋案風潮益烈，大借款又將成
立，各界對國會多有微詞，亦欲有所讓步。

　　就在國會正、副議長選舉的同時，袁政府與英、法、德、日、俄
五國銀行團於北京匯豐銀行簽訂二千五百萬鎊的善後借款合約，規定
年息五厘，實收額八五，期限四十七年，中國以鹽務收入及海關盈餘
作爲擔保，並准許五國銀行團派人爲鹽務總稽核所會辦及各分所協理
（鄒魯 1965:975-976）。消息傳出後，群情譁然，國民黨深懼袁運用
此項鉅額借款，擴充自己實力，不利民主共和的建設，尤其是時蘇督
程德全發布宋教仁被刺案的調查報告，顯示袁的國務總理趙秉鈞、內
務部秘書洪述祖與策劃刺宋的應夔丞及兇手武士英皆爲共謀，而袁本
人已難逃主使之嫌。爲了壓制國民黨在各地的聲討，袁更急於借款，
充實反擊的力量。4 月 28 日參議院開會決議，要求政府派員出席說明
善後大借款有關事項。袁政府接到參院的決議後，既不派員出席國會
備詢，又不願稍作變更，僅以書面回答，謂大借款曾經臨時參議院通
過在案，待眾議院議長選出後，再行出席報告（鄒魯，載：李守孔編
1977:236-237）。參議院爲進一步阻止大借款案，遂於 29 日在政府首
長缺席的情況下，再度開會討論，嗣後以 102 票對 69 票通過「善後大

---

[44]有關利誘及分化情況，參見：鄒魯 1965：160-162。

借款合同，未經參議院審議，應屬無效。」（胡象賢 1983:176）在眾議院選出正、副議長後，袁政府乃於 5 月 2 日，送達大借款案咨文，辯稱該項借款並不違法，曾經前臨時參議院表決通過：（徐有朋編 1962:2）

　　……上年九月間，曾經國務會議擬定借款大綱，於十六、十七兩日赴參議院研究同意，以為進行之標準。脣焦舌敝，往復磋磨，直到歲杪，合同條文大致就緒，當於十二月二十七日出席參議院，先將特別條款逐條表決，復將普通條件，全體表決，均經通過。

　　國民黨眾議員谷鍾秀（亦是臨時參議院議員），曾就當時實際情形，予以反駁：（谷鍾秀 1962:124-126）

　　……前參議院時代，凡政府提出借款案，無不悉予贊成，而政府於立約簽字之先，亦靡不將交涉情形，報告於參議院，徵求同意，即倍克利公司借款，雖先行簽字，而事後仍將全案請求正式通過，其例也。即以大借款言之，元年九月十六日，財政總長周學熙，曾開列借款辦法及要求條件，報告於參議院。當時以該條件為政府報告之件，並非政府提案，無會議之必要，已為鄭重之聲明。至十二月二十七日之報告，與前項之報告相等，其表決大體蓋所以示交涉之範圍，如借款合同締約，當然用正式公文，將合同全文提交參議院議決，固毫無疑義者也。乃政府與六國團協議未成，此案又中止。至二年四月十六日，與五國團締結善後借款合同，自應交由國會議決，始為有效。乃政府不惟不交國會議決，並強稱二年十一月二十七日參議院五款大體之表決，為全案通過，僅

咨請國會查照備案，遂生違法借款問題。蓋此案若果為參議
院所通過，政府當然執行，更無須為此查照備案之手續也。

谷鍾秀更與鄒魯提議要求袁政府於 5 月 5 日出席報告，並獲得通
過。是日政府派代理總理段祺瑞出席，段氏在答覆質詢時仍堅持曾獲
得臨時參議院通過，並謂「木已成舟，毋庸再議」。鄒魯、谷鍾秀、
彭允彝、張耀曾、白逾桓等紛紛詰問，段氏詞窮，祇好承認借款案「手
續未完」。於是鄒魯提議：「借款並不反對，惟政府違法簽約，咨送
本院查照辦理，本院決不承認，應將合同咨還政府」。經討論後，旋
付表決，以 219 票對 153 票表決通過（鄒魯 1965:976）。

此一大借款案在眾議院的爭議過程中，由袁世凱支持成立的進步
黨，雖對袁加以祖護，但皆在國民黨優勢的票決下失敗。進步黨議員，
因而怪罪同屬進步黨的議長湯化龍，不應將此一議案即時提付表決，
湯乃不將決議案咨達政府。國民黨議員再起而指摘，湯便藉口一個月
前祖母之喪，離京返鄉。因之，眾議院對大借款所作成的決議及借款
合同，始終即未咨還政府（鄒魯 1965:976）。

從此以後，國會中的進步黨議員即透過種種方法，包括以不出席
的方法，來抵制議事的進行。國民黨議員更爭執不肯稍作讓步，國會
因此罷輟議事累日。國會外面各省的意見亦分成兩派，反對政府者，
包括江西都督李烈鈞、安徽都督柏文蔚、廣東都督胡漢民、湖南都督
譚延闓，不僅指摘政府不將大借款案交由國會議決為違法，並摘舉合
同內嚴酷的條件，認為足以亡國。支持政府者，主要為進步黨員，不
僅認為政府無須將大借款案交議，且認為其中所以有嚴酷的條件，乃
迫於國勢不得不然。一時雙方人員，皆以都督身份通電全國，循環相
攻，詬厲日甚。雙方劍拔弩張，造成不可收拾之勢。最後國民及進步
兩黨同志各推派議員十人，組成國事維持會，以第三者身份出面調停，

協商解決。鄒魯回憶道：（鄒魯，載：李守孔編　1977:236-237）

> ……我是國民黨推舉的一人，……經過幾次的磋商，對
> 於宋案，進步黨雖不能代政府辯護；但對於大借款，則認為
> 已成事實，反對無用，可監督他的用途，並主張改組內閣．
> 以了結違法借款一案。國民黨贊同改組內閣，尤屬意湯化龍
> 出來組閣，但堅決主張政府將借約依法交議。這點進步黨始
> 終不肯贊成，因為國民黨在參議院佔絕對多數，恐遭否決。
> 而對於組閣，因內部團結尚不完備，也不敢擔任。於是調停
> 就沒有結果。

　　7月初國會又發現政府於4月20日違法向奧地利借款三百五十萬
鎊，不僅沒有交給國會審議，且不令議員知悉，經議員再三質詢，始
承認確有此事。此時一部分進步黨議員也感到不能忍受，紛紛加入鄒
魯所提出的對政府彈劾案。7月4日彈劾案表決通過，袁世凱為緩和
輿情，遂讓內閣總理趙秉鈞、財政總長周學熙辭職（鄒魯，載：李守
孔編　1977:234）。

　　當時國會中進步黨與國民黨亦為中俄協約問題發生爭議。中俄協
約問題主要起源於俄國覬覦外蒙古。外蒙古本為中國的領土，清末國
勢衰頹，列強紛紛在中國劃定勢力範圍，日俄戰爭以後，兩國由敵對
變為友好，俄國承認日本在朝鮮的勢力範圍，日本則與俄國三訂密約，
承認蘇俄在外蒙古的勢力範圍。辛亥革命發生，外蒙古在俄人的煽動
下，認為雖原隸清廷，但清廷既滅，理當獨立，遂宣佈成立「大蒙古
獨立帝國」。

　　南京臨時政府成立，孫大總統隨即表明蒙古為中華民國五大民族
之一，對於外蒙的獨立視為與武昌起義各省的宣布獨立相同。袁政府

時期亦曾去電蒙王哲布尊丹巴，勸取消獨立，但由於俄人從中作梗，並未成功。民國元年 11 月 3 日外蒙與俄國簽訂俄蒙協約，規定俄國政府扶助蒙古保持現已成立的自治秩序，輔助蒙古編練國民軍，不准中國軍隊進入蒙古境內，亦不准華人移殖蒙古各地。隨後又簽訂「商務專條」作為俄蒙協約的附約，規定俄人得在蒙古各地自由居住移動，免稅貿易，同時享有開發自然資源、設立銀行、領事裁判權等諸多權利。袁政府在獲知俄蒙協約後，即向駐北京俄國大使館提出抗議，聲明外蒙為中國領土的一部分，無權與俄國簽訂協約。俄使則提出俄蒙條約全文要求中國承認。對此問題雙方於 11 月 30 日開始談判，至民國 2 年 3 月 20 日始達成協議，最後簽訂中俄協約，俄國承認蒙古為中國領土完全的一部分，但中國則答允不變更外蒙古歷年來所有的地方自治制度，准許外蒙有組織軍隊及警察之權，並得拒絕非蒙古人向境內移民（張忠紱 1963:76-87）。

中俄協約使我國在外蒙的利益盡失，國會對此一協約原都持否決態度。國民黨議員更對此大加攻擊，袁乃要求進步黨員予以支持，並在國會中遊說，認為外蒙為俄人勢力所包圍，在武力上既不能與之抗衡，在外交上也無取勝的把握，況且目前中國本部秩序未安，根本沒有能力收復外蒙，不如承認既成的現狀為佳。結果眾議院在 7 月 8 日通過中俄協約案，但 11 日卻在國民黨所掌握的參議院中遭到否決（張玉法 1977:112），袁政府與國民黨之間的交惡乃更加深。

國民黨為宋案、大借款案及中俄協約案，不僅在國會與以袁為首的舊官僚武人爭，更由八位屬國民黨籍的督軍，不斷地通電全國，對袁政府加以指摘。袁世凱除在國會策動進步黨對抗外，假借各種理由，解除李烈鈞、胡漢民、柏文蔚等三位國民黨籍都督之職。中山先生眼見已無法與袁世凱在議會中作民主之爭，更無法迫使袁世凱實現共和建國的理想，因此，在三位都督相繼受到袁世凱的解職後，乃倡議二

次革命，決心以武力討伐，剷除民國的新障礙。這使得我國的政治發展從議會政治再度回到赤裸裸的武力革命的道路上去。

政局發展至此，民初的短暫整合，又面臨崩解的危機。國會的進步黨人及國民黨的溫和派，皆望降低衝突，袁亦望暫時舒解，乃提出與進步黨關係密切的立憲派名流熊希齡繼趙秉鈞組閣，而獲得國會的通過。熊自兼財政總長，而以立憲派舊人、進步黨領袖梁啓超為司法總長，張謇為農商總長，汪大燮為教育總長。其餘各部皆為袁系的軍人及官僚，如段祺瑞長陸軍，劉冠雄長海軍，朱啓鈐長內政，孫寶琦長外交，周自齊長交通。熊與梁相互提攜，想在進步黨的配合下，使袁支持立憲及改革省制，以謀政局的穩定與統合。但袁已決心毀棄議會政黨及內閣制，熊內閣的配合不過是：「替袁將所有停止國會，停止省議會，停辦各地方自治，特設造法機關，種種的命令副署發布。」（李劍農 1975:309）等到民國 3 年 2 月，臨時約法面臨廢除，憲政亦無望，而袁的專制總統制即將出現時，熊、梁等祇得辭職，進步黨的一線幻想也告破滅，終不能不與國民黨一樣，進行反袁。體系整合的危機於是更見加深，國家的建設也必然頓挫。

九、國會的解散與臨時約法的毀棄

南北議和以後，袁世凱取代孫中山先生繼任臨時大總統，可是袁對臨時大總統並未感滿意，因此在民國 2 年 5 月初旬，正式國會成立不久，即咨文國會參眾兩院，以「今正式國會完全成立，自此以往，臨時之事業將終，正式之時代開始」（徐有朋編 1962:11）為由，要求國會迅速選舉正式總統。國會在收到袁世凱的咨文以後，立刻引發爭議；國民黨中多數原屬同盟會的議員，堅持反對，認為正式總統的

性質、地位、權限均須根據憲法。國會組織法雖規定憲法由參、眾兩院制定，但目前憲法尚未擬定，若先選舉正式總統，則不僅本末倒置，且於法無據，必爲輿論所批評（黃遠庸 1961:79）。統一、共和及民主黨員，以及部分原屬統一共和派的國民黨議員，則力主先舉總統，後定憲法；認爲議定憲法至少須四、五個月，在此期間，總統地位飄搖不定，不僅會引起外人的疑惑，軍民的恐懼，亦會造成袁世凱的不安。也就是說，既明知未來總統非袁莫屬，何不早日讓其達成心願，更可安定軍民之心（黃遠庸 1961:79）。但統一、民主、共和三黨，在合組進步黨後，於民國 2 年 6 月 15 日開會討論時局，接受梁啓超先定憲法後選總統的主張，⁴⁵ 而與多數國民黨籍議員的觀點相合，一時意見歸於一致。袁世凱在獲悉後，即授意副總統兼湖北省都督及進步黨黨魁的黎元洪，於 2 年 8 月 5 日，領銜會同各省都督致電國會，要求「……爲今日計，應請將一切議案概從緩議，同心協力編制憲法，先將選舉總統之一則，即從選舉總統入手，或將憲法全部從速制定，即行選舉總統，」（易國幹等編:11-12）另一方面復策動進步黨議員杜師業等於 8 月 13 日向眾議院提出先選總統後定憲法的提案七件，列入議程，與黎的電文相呼應。黎則於 8 月 30 日以黨魁的身份致電該黨的領導人士梁啓超及湯化龍，勸請支持。進步黨原與袁配合，至是乃改變態度，支持先選總統。時國民黨以二次革命方遭失敗，恐袁進一步對國會國民黨議員採取激烈的手段，破壞議會政治，祇得讓步，不再堅持。9 月 5 日，眾議院遂以 213 對 126 票，通過先舉總統的提案。隔日參議院亦以多數通過此一提案（谷鍾秀 1962:148）。

　　在 6 月下旬，國會爲制定憲法，由參、眾兩院決議各選議員三十人組織憲法起草委員會，並於 7 月 12 日成立，開始制憲。9 月 12 日，

---

⁴⁵ 參見：〈進步黨大會記〉載：丁文江 1962：420。

國會參、眾兩院乃聯合咨請憲法起草委員會，先行起草憲法中關於大總統選舉的一節。憲法起草委員會在接到該項咨文後，即由國民黨的伍朝樞、進步黨的汪榮寶、共和黨的何雯等 3 位委員負責起草。未久草擬完成並送達國會憲法會議，經三讀通過後於 10 月 4 日公布。新制定完成的大總統選舉法規定大總統由國會兩院議員所組織的總統選舉會選舉；大總統候選人須為中華民國人民，年滿 40 歲以上，而享有完全的公權者。選舉會以議員總數三分之二以上出席為法定人數。投票以無記名方式行之，得票滿四分之三者當選；但兩次投票仍無人當選時，以第二次得票最多的前 2 位候選人決選，以得票過半數者當選。大總統任期五年，得連任一次，其職權在憲法制定以前，暫行適用臨時約法中關於臨時大總統職權的規定（谷鍾秀 1962:150-151）。

　　大總統選舉法公布後，國會議員即組成選舉會，定民國 2 年 10 月 6 日上午 8 時，假眾議院議場，選舉正式大總統。袁世凱對正式大總統的職位志在必得，進步黨更公開擁袁。國民黨在二次革命失敗後，孫中山先生及黃興等皆出亡，並無適當的總統人選，但袁仍恐國民黨議員的抵制，而由御用的公民黨發動擁護。2 年 9 月底，公民黨總部分電各省，請一致擁護袁世凱為正式大總統，並擁護黎元洪為正式副總統，各省都督民政長皆遙相呼應。在總統選舉的當日，公民黨更指揮整齊嚴肅如軍伍的「公民團」數萬人，包圍眾議院選舉場數十匝，要求即日選出袁世凱為總統，否則不令議員出門一步。議員頗憤此行動，多有故投廢票的。在第一、第二次投票，袁世凱雖得票較多，但均不滿法定人數的四分之三，故從上午八時至傍晚尚未選出大總統。最後乃依大總統選舉法第二條但書的規定，就第二次得票較多的袁世凱與黎元洪二人，進行決選，袁始以得票過半數而當選。至此包圍議場的公民團始歡呼大總統萬歲後離去（楊幼炯 1974:74-76）。對當時的情形曾彥回憶道：（曾彥 1957）

選舉之日，突有乞丐無賴數千圍困會場。議員們終日滴水不進，投票數次均無結果，選票至為分散，甚至有梅蘭芳一票。日暮時，議員枵腹雷鳴，又無門可出，困憊可想而知。嗣有兩位太太，送一擔饅頭來，並勸各議員隨機應變，犧牲成見，以挽危局。於是大家搖頭投票，散會時已二鼓矣。

隔日議員們再舉黎元洪為正式副總統，此次已無所謂「公民團」包圍議場，而黎亦僅經一次投票即順利當選。

如前所述，袁世凱雖為民國的總統，但仍抱有相當程度的傳統集權與專制的觀念，無法忍受對統治權力施加監督與制衡的議會民主制度，而臨時約法的制定，就是針對袁的集權與專制的觀念及野心，加以防止，所以將政府的體制明定為內閣制，作為牽制。根據臨時約法的設計，臨時大總統祇是虛位的元首，總統雖可公布及發布任何法律及命令，但皆須內閣國務員的副署。在另一方面總統雖可制定官制官規、宣戰、媾和及締結條約，以及任命內閣的國務員，但皆須參議院的同意。由此可知政務的實權在內閣，而內閣則向參議會負責。袁出任臨時大總統後，逐漸暴露專制的態度，不能認清及遵守虛位元首的角色規範；先無視內閣的副署權，以王芝祥事件逼退唐紹儀內閣，然後任命能聽命於己的內閣，如陸徵祥、趙秉鈞及熊希齡等內閣皆是，而在實際上掌握政治決定大權，破壞內閣制度。儘管如此，袁始終不能擺脫臨時參議會及其後選舉成立的國會參、眾兩院的制衡，無法予取予求，掌握專制獨斷的大權。在民元 7 月 18 日臨時參議院否決他所提名的內閣國務員，他曾於 22 日通電各省加以指摘，認為：（黃遠庸 1961:169）

> 乃自黨見既興，意存掣肘，提出否認，至再至三。……
> 而國會紛爭，議案叢脞，累日不能決一條，經月不能頒一
> 律，……本大總統若以仁柔姑息，延茲厲階，今當勇猛精勤，
> 贖彼前愆。

　　他對議會政治及政黨政治的無知與不滿，已昭然若揭。此電發出後，擁袁的官僚武人曾醞釀修正約法，改爲總統專權的制度，但袁爲謀取當選正式的大總統，仍主隱忍，並且表示議會監督行政的權力，應由議會自由討論，決不加入意見，並飭戒左右，須持不干涉主義，更不可有無聊的運動。但等到國會舉爲正式的總統，而於 2 年 10 月 10 日就職後，立即於 16 日咨請眾議院增修約法，要求取消臨時約法中大總統制定官制官規、任命國務員及外交大使，以及宣戰、媾和、締約須經參議院同意的規定（修正約法第三十三、三十四及三十五等條）；另一方面則要求增訂二條：(1)大總統爲保持公安，防禦災患，於國會閉會時，得制定與法律同等效力的教令；(2)大總統爲保持公安，防禦災患，有緊急之需用，而不及召集國會時，得以教令爲臨時財政處分（〈中國大事記〉：7）。袁的這些要求不僅要完全廢除內閣制，而且要建立一個違背民主政治的專制總統制，因任何實施總統制的民主國家，絕無獨自決定官制、官規，以及宣戰、媾和、締結條約，任命內閣官員而不使國會同意的；代表民意的國會如不具這些同意權等於放棄了民主政治。臨時約法如經這樣的修訂，國會除在無可奈何的情形下，對大總統實施彈劾權外，已無任何對人、對事的實質權限，大總統將成爲變相的君主，民國也將徒具虛名。

　　袁世凱提出增修臨時約法後，副總統黎元洪亦通電全國，名爲「與全國商榷國事」，實則響應袁氏之議，要求國會修改約法，除去議會同意權，「俾各部總長聽政府之自擇」；另主張刪除一切「夢科捍攘

之制，」（黎元洪，載：李守孔編 1977:273）亦即免去所有對政府的
制衡制度。面對袁的要求，國會以憲法正在起草中，約法無須增修為
由加以拒絕（羅志淵 1976:106）。

袁提出增修臨時約法之時，國會的憲法起草委員會已在天壇的祈
年殿議憲，且已完成初稿，在 10 月 14 日進行二讀。在起草委員 60 人
中，反袁的國民黨及政友會、超然社的議員雖共佔 33 人，超過半數，
但因須三分之二委員的出席，不得開議，且未獲總額過半數的委員的
贊成，不得議決，黨派的觀念，乃不能過強。實際上大多數的委員皆
站在議會及政黨政治的立場，主張延續臨時約法的內閣制，酌加改進，
增加眾議院對政府的不信任投票權。袁氏知悉憲法起草委員會的主張
後，至為不滿，跡近痛恨的地步（白蕉 1962:75-79）。他原想藉增修
臨時約法，表明反對內閣制及擴大總統職權的意見，以迫使憲法起草
委員會，按照約法中新增修的大總統職權起草憲法。但增修的要求為
國會所拒絕，袁乃於 10 月 22 日咨達憲法會議轉起草委員會，謂：派
遣施愚等八人為委員，出席憲法起草會議，代達大總統的意見。是時
憲法草案已大致粗定，憲法起草委員會乃以會章所限，僅許國會議員
旁聽，其他無論何人皆不得入場，更遑言陳述意見，而拒絕袁所派遣
的人員列席（吳宗慈 1973：章 3，節 24）。

袁在派員赴憲法起草委員會陳述意見遭拒後，再請梁啓超、周自
齊、朱啓鈐等疏通，連日讌請起草委員會諸位委員於北京玄武門內的
中華飯店，希望藉梁氏的進步黨領袖的聲望，說服起草委員採行袁的
意見。當時起草委員中屬進步黨的丁世嶧、李國珍、劉崇佑、汪彭年、
解樹強等，與屬國民黨的張耀曾、谷鍾秀、湯漪、孫潤宇、楊永泰等，
為強調對憲政觀點的一致及擺脫舊派系的影響，特於 10 月 20 日分別
發表脫黨聲明，並於 21 日合組民憲黨，對外發表宣言，以擁護憲法草
案相號召。民憲黨既已成立，梁氏即不能以進步黨的領袖相約制。自

二次革命失敗後，袁已將國民黨視為亂黨，且已槍殺國民黨的起草委員徐秀鈞及段世桓，逮捕張我華、褚輔成、趙世鈺及劉恩格。民憲黨的成立對堅持憲草的國民黨委員亦有關清與自保的作用。

袁的一連串活動均遭挫折，乃憤而於 10 月 25 日通電全國，指摘憲法起草委員會中國民黨人「危害國家」，「顛覆政府」，所起草的憲法草案，「妨害國家甚多」，要求全國文武長官「逐條研究」，「共抒讜論」。電文如下（白蕉 1962:75-79）：

> 制定憲法，關係民國存亡，應如何審議精詳，力求完善；乃國民黨人破壞者多，始則託名政黨，為虎作倀，危害國家，顛覆政府。事實具在，無可諱言。此次憲法起草委員會，該黨議員，居其多數。閱其所擬「憲法草案」，妨害國家者甚多。特舉其最要者，先約略言之。
>
> 　立憲精神，以分權為原則。臨時政府，一年以內，內閣三易，屢陷於無政府地位，皆誤於議會之有國務員同意權。此必須廢除者。今「草案」第十一條，國務總理之任命，須經眾議院同意。第四十三條，眾議院對於國務院，得為不信任之決議時，須免其職云云。比較「臨時約法」，弊害尤甚。
>
> 　各部總長，雖准自由任命，然彈劾之外，又入不信任投票一條，必使各部行政，事事仰承意旨，否則國務員即不違法，議員喜怒，任意可投不信任之票。眾議院議員數五百九十六人，以過半數列席計之．但有一百五十人表決，即應免職。是國務員隨時可以推翻，行政全權，在眾議員少數人之手，直成為國會專制矣。自愛有為之士，其孰肯投身政界乎？
>
> 　各部各省行政之務，範圍甚廣。行政官依其施行之法，均得有適當之處分。今「草案」第八十七條，法院依法律受

理人民刑事、行政及其他一切訴訟云云。今不按遵「約法」，另設平政院，使行政訴訟，亦隸法院。行政官無行政處分之權，法院得掣行政官之肘。立憲政體，固如是乎？

　　國會閉會期間，設國會委員會，美國兩院規則內有之，而憲法並無明文。今「草案」第五章規定，國會委員會，由參眾兩院選出四十人，共同組織之；以委員三分二以上列席，列席員三分二以上同意決之。而其規定職權：一、咨請召開國會臨時會；一、閉會期內，國務總理出缺時，任命署理，須得委員同意；一、發布緊急命令，須經委員議決；一、財政緊急處分，須經委員議決。此不特侵奪政府應有之特權，而僅僅四十委員，但得二十餘人之列席，與十八人之同意，便可操縱一切。試問能否代表兩院意見？以少數人專制多數人，此尤蔑侮立法之甚者也。

　　文武官吏，大總統應有任命之權。今草案第一百八九條，審計員以參議員選舉之，審計院長由審計員互選之云云。審計員專以議員組織，則政府編制預算之權，亦同虛設。而審計又用事前監督，政府直無運用之餘地。國家歲入歲出，對於國會有預算之提交，決算之報告。既予以監督之權，豈宜干預法人，層層束縛，以掣政府之肘？綜其流弊，將使行政一部，僅為國會所屬品，直是消滅行政獨立之權。

　　近來各省省議會，掣肘行政，已成習慣。倘再令照國會專制辦法，將盡天下文武官吏，皆附屬於百十議員之下，是無政府也。值此建設時代，內亂外患，險象環生，各行政官力負責任，急起直追，猶虞不及，若反消滅行政一部獨立之權，勢非亡國滅種不止。此種「草案」，既有人主持於前，自必有人構成於後。設非藉此以遂其破壞傾覆之謀，何至於

國勢民情，夢夢若是。徵諸人民心理，既不謂然，即各國法律案，亦多訾駁。本大總統忝受付託之重，堅持保國救民之宗旨，確見及此等違背共和政體之憲法，影響於國家治亂興亡者極大，何敢緘默不言？「臨時約法」，臨時大總統有提議修改「約法」之權。又美國議定憲法時，華盛頓充獨立殖民地代表第二聯合會議議長，雖寡所提議，而國民三十萬人出眾議員一人之規定，實華盛頓所主張。法國制定憲法，馬賣馬洪被選為正式大總統，命外務大臣布羅利向國民會議提出「憲法草案」，原為法國現行之原案。此法、美二國第一任大總統與聞憲法之事，具有先例可援。用特派員前赴國會陳述意見，以期盡我保國救民之微忱。「草案」內謬點甚多，一面已約集中外法家，公同討論，仍當隨時續告。各該文武長官，同為國民一份子，且各負保衛治安之責，對於國家根本大法，利害與共，亦未便知而不言。望逐條研究，共抒讜論，於電到五日內，迅速條陳電復，以憑採擇。大總統有印。

　　我們由袁的通電更可以清楚地看出，他最為反對的仍是憲法草案中立法及司法權對行政權的制衡，特別是國會代表民意的監督權。他認為，國會對國務總理不應有同意權、不信任投票權，法院亦不應管轄行政訴訟，否則即是國會專制，消滅行政獨立之權，且將盡使天下文武官吏，附屬於百十議員之下，造成無政府的狀態；在此內亂外患，險象環生的建設時代，勢非亡國滅種不止。袁對民主政治的分權及制衡的原理，無深刻的認識，由此更可證明。但他藉口時代的緊急，要求建立強固而具有速效的集權政府，授與總統大權，俾能便宜行事，則不僅是袁個人的主張；當時的若干政界及軍界的人士如康有為、梁啟超，吳貫因及馮國璋、藍公武、張鳳翽、翟富文等等皆與袁的主張

相近。如梁即認為國會不可在彈劾權之外，復有同意權。吳則主張採取所謂的總統制之內閣，閣員由總統任免，國會不具任何同意權。馮、藍、張、翟等人則不僅反對國會的同意權及彈劾權，且主張總統具有任命官員、制定官制官規、發布緊急命令及解散國會的全權，以組織強力的政府。[46] 這些主張實際皆有一個前提，即強固的政府會與議會政治相衝突。在我國政治發展史上，民主政治的不能順適，這是一個主因。實質上，政府受到民意的支持，才真能穩固，也唯有受到民意的監督，才不致錯失，發揮真正的強效。所謂效能不僅在速度，更重正確，以實現民眾的福祉。換言之，強固的政府與議會政治及民主政治並不相衝突，此在先進的民主國家，已成為不爭的事實，但上述人士並不見得具有全盤及長遠的認識。他們的主張適足以掩飾袁的專制野心，助長他的聲勢，甚至影響到輿論，使他更無忌憚，加強壓制國會及政黨，並進一步破壞民主政治。

袁通電全國，欲迫使憲法起草委員會就範，但起草委員則堅持本身所屬的議會政治的立場，不僅不為所動，反而通力合作，加速將憲法草案於 10 月 31 日完成三讀，並於 11 月 3 日將全案咨送國會憲法會議審議；一俟憲法會議通過，即可完成法定程序，公布施行。袁氏眼看所極力反對的憲法草案通過在即，乃於 11 月 4 日，再度通電全國，逐條列舉加以反對，並於同日藉口國民黨的二次革命「以民國政府為敵國」、「以民國國軍為敵兵」、「欲破壞民國之統一而不恤」、「欲引起列強干涉而後快」、「亂國殘民，于斯為極」，而國民黨議員與該黨本部「潛相構煽……據地稱兵，蹂躪及於東南各省，我國民生命

---

[46] 參見：梁啟超，載：《民國經世文編》1962：49-52；吳貫因，載：《民國經世文編》1962：69-72；馮國璋，載：《民國經世文編》，1962：35；藍公武，載：《民國經世文編》1962；翟富文，載：《民國經世文編》，1962：1-19；張鳳翽，載：《民國經世文編》，1962：34。

財產，橫遭屠掠」（〈中國大事記〉：2），竟下令解散國民黨，追繳
國民黨籍議員證書，範圍擴及二次革命以前脫黨者，受到繳證之議員
達 438 人，造成國會參、眾兩院開會法定人數的不足，使得憲法草案
無法通過。對當時的情形，谷鍾秀曾追憶道：（谷鍾秀 1962:158）

> 　　是（四）日下午，軍警開始執行，往來如梭，徹夜不絕，
> 至翌早八時始畢，被追繳者凡四百三十八人。初追繳三百五
> 十餘人，計二院猶足法定人數，有開會之希望，又補行追繳
> 八十餘人，即湖口倡亂前已脫黨，亦無一倖免者。五日參、
> 眾兩院開會，果以不足法定人數，不能開會。連日政府派兵
> 監守兩院大門，手持被追繳證書徽章之議員名單，議員進場
> 逐一盤查，凡單內未列姓名者，始准進院，於是國會遂永陷
> 於不能開會之悲境，而機能全失。

　　國民黨議員既遭到袁世凱追繳議員證書，喪失議員資格，國會參
眾兩院因而不足法定人數無法開議，只好改以茶話會方式討論問題。11
月 7 日兩院殘餘議員 180 餘人集會，決議敦請參議院議長王家襄、眾
議院議長湯化龍會同前往謁見袁世凱，要求：(1)江西起亂以前，脫離
國民黨，曾登報聲明者，恢復其議員資格；(2)其他反對江西之亂，發
表書狀電文等證據明瞭者，恢復其議員資格；(3)加入他黨，其入黨簿
記載其姓名者，不以國民黨目之（羅志淵 1976:117），以謀求補救，
使國會得以開議。袁氏在接見王、湯兩位議長時，雖表面上接受上述
三項補救辦法，並交由國務會議研究辦理，但在國務會議上卻以調查
困難為由，予以全部否決。參、眾兩院殘餘的議員不得已，再於 11 月
14 日，假眾議院召開茶話會，會中決議發出通告，自即日起停發議事
日程。另兩院分別於 11 月 17 日及 12 月 3 日向政府提出嚴厲的質問，

抗議政府擅以行政命令取銷議員資格，於法無據，並質詢如國民黨議員涉及謀亂，亦應送交法院審判，取證定罪後，再行除去議員資格；現政府不依法逮捕，在法不能認為與內亂有關的情況下，追繳其證書徽章，以暴力禁阻其到院，究何所取法？有何根據？而限期政府答覆（白蕉 1962:82-92）。國務院在接到參眾兩院的質問書後，延至 12 月 23 日才以書面答覆。首先以質問權為議院的職權，而非議員的職權，而兩院開會的法定人數不足，議長已通告停發議事日程，故不能行使質問權。另以質問書係在兩院現有議員的談話會中作成，法未特許，所以政府不負法律上答覆的義務。對取消國民黨議員的資格的質問，因未作正面的答覆，但辯稱：「大總統於危急存亡之秋，為拯溺救焚之計，是非心跡，昭然天壤，事關國家治亂，何能執常例以相繩。」（《政府公報》 1913）

國會停議之後，副總統黎元洪竟領銜通電全國，以國會議員「被舉之初，別有來由，多非人民公意之所推定」，「開會七閱月，糜帑數百萬，而立法一事，寂然無聞」，「八百餘人築室道謀，仍恐議論多而成功少」，今「強鄰環伺，破產在即，豈從容高論之秋？成不自謀，必有起而代成者」（《民國經世文編》 1962:54），要求袁世凱給資遣散殘留的國會議員回籍。

是時袁世凱已通電全國，要求各省選派有政治經驗人員 2 人前來北京，另由總統府派員 8 人，國務院派員 4 人，各部派員 1 人，合組中央政治會議，並選舉李經羲為議長，張國淦為副議長，以取代已停開會議的國會，成為袁所御用的民意機關。民國 2 年 12 月 18 日，袁將黎元洪要求解散國會的電文，交由政治會議討論。3 年 1 月 10 日，政治會議答覆，以「兩院現有議員既與國會組織法第十五條所載總議員過半數之規定不符，應毋庸再為現行國會組織法第二條暨第三條之組織」（李守孔編 1977:299）。袁氏據此即於同日下令停止國會議員

職務，成立不到一年的民國國會至此已完全斷送在以袁世凱爲首的官僚及武人手中。袁氏在解散國會後，不久又要求政治會議起草「約法會議」組織條例，準備成立約法會議以修改臨時約法。

民國 3 年 1 月 26 日政治會議完成約法會議組織條例，由袁世凱於同日以教令公布。按照新成立的約法會議組織條例規定，該會議係由京師選舉會選出 4 人，各省選舉會亦各選出 4 人，蒙、藏、青海選舉會聯合選出 8 人，全國商會選出 4 人共同組成。議員候選人，先由袁政府統一造冊，選舉人再就其中作選擇，但有資格作選舉人的，必須具備以下四種條件之一方可：(1)曾任或現任高等官吏而通達治術者；(2)由舉人以上出身而夙著聞望者；(3)在高等專門以上學校三年以上畢業而精研科學者；(4)有萬元以上財產而熱心公益者（李劍農 1969:414）。此完全針對以舊官僚爲選舉人而設計。對於選舉人的調查，則另作規定，即：選舉監督機關「得因便宜以現住於該選舉監督駐在地方者爲限」（李劍農 1969:414），這使得約法會議議員，雖名爲經選舉產生，實際上係完全由袁世凱指派，假袁所屬的舊官僚之手完成而已。實際上，所選舉之人亦多爲原法制局的人員（李劍農 1969:414）。

3 年 2 月 18 日約法會議舉行開幕式，選舉原國民黨籍的孫毓筠爲議長，施愚爲副議長。3 月 20 日袁世凱向約法會議提出修改臨時約法的咨文，要求：(1)外交大權應歸諸總統，凡宣戰、媾和及締結條約，無庸經參議院之同意；(2)總統制定官制官規，及任用國務員與外交大使、公使，無庸經參議院之同意；(3)採用總統制；(4)正式憲法應由國會以外之國民會議制定，由總統公布；正式憲法之起草權亦應歸於總統及參政院；(5)關於人民公權之褫奪回復，總統應自由行之；(6)總統應有緊急命令權；(7)總統應有財政緊急處分權。以上七條增修要求，使得原有的臨時約法變得面目全非，所有對統治權力的牽制繩索，一一被挑斷；國會不再對大總統具有任何約束力量，而大總統亦由原來

的虛位元首變爲民國的專制獨裁者。袁氏所御用的約法會議，很快地就將上述七條增修要求，一一通過。5 月 1 日大總統公布新約法，至此南京臨時參議院所制定的臨時約法，已被完全毀棄，而袁氏正如脫韁之馬，向帝制的迷途狂奔。

十、中華革命黨的成立與革命運動的再起

　　辛亥武昌起義後，革命黨、立憲派爲謀早日推翻滿清，而與以袁世凱爲首的舊官僚與軍人體系合作。袁則掌握時機，運用權術，從中操縱，一方面逼退清室，一方面則取代孫中山先生，成爲民國臨時政府的大總統。我們從政治發展的過程看，不難發現由武昌起義，直至袁的取得政權，實際皆來自一個推動的力量，即民族主義。民族主義是感性的認同，所形成的共識是最強烈的，中山先生等革命黨領袖雖明知袁爲舊官僚，具有相當傳統的專制及集權觀念與氣習，但推翻滿清爲當時最高的民族感情與共識，在這一力量的推動下，也祇得舉大總統及政權以相讓。等到清室退位，民族感情獲得滿足後，各方面對新中國的政治結構與建設的方向，即發生爭執。此充份顯示出，除掉民族認同以外，對一個政治體系的運作與發展最關重要的另兩項要素：規範與政策，並無一致的共識。規範構成體系的結構，政策牽涉體系的功能，如這兩項要素，特別是前者，不能在共識的基礎上，獲得各方面的支持，政府即不能正常運作，功能也無法有效發揮，政治的發展與進步當然不易。

　　民初的臨時政府實質上是政治革命後的體系重整與重組，這種重整與重組主要在政治結構的建立。當時各方所贊同的大原則爲民主共和，但在具體的結構上，則爲分權制衡及議會政黨的政府體制。這樣

的體制既可爲總統制，如臨時政府組織大綱的規定，也可爲內閣制，
如臨時政府約法的規定，但皆爲民主的體制。如前所述，袁在接任臨
時大總統後，完全遵照臨時約法的規定組織政府，革命黨及立憲派也
皆各有分合，組織政黨，以議會爲中心，推進政黨政治。這實在是中
國歷史上發展民主政治的良機，中山先生雖退讓大總統，甚至退出政
治，以國民黨的理事長委宋教仁代理，自願從事鐵路建築，但對袁及
各黨派皆抱寄望，樂觀其成。袁以舊官僚體系及軍事實力取得政權，
其後所重視及依賴的仍是此種實力，但對現代議會及政黨政治並無正
確的理解，因而也乏興趣，更欠推動或配合。在民元 8、9 月間，內閣
總理陸徵祥因受參議院的彈劾，發生政治風潮，中山先生與黃興且曾
入京調和黨見，一方面勸說參議院議員支持袁的私人趙秉鈞出任新內
閣總理，一方面則勸說袁須與政黨政治結合，使趙秉鈞及各國務員加
入新成立的國民黨，成爲國民黨的政黨內閣。當時雖有人譏之爲：「非
政黨內閣，乃係內閣政黨。」（黃遠庸 1961，卷 1:245-249）但從議
會政治的觀點看，唯有內閣與議會相結合，才能控制議會，掌握政權，
而在根本上解決當時的政潮，導致民主政治的正常化。趙雖同意加入
國民黨，但祇是表面，實際仍反對受議會政黨的牽涉。這一觀念在黃
興勸說袁的智囊楊度加入國民黨時，則表露無遺：楊曾明白告黃，如
國民黨不取消政黨內閣的黨略，則不能加入（楊度 1962:70）。袁的
舊官僚及軍人體系不能體會孫、黃的深意，終捨議會與政黨政治，謀
求傳統政治中政府元首的專制與專權，以建立所謂的強力的政府，這
使得議會與政黨政治的民主結構始終無法確立，而影響到政治的整合
與安定。宋案的產生，則完全證實袁的官僚及軍人體系對民主政治的
敵視與蓄意的破壞。

　　對於宋案，中山先生力主即時對袁作全面的討伐，進行革命。但
國民黨內部的意見並不一致。黃興認爲民國已經成立，法律非無效力，

不妨以冷靜的態度，進行法律的解決。黃當時也顧慮南方的武力不足恃，認為不宜立即採取軍事行動（鄒魯 1965:987-988, 298-304）。至於國民黨籍的國會兩院議員已在京集會，且袁初尚掩飾，否認涉及宋案，所以大多傾向以議會的多數優勢牽制袁的專制與專權，並為民國制定憲法，加以約束。各省區的國民黨都督及軍、民領袖雖一再聲討宋案及袁的非法借款，但也意存觀望，亦遲遲未採行動。但袁則乘機布署，突在民國 2 年 6 月下令免除國民黨籍江西都督李烈鈞、安徽都督柏文蔚及廣東都督胡漢民職。李烈鈞乃在 7 月 12 日攻佔江西湖口，宣布獨立，進行討袁。黃興亦趕往南京，於 15 日亦宣布獨立，派軍北上討袁。其後國民黨人陳其美在上海，柏文蔚在安徽，陳炯明在廣東，許崇智在福建皆宣布討袁，但皆先後失敗。鄒魯曾感嘆說：「此次討袁，不匝月而敗，所謂二次革命者也。當是時，本黨在各省勢力不為不大，率以舉事後人，竟不可一戰。」（鄒魯 1965:985）

不能掌握時機，先聲奪人，的確是二次革命失敗的主要因素，但國民黨內部的不能齊一行動，以及一般民眾，甚至黨人、知識份子，對袁的專制不加警惕，未能普遍響應討袁之役，更是中心的問題。中山先生自二次革命失敗後，心情極為沉痛，也曾作全盤的檢討，而在議會政黨及革命政黨之間，決心再回到革命政黨的路線，而要用革命的策略以實現民主憲政的建設。在性質上，他的討袁革命實是民權的革命，而與推翻滿清的民族革命有異。

中山先生輾轉逃往日本後，乃決定重振革命精神，組織中華革命黨，要將革命事業從頭做起。他認為排滿雖然成功，但民主的理想終未實現，其中的原因除了舊官僚惡勢力的為害外，更重要的關鍵則在黨員的各行其是，缺乏組織及紀律的觀念，因而不能產生力量。他曾致函南洋同志說：

　　曩同盟會、國民黨之組織，徒以主義號召同志，但求主
義之相同，不計品流之純糅，故當時黨員雖眾，聲勢雖大，
而內部分子意見紛歧，步驟凌亂，既無團結自治之精神，復
無奉令承教之美德，致黨魁有似於傀儡，黨員有類於散沙。
迨夫外侮之來，立見摧敗，患難之際，疏如路人，此無他，
當時立黨徒眩於自由、平等之說，未嘗以統一號令，服從黨
魁為條件耳。……凡人投身革命黨中，以救國救民為己任，
則當先犧牲一己之自由、平等，為國民謀自由、平等，故對
於黨魁，則當服從命令；對國民，則當犧牲一己之權利。……
是以此次重組革命黨，以服從命令為唯一之要件，凡入黨人
員，必自問甘願服從文一人，毫無疑慮而後可。若口是心非，
神離貌合之輩，則寧從割愛，斷不勉強。……無所浮濫，以
免良莠不齊。[47]

　　由上述可知，中山先生的中華革命黨等於是一個軍事革命的嚴密
組織，採領袖制，特別重視對黨魁的服從，也要求黨員的忠貞、誠實
與熱忱，能做到犧牲一己以救國。非常明顯地，中山先生的這些主張，
皆是自獻身革命以來，親身所經歷的辛酸及挫折而得。他在革命的歷
程中，的確感覺他的理想與作法極為正確，所以產生一種所謂真權威
的自認。這種自認使得他具有領袖的自信，而要求黨員絕對服從。另
一方面，他也深感國人缺乏現代的知識及為團體目標相互協助、合作
的團隊精神，所以他乃強調團結與紀律，而在領袖的領導下，發揮整
體的革命力量。中山先生對他的主張極為堅持，不為任何反對所動。

---

[47] 參見：〈總理致陳新政暨南洋同志論組織中華革命黨之意義書〉，載：
羅家倫 1978：15。

他坦率而嚴格地要求加盟的黨員必須宣誓「附從孫先生」，並親蓋指模。中山先生的要求在當時被目爲非常之舉，不少舊日革命黨同志，曾提出不同意見，黃興即表示無法接受，認爲革命係服從主義，不應服從個人；孫先生爲個人，對個人服從，有違「平等自由主義」，[48] 而蓋指模係命令犯人的作爲，不應對同志如此。對這類的反對意見，中山先生則辯駁說（居正，載：羅家倫 1978:82-83）：

　　一、革命必須有唯一（崇高偉大）之領袖，然後才能提挈得起，如身使臂，臂使指，成為強有力之團體人格。

　　二、革命黨不能群龍無首，或互爭雄長，必須在唯一領袖之下，絕對服從。

　　三、孫先生代表是我，我是推翻專制，建立共和，首唱而實行之者。如離開我而講共和，講民主，則是南轅而北其轍。忠心革命同志不應作「服從個人」看法。一有此想，便是錯誤。我為貫徹革命目的必須要求同志服從我。老實說一句，你們許多不懂得，見識亦有限，應該盲從我。我絕對對同志負責任，絕不會領導同志向專制失敗路上走。我是要以一身結束數千年專制人治之陳跡，而開億萬年民主法治之宏基。

　　四、再舉革命，非我不行。同志要再舉革命，非服從我不行。我不是包辦革命，而是畢生致力於國民革命，對於革命道理，有真知灼見；對於革命方略，有切實措施。同志鑑於過去之失敗，蘄求未來之成功，應該一致覺悟。我敢說除

---

[48] 〈黃興致劉承烈書〉。黃興的不同意見，亦可見〈黃興復孫中山先生書〉。以上兩書參見：吳相湘 1982：1240-1241。

我外，無革命之導師。如果面從心違，我尚認為不是革命的
同志，況並將「服從孫先生再舉革命」一句抹煞，這是我不
能答應，而無退讓之餘地的。

對於宣誓人須蓋指模，中山先生也有數點解釋（居正，載：羅家
倫 1978:82-83）：

一、昭信誓：歃血為盟，如齧指割臂，皆古時所引用。
現今不用血印而用指模，是要本人於蓋指模之頃，將誓約印
人腦際，歷久不渝。

二、驗誠實：我國人習氣專好假面子，或客氣用事，結
果弄成虛偽，國幾不國。革命黨應反其所為，以赤裸裸出之。
倘猶客惜一指，以為與面子攸關，或以為太不客氣，則是不
誠實之極了，所以必令蓋一指模，破除積習。

三、重犧牲：人人不畏革命，是能不惜犧牲的。革命黨
自負也是自我犧牲的，倘對蓋指模而懷疑而畏葸，還說得上
犧牲嗎？故必以蓋指模重視其犧牲精神。

四、明團結：我們為了革命失敗，由於渙散，欲求成功，
必須團結。我雖不尚結為死黨之說，而總要求同志一心一德，
貫澈始終，不要中途脫節。有了指模憑證在黨，自然記在心
上，毋敢或違。

民國 3 年 6 月孫中山先生在東京召開中華革命黨的總理選舉會，
並當選總理。7 月 8 日則在築地精養軒召開成立大會。他當眾宣誓加
盟，主盟者胡漢民，介紹者陳其美及居正。其他所有加盟者皆宣誓「附
從孫先生」，並在誓約上蓋指模。但他的誓約則將「附從孫先生」一

句，改為「統率同志」；「服從命令」一句，改為「慎施命令」。[49] 誓約全文如左（居正，載：羅家倫 1978:82-83）：

誓　約　　　　○○○號

立誓人○○○為救中國危亡，拯生民困苦，願犧牲一己之生命自由權利，附從孫（中山）先生，再舉革命，務達民權、民生兩目的，並創設五權憲法，使政治修明，民生樂利，措國基於鞏固，維世界之和平，特誠謹矢誓如左：

一、實行宗旨。

二、服從命令。

三、盡忠職守。

四、嚴守秘密。

五、誓共死生。

從茲永守此約，至死不渝，如有貳心，甘受極刑。

中華民國○○省○○縣人○○○

中華民國○年○月○日

　　他親自訂定黨章首先強調中華革命黨以實行民權、民生兩主義為宗旨（第二條），目的為掃除專制政治，建設完全民國（第三條）。為了確保革命黨員的貢獻勳績，避免民初同盟會改組為國民黨時遭受舊官僚與偽革命者的混入與軟化，他在黨章中特別規定：凡於革命軍未起義之前進黨者，名為首義黨員；凡於革命起義之後，革命政府成立以前進黨者，名為協助黨員；凡於革命政府成立之後進黨者，名曰

---

[49] 見孫中山先生手書中華革命黨加盟誓約影印本，載：吳相湘 1982：1264。

普通黨員（第十一條）。另規定：革命時期之內，首義黨員悉隸爲元勳公民，得一切參政執政之優先權利；協助黨員得隸爲有功公民，能得選舉及被選舉權利；普通黨員得隸爲先進公民，享有選舉權利（第十二條）。凡非黨員在革命時期之內，不得有公民資格；必待憲法頒布之後，使能從憲法而獲得之。憲法頒布以後，國民一律平等（第十三條）。這樣的規定完全是對獻身革命者的一種鼓勵與回報，也具有提高黨員地位的效果。

　　對於黨魁的絕對權力，黨章亦規定，革命黨公舉總理一人（第十五條），總理有全權組織（革命黨）本部爲革命軍之策源（第十六條）。本部各部長職員，各地支部長，悉由總理委任（第十七、十八條）。中山先生非常重視革命的過程，特別在黨章中明定進行的程序分爲軍政、訓政、憲政三個時期。軍政時期：以積極武力掃除一切障礙，而奠民國基礎。訓政時期：以文明治理，督率軍民，建設地方自治。憲政時期：俟地方自治完備之後，乃由國民選舉代表組織憲政委員會，創制憲法；憲法頒布之日，即爲革命成功之時（第四條）。

　　革命的程序所以要分爲軍政、訓政、憲政三時期，中山先生後來闡釋道：（《國父全集》 1965：叁－371-372）

　　　不經軍政時代，則反革命之勢力無由掃盪，而革命之主義亦無由宣傳於群衆，以得其同情與信仰。不經訓政時代，則大多數之人民久經束縛，雖驟被解放，初不瞭知其活動之方式，非墨守其放棄責任之故習，即為人利用陷於反革命而不自知。前者之大病在革命破壞不能了徹，後者之大病在革命之建設不能進行。辛亥之役，汲汲於制定臨時約法，以為可以奠民國之基礎，而不知乃適得其反。論者見臨時約法施行之後，不能有益於民國，甚至并臨時約法之本身效力亦已

銷失無餘，則紛紛然議臨時約法之未善，且斤斤然從事於憲
法之制定，以為藉可救臨時約法之窮。曾不知癥結所在，非
由於臨時約法之未善，乃由於未經軍政、訓政兩時期，而即
入於憲政。試觀元年臨時約法頒布以後，反革命之勢力不惟
不因以消滅，反得憑藉之肆其惡，終且取臨時約法而毀之。
而大多數人民對於臨時約法，初未曾計及其於本身利害何若？
聞有毀法者不加怒，聞有護法者亦不加喜，可知未經軍政、
訓政兩時期，臨時約法決不能發生效力。夫元年以後，所恃
以維持民國者，惟有臨時約法；而臨時約法之無效如此，則
綱紀蕩然，禍亂相尋，又何足怪。本政府有鑒於此，以為今
後之革命，當賡續辛亥未完之緒，而力矯其失。即今後之革
命，不但當用力於破壞，尤當用力於建設，且當規定其不可
踰越之程序。

中山先生在黨章中將革命軍起義之日，至憲法頒布之時，定名為
「革命時期」。在這一時期，一切軍國庶政，皆歸革命黨員完全負責，
力為其難，為同胞造無窮之幸福（第五條）。換言之，在革命時期，
完全以黨治國，也就是實行黨治，黨是最高的權力機構，也代表全民
的福利。

中山先生所設計的黨部組織，非常完整，除總理外，另置協理一
人補助或代理總理執行職權（黨章第十六條）。革命黨的本部則分設
總務、黨務、財政、軍事及政治等五部，各置部長一人、副部長一人。
各部的職權皆明訂在黨章中。海內外的地區則設支部，置支部長一人
（黨章第十八條至二十五條）。

最值得我們注意的是，中山先生在注重革命組織的嚴密及強調服
從革命領袖的同時，已相當考慮到未來憲政時代的五權政府組織。他

將黨本部視爲行政院，而另設一協贊會，分爲四院：(1)立法院、(2)司法院、(3)監督院、(4)考試院，而與本部並立爲五。協贊會置會長一人、副會長一人，由總理委任。四院則各設院長一人，由黨員選舉，但對協政會長負責。各院的職權也在總章中作明確的規定，如立法院可創制各部規則，提議修改總章，批准支部章程，籌備國會組織。（指憲政時期的正式國會）。這樣的設計，主要的目的則在「使人人得以資其經驗，備爲五權憲法之張本」。（以上見總章第二十六條至三十一條）中山先生對革命最終目的的憲政之治，真是時時在念，縱在革命時期，也要先訓練黨員，使具民主的經驗與素養，以免在革命完成後，黨員本身卻無法推行民主憲政及經營民主生活。我們由此亦可見中山先生對民主信念的堅定。

中華革命黨的主要目的在進行革命。革命不能不有武力，對建立革命的武力，中山先生向有切膚之痛，因過去的若干次起義，特別是二次革命，民黨皆由武力的不足或不整，而遭致挫敗。因而在中華革命黨成立後，訂定極爲完備的革命方略，組織中華革命軍，並在黨治之下，成立軍政府。按方略的規定，總理即爲中華革命軍大元帥，統率陸海軍。大元帥則代表中華民國爲大總統，組織政府總攬全國政務。中華民國的國旗定爲青天白日旗（見方略第一編，第二章，第八條），這是中山先生一向所堅持的主張，從此成爲定案。大元帥之下設最高統帥部，稱大本營，此即軍政府（見方略第一編，第二章，第四條至第六條）。大本營下設機要、參謀、法制三處及外交、內務、陸軍、海軍、財政等五部。各部置總長及次長各一人（方略第二編，第一章，第一及第二條；第二章，第一條）。各省則設總督府，置總督一人，由大元帥特任，受內務部總長監督（第十章，第一及第二條）。各省在未設總督之前，置司令長官一人，司令官若干人，由大元帥任命（方略第一編，第二章，第七條二項）。

中華革命黨在這樣周密而嚴格的組織下，真可如鄒魯所說的，中山先生乃能「親率能立於戰線之黨員」（鄒魯 1965:163），進行民權及民生的革命，以底於憲政的實施。

中華革命黨成立後，中山先生一方面組織黨本部，任命陳其美及居正爲總務部長，居正及謝持爲黨務部長，許崇智爲軍務部長，張靜江、廖仲凱及楊庶堪爲財政部長，胡漢民爲政治部長，張繼爲宣傳部長，協理從缺；[50] 另一面則組織革命軍，陸續任命各地區二十餘位司令長官，包括陳其美主長江流域一帶，居正主山東，朱執信、鄧鏗主廣東，祁耿寰主關外，范鴻仙主上海等等。如前所述，中山先生很重視黨員的流品，所以特在東京設法政講習所，以培養政治人才；在大森設浩然廬，以培養軍事人才（鄒魯 1965:304）。

各地區的革命黨人皆曾進行討袁的革命活動，包括暗殺、策反及起義等，如陳其美在上海的策反肇和艦[51]等皆是，但當時袁勢正盛，早期的革命行動，仍甚艱苦，陳其美且在上海被刺，而以身殉。

對我國的政治發展來說，中山先生的組織中華革命黨實具有劃時代的意義。首先，自民元推翻滿清，由袁世凱繼中山先生出任臨時大總統後，各省獨立之局已告統一，且在臨時約法的基礎上獲得政治的整合，議會及政黨政治亦已逐步進行，但自宋案後，統一及整合皆成問題。中山先生則深感民眾的文化仍停留在傳統的專權時代，而舊官僚及軍人體系更欠民主的認識，而趨向專制及私利的追求。在這樣的情勢下，他根本否定在體制內進行議會及政黨政治，以實現憲政的可

---

[50] 協理原擬任黃興，但黃不肯加盟，作罷； 中山先生乃推薦凡曾任都督的皆可被選，時加盟而曾任都督的有陳其美及胡漢民，但陳、胡皆固讓，故從缺。參見：鄒魯 1965：318；吳相湘 1982：1228。

[51] 參見：〈肇和起義史話〉1945

能性。中華革命黨的成立，已明白地宣示：民國的政治已從議會政黨重新回到革命政黨的路線。

其次，國民黨內部造成雙重的分裂。中山先生在日本組織中華革命黨進行討袁時，國民黨籍的國會兩院議員仍在北京議事制憲，雖反袁，但仍然與袁共一政府體制，且謀與袁取得某種妥協，以維繫議會政治。這當然與中山先生的主張相悖，形成分裂。在另一方面，中山先生的堅主中華革命黨的領袖服從制及須宣誓蓋指印等，除如前述，黃興不願接受外，其他參與第二次革命的討袁人士，如李烈鈞、柏文蔚、陳炯明等也不願接受，而造成另一分裂。若干持反對意見的且另有歐事研究會的組織。[52] 這雙重分裂使後來的政局趨向複雜，也使中山先生更堅持領袖制的激進革命路線，反對任何妥協。

第三，中山先生在民國 3 年組織中華革命黨時所強調的黨的理想、黨的組織、黨的紀律、黨的領袖制、黨的治國、黨軍的建立、黨員的品質、政治及軍事人才的訓練等，皆成為革命政黨的重要特徵。中山先生的這些構思與設計，確實早於蘇俄在民國 6 年的革命，所以並非倣效蘇俄，但也在某種程度上，影響到他後來所採取的聯俄的策略。

最後，我們可以這樣說，民國 13 年中國國民黨的組織就是建立在中華革命黨的基礎之上，而更進一步影響到中國的命運。　　（原載：《中華民國政治發展史》，第一冊，臺北：近代中國出版社，1985，頁 203-334。）

---

[52] 據周震麟云：歐事研究會成立於黃興由日去美以後，其時歐戰方起，因用此名，實則為團結黨員內部，以避耳目，防嫉忌，但黃興並未參加。黃在復中山先生信中，亦自稱：「並未私有所標幟，以與先生異。」以上見：吳相湘 1982：1240-1261。

參考文獻

《中華民國史事紀要：辛亥年一至十一月》，中華民國史事紀要委員會主編。

《民立報》，1912 年 12 月 11 日。

《民國經世文編》，1962，臺北：文星書店。

《民報》，1 號，1905 年 11 月 26 日。

《政府公報》，1913 年 12 月 27 日。

《時報》，1912 年 12 月 10 日；1913 年 1 月 9 日。

《國父全集》，1965，臺北：中國國民黨中央黨史史料編纂委員會。

《順天時報》，1912 年 12 月 12 日；1912 年 12 月 15 日。

《臨時政府公報第三號》，1912 年 1 月 3 日

〈大總統選舉記〉，《民立報》，1911 年 12 月 30 日（辛亥年 11 月 11 日）。

〈大總統覆參議院論國旗函〉，臨時政府公報第 6 號，載：羅家倫（主編），《中華民國史料叢編》，第一輯，臺北：中央文物供應社。

〈中國大事記〉，《東方雜誌》，上海：商務印書館，卷 10 號 6。

〈五黨大合併誌詳〉，《民立報》，1912 年 8 月 18 日。

〈內務部咨各省頒佈新曆由〉，臨時政府公報第 21 號，載：羅家倫（主編），《中華民國史料叢編》，第一輯，臺北：中央文物供應社。

〈自巴黎致民國軍政府盼速定總統電〉，1981，《國父全集》，第三

冊，臺北：中國國民黨中央黨史委員會，再版。

〈咨參議院推薦袁世凱文〉，臨時政府公報第 17 號，載：羅家倫（主編），《中華民國史料叢編》，第一輯，臺北：中央文物供應社。

〈咨參議院辭臨時大總統職文〉，1981，《國父全集》第四冊，臺北：中國國民黨中央黨史委員會，再版。

〈致袁世凱告暫時承乏臨時大總統電〉，1981，《國父全集》第三冊，臺北：中國國民黨中央黨史委員會，再版。

〈副總統選舉記〉，1912，《民立報》，1 月 6 日。

〈復袁世凱表示虛位以待電〉，1981，《國父全集》第三冊，臺北：中國國民黨中央黨史委員會，再版。

〈復袁世凱盼薦人維持北方秩序電〉，1981，《國父全集》第三冊，臺北：中國國民黨中央黨史委員會，再版。

〈復袁世凱解釋誤會電〉，1981，《國父全集》第三冊，臺北：中國國民黨中央黨史委員會，再版。

〈復袁世凱歡迎其來南京電〉，1981，《國父全集》第三冊，臺北：中國國民黨中央黨史委員會，再版。

〈進步黨大會記〉，1913，《申報》，6 月 19 日。載：丁文江，1962，《梁任公先生年譜稿》，臺北：世界書局，下冊。

〈肇和起義史話〉，1945，《重慶中央日報》，11 月 5 日。

〈總理致陳新政暨南洋同志論組織中華革命黨之意義書〉，1978，載：羅家倫主編，《革命文獻》，第五輯，臺北：中國國民黨中央黨史委員會，影印再版。

〈總理孫中山先生自巴黎致民國軍政府盼速定總統電〉，1953，載：羅家倫主編，《革命文獻》，第一輯，臺北：中國國民黨中央黨史史料編纂委員會。

〈臨時大總統布告友邦書〉，1981，《國父全集》，第一冊，臺北：
　　中國國民黨中央黨史委員會，再版。

〈臨時大總統誓詞〉，1965，《國父全集》，第二冊，臺北：中國國
　　民黨中央黨史史料編纂委員會。

王紹鏊，1980，《辛亥革命回憶錄》，第二冊，頁 405，轉引自張朋
　　園，〈從民初國會選舉看政治參與—兼論蛻變中的政治優異分
　　子〉，載：張玉法編，《中國現代史論文集》，第四輯，臺北：
　　聯經出版社。

左舜生編，1933，《中國近百年史資料續編》，下冊，上海：中華書
　　局。

平心，1947，《中國民主憲政運動史》，上海：進化書局。

白蕉，1962，《袁世凱與中華民國》，臺北：文星書店。

池田誠，1968，《中國現代政治史》，東京：法律文化社。

但燾，1967，〈革命閒話〉，載：許師慎編，《國父當選臨時大總統
　　實錄》，上冊，臺北：國史叢編社。

吳宗慈，1973，《中華民國憲法史》，臺北：台聯國風出版社。

吳宗慈，1978，〈中華民國臨時政府組織大綱及其緣起〉，載：胡春
　　惠編，《民國憲政運動》，臺北：正中書局。

吳相湘，1962，《北京兵變始末記》，國事新聞社編，臺北：文星書
　　店。

吳相湘，1964，《宋教仁》，臺北：文星書店。

吳相湘，1982，《孫逸仙先生傳》，臺北：遠東圖書。

吳貫因，1962，〈共和國體與責任內閣〉，載：《民國經世文編》，
　　臺北：文星書店，政治 1，卷 1。

宋教仁，1962，《我之歷史》，臺北：文星書店。

李守孔編，1977，《民初之國會》，中國現代史史料選輯，臺北：正中書局。

李廉方，1971，〈黎元洪初推爲都督〉，載：文獻編纂委員會編，《武昌首役》，重印本。

李劍農，1969，《中國近百年政治史》，上冊，臺北：臺灣商務印書館，臺六版。

李劍農，1975，《最近三十年中國政治史》，臺北：學生書店。

谷鍾秀，1962，《中華民國開國史》，紀念中華民國建國六十週年史料叢刊，臺北：文海出版社，影印本。

居正，1978，〈中華革命黨時代的回憶〉，載：羅家倫主編，《革命文獻》，第五輯，臺北：中國國民黨中央黨史委員會，影印再版。

易國幹等編，《黎副總統政書》，臺北：文海出版社，卷25。

林長民，1958，〈參議院一年史〉，載：左舜生編，《中國近百年史資料續編》，臺北：中華書局，頁743-744。

胡佛，1983，〈民初的政治衝擊與發展〉，載：韋政通、李鴻禧編，《思潮的脈動》，臺北：聯經。

胡象賢，1983，《民初國會之淵源與演進及其失敗原因之分析研究》，臺北：學海出版社。

胡漢民，〈紀十二月二日本報紀元節慶祝大會及演說辭〉，《民報》，10號。

胡漢民，1953，〈胡漢民自傳〉，載：羅家倫主編，《革命文獻》，第三輯，臺北：中國國民黨中央黨史史料編纂委員會。

胡適，1959，〈跋中央研究院歷史語言研究所藏毅軍函札中袁克定給馮國璋的手札〉，載：吳相湘編，《中國現代史叢刊》，第一冊，臺北：正中書局。

徐有朋編，1962，《袁大總統書牘彙編》，卷 1，臺北：文星書店。

國事新聞社編，1962，《北京兵變始末記》，臺北：文星書店。

張玉法，1977，《中國現代史》，臺北：東華書局，上冊。

張玉法，1984，〈民國初年的國會(1912-1913)〉，《中央研究院近代史研究所集刊》，13 期。

張孝若，1965，《張季子九錄》，政聞錄，卷 4，臺北：文海出版社。

張忠紱，1963，《中華民國外交史》，臺北：商務印書館。

張朋園，1980，〈從民初國會選舉看政治參與—兼論蛻變中的政治優異份子〉，載：張玉法編，《中國現代史論文集》，第四輯，臺北：聯經。

張朋園，1983，《立憲派與辛亥革命》，臺北：中央研究院近代史研究所。

張溶西、岑德彰編，1973，《中華民國憲法史料》，臺北：台聯國風出版社。

張鳳翽，1962，〈對於憲法問題致各督〉，載：《民國經世文編》，臺北：文星書店，卷 12。

張難先，1946，《湖北革命知之錄》，上海：商務印書館。

張繼，1951，《張溥泉先生全集》，臺北：中央文物供應社。

曹亞伯，1929，《武昌革命真史》，上海：中華書店。

梁啓超，1962，〈同意權與解散權〉，載：《民國經世文編》，臺北：文星書店，法律 1，卷 8。

許師慎等編，1954，《居覺生先生全集》，下冊，臺北。

許師慎編，1967，《國父當選臨時大總統實錄》，上冊，臺北：國史叢編社。

郭廷以，1964，《近代中國史事日誌》，臺北：編著者自刊，第二冊
　　—清季。

郭廷以，1979，《近代中國史事日誌》，臺北：中央研究院近代史研
　　究所。

郭廷以，1980，《近代中國史綱》，臺北：南天書局，影印出版。

陶英惠，1976，《蔡元培年譜》，臺北：中央研究院近代史研究所，
　　上冊。

章炳麟，1965，《太炎先生自訂年譜》，香港：龍門書店。

曾彥，1957，〈中華民國第一屆國會述要〉，《議會雜誌》，5 期。

渤海壽臣，1971，〈袁世凱要求八項〉，《辛亥革命始末記》，紀念
　　中華民國建國六十週年，第二冊，臺北：文海出版社。

賀嶽僧，《孫中山先生年譜》，臺北：文海出版社。

馮自由，1953，《革命逸史》，上冊，臺北：臺灣商務印書館。

馮國璋，1962，〈對憲法問題之通告〉，載：《民國經世文編》，臺
　　北：文星書店，法律 1，卷 12。

黃嘉謨，1981，〈馬君武的早期思想和言論〉，《中央研究院近代史
　　研究所集刊》，10 期，頁 338。

黃遠庸，1961，《遠生遺著》，臺北：文星書店。

楊幼炯，1960，《中國立法史》，臺北：中國文化公司。

楊幼炯，1974，《中國政黨史》，臺北：臺灣商務印書館。

楊度，　1962，〈與黃克強論入黨〉，載：《民國經世文編》，臺北：
　　文星書店，政治 3，卷 6。

鄒魯，1965，《中國國民黨史稿》，臺北：臺灣商務印書館。

鄒魯，1977，〈宋案與大借款案〉，載：李守孔編，《民初之國會》，

臺北：正中書局，中國現代史史料選輯。

翟富文，1962，〈關於總統及國會問題意見書〉，載：《民國經世文編》，臺北：文星書店，卷 8。

劉鳳翰，1967，《于右任先生年譜》，臺北：傳記文學出版社。

慕黃，1953，〈于右老談開國軼事〉，《中國一周》，156 期。

歐陽雲，〈爆袁世凱案〉，《革命之倡導與發展》，中華民國開國五十年文獻，臺北。

黎元洪，1977，〈與全國商榷國事書〉，載：李守孔編，《民初之國會》，中國現代史史料選輯，臺北：正中書局。

謝彬，1962，《民國政黨史》，臺北：文星書店。

藍公武，1962，〈大總統之地位與權限〉，載：《民國經世文編》，臺北：文星書店。

羅志淵，1976，《中國憲法史》，臺北：臺灣商務印書館。

羅家倫主編，1953，《中華民國史料叢編》，臺北：中央文物供應社，第一輯。

羅家倫主編，1953，《革命文獻》，臺北：中國國民黨中央黨史編纂委員會。

羅家倫主編，1978，《革命文獻》，臺北：中國國民黨中央黨史委員會，再版。

觀渡廬，〈共和國關鍵錄〉，《開國規模》，中華民國開國五十年文獻，臺北。

Liew, K. S. 1971. *Struggle for Democracy: Sung Chiao-jen and the 1911 Chinese Revolution*. Australian National University Press.

Lin, Min-te. 1982. "Yuan Shih-kai and the 1911 Revolution." *Bulletin of the Institute of Modern History*, Academia Sinica. vol. XI (July), 356-

361.

Price, Don C. 1983. "Sung Chiao-jen's Political Strategy in 1912."
*Proceedings of the Conference on the Early History of the
Republic of China.* Taipei: The Institute of Modern History,
Academia Sinica (August), 42-51.

Young, Ernest P. 1968. "Yuan Shih-kai's Rise to the President." In Mary C.
Wright (ed.) *China in Revolution: The First Phase, 1900-1913.*
New Haven, Conn.: Yale University Press.

Young, Ernest P. 1977. *The Presidency of Yuan Shih-kai: Liberalism and
Dictatorship in Early Republican China.* Ann Arbor, Michigan:
The University of Michigan Press.

附錄一：憲法十九信條

君主立憲重大信條清單：

第一條　　大清帝國皇統萬世不易。

第二條　　皇帝神聖不可侵犯。

第三條　　皇帝之權，以憲法所規定者為限。

第四條　　皇帝繼承順序，於憲法規定之。

第五條　　憲法由資政院起草議決，皇帝頒布之。

第六條　　憲法改正提案權屬於國會。

第七條　　上院議員由國民於法定特別資格中公選之。

第八條　　總理大臣由國會公舉，皇帝任命；其他國務大臣由總理大臣推舉，
　　　　　皇帝任命；皇族不得為總理大臣、其他國務大臣，並各省行政長官。

第九條　　總理大臣受國會彈劾時，非解散國會，即內閣總理辭職；但一次內
　　　　　閣不得為兩次國會之解散。

第十條　　海、陸軍直接皇帝統率，但對內使用時須依國會議決之特別條件，
　　　　　此外不得調遣。

第十一條　不得以命令代法律；除緊急命令應特定條件外，以執行法律及法律
　　　　　所委任者為限。

第十二條　國際條約非經國會之議決，不得締結；但宣戰、媾和不在國會開會
　　　　　期內，由國會追認之。

第十三條　官制、官規以法律定之。

第十四條　本年度預算，未經國會議決者，不得照前年度預算開支；又預算案
　　　　　內不得有既定之歲出，預算案外，不得為非常財政之處分。

第十五條　皇室經費之制定及增減，由國會議決。

第十六條　皇室大典不得與憲法相牴觸。

第十七條　國務裁判機關，由兩院組織之。

第十八條　國會議決事項，皇室頒布之。

第十九條　以上第八、第九、第十、第十二、第十三、第十四、第十五、第十
　　　　　八各條，國會未開以前，資政院適用之。

附錄二：中華民國政府組織大綱

第一章　臨時大總統

第一條　臨時大總統由各省都督府代表選舉之，以得票滿投票總數三分之二以上者為當選，代表投票權每省以一票為限。

第二條　臨時大總統有統治全國之權。

第三條　臨時大總統有統率海陸軍之權。

第四條　臨時大總統得參議院之同意有宣戰、媾和及締結條約之權。

第五條　臨時大總統得參議院之同意有任用各部部長及派遣外交專使之權。

第六條　臨時大總統得參議院之同意有設立臨時中央審判所之權。

第二章　參議院

第七條　參議院以各省都督府所派之參議員組織之。

第八條　參議員每省以三人為限，其派遣方法由各省都督府自定之。

第九條　參議院會議時每參議員有一表決權。

第一〇條　參議員之職權如左：

一、議決第四條及第六條事件。

二、承諾第五條事件。

三、議決臨時政府之預算。

四、檢查臨時政府之出納。

五、議決全國統一之稅法、幣制及發行公債等事。

六、議決暫行法律。

七、議決臨時大總統交議事件。

八、答覆臨時大總統諮詢事件。

第一一條　參議院會議時以到會參議員過半數之議決為準，但關於第四條事件，非有到會參議員三分之二之同意，不得議決。

第一二條　參議院議決事件由議長具報經臨時大總統蓋印發交行政各部執行之。

第一三條　臨時大總統對於參議院議決事件，如不以為然，得於具報十日內，聲明理由，交令覆議。參議院對於覆議事件，如有到會參議員三分之二以上之同意仍執前議時，應仍照前條辦理。

第一四條　參議院議長由參議員用記名投票法互選之，以得票滿投票總數之半者為當選。

第一五條　參議院辦事規則由參議院議訂之。

第一六條　參議院未成立以前，暫由各省都督府代表會代行其職權，但表決權每省以一票為限。

第三章　行政各部

第一七條　行政各部如左：
　　　　　一、外交部。
　　　　　二、內務部。
　　　　　三、財政部。
　　　　　四、軍務部。
　　　　　五、交通部。

第一八條　各部設部長一人，總理本部事務。

第一九條　各部所屬職員之編制及其權限由部長規定，經臨時大總統批准施行。

第四章　附則

第二○條　臨時政府成立後六個月以內，由臨時大總統召集國民議會，其召集方法由參議院議決之。

第二一條　臨時政府組織大綱施行期限以中華民國憲法成立之日為止。

附錄三：臨時約法

第一章　總綱

第一條　　中華民國由中華人民組織之。

第二條　　中華民國之主權屬於國民全體。

第三條　　中華民國領土為二十二行省、內外蒙古、西藏、青海。

第四條　　中華民國以參議院、臨時大總統、國務員、法院行使其統治權。

第二章　人民

第五條　　中華民國人民一律平等，無種族、階級、宗教之區別。

第六條　　人民得享有左列各項之自由權：

　　　　　一、人民之身體非依法律不得逮捕、拘禁、審問、處罰。

　　　　　二、人民之家宅非依法律不得侵入或搜索。

　　　　　三、人民有財產及營業之自由。

　　　　　四、人民有言論、著作、刊行及集會、結社之自由。

　　　　　五、人民有書信秘密之自由。

　　　　　六、人民有居住遷徙之自由。

　　　　　七、人民有信教之自由。

第七條　　人民有請願於議會之權。

第八條　　人民有陳訴於行政官署之權。

第九條　　人民有訴訟於法庭，受其審判之權。

第一〇條　人民對於官吏違法損害權利之行為有陳訴於平政院之權。

第一一條　人民有應任官考試之權。

第一二條　人民有選舉及被選舉權。

第一三條　人民依法律有納稅之義務。

第一四條　人民依法律有服兵之義務。

第一五條　本章所載人民之權利有認為增進公益，維持治安或非常緊急必要時，得以法律限制之。

第三章　參議院

第一六條　中華民國之立法權以參議院行之。

第一七條　參議院以第十八條所定各地方選派之參議員組織之。

第一八條　參議員每行省、內蒙古、外蒙古、西藏各選派五人，青海選派一人，
　　　　　其選派方法由各地方自定之。參議院會議時，每參議員有一表決權。

第一九條　參議院之職權如左：

　　　　　一、議決一切法律案。

　　　　　二、議決臨時政府之預算、決算。

　　　　　三、議決全國之稅法、幣制及度量衡之準則。

　　　　　四、議決公債之募集及國庫有負擔之契約。

　　　　　五、承諾第三十四條、三十五條、四十條事件。

　　　　　六、答覆臨時政府諮詢事件。

　　　　　七、受理人民之請願。

　　　　　八、得以關於法律及其他事件之意見建議於政府。

　　　　　九、得提出質問書於國務院，並要求其出席答覆。

　　　　　十、得咨請臨時政府查辦官吏納賄、違法事件。

　　　　　十一、參議院對於臨時大總統認為有謀叛行為時，得以總員五分四
　　　　　　　　以上之出席，出席四分三以上之可決，彈劾之。

　　　　　十二、參議員對於國務員認為失職或違法時，得以總員四分三以上
　　　　　　　　之出席，出席員三分二以上之可決，彈劾之。

第二○條　參議院得自行集會、開會、閉會。

第二一條　參議院之會議須公開之，但有國務員之要求或出席參議員過半數之
　　　　　可決者，得秘密之。

第二二條　參議院議決事件咨由臨時大總統公布施行。

第二三條　臨時大總統對於參議院議決事件如否認時，得於咨達十日內，聲明
　　　　　理由，咨院覆議，但參議院對於覆議事件如有到會參議員三分二以
　　　　　上仍執前議時，仍照第二十二條辦理。

第二四條　參議院議長用記名投票法互選之，以得票滿投票總數之半者為當選。

第二五條　參議院議員於院內之言論及表決對於院外不負責任。

第二六條　參議院議員除現行犯及關於內亂、外患之犯罪外，會期中非得本院
　　　　　許可，不得逮捕。

第二七條　參議院法由參議院自定之。

第二八條　參議院以國會成立之日解散其職權，由國會行之。

第四章　　臨時大總統副總統

第二九條　臨時大總統、副總統由參議院選舉之，以總員四分三以上之出席，

　　　　得票滿投票總數三分二以上者為當選。

第三〇條　臨時大總統代表臨時政府總攬政務，公布法律。

第三一條　臨時大總統為執行法律或基於法律之委任，得發布命令，並得使發
　　　　布之。

第三二條　臨時大總統率全國陸、海軍隊。

第三三條　臨時大總統得制定官制、官規，但須提交參議院議決。

第三四條　臨時大總統任免文武職員，但任命國務員及外交大使、公使須得參
　　　　議院之同意。

第三五條　臨時大總統經參議院之同意，得宣戰、媾和及締結條約。

第三六條　臨時大總統得依法律宣告戒嚴。

第三七條　臨時大總統代表全國接受外國之大使、公使。

第三八條　臨時大總統得提出法律案於參議院。

第三九條　臨時大總統得頒給勳章並其他榮典。

第四〇條　臨時大總統得宣告大赦、特赦、減刑、復權，但大赦須經參議院之
　　　　同意。

第四一條　臨時大總統受參議院彈劾後，由最高法院全院審判官互選九人組織
　　　　特別法庭審判之。

第四二條　臨時副總統於臨時大總統因故去職或不能視事時，得代行其職權。

第五章　　國務院

第四三條　國務總理及各總長均稱為國務員。

第四四條　國務員輔佐臨時大總統負其責任。

第四五條　國務員於臨時大總統提出法律案，公布法律及發布命令時，須副署
　　　　之。

第四六條　國務員及其委員得於參議院出席及發言。

第四七條　國務員受參議院彈劾後，臨時大總統應免其職，但得交參議院覆議
　　　　一次。

第六章　　法院

第四八條　法院以臨時大總統及司法總長分別任命之法官組織之。
　　　　法院之編制及法官之資格以法律定之。

第四九條　法院依法律審判民事訴訟及刑事訴訟。
　　　　但關於行政訴訟及其他特別訴訟，別以法律定之。

第五〇條　法院之審判須公開之，但有認為妨害安寧秩序者，得秘密之。

第五一條　法官獨立審判，不受上級官廳之干涉。

第五二條　法官在任中不得減俸或轉職；非依法律受刑罰宣告或應免職之懲戒
　　　　　處分，不得解職；懲戒規條以法律定之。

第七章　附則

第五三條　本約法施行後，限十個月內由臨時大總統召集國會，其國會之組織
　　　　　及選舉法由參議院定之。

第五四條　中華民國之憲法由國會制定。憲法未施行以前，本約法之效力與憲
　　　　　法等。

第五五條　本約法由參議院議員三分二以上或臨時大總統之提議，經參議員五
　　　　　分四以上之出席，出席員四分三之可決，得增修之。

第五六條　本約法自公布之日施行；臨時政府組織大綱於本約法施行之日廢止。

附錄四：關於退位的各種優待條件

甲、關於清帝退位之後優待之條件：

第一款　清帝遜位之後，其尊號仍存不廢，以待遇外國君主之禮相待。
第二款　清帝遜位之後，其歲用四百萬元，由中華民國給付。
第三款　清帝遜位之後，暫居宮禁，日後移居頤和園，侍衛照常留用。
第四款　清帝遜位之後，其宗廟陵寢，永遠奉祀，由中華民國酌設衛兵保護。
第五款　清德宗陵寢，未完工程，如制妥修；其奉安典禮，仍如舊制；所有實用經費，均由中華民國支出。
第六款　以前宮內所用各項執事人員，得照常留用，惟以後不得再招閹人。
第七款　清帝遜位之後，其原有私產由中華民國特別保護。
第八款　原有禁衛軍歸中華民國陸軍部編制，其額數俸餉仍如其舊。

乙、關於清皇族待遇之條件：

一、清王公世爵概仍其舊。
二、清皇族對於中華民國之公權及其私權與國民同等。
三、清皇族私產，一律保護。
四、清皇族免兵役之義務。

丙、關於滿蒙回藏各族待遇之條件：

一、與漢人平等。
二、保護其原有之私產。
三、王公世爵概仍其舊。
四、王公中有生計過艱者，民國得設法代籌生計。
五、先籌八旗生計，於未籌定之前，八旗兵弁俸餉，仍舊支放。
六、從前營業居住等限制，一律蠲除，各州縣聽其自由入籍。
七、滿蒙回藏原有之宗教聽其自由信仰。

憲政結構的流變與重整

一、憲政結構的意義

在我國近代的政治發展史上，立憲與行憲是貫串其間最具持續性且最具目的性的政治運動。我們如將立憲與行憲合而稱之為憲政，我國憲政的流變確可供作觀察整體法治發展的一項主要指標。憲法不僅在法治上是國家最高的法，也是政治結構最根本的規範。換言之，法治與政治在憲法的規範中相結合，而法力與實力則在規範的執行中相結合。這樣的結合使得社會的秩序能建立在憲政的基礎之上，如再能獲得民眾的接受與贊同，則法治的規範具有合法性，政治的權力具有正當性，而憲政的正義與權威乃可確立。憲政正義與權威的確立既可使政治的理想落實，亦可使政治的運作遂行，終能使整體政治體系在動態的和諧中既安定也整合。[1]

---

[1] 社會各階層的利益不盡相同，且隨社會的變遷而變異，因之，利益的衝突無寧是社會中正常的現象，且具有推動整體社會進步的積極作用。政治體系則建立解決衝突的規範與程序，而民主政治之於極權與專制政治不同，即在前者承認衝突的正常及積極的作用，並提供平等，自由的參與過程與規範加以解決，由此導致動態的和諧。後者則反是，所重視的

由上述可知，憲政包含法律及政治的雙重結構，在社會體系中具有最高的及最根本的規範力。但這樣的規範牽涉到憲政的理念、憲政的制度及憲政的文化等三者。憲政的理念是指推動及引導憲政的意識型態，那是一套自由、民主，以及「法後之法」(The law behind the law)等應然性的政治意涵及方向。[2] 憲政的制度是指政治體系內或成員之

不過是靜態的和諧，社會的進展因而停滯。作者不能夠接受籠統的和諧觀念，此方面的討論請參見：胡佛 1983a。

[2] 西方政治學者對民主政治的意義與內涵具有不同的看法，如早期的 William Ebenstein(1960) 視民主為一種生活方式，共列出八種特質：(1)理性的經驗主義，(2)著重個人（個人主義），(3)國家為工具的理論，(4)自動主義，(5)法後之法的觀念，(6)著重手段，(7)討論與同意，(8)人類的基本平等。稍後的 A. Corry 及 A. J. Abraham(1965) 將民主列為七項基本信念：(1)尊重個人人格，(2)個人自由，(3)對理性的信心，(4)平等，(5)公平，(6)法治，(7)憲政。晚近的 William H. Riker(1982) 則主張民主的要素有三：(1)參與，(2)自由，(3)平等。上述學者對民主政治的著作兼及實體（能力）及形式（程序）二者，至於核心的要素為何，西方政治學者間亦有爭論。有主張個人主義的，如 John Plamenatz；有強調平權主義的，如 Harry V. Jaffa；有兼重自由、平等、容忍與尊重規程的，如：J. Roland Pennock(1956)。 James W. Prothro 及 Charles M. Grigg(1960) 則指出政治理論家對民主共識的內涵，欠缺精確的界說，也乏實徵的根據，進而主張民主的主要原則應為「多數統治」(majority rule)及「少數權利」(minority right)。Austin Ranney 及 Willmore Kendall 亦堅持「多數決的規則」為最基本的要素，並由邏輯推論自由權可不為民主的基本要素。但在我們看來，多數決不過是「系統權力」運作的方式（胡佛 1982b:396）；Riker 亦認為祇是解決問題的一種辦法(Riker, op. cit, pp.4-8)。而且民眾如缺乏自由表達及自由結社集會的權力，又將如何能自主地進行多數決？因之，我們主張應以政治體系運作過程中體系成員的實體性的權力或交互影響的能力作為核心的概念，然後再就權力分配的性質及類別以辨識所具的內涵。至於集體運作的程序及方法，並非民主政治的實體要素。Herbert Mc-Closky 曾以程序規則與言論自由及平等三類，對政治共識及意識型態作經驗性的研究，但我們從他的量表中即可發現有關程序規則的題目常與實體的能力不可分。另有一些題目則與政治無涉，祇是反應社會主義的文化。我們以權力為中心概念對政治文化所作的經驗性研究，則證實自由權與平等、自主及制衡權等具共變的關係，確為民主文化中不可分的

間各種權力關係交接而成的整體行為準則的有機組合。憲政文化是指
多數民眾在主觀的心態上對憲政所取向的一套應然性的信念。在此三
者之中,問題的重點就是政治的核心概念:權力。在我看來,無論憲
政的理念、制度或文化皆不過是對政治體系內權力關係的結構所持的
主張、規範及信念。[3] 這也就是說權力結構不僅是制度的,也是理念
的及文化的。因之,我們如能對權力結構具有進一步的瞭解,即較易
掌握憲政意義的精確性。多年來,我按政治體系中角色行為在權力上
的交互影響,區分出三類基本關係,並發展為五類權力結構的指標(胡
佛、陳德禹、朱志宏 1978):

1.成員與成員之間的權力關係:作為政治體系的組成份子,相互
之間在利益或價值追求及分配的過程中,究具有怎樣的權力才能視為
理想,加以規範,或自覺正當?亦即相互之間在權力及義務的取得與
負擔上,究應具有同等的或等差的權力,才算妥適?在性質上,這是
平等與特權,也就是權力地位高低之間的選擇。

2.成員與決策機構之間的權力關係:從結構的觀點看,所謂決策
或執行的機構,不過是具有特殊權力的角色,根據成員的需求與支持,
不斷制定及執行政策。但這些角色所具的特殊權力,是否來自系統成

主要部分(見:胡佛,前引;另見:胡佛、徐火炎 1983:47-85)。

[3] 政治關係的核心為權力(power),此為政治學者的通說,但如何界定權力
的概念,發展有關的概念架構,進行研究觀察則甚有必要。權力不僅是
體系成員之間交互影響的能力及所呈現的實際現象,且是自覺正當的一
種角色能力的價值取向或信念。眾數民眾的共信,即成為文化。此一文
化概念上的角色能力與特定個人追求權力的驅力或權力慾並不相似,不
能相混。還有,「權利」(right)一詞常用在法律關係,具有相當特定及物
質利益的內涵,且非必與政治體系的運作相涉,如某特定人士對特定物
主張物權即是。因之,我們覺得仍沿用政治的核心概念:「權力」一詞,
較能表達政治的基本概念。根據以上的看法我們乃發展權力價值取向的
概念架構。請參閱:胡佛、陳德禹、朱志宏 1978:3-40。

員的授與或委託？在決策及執行權力的行使上，對成員個人或所組織
的其他社團而言，應否具有範圍？也就是成員所行使的某些權力，可
不受決策及執行機構的干擾？上面的問題可分成三類，而形成三種權
力關係的結構：

(1)權力的所在與來源：如決策與執行的權力「爲民所有」，則
決策與執行機關的特殊權力不過來自權力所有者的授與或委託。因之，
一方面須向所有者負責，一方面須爲所有者服務，而不能不成爲「爲
民所治」、「爲民所享」。這樣的權力關係重點係在「主權在民」，
表現在行爲上則爲民權，特別是參政權的行使。反之，則成爲專制的
權力關係。

(2)個人行使權力的範圍：相對決策及執行機構的權力作用來說，
成員個人權力的行使應否有某種自主的範圍，不受決策及執行機構的
干涉？換言之，決策及執行機構，在權力的行使上，應否有所限制而
不能超越？再進一步看，決策及執行機構縱對個人活動可加限制，但
應否經過一定的程序？這些問題所牽涉到的乃成爲個人自由與極權之
間的選擇。

(3)社團行使權力的範圍：在性質上與個人行使權力應否具有自
主的範圍相似，不過易個人爲成員所組合的社團。在權力的關係上，
這是「多元」與「一元」國家或社會之間的選擇。

3.決策及執行機構之間的權力關係：一項政策的決定與執行，大
致須經過製作、施行及審核等三種程序，那麼進行此三類活動的機構，
在權力的行使上，應集中運用，統一指揮，還是各自分立，相互制衡，
始爲正當？這是集權與分權或制衡之間的選擇。

由以上的三類基本關係所衍生而出的五類權力機構，實際即構成
憲政結構的基本政治內涵。從憲政發展的歷史觀察，憲法原是民權及
自由理念的產物。這些理念強調平權主義(equalitarianism)、主權在民

(popular sovereignty)、個人主義(individualism)、多元主義(pluralism)及分權(separation of power)或制衡(checks and balances)等。反映在憲政的體制上，就成為：「政府的構成法，人民的保障書」。這一歷史背景首先將形式規範性的憲法或憲法法典(constitution)與以民權及自由主義等理念為內涵的憲法主義(constitutionalism)合而為一；再將行憲過程中所發展的憲法判例法(constitutional law)與具相當理念性的「法後之法」的自然法(natural law)合而為一。[4] 這樣的雙重結合，使得憲政結構由歷史的特定內涵，轉化為規範的特定內涵，從而，我們以憲政為指標，即非局限在憲法法典或有關憲法的判例與解釋，而是連結憲法主義與自然法的整體。有了以上的了解，我們就可擺脫若干僅具形式意義的名詞之困。譬如在國內我們常常聽到政府首長強調國家有一部很完善的憲法，而政府正力行憲政等語。這些話從嚴格的憲政內涵觀察，每不具實質的意義。理由是：縱然制定了一部憲法法典，如缺乏憲法主義，仍然難成其為嚴格的憲法；而且，政府的其他立法，以及司法機構對憲法的解釋，如違背憲法主義及自然法的基本內涵，根本即不能構成憲政。

上面是我對憲政結構的意涵所作的若干嘗試性的解析，用意在：一面想稍稍澄清有關憲法與憲政的某些含混不清的概念，一面思建立一項能供比較觀察的指標，以檢視憲政結構的流變。但憲政結構不過是整體政治體系內政治結構的規範，換言之，也祇是政治體系的一環，而政治結構則與政治體系內的另兩個重要環節：體系認同與決策（功能）又相互發生影響的作用。這些多面向的互動作用才會影響到整體

---

[4] constitutional law 一詞係指對憲法或憲法法典(constitution)有關條款及適用所作的進一步的解釋與規範，此在美國由最高法院作最後的判解，懸為法例，故可稱為憲法判解法或判例法。國內某些書籍直譯為憲法，顯係誤導。

政治體系的運作與發展。如說運作與發展關係到民眾的生活，最終所影響的當然是民眾的生活素質。

二、憲政結構的流失

憲政結構既是法制及政治結構最高及最基本的規範，則國家整體政治結構及體系的穩定與發展皆必須以憲政結構為基礎，否則必然會產生結構性的衝突與危機。不可諱言地，我們今日的政治結構多年來已產生許多問題，但要加以化解，首須辨識憲法規範的本身是否符合嚴格意義的憲法內涵，亦即是否合於前述憲政結構的政治指標。如確定為符合，而問題仍在，那就必須進一步探討憲法主義的理念是否在我國值得追求或應否成為一種主要的價值。

我國現行的憲法雖在序言中強調：「依據孫中山先生創立中華民國之遺教……，制定本憲法」。另在第一條中也明定：「中華民國基於三民主義，為民有、民治、民享之民主共和國」。但實際是孫中山先生的五權憲法理論與歐美三權憲法理論相調協的產物。憲法第一條中所包括的兩個「三民」即是明證。[5] 本文不擬對我國的制憲史實及五權與三權的理論之爭作過多的析論，但據憲法結構的觀點，須作數點說明：(1)孫中山先生極具平民的觀念，早在清末即提倡平權，甚至堅持在同盟會宣言中納入「平均地權」一語。現行憲法對平權主義所作的規範，相當周延，孫先生的主張可說在憲法中已完全實現。(2)在平民的觀念下，孫先生主張全民政治及直接民權，既反對特權更反對

---

[5] 第一條後段所列的「民有、民治、民享」的「三民」係在憲章協商時，其他政團人士與執政的國民黨協調後始行納入。

專制。現行憲法也完全接納，而加以規範。(3)孫先生的政治理論以政權與治權的劃分爲中心。政權是指上述的全民政治與直接民權，治權則爲萬能政府。在既重政權又重治權的兩者之間，孫先生雖仍尙自由，但較少強調，而以國人的欠缺團體精神最爲可慮。[6] 現行憲法則對個人及社會的自由直接加以保障，很符合憲政的自由規範。[7] (4)孫先生的政權與治權的理論在中央主張五院（行政、立法、司法、考試、監察）的治權，向政權的國民大會負責；在地方則主張均權主義。但孫先生對五院之間的權力關係則未及作進一步的規劃。現行憲法則重視五院之間的制衡，一面以立法與行政之間的權責制衡關係爲決策及執行的主軸，而建立內閣制；[8] 一面則縮減國民大會的職權（限於選舉及罷免總統、副總統及修改憲法等，至於創制及複決兩權則加以凍結），以爲配合。以內閣制充實五權制，雖造成某種程度的權力競合與制度的浪費，但在制衡及分權上，仍堪稱完善。對中央與地方權限的劃分，現行憲法則完全依據均權主義。

---

[6] 孫中山先生在民前 8 年(1904)即公開指摘國人的平等權、公權、生命權、財產自由權及言論權受到清廷的摧殘（1965a：頁柒-39-41）；在民前 6 年(1906)亦強調：「所謂國民革命者，一國之人皆有自由、平等、博愛之精神」（1965b：頁參-1）。但在民國 2 年二次革命失敗後，即特別重視革命團體的協力及紀律等。在民國 13 年的民權主義第二講中，孫先生即認爲國人個人自由太多，弄成一盤散沙，反而影響到團體的力量，因而主張大團體的自由及國家與民族的自由（1965c：頁貳-69-71）。

[7] 憲法第二十三條規定，「以上各條所列舉之自由權利，除爲防止妨礙他人自由，避免緊急危難，維持社會秩序或增進公共利益所必須者外，不得以法律限制之」。

[8] 作者有關內閣制的主張及討論，請參見：胡佛 1978:52-62。但國內學者多有不同的看法，如傅啟學教授(1973:268-274)認爲係中國總統制；林紀東教授(1979:195-206)亦認憲法上之總統具相當之權力，非爲內閣制。對於五權之間是否具有制衡的問題，研究國父遺教的學者如林桂圃教授等持反對的意見，而田炯錦(1957: 33-44)教授則持肯定的意見。

從以上所作的內容分析可知，無論孫中山先生的憲政理論及我國
現行憲法所規範的政治結構，在五項權力結構的指標上，皆相當符合，
而且憲法規範對孫中山先生理論的補充，也在民權及自由的理念上，
具有積極的意義。至於國人應否實行憲政體制，此雖涉及應然的理念
選擇，但也並非欠缺人性需要的基礎。在我們看來，平權及自由等權
力結構，較能滿足多數人在自尊、自重及自我實現等方面的基本需要，
且實徵研究的發現也已加以證實。[9] 此所以民主自由的歐風東漸後，
始終無法加以遏止的主因。當然，民族認同及自尊的強烈感情，同樣
地在人性的基本需要上發生相當抗拒的作用。還有在傳統社會中的既
得利益者，以及傳統的權威文化，也共同增強抗拒的力量。此所以這
一東漸的歐風始終無法和暢的主因。

我國憲法對政治的權力結構所作的規範，雖可受到全面的肯定，
但在施行上，卻不能全然地發揮規範的力量，主要的原因在:政府在行
憲後另行發展了一套與憲法規範相衝突的政治規範與結構。其中包括
國民大會所制定的條款，立法院所通過的法案，行政院所頒發的行政
命令，以及大法官會議所作的解釋等等。政府在制憲時，國家已處於
內戰的狀態。民國 38 年政府遷台，國家更陷於分裂的局面，這一套規
範的制定當然具有相當的政治及社會的背景。但我們所注重的問題則
在：(1)處於這樣的背景，特別在播遷臺灣以後，國家的分裂已呈現長
期對持的狀態下，現行的憲法規範是否不能施行？(2)如其中確有與現
實扞格之處，是否可按憲法的基本規範，甚至遵循憲法主義及法後之
法的自然法原則，加以補充或修訂？(3)與憲法規範或憲政結構的指標
相衝突的政治規範或制度，是否可視為現行憲法的一部分或另一種類

---

[9]請參見：胡佛 1974:11-14; 1977:13-18; 徐火炎 1980; Knutson 1974; Renshon
1974; Sniderman 1975.

的憲法？(4)在現行憲法規範及相衝突的政治規範與結構並存的情況下，對憲政結構，以至整體的政治發展，將會產生怎樣的後果？對以上各項問題的探討必須先對與憲法相衝突的政治規範有所辨識及解析，否則即無法進一步與憲法規範作比較分析。一般說來，與憲政規範相衝突的規範主要由下列的條規或其中的若干規定所構成：(1)動員戡亂時期臨時條款及相關的規章與命令。此條款由國民大會於民國 37 年第一次會議時所制定，後經數次修訂。(2)戒嚴法與相關的規章與命令。此法由行憲前的立法院於民國 23 年所制定。後於行憲後曾由立法院作兩次修訂。(3)臺灣地區的各種地方自治規章。自民國 39 年起分別由臺灣省政府及行政院所制定。(4)省政府組織法及相關的規章與命令。此法由行憲前的國民政府於民國 16 年所制定，後於民國 33 年由行憲前的立法院修訂。(5)國家總動員法及相關的規章與命令。此法由行憲前的立法院於民國 31 年所制定。(6)動員戡亂時期公職人員選舉罷免法及相關的規章與命令。此法由立法院於民國 69 年所制定，後曾修訂一次。(7)非常時期人民團體組織法。此法由行憲前的立法院於民國 31 年所制定。(8)出版法及相關的規章與命令。此法由行憲前的立法院於民國 19 年所制定，行憲後曾由立法院修訂三次。(9)提審法。此法由行憲前的立法院於民國 24 年所制定，後曾修訂一次。(10)檢察官與司法警察機關執行職務聯繫辦法。由行憲前的行政院於民國 34 年訂定頒行，後曾修改數次。(11)大法官會議的數項解釋令：有關立法委員及監察委員任期的解釋（釋字第 31 號）；有關地方議會議員免責權的解釋（釋字第 122 號及 165 號）；有關限制出版自由的解釋（釋字第 105 號）。(12)內政部對國民大會代表任期的解釋（民國 42 年 10 月 5 日有關第一屆國民大會代表限期聲報的公告）。(13)警長警士服務規程。由行憲前的內政部訂定頒行。(14)陸海空軍刑法叛黨條款。此法由行憲前的立法院於民國 18 年所制定，後經修訂一次。

表一　違背憲政結構的法令規章

	政治權力					法制效力	
	1.平等權	2.自主權	3.自由權	4.多元權	5.分權（制衡權）	1.形式法效	2.規則法效
一、動員戡亂時期臨時條款		(1) 賦與總統決定中央民意代表增選名額的特權。 (2) 賦與總統遴選海外中央民意代表的特權。 (3) 賦與總統決定是否召集臨時國民大會行使創制、複決兩權的特權。 (4) 賦與總統設置動員戡亂機構，調整中央政府機構與組織的特權。 (5) 賦與總統不受任期限制的特權。			(1) 不須向立法院負責。		(1) 無憲法的根據。 (2) 不合中央法規標準法的規定。
二、戒嚴法	(1) 在未解嚴以前，軍隊取代民權。		(1) 禁止人身自由。 (2) 禁止言論、	(1) 禁止集會、結社等自由。	(1) 地方行政及司法業務移歸軍方掌握。	(1) 行憲前法律，未經廢止，仍然有效。*	

	講學、出版、通訊等自由。 (3) 禁止宗教自由。 (4) 禁止遷徙自由。	(2) 禁止罷市、罷課及罷業等。	並受指揮，重大刑案移歸軍方審判。 (3) 不須向民意機構負責。	(2) 所頒發的戒嚴令不合守接戰地域的規定
三、國家總動員法	(1) 禁止或使從事定的各種工作及業務。 (2) 禁止或使行使所指定之財產權。 (3) 限制言論、出版、著作、通訊等自由。 (4) 停止報社、通訊社的設立。 (5) 限制、停止報紙、通訊社的記載或停作一定的記載。	(1) 禁止或使組織所指定的職業團體。 (2) 禁止罷工、怠工、及其他妨礙生產的行為。 (3) 限制集會及結社自由。		本身設定的時效已經完成，不感生效。但為行意前所制定，在未經廢止前仍具有形式上的效力。*
四、省府組織法	(1) 無平等機會競選省主席。 (2) 省主席無任期規定。	(1) 省主席非由民選。	(1) 不須向民意機構負政治責任。	(1) 行意前法律，未經廢止，仍然生效。*

（一）省政府合署辦公施行細則

(1) 無憲法的根據。
(2) 不合中央法規標準法的規定。

(1) 不合法律規定。
(2) 不合中央法規標準法的規定。

五、臺灣地區地方自治法規

(1) 無平等機會競選特別市市長。
(2) 特別市市長無任期規定。
(3) 除省政府外，各級地方政府及各級民意機構的組織、職權等皆由行政機構決定。

(1) 特別市市長非由民選。
(2) 各級民意代表的名額由行政機構決定。

(1) 特別市及縣、市、鄉、鎮、市長皆不須向民意機構負政治責任。

六、動員戡亂時期公職人員選舉罷免法

(1) 限定五項競選活動，概括禁止其他所有的人身及言論自由，違背刑罰法定主義的人權原則。
(2) 在限定的活動中，再限

(1) 限定向公眾發表意見的期間、時間、場次。
(2) 禁止候選人之間的聯合競選活動。

七、非常時期人民團體組織法	(1) 結社事先須經核准；集會須經許可、監督。 (2) 行政主管官署可以命令解散。 (3) 同一區域內，同性質結社限定一個。	(1) 行憲前法律，未經廢止，仍然生效。*
八、提審法	(1) 限非法逮捕拘禁，始能請求提審。 (2) 法院可以裁定教回提審的聲請。	(1) 行憲前法律，未經廢止，仍然生效。*
九、檢察官與司法警察機關執行職務聯繫辦法	(1) 嫌犯移送檢察官，而非法院。 (2) 檢察官可將嫌犯拘禁二	(1) 不合憲法定的時候。 (2) 行憲前法令，未經廢止，仍然生 (1) 不合中央法規標準法的規定。

（制活動的期間、工具、方式及助選人數、包括不得使用大眾傳播媒體等。）

法規／解釋	內容	評述／違憲理由
十、出版法	(1) 報紙雜誌的印行事先須經登記准。 (2) 行政主管官署可以命令停止出版品的印行及撤銷其登記。 (3) 司法警察可借提嫌犯，不經法院同意。……十四時以上。	(1) 行憲前法律，未經廢止，仍然生效。*
（一）出版法細則	(1) 行政官署可以命令限制報紙雜誌的數量。	(1) 不合中央法規標準法的規定。
十一、大法官會議釋字第31號解釋	(1) 賦與立法委員不受任期限制的特權。 (2) 賦與監察委員不受任期限制的特權。	(1) 無選民的民意監督，影響立法權的制衡。 (2) 無選民的民意監督，影響監察權的制衡。
十二、大法官會議釋字第122號及天	(1) 限制地方議會議員在會議時的言論	

165 號解釋		免責權。
十三、大法官會議釋字第105號解釋	(1) 同意出版法賦與行政官署可以命令限制出版自由之權。	
十四、內政部對國民大會代表任期限制的聲報公告	(1) 賦與國民大會代表不受任期限制的特權。	
十五、警長警士服務規程	(1) 國民黨宣傳黨義者受特別保護的特權	(1) 無選民的民意監督，影響國民大會行使政權的制衡。	(1) 行憲前法律，未經廢止，仍然生效。*	(1) 不合中央法規標準法的規定。
十六、陸海空軍刑法叛黨條款	(1) 處罰叛黨，並報版國罪同刑。		(1) 行憲前法律，未經廢止，仍然生效。*

說明：＊據「憲法實施之準備程序」（民國 35 年 12 月 24 日由制憲國民大會制定）第一條的規定：「自憲法公佈之日起，現行法令之與憲法相抵觸者，國民政府應迅速分別予以修改或廢止，並應於依照本憲法召集之國民大會集會以前完成此項工作。」故自憲法公佈之日起，制憲前的法令，如未經廢止，仍然生效。

　　這些規範與憲政規範之間究具有怎樣的衝突，多年來爭議不絕，但我們可用前述憲政結構的五項政治權力指標，以及法制結構的法效指標，包括形式的法效（程序、時間、地方、人數、方式等）及規則的法效（是否符合法規制定的標準，是否符合法的位階等級，以及是否具備制法的權限等）作一綜合性的檢視。這也正是本文發展此類指標的主要目的所在，初步的分析可見表一。

　　表一是根據憲政結構的政治權力及法制效力的雙重指標，分別對若干與憲政相衝突的「非常」政治規範所作的分析。但以上的分析僅限於規制性的政治規範，並不及於實際的執行過程與效果。換言之，祇限於規制的結構，而不包括全部的政治結構及功能性的運作。還有，對這些規制的性質與需要也仍有相當的爭議，不過，在憲政結構的雙重指標上，我們不能不指出：我國憲政結構確實已受到非常嚴重的影響。現再作數點解說：

　　1.動員戡亂時期臨時條款對總統所賦與的大權，使總統具有最高的決策權力，既可對政府的組織以命令增設或調整，且可任職至終身，不須向民意機關的立法院負責。這樣的授權對憲政結構造成極嚴重的影響，特別是：

　　(1)總統對政府組織及大政方針的決定權既超越憲法及法律的規範而上，在制度上即可輕易擺脫憲政規範的約束。至於任期年限的解除，不僅使總統，也連同使選舉總統的國民大會代表皆不受憲政有關任期制度的限制。總統以命令設置的機構有國家安全會議（下設國家建設研究委員會、科學發展指導委員會及國家安全局等）及行政院的人事行政局。

　　(2)根據憲法的規定，行政院院長須向立法院負責，但按動員戡亂時期國家安全會議組織綱要的規定，行政院院長及有關部長不過為會議的組成份子，必須遵循主席，亦即總統的決定，但總統卻無須向

立法院負責。這樣的政治結構相當影響到憲政的制衡制度，因權、責不能相當：有權的總統不必負責，而無權的行政院長則須負責。

(3)在總統不作決定的情形下，行政院院長則可依據憲政的規範施政，這造成雙軌的決策及執行體制。但如前所述，臨時條款下的總統具有最高的決策權，行政院院長所遵行的憲政規範，當然易受動搖，不具最高的效力。從以上的分析可知，臨時條款的規定使得憲政規範受制於總統的絕對權力之下。

我們現在要進一步探討的是臨時條款的規定既然超越憲法的效力而上，那麼在法制的體系上究具有怎樣的法效呢？有些學者認為臨時條款仍屬憲法的一部分，不過在性質上是「戰時憲法」（林紀東　1979:7-9，409-9）。這樣的看法是否可以成立呢？我們的看法則無寧是否定的。從政治權力指標的實質意義觀察，前面的數點分析已極為清晰地顯示出這一條款不但不是對憲法的充實，且相當違背憲政結構的理念與規範。再從法制效力指標的形式意義觀察，我們也可以清晰地發現這一條款缺乏憲法的形式效力，原因在：

(1)臨時條款雖是國民大會以修憲的程序「制定」的，但根據憲法第二十七條的規定，國民大會祇能選舉及罷免總統、副總統、修改憲法及複決憲法修正案，以及俟全國有過半數之縣市曾經行使創制、複決兩權時，制定辦法並行使之。另外就是憲法第四條所授與的變更領土的權。除此，國民大會並沒有「制定」任何其他條款的權。就造法的理論來說，這一屆的國民大會也並非是制憲國民大會，何能有這樣的權能呢？所以，臨時條款在法制的規則法效上是沒有憲法的根據的，充其量也祇是國民大會越出憲法授權所擬制的一個特別條款：既非憲法的一部分，更非憲法的修正案。在民國 37 年 3 月第一屆國民大會開會時，提案「制定」這一條款的領銜國民大會代表莫德惠即曾說明：這一條款是在「不變更憲法條文之範圍內」所制定的。另一提案

代表王世杰在說明理由時也強調：「我們……不作憲法本身的修正，僅僅在憲法條文之後，再加一個臨時性條款」。在法律的位階上，憲法爲國家最高的法，也就是具有最高的法效，而爲萬法之法。因之，在憲法之上絕無高於憲法法效的所謂特別法的存在。將臨時條款視爲憲法的特別法完全是邏輯的謬誤。對憲法的任何修正，祗能根據憲法本身的授權及所訂的程序，而在嚴格的意義上，也不能遠離憲政的規範，否則就成爲憲法的自毀，有其名，而無其實。

(2)任何憲法皆會考慮到國家的緊急情勢及戰爭狀態的產生，也皆會訂定肆應的條款。我國憲法即以第三十九條規定戒嚴，第四十三條規定緊急命令。在我們看來，戒嚴可以因應政治及軍事的非常事件，而緊急命令則可因應其餘的各種重大變故。既有此兩條規定，實在無須另訂其他特別條款。事實上，臨時條款主要在賦與總統的特權，原因在國人對先總統蔣公的特別信任與依賴，也就是重在因人及事，故不必強解具有特別憲政上的法效，看成一種特殊的憲法。現歷史有變，人事亦非，我們當然應順乎民主的潮流，確立憲政結構的法效，使國家在制度上長治久安。[10]

2.政府的宣布戒嚴是憲法第三十九條所認可的。我國現行的戒嚴法由行憲前的立法院於民國 23 年所制定，行憲後曾分別於民國 37 年 5 月及 38 年 1 月修訂兩次，故應具法律的形式法效。憲政結構一面以民權爲基礎建構政府組織，一面則以憲法保障民權；在必要時雖可加限制，亦必得出之於法律。但戒嚴令發布後，在戒嚴法的適用下，政府的組織由軍權取代民權，人民的各種自由皆可以軍事命令加以限制、

---

[10] 作者曾參加數次有關臨時條款的性質與法效的討論會，皆曾從各種角度提供意見。其他學者與專家的看法，也各有異同，但皆可供參考。參見：〈開好這一次國民大會〉1983；〈充實臨時條款的態度與方向：海內外學者專家的意見〉1983；〈如何充實臨時條款，第一次座談會〉1983。

停止；甚且普通法院管轄審理的重大刑案，皆可隨時移歸軍事法庭審判。因之，戒嚴法的適用，即等於憲政的凍結。西方民主國家授政府以軍事統治權(martial rule)，但必以非常緊急的現實狀況爲限。我國的戒嚴法實際仿之日本，但亦來自西方軍事統治權的觀念，而將戒嚴地域作嚴格的限制，即：(1)警戒地區：指戰爭或叛亂發生時受戰爭影響應警戒之地區；(2)接戰地區：指作戰時攻守之地域（見戒嚴法第二條第一項）。行政院在民國 38 年 12 月 28 日將臺灣省劃爲戒嚴的接戰地區，再於民國 39 年 1 月頒布全國戒嚴令，經立法院於同年 3 月追認通過。故臺灣地區的戒嚴，迄今已長達 38 年，爲立憲國家所罕見。但最值得重視的問題在：在此 38 年中，臺灣地區根本從未出現攻守的作戰地域，這使得戒嚴的形式法效成爲嚴重的問題。目前憲政結構所受的實質影響，主要有下列各端：

　　(1)戒嚴法的第七條在性質上是一應行的規定，內容是：「戒嚴時期，接戰地域內地方行政事務及司法事務，移歸該地最高司令官掌管，其地方行政官及司法官應受該地最高司令官之指揮」。政府宣布戒嚴後，有關臺灣省的戒嚴業務由國防部統一掌理，而國防部另成立臺灣省警備總司令部主管其事。因之，如按上列第七條的應行規定，臺灣省的各級地方行政及司法事務皆須移歸警備總司令部掌管，各級有關官員亦應受其指揮。現該條的應行規定並未嚴格付諸實行，但警備總司令部實則掌握此項權力，可隨時調節運用，如出入境管理局雖隸屬內政部，有關的重要業務及人事則由警備總司令部配合掌理。他如書刊的查禁、社團及集會的核備、社會安全秩序的維持等等，也是如此。軍權對憲政結構下民政的影響，由此可見。

　　(2)按憲法第九條的規定，人民除現役軍人外，不受軍事審判。這在憲政發展史上，早已列爲保障人身自由的基本原則。但根據戒嚴法第八條的規定，軍事機關可以對刑法中的十項重罪及特別刑法之罪，

取代普通法院對非現役軍人的平民自行審判。憲政的基本原則，因此
不能確立。民國 41 年行政院訂定「臺灣地區戒嚴時期軍法機關自行審
判及交法院審判案件劃分辦法」，後經修正三次，將軍法機關自行審
判的案件限於四類：(1)匪諜與叛亂案件；(2)盜賣或買受軍油案件；(3)
盜取、毀壞有關軍事交通或通信器材案件；(4)盜毀、收受、搬藏有關
輸油設備、電報、電話、水底電纜、電視、廣播等交通設備及器材案
件（見該辦法第二條）。但這一劃分辦法仍是行政命令，行政院可隨
時更改。事實上，在民國 65 年的 1 月，行政院即准將影響社會治安的
殺人、強盜、搶劫等刑案就個案核定，交由軍事機關審判。有人曾強
調按戒嚴法的規定，軍事機關可自行審判 106 種以上之罪，但按前述
劃分辦法實際祇得四種，所以戒嚴法有關審判的實施，僅爲 3.7%。[11] 我
們且不論罪責的指標究據怎樣的寬、嚴的標準訂定，即以行政院可隨
時就個案核定，而劃分辦法並無拘束力的情形說，上述的統計不僅並
不準確，更不能用來衡量軍事機關審判權的強弱或沖淡軍事統治權的
特性。

　　(3)根據戒嚴法第十一條的規定，軍事機關對憲法所直接保障的
人身、居住、遷徙、言論、講學、著作、出版、秘密通訊、宗教、集
會、結社、請願等自由權利，皆可用行政命令隨時加以限制或禁止。
該條的第一款雖明定集會、結社、以及言論、講學等等自由的停止或
取締祇限於「與軍事有妨害者」，但認定之權，仍爲軍事機關的自身。
如國防部於民國 59 年所發布的「臺灣地區戒嚴時期出版物管制辦法」
的第三條即列出版物如係「挑撥政府與人民情感者」（第七款）及「內
容猥褻有悖公序良俗或煽動他人犯罪者」（第八款），即可加以查禁。

　　(4)就戒嚴的體制而言，總統亦具最高的權力，因據戒嚴法第四

---

[11]　參見：王育三 1982；耿雲卿 1983。

條的規定，戒嚴地區的最高軍事長官「應將戒嚴之情況及一切處置，隨時迅速按級呈報總統」。這一規定可使戒嚴體制與臨時條款體制在總統的最高權力處合而為一。換言之，總統可分別經由此兩種體系，超越憲政結構，以行政命令行使權力。

臺灣地區戒嚴三十餘年，無論在國內及海外皆引起相當的爭議。大致來說，戒嚴論者的主要論據是情勢的需要，如面臨中共的軍事威脅，防止匪諜的滲透，維持社會的安定等等。此類情勢需要論的最大問題是將戒嚴淪為一種常識性的用語，不知或避免認清這是戒嚴法的能否適用的大事。我們稱為大事，因關係到整體憲政結構的凍結與前途；性質上既極為嚴肅，而且必須在法學的知識與倫理上，才能討論。前面說過，戒嚴法本身已明定所能適用的緊急標準是攻守作戰的地域，未達此標準，法已作考慮，即：無須引用。現戒嚴法第七條的應然規定，未嚴格遵行，即是一種違背，由此也可見社會實無此需要。至於衹引用 3.7% 的說詞，則是另一註腳。社會的情勢對戒嚴法的實用，「既然百分之九十七都擋不住了，那又何必拿百分之三來擋？」（胡佛1982c:9）以目前的實際情況看，法院各審既能正常執行司法業務，行政院的法務部及警政單位亦可正常執行治安職務，這樣的情勢，那有移轉軍事機關掌理的需要呢？

戒嚴論者的另一論據是無損憲政論，而且因戒嚴反使憲政獲得保障。這乃是一種常識性的說法。憲政結構在戒嚴實施下所受到的限制，已在前面有所分析，不贅，既已受到限制又何來保障？還有一種類似的說法是：軍事審判也一樣公平、公正、無害人權等等。在性質上，軍事機構專務軍務，特別重視服從與紀律。軍事法庭的法官主要即在執行軍事審判，維持軍風紀，對一般社會案件的了解及所具普通法律的知識，皆不能與普通法庭法官相類，此正如普通法官對軍事案件無法與軍事法官相類的情形一樣。另一方面在程序上，軍事法庭較重快

速，衹一審一核，而普通法院則爲三審，自較周延。兩相比較，以非軍人的平民不能在普通法庭受審，接受在實質及形式上較具利益的審判，而移往軍事法庭，何能說公平、公正，未損害到人權呢？

3.國家總動員法對人民各種自由及權利的束縛，幾可籠罩人民的全部生活，因授權政府及所屬行政機關所動員的物資及所動員的業務包羅人民的衣、食、住、行各面，而且不僅限於消極的管制，尚可積極地徵用人民從事總動員業務。對自由權的限制也遍及憲法所保障的各種言論、著作、出版、通訊、集會及結社等自由權，且可命令報館及通訊社在報紙及通訊稿中作一定的記載，以及從事同類之動員業務者組織公會或加入公會。爲了增進總動員的效率，更可變更或調整有關執行機關的組織、經費及權限。從以上的分析可知，總動員法對憲政結構的限制，較戒嚴法尤爲嚴苛，既涉及自由權，也涉及工作權、財產權及義務。但必須要指出的是這一法律訂定在抗戰時（民國 31 年初），而且第一條即說明立法的目的在「加強國防力量，貫徹抗戰目的」。現抗戰的時效已經完成，在法制的時間條件上，已經失效；但在另一面，據「憲政實施之程序」的規定，行憲前未經廢止的法律，並非無效，亦即在程序的條件上仍然生效，因而發生法效的衝突。事實上，政府自遷臺後，曾按此法的有關規定，數次頒發行政命令，其法效可以確認。此法完全是訓政時期以黨專政的法制，現在行憲後仍然生效，可見我們的政治結構，還未完全擺脫訓政時期的觀念與制度。

4.憲法對地方政治結構的規定完全根據自治的原則，在制度及程序上則明定省、縣皆得召開省或縣民代表大會，依據省縣自治通則，制定省或縣自治法。另亦規定省、縣各設議會；議員由省、縣民直接選舉。至於省、縣政府的組織則規定省、縣長亦由省、縣民直接選舉。由上述可知，憲法對地方自治結構的規定相當完備，其中最主要的法規即省縣自治通則。地方自治是民主憲政的根本，但政府自行憲以來，

對憲法的基本規定全未實施。省、縣自治通則雖已擬定草案，但在民國 39 年立法院二讀未完成前，行政院即主動撤回。目前的情況是：省政府仍沿用行憲前的省政府組織法，省長非由民選，而由行政院派任。省府的組織則又據行政院所頒發的省政府合署辦公規程及其施行細則，不斷擴大。省政府組織法所規定的省府組織原採委員會議制，委員人數限於七至十一人，現則增至二十三人，而合議制亦逐漸演變爲首長制。從憲政結構的指標看，行憲前的省政府組織法雖未經廢棄，仍具形式的程序法效，但已明確地抵觸憲法的規定，不應具規則的法效，此又發生法效的衝突。省長不由民選，當然亦損及民眾自主權的行使。再看擴充省府組織的合署辦公規程及其施行細則，不僅在政治及法制指標上有違憲政結構的規範，也違背省政府組織法的規定。此一違法的事件，曾在民 74 年的 5 月引發十四位無黨籍省議員聯合抗議及辭職風波，但省政府的有關人士則公開說明，一切合法，這完全視行政院爲法源；另亦有人責辭職事件爲破壞政府體制云云。我對這件風波的感想是：「這件風波究竟是民主在法治上脫軌呢？還是法治在民主上脫軌呢？……我們如不能就法論法，反而爲違憲及違法的論調作解釋，豈不是進一步混淆法治的觀念，製造法治的亂源？……唯有確立憲政的體制，才能跳出政治的泥淖，才真能杜絕法治的亂源」（胡佛 1985a）。

　　省政府的組織尚有法可按，其他各級的地方自治組織，包括省議會、特別市政府及議會，以及縣、市政府及議會、鄉、鎮公所及代表會等，皆出自行政院或省政府的行政命令，完全不合憲政結構法制指標的法效，且使整體地方自治體制欠缺民意的監督，因政府可隨時以行政命令終止。民國 71 年間，省府的民政廳長即數度主張停止鄉、鎮

的地方自治及選舉，亦曾引起風波與論爭。[12]

政府曾一再強調省縣自治通則的不能制定，主要的原因在通則的意涵是普遍通用之意，現祇得臺灣一地區，即欠缺通則性，故爲憲法規定的事實不能。但學者與專家之間則有不同的看法，認爲所謂的通則不過是適用的準則或模式，如能訂定，既可用在各省、縣，也可先在臺省施行（胡佛 1985b）。

5.非常時期人民團體組織法、出版法及其施行細則、提審法、檢察官與司法警察機關執行職務聯繫辦法、警長警士服務規程、陸海空軍刑法背叛黨國條款等，皆是行憲前訓政時期的法令，但因未經廢止，仍然具備法效，但與政治權力規範的指標，每有不合。如警長警士服務規程第六十二條規定警士對國民黨宣傳黨義者，應特別注重保護，陸海空軍刑法第十六條以黨、國的背叛同罪，皆是訓政時期黨國不分的觀念所造成，在行憲後當然違背憲法保障黨派平等及結社自由的規定。提審法第四條准許法院可駁回提審的申請，檢警聯繫辦法准許司法警察將嫌犯移至檢察官處，且可借提繼續偵辦，皆違背憲法第八條禁止法院拒絕提審，以及司法警察至多不得羈押偵辦超過二十四小時及必須移送嫌犯至法院審問的規定。非常時期人民團體組織法限定社團非經政府核准不得組織，且同性質的團體在同地區祇能登記一個，皆妨害憲法所保障的結社及集會的自由。出版法可以行政處分停止出版品的發行及撤銷其登記，其施行細則的二十五條竟作實質性的規定，即政府可調節新聞紙及雜誌的數量，而成爲政府得用行政命令執行報禁。在我們看來，實質權益的處分必須經由司法審判，否則行政機關既爲原告，亦爲審判者，民權即不能保障。大法官會議亦以解釋令支

持行政的實質處分，頗失憲法直接保障及重視民權的最高意旨。 [13]

6.大法官會議以兩個解釋令限制地方議會議員在會議時的言論免責權，認為會議時就無關會議事項的言論，仍難免責。就憲政結構的指標觀察，是十分可議的，因已明顯地違背保障議會制衡及議會自主的憲政原理；即在法效的考慮上，也是有缺陷的。我曾指出：「地方議會的依據完全是行政命令，試問大法官會議又如何能對行政命令本身的是否合憲適法不加審查，而逕對議員的免責權加以解釋呢？」(胡佛 1984a; 1984b)

7.大法官會議第 65 號解釋令使立法委員及監察委員的任期（分別為 3 年及 6 年）不受限制。這一解釋雖可使憲法在事實上的不能（大陸無法按規定舉行選舉），獲得舒解，但也使民意代表脫離民意監督，造成特殊的地位，且因無法新陳代謝，而降低制衡的效果。還有：內政部限期第一屆國民大會代表聲報的公告，解釋任期直至下屆，可不受六年任期的限制，也發生相似的效果。在我們看來，這一類解釋在法制形式效力的指標上，已明白與憲法規定的特定任期年數相抵觸，所具的法效性，非無可議。我們認為應採用符合憲政結構的辦法，按憲法自定的程序，修憲為宜。

8.動員戡亂時期公職人員選舉罷免法是政府行憲遷台以來，為推動民主憲政所訂定的第一部正式選舉法規。過去臺省的各項地方公職人員的選舉以及部分中央民意代表的增補選，皆出之於行政命令。在性質上，這是以政府的治權決定人民的政權，而經常引起是否合於憲政的爭議，政府在民國 65 年初乃順應輿情草擬此法。從選舉的規範由過去的行政命令改到立法院所正式通過的法規，對憲政結構的規範來說，確實是一大進步。但此法在草案公布後即發現有若干缺失，就政

---

[13] 有關軍管令及出版法的限制爭議，請參見：陶百川 1982。

治的指標看，主要爲：(1)不能決定中央增選民意代表及地方各級議會
或代表會民意代表的名額，這些名額仍由行政機關決定。(2)對前述地
方政府的自治組織，並無改變，也就是祇限於選舉方法的變爲立法，
其他仍然爲行政命令。省主席及特別市長亦繼續爲政府任免，不由民
眾選舉。由此可知此法是配合地方自治的組織而立法，但組織法規除
省政府組織法外，又皆是行政命令，而造成法律從屬行政規章的現象，
形成法制規則法效上的缺陷。這皆是省縣自治通則不能立法所造成的
後果。(3)這一部選舉法在憲政結構的指標上，最大的問題則在對選舉
活動的規範，非常無理地限制了選民及候選人的人身及言論等自由，
而且也違背刑、罰法定主義的基本法治原則。¹⁴ 根據此法第四十六條
的規定，候選人祇能從事五項競選活動（設置選舉辦事處，舉辦政見
發表會，印發名片或傳單，訪問選區選民等），其他既對他人自由亦
對社會秩序、公共福利無所妨害，而受憲法直接保障的各種自由，皆
一律禁止。即在所能活動的五項之內，又再作苛嚴的限制，如競選活
動的時日（中央民意代表爲 15 日，省、縣市議員及縣、市長爲 10 日
等等）、政見會的舉辦次序、場數（如私辦在前，公辦在後，每日不
得超過 6 場，每場以 2 小時爲限等等）、車輛的使用（不得超過 8 輛，
市縣不得超過 4 輛等等）。這些皆甚不合憲政結構有關自由權的規範。
對違反禁止活動的處罰，這部選舉法也作了詳盡的規定，且皆較刑法
從重量刑，成爲有關選舉的特別刑法，也影響到法制體系的完整。以
上的種種限制因過份嚴格，與社會的規範相去甚遠，在最近的地方選
舉中，已難以施行（自立晚報 1982）。也證明我在過去所提出的五個

---

¹⁴ 作者首先發現這一部選罷法將可以進行的活動逐一列舉，而概括禁止其
　　餘的活動，此不但違反憲法第二十三條對自由權作概括性保障的規定，
　　也有違刑、罰的法定主義，且無法作公平的量刑及執行。以上意見在一
　　討論會提出後曾引起論爭，請參見：胡佛 1980a，1980b；何振奮 1980。

原則的正確性，即選舉結構應符合：(1)滿足大眾的參與需求；(2)遵循憲政的基本理論；(3)固守刑罰的現代觀念；(4)維護法律的完整體系；(5)考慮實際執行的可能（聯合報 1979）。

我們從以上的各項分析可以清晰地看到憲政結構的每一項指標，無論是政治的或法制的，皆受到影響。構成政治指標的平等權、自主權、自由權、多元權及制衡權等所受到的影響，實關係到政府與民眾之間的權力運作，以及政府內部的權力組織與制衡。在總統的權力超越憲法的規範及基本人權可隨時以軍權加以禁止的情形下，憲政結構所規範的民意監督、權力制衡、人權的直接保障，皆受到相當嚴重的實質性損害。在法制的法效指標方面，特別是憲政結構的規則效力，所受的侵襲最烈：臨時條款的效力竟凌駕憲法的最高法效而上；若干在行憲前訓政時期的法規，是在以黨代表民意的情形下所制定的，雖未經廢止，而繼續生效，但也不盡符合「憲政實施之準備程序」所規定的過程，即：與憲法相抵觸者，應迅速分別予以修正或廢止。現既發現抵觸的情事，可說明此一過程的疏漏，以及未經民意立法，在法效上所生的瑕疵。綜合看來，憲政結構確實自行憲後逐漸流失。

三、憲政結構的變異

憲政結構的流失必然造成憲政結構的變異。我們如以憲政的規範作為標準，現行的結構在受到侵削及流失後，就會形成一種變異的狀態。這一狀態下的政治結構情況為何？在整體政治運作及發展過程上究產生怎樣的作用？現分數點，再作探討：

1.從政府的權力結構及組織看，總統經由臨時條款的特別授權，已不再是原憲法所設計的內閣制下的虛位元首，而是掌握最高及絕大

實權的政府決策者。憲法所保障的結社及集會自由既受制於戒嚴法及國家總動員法，政府乃能實施黨禁，使得執政的國民黨可長期保持絕對的優勢。兼為黨魁的總統亦可密切結合黨政的組織，建立統合的權力結構，而在縱橫各層級黨政組織的運作與擁護下，維持整體結構的整合、安定與發展，以及個人的領袖地位。

在縱的層級上，原憲法所設計的內閣制首長—行政院院長，雖仍然按憲法的規定向立法院負責，但在另一面，則僅為國家安全會議的一員及中央黨部中央常務委員會的委員，而在黨政統合的權力結構中，自然要接受安全會議主席及黨魁的領導，也就是不能不成為總統的部屬。不過，行政院院長在總統不行使權力時，仍可根據憲法的規定，擔任政府實際決策者的角色。我們說政府的決策體制為雙軌制，乃本此而來。實則，雙軌制仍是在總統處合軌。在行政院之下，各級政府首長，除少數非黨籍的人士外，連同各級黨組織的首長皆是這一縱的權力結構中的一員，特別是省主席及特別市市長不須按憲法的規定民選，更居中央與地方轉承的重要地位。對行政體系來說，政黨政治下的政務官與功績制度下的常務官並無政治上的劃分意義。在一黨長期當政的政局下，常務官既不能亦不須超出黨派以外保持中立。從而，整個行政體系皆成為統合權力結構中的一環。

在橫的層面上，憲法所規範的五權體制基本上仍是根據權力制衡的原則。但在上述統合的權力結構中，中央層面的五院之間較多職權的分工，而較少權力的制衡。五院中的立法院與監察院，以及國民大會合構成中央民意代表機構的三院，此三院民意代表的任期根據前述大法官會議的解釋及內政部的公告，已不受憲法的限制。由大陸來臺的立、監委及國大代表皆久居其任，多成為長期的受益者，其中絕大多數的執政黨黨員，更成為上述統合結構的利益接受者及忠誠支持者。監察院為準司法性的最高糾彈機構，但在糾彈權的行使上，已日趨下

降,試以遷臺後的次年即民國39年至69年的30年間所提糾彈案觀察,
即可發現監察制衡權的明顯衰退,情況可見表二。

表二　監察院的彈劾、糾舉及糾正案件（民國39年至69年）

	彈劾案		糾舉案		糾正案	
	件數	人數	件數	人數	件數	人數
民國 39 年	6	23	52	120	26	32
民國 69 年	4	7	9	0	6	21

資料來源：行政院主計處編,《統計提要》,民國71年

　　最近所發生的劉宜良遭刺案及第十信用合作社金融弊案,聳動中
外的視聽,輿論各界呼籲監察院應即調查行使糾彈權,以肅官箴,但
監院最後僅發表有關十信弊案的調查報告了事,對涉案人員既不作糾
彈的決定,也不作不加糾彈的決定。再看司法院及考試院。按憲法的
規定,法官及考試委員皆須超出黨派以外,依據法律獨立行使職權,
並由監察院行使同意權。實際的情況是：大法官及考試委員的人選,
皆經執政黨主席提名,再經中央常會通過後,才向監察院正式提出。
這一過程卻十分重視黨的考核。假如以此考核為重,被提名的人選將
來在心態上是否真能按憲法的規定超出黨派以外,獨立行使職權呢?
這一問題很值得重視。不過,由此我們也約略可見黨政統合權力結構
的作用及憲政規範變異的情況。

　　至於行政院與立法院之間的關係,在憲政結構上為權力制衡的重
心所在,也是政黨政治運用的重點。政府自遷台以來,黨政的統合權
力結構日益鞏固,運用在行政院與立法院的關係上,無一任由執政黨
提名的行政院院長不為立法院所接受,也無一案由行政院提出的最後
不為立法院所通過。這一情況原是政黨政治所必然,但我們所重視的

是：如行政院必須為不當的政策與作為負責，在變異的憲政結構下，
又將如何認定呢？一般說來，在正常的憲政結構，權、責是相對而相
當的，有「制」也有「衡」，有決策大權的就要負政治的責任。如前
所述，我國目前適用臨時條款，行政院院長不過是縱的統合權力結構
中總統的僚屬，對總統的決策，雖須盡責執行，但並不具有決策的大
權，如要按憲法的規定，向立法院負政策的責任，當然不甚適當。部
會首長則成為行政院長的僚屬，更難科政策的責任。換言之，整個內
閣在政府體系從屬於總統，在黨政結構又皆是從政黨員，並不像西方
實行議會政黨的民主國家，閣揆同時也是政黨的領袖，確實具有決策
的權力。具有黨政最後決策大權的是兼為黨魁的總統，但總統則無須
向立法院負責。因之，如就目前變異的憲政結構判定內閣閣員的政治
責任，當然不易。而且，長年政務與常務不分，內閣閣員可能並不皆
具政務官的擔當，甚至藉制度的混沌逃避應負的責任。在十信金融弊
案發生後，遲遲無閣員願承擔責任，其故在此。我對此事也曾作討論，
並指出：「在政治責任上，更令人難以理清的是：行政院的部會首長，
究竟是決策者，還是執行者？所負的責任，究竟是政治的，還是行政
的？……在目前的政治制度下，政治責任的分辨既混淆，執行更不易。
對社會來說，政治責任就成為可以規避的，也是很不確定的謎團。要
徹底解開這一謎團，在我們看來，祇有屬行民主憲政，以及健全文官
制度。捨此，祇好無可奈何地訴諸道德。……究竟是誰還具有這一份
道德感？那祇有等待的一途了」（胡佛 1984c）。

　　從以上的分析，我們對當前政府權力結構與組織的發展，可以試
作這樣的看法：

　　(1)這一變異的制度很有利於人治，而且也很有利於產生人治。
但人治繫於超凡的人物（即所謂的 charisma），這樣的強人則必須具
備文化與歷史的背景，以及個人的特殊條件，所以也並不易於產生。

目前國人皆憂慮繼承人的問題，其癥結即在此。年前蔣經國總統宣稱不作家族繼承，此使制度具有進一步發展的可能，將來是否會促進執政黨內部的新陳代謝，建立及強化此方面的制度，以解決繼承上的急迫問題，仍待觀察。或許這就是未來的一個發展方向，果如此，即較易再進一步取向於憲政的規範與結構。否則，很可能造成繼承人的危機，陷政治體系於不安定的狀態。

　　(2)這一變異的制度是建築在黨政統合的權力結構基礎之上，而形成一種金字塔型的由上而下層層節制的權力組織，而居於頂端的總統則掌握最高的權力，但在制度上則無須按憲法的規範向立法機構負責。在這一點上，無可諱言地，相當具有人治的色彩。這樣性質的組織比較著重公共政策性的功能發揮，而排斥具有全盤政治結構眼光的人才，因這一結構本身是不可探討與詰問的。因之，金字塔內的組成份子大體上不外兩型：①政治性的：組織的信仰者與支持者；②非政治性的：公共政策的制定者及執行者。前者構成組織的核心，後者則多為技術官僚。當然也有一些政客徘徊其間，攫取邊際的利益。如此的組合在視野上就比較狹窄：一面不能跳出本身的政治圈外，一面則受制於局限性的專門知識。兩者的共同點是：對整體社會的變遷與政治的發展既無全盤的知識，甚至流於保守，產生拒變的態度。對憲政結構來說，不是受到曲解，就會遭到排拒，常用的理由不外是憲政是西方的制度不適於中國的社會，以及會造成社會的動亂。但面對社會及政治的不斷現代化，這一組合就愈來愈難應付，就顯得左右支絀，而有才難之嘆。換言之，這種變異的制度，在推動現代化的能力上，愈來愈會下降。

　　(3)這一變異的制度會造成社會的泛政治化。黨政統合的權力結構對內重節制，對外則重控制，以維持絕對權力的行使，於是社會的組織，從農、工、商直至文化、教育，皆要納入權力的監管之下，否

則即不自覺安全。如此使得憲政結構中政治多元化的結構不易實現，在另一方面也影響社會現代化的發展與成就。綜合上述，我們的看法是在超凡人物不易產生及現代化的整體能力局限的情況下，政府的權力結構及組織在未來會面臨更多的挑戰與困難，如能逐漸由人治而制度化，或可免於結構性的危機。

2.在上述的權力結構與政府組織中，中央民意代表的結構居於相當重要的地位，也最易發生變化。三十餘年來，由大陸來台的資深國民大會代表、立法委員及監察委員已逐漸老成凋零，至民國 73 年(1984)止，平均年齡皆接近 80 高齡，相當老大，整體年齡的結構如下：

表三　資深國民大會代表、立法委員及監察委員的年齡結構

	60-69	70-79	80-89	90 以上	平均	總數
資深國民大會代表	140	504	283	30	76.8	957
資深立法委員	18	132	101	8	78.15	259
資深監察委員		24	14	1	78.00	39

從表三的年齡結構可以看出，在未來 5 年至 10 年之間，資深的中央民意代表，無論國民大會代表或立、監委，皆將不能發揮積極作用。在憲法規範處於事實不能的情況下，應如何在這樣變異的基礎上，根據憲政結構的基本原則與理念加以適應，並作進一步的發展，確實關係到整體中華民國憲政法統的前途。目前學者專家雖曾提出各種方案，但主要的困難則在：對中華民國以至對中國人的認同問題。如對此認同不能在互信的基礎上建立，中央民意代表新陳代謝的問題非但無法解決，民主憲政也可能一併陪葬。

3.選舉參與及政黨政治當然是憲政結構運作的動力，也是發揮民權、組織及傳達民意，以及建構政府的主要管道。臺省自民國 39 年，

在行政命令的規範下，開始實行地方自治，進行各項選舉，直至民國
69 年完成動員戡亂時期公職人員選舉罷免法的立法爲止，選舉參與及
政黨政治的結構皆具有相當的變化。但如前所述，選舉活動的自由受
到很嚴重的限制，黨禁在戒嚴法的限制下也無法開放，這是目前憲政
結構變異的另一情況。不過，我們所關注的則是：其中的原因何在？
未來發展的方向又爲何？在我們看來，所有的癥結仍圍繞在認同的問
題。行政院在民國 73 年的 3 月 16 日及 10 月 16 日答覆黨外立委聯合
質詢時，已不再以其他理由掩飾，而直指新的政黨成立後可能會主張
臺獨或放棄反共復國的主張，使國民意識不能集中，造成分裂現象等
語（聯合報 1985）。這樣的對立在選民投票的政見取向中，也可發現：

表四　黨派抉擇與五類政見取向的區辨分析（Lambda及F值）

	Lambda	F
一般政策取向	0.10	0.15
規範改革取向	0.85	50.23***
系統安定取向	0.98	6.90**
國家認同取向	0.88	41.16***
地域認同取向	0.85	50.00***

N=298　　**P<0.01　　***P<0.001

資料來源：作者對民國 69 年臺北市增額立委選舉選民投票行為的研究，總樣本
數為 749 人。

　　表四的區辨分析(discriminant analysis)所呈現的是：支持執政黨或
黨外的政見取向選民，對一般政策並無差異，但在規範改革、系統的
安定、國家認同及地域認同等取向，則呈現顯著的差異性，亦即支持
執政黨立委候選人的選民，較多取向國家認同、系統安定；而支持黨
外的，則較多取向規範改革及地域認同。規範改革的取向與地域認同

的取向在選擇黨外的候選人上相連，使得未來憲政結構的發展，更趨複雜。總之，我們在選舉參與及政黨政治的變異憲政結構上也可看出：如認同的問題不能解決，一定會影響到民主憲政的發展。

綜合以上的各點分析，我們對這一變異的政治結構大致可得一整體的認識，即：(1)政府的權力結構與組織是金字塔型的黨政統合性結構，而以人治為核心。縱橫各階層的政府組織皆歸納其中，憲政規範呈現形式化，實質上則內部重節制，對外重控制，但在行政體系及組成份子的結構，則不易產生現代化的功績文官制度及全盤發展的能力。(2)統合黨政的權力結構已逐漸老化，現已面臨領導繼承人的問題；中央民意代表的結構與功能，也皆在老化衰退中。這一變異的過程，如能由人治轉向統合結構內的制度化，對憲政結構的回歸可能有利。(3)政治參與表現在政黨政治的變化及選舉的發展上，對憲政結構的推動形成助力，但在過程中卻呈現出一項嚴重的問題，即國家認同與地域認同之間發生衝突性的趨向，這對憲政結構的建設極為不利，因上述政府的權力結構認同整體中國，反對地域認同的分離取向。因之，在地域認同的趨向下，會使得憲政結構的爭取變成認同的衝突，反會增強政府權力結構內統合力的增加，以及對憲政結構的反對，非常有礙民主憲政的發展。總括來說，用政治體系的觀念看，政府行政結構能力的衰退有助政治結構的重建，從而對憲政結構有利。但體系認同的衝突將造成極大的不利，如處理不善，可能會帶來整個體系的不穩與動亂。

四、憲政結構的重整

對憲政結構的流失與變異有所了解後，即可發現未來政治發展的

歸向憲法規範及開展憲政結構，並非輕易，但卻關係國家的整體前途。不過，知識份子如能主動努力，卻可匯成一股強大的推動力量，以改造時勢。至於如何重整，必須先對以下的問題加以解決：

1.國家認同。我的看法是：執政黨與黨外人士必須以中華民國的傳承及中華民國的憲法作為共同認同的對象。在這一基礎上執政黨應根據憲政結構的指標，有計畫地取消及廢除阻擋憲政結構的障礙，特別是有關的規範，如前面一再討論過的臨時條款、戒嚴法及其他各項在憲政時期所制定的法令。國內學者曾多次建議邀請對民主憲政具有正確的知識及立場公正的人士組織「政治建設委員會」，對當前各項政治問題加以研究，提出改進的辦法。[15] 這實在是很能解決問題，而在理性中謀求安定及進步的看法。政治認同的問題，在性質上雖很嚴重，但據我們在去年（民國 73 年）年初對臺北市選民有關認同態度的調查，多數民眾對國家整體具有相當程度的認同，大專程度者且較一般民眾為高：一般民眾的國家認同為 51.3%，地域認同為 48.7%(N=696)；大專程度者的國家認同為 60.2%，地域認同 39.8%(N=l08)。[16] 如以百分之七十五作為共識的標準，以上的認同百分數雖仍然未達，但大專程度的知識份子在態度上的趨高，可以說明發展的方向，因知識份子常為社會的輿論領袖及改革的推動者。在另一方面，黨外的某些領導人士也贊同以中華民國憲法為認同的中心，但以實行憲政為共同目的（胡佛 1983a:55-88）。因之，執政黨與黨外如能加強溝通，建立憲政的共識，應可解消認同的困境。

---

[15] 在 1985 年 9 月 21 日至 22 日，由臺大法學院所舉辦的「臺灣社會的變遷與發展研討會」的法政組，亦提出此項建讓，見：《中國時報》，1985 年 9 月 23 日。

[16] 我們共用兩道題目構成量表施測，題目是：(1)為了中國的大一統，應即打消地域觀念；(2)建設臺灣要比統一中國更重要。

　　2.目前中央民意代表新陳代謝的問題最為嚴重，我的看法是：臨時條款已經違憲，不能再加修改，但可修憲授權法律在全國過半數的省份無法進行普選的情形下，決定自由地區中央民意代表的結構與選舉，也就是增訂一個條款明定：「全國過半數之省（市）如不能舉行選舉時，自由地區之選舉，以法律定之」。這樣就可先建立制度，解決結構上的問題，至於法律應如何規定，不妨由黨政人士及學者專家審慎研究，再決定具體的內容。我傾向於普選，並運用單一選舉區制，儘量反映各省省籍的人口結構，但不主張規定大陸各省的固定名額由民眾或其他團體選舉，以免增加有形的省籍隔閡。陶百川先生則主張立、監兩院應由民眾普選，但國民大會是修憲機構，為了避免日後中華民國憲法法統可能受到動搖的疑慮，不妨比照英國上院的制度，用遴選的辦法產生國民大會代表。[17]

　　3.憲政結構的基礎在地方自治，目前有關地方自治的規定，大都是行政命令，隨時可由政府改變及取消，因而缺乏保障。近年來，由於選舉參與的擴大及政黨政治的變化，黨外的地方公職人員逐漸增多，並對行政命令下的地方自治結構，加以抵制，形成尖銳的對抗與衝突。我的看法是：應當按憲法的規定制定省縣自治通則，使地方自治合法化。如須考慮臺灣地區的特殊情況，如省級的組織及職權與中央政府重疊等，將來要加調整，那就不能遵行憲法對政府層級分割的有關規定。因之，為便於將來的調整，也不妨修憲，授權法律處理。辦法也是增訂一個條款：「全國過半數之省（市）如不能實施地方自治時，自由地區之地方自治，以法律定之」。將來如果能光復大陸，過半數的省及特別市能夠實施地方自治，原有憲法的規定，也可立即適用，這對憲政結構的建設具有相當的彈性。

---

[17]　參見：〈如何充實臨時條款〉1983，前引。

　　4.任何體制的根源皆須深植於文化的土壤，憲政結構的重整與回歸則更要重視文化的重建，因其中的若干重要理念及制度確實源於西方文化，而在我國傳統政治文化中根基不深，縱非全無。多年來國內有關民主憲政的爭辯，如前面所引述的諸如五權制度重合作而輕制衡，以及民主易導致衝突，而非和諧等等，多出自對民主認知的誤導及信念的欠缺。就以五權制度說，從結構與功能的分立上看，必然產生制衡，但從整體體系的運作看，政策的決定即是合作的產物。再看民主政治，這一體制的文化相當重視結構上的共識，也就是競爭規則上的共信共守，而以這方面的和諧來解決不同利益的衝突，所以我強調民主政治中的衝突是在結構的和諧中解決，而稱之為動態的和諧（胡佛1983b）。將來憲法結構的重整必須執政的當局與民眾能共具正確的民主觀念與文化。我們曾將憲政結構的政治指標分成五類權力的分配關係，這五類關係的眾數取向也就是政治結構的文化。現將我們實證研究的發現列為下表：

表五　五類權力取向的結構性文化

	平等權		自主權		自由權		多元權		制衡權	
	n	%	n	%	n	%	n	%	n	%
一般民眾	607	87.2	437	62.8	245	35.2	190	27.3	348	50.5
大學程度民眾	99	91.7	86	79.6	62	57.4	43	39.8	66	61.1

▢：表示其中百分值超過75%　　┌┄┐：表示其中百分值超過60%
資料來源：1984 年初對臺北市一般民眾(N=696)及大學程度民眾(N=108)所作的調查。

　　我們如以 75%作為共識的主要標準，另以 60% 作為次要標準，我們從表五可以發現無論一般民眾及大學程度民眾對平等權皆具很高的共識；在自主權方面，大學程度民眾也具有相當的共識，而一般民眾也達次要的共識；另在制衡權力面，祇有大學程度民眾達次要的共識，而一般民眾則未達。至於在自由權及多元權方面不但皆未具共識，且

一般民眾具次要及主要的反向共識，大學程度者也對多元權具次要的反向共識。由此可知，民眾的權力結構的文化，仍在過渡階段，尚未完全達成民主的文化（胡佛、徐火炎 1983:47-85）。不過，我們大致也可看到反特權及爭主權的情況。現在最要解決的問題是在絕對權力的政府及相對自由的民眾（個人及社會）之間的選擇。如何降低絕對的權力觀，而增強相對的權力觀，則是我們最需要的，也可能正是執政當局所不樂見的。如配合表一所列與憲政結構相衝突的各種法令看，這些法令所呈現的與上述各種共識，若合符節，因限制平等權的最少，而在增強政府的絕對權上最多。因之，如何廢除此等絕對授權及禁止自由的法令，對民主政治的社會化實具有密切的關連，因這些法令的執行，就是一種反面的社會化。由此也可知，憲政結構的重整也就在這些法令的廢除上。

由以上的討論，我最後所要強調的是：作為高級知識份子的教育工作者，在中國民主建設的大業上，應如何具民胞物與之心、堅決不移之志、淡泊名利之品，以教育青年，移轉風氣，可能是掙脫重重政治的糾結，重整憲政結構的最後關鍵。

五、結　語

憲政與憲政結構的用語雖甚普遍，但精確的概念為何，實際仍甚欠缺。本文的探討即首在概念上加以釐清，並以政治的權力及法制的效力兩者，試作界定。而後即發展五項權力關係作為實質內涵的指標，再以兩項法效關係作為形式作用的指標，用以綜合觀察多年來爭議最多的法令。我們常指說法令的違憲或違法，但是否有違，在何處有違，以及違背的性質與程度如何，則人言言殊。本文發展指標後，即可較

爲客觀而精確地加以觀察及評估。這兩項綜合指標的運用，在方法上，可對制度的研究提供一個較佳的觀察途徑。

　　根據上項指標，作者將所有有關法令細作剖析，先肯定現行憲法符合憲政結構的基本準則，繼觀察所受的限制，也就是所發生的流失，然後再進一步探究流失後的憲政結構所呈現的變異情況。作者分別運用法學、政治學及社會學的觀念，試作整體的解析及評論。主要的發現是：我國的憲政結構雖具形式，而在實質上已相當流失；所變異的結構則是金字塔型的由上層層節制而下的絕對權力組織，而以人治爲中心。這一結構易發生繼承的問題及能力下降的問題，而會遭遇困難，再度流變。但政治體系的認同衝突，反會助其穩定。在此情況下，如認同問題不謀解決，憲政的發展與回歸，即甚不易。

　　作者最後討論憲政結構的重整，主要運用行爲與文化測量的資料，說明可行的方向，並在此基礎上作個人的某些建議，望能有助於憲政結構的重整，並寄以相當的期待。

　　以上以概念的界定與指標的發展始，再經歷法制與體制的分析與敘述，而以文化的觀察及應然的指向終。此即爲本文的整個討論體系。

（原載：《法學論叢》，臺灣大學法律學系，16 卷 2 期，1987 年 6 月，頁 1-32。）

參考文獻

《聯合報》，1985 年 12 月 24 日。

〈開好這一次國民大會〉，《聯合報特刊》，1983 年 10 月 10 日。

〈充實臨時條款的態度與方向：海內外學者專家的意見〉，《聯合報》，
　　1983 年 3 月 23 日。

〈如何充實臨時條款，第一次座談會〉，《自立晚報》，1983 年 3 月
　　25 日及 26 日。

王育三，1982，〈戒嚴法與國家安全〉，《中央日報》，9 月 27 日。

田炯錦，1957，〈五權憲法與制衡問題〉，《國立政治大學卅週年紀
　　念論文集》。

何振奮，1980，〈改進選罷法的缺失，使成常態法〉，《聯合報》，12
　　月 10 日。

林紀東，1979，《中華民國憲法釋論》，臺北，大中國圖書公司。

胡佛，1974，〈社會變遷與政治建設〉，《新時代》，14 卷 10 期。

胡佛，1977，〈論現代化與政治現代化〉，《中國論壇》，5 卷 4 期。

胡佛，1978，〈談憲政體制〉，《綜合月刊》，4 月號。

胡佛，1979，〈選舉罷免法應該符合五項原則〉，《聯合報》，8 月 7
　　日。

胡佛，1980a，〈增額選舉之檢討與建議座談會〉，《中國時報》，12
　　月 8 日。

胡佛，1980b，〈憲法保障與罪刑法定：對選罷法第四十八條的一點看
　　法〉，《聯合報》，12 月 11 日。

胡佛，1982a，〈論修訂選舉罷免法的五項原則〉，《自立晚報》，1月 22 日。

胡佛，1982b，〈有權與無權：政治價值取向的探討〉，《中央研究院民族學研究所專刊》，乙種之 10。

胡佛，1982c，〈戒嚴法要從嚴解釋〉，《政治家》，39 期，頁 9。

胡佛，1982d，〈鄉鎮的自治與專制〉，《中國論壇》，第 14 卷 3 期，5 月 10 日。

胡佛，1983a，〈憲政之路〉，《立憲、違憲、護憲》，博觀叢書 1。

胡佛，1983b，〈動態的和諧〉，《中國論壇》，17 卷 2 期。

胡佛，1984a，〈論議會自由與言論自由〉，《中國時報》，3 月 16 日。

胡佛，1984b，〈免責與免權：民代言論免責權的再省察〉，《自立晚報》，3 月 7 日。

胡佛，1984c，〈政治責任的謎團〉，《自立晚報》，12 月 17 日。

胡佛，1985a，〈法治的亂源〉，《自立晚報》，5 月 20 日。

胡佛，1985b，〈落實憲政，健全地方自治〉，《中國論壇》，20 卷 11 期。

胡佛、李鴻禧，1982a，〈基層選舉應該停辦嗎？〉（上、下），《中國時報》，8 月 6 日、7 日。

胡佛、李鴻禧，1982b，〈官派乎？民選乎？談鄉鎮長民選問題〉，《中國論壇》，第 14 卷 7 期。

胡佛、徐火炎，1983，〈結構性的政治文化，概念、類型及面向的探討〉，《第三次社會指標研討會論文集》，臺北：中央研究院三民主義研究所。

胡佛、陳德禹、朱志宏，1978，〈權力的價值取向：概念架構的建立

與評估〉，《社會科學論叢》，臺灣大學法學院刊行，27 輯，頁 3-40。

孫中山，1965a，〈支那問題之真解決〉，《國父全集》，第二冊，臺北：紀念國父百年誕辰籌備委員會。

孫中山，1965b，〈中國同盟會革命方略〉，《國父全集》，第二冊，臺北：紀念國父百年誕辰籌備委員會。

孫中山，1965c，〈民權主義第二講〉，《國父全集》，第一冊，臺北：紀念國父百年誕辰籌備委員會。

徐火炎，1980，《基本需要與權力價值取向的研究》，臺灣大學政治學研究所論文。未出版。

耿雲卿，1983，《戒嚴法之實施與民主法治之關係：中央總理紀念週大會專題演講》，臺北，正中書局。

陶百川，1982，〈無可奈何花落去〉，《自立晚報》，5 月 29 日。

傅啓學，1973，《中國政府》，臺北，商務印書館。

Corry, A. and A. J. Abraham. 1965. *Elements of Democratic Government.* New York: Oxford University Press.

Ebenstein, William. 1960. *Today' s Isms.* Englewood Cliffs. New Jersey: Prentice-Hall.

Knutson, Jeanne N. 1974. "The Political Relevance of Self-Actualization." In Allen R. Wilcox. (ed.) *Public Opinion and Political Attitudes: A Reader.* New York: Wiley.

Plamenatz, John, Harry V. Jaffa and J. Roland Pennock. 1956. "Cultural Prerequisite to a Successful Functioning Democracy: A Symposium." *The American Political Science Review* 50:99-132.

Prothro, James W. and Charles M. Grigg. 1960. "Fundamental Principles of

Democracy:Basis of Agreement and Disagreement." *The Journal of Politics* 22:282-283.

Ranney, Austin and Willmore Kendall. 1956. *Democracy and American Party System*. New York: Narcourt brace Javanovich.

Renshon, Stanley Allen. 1974. *Psychological Needs and Political Behavior: A Theory of Personality and Political Efficacy*. New York: Macmillan.

Riker, William H. 1982. *Liberalism Against Populism*. San Francisco: Freeman.

Sniderman, Paul M. 1975. *Personality and Democratic Politics*. Berkley, California: University of California Press.

當前政治民主化與憲政結構

一、概　說

　　我國現行憲法是制憲國民大會在 1946（民 35）年 12 月 25 日於南京所制定的。隔年，亦即 1948（民 37）年，國民政府按憲法的規定加以改組，從此結束訓政，進入憲政時期。但行憲只有一年多，政府即因中共的進逼，棄守大陸，而在 1949（民 38）年 12 月 7 日播遷臺北。40 年來，政府在臺灣與中共隔海峽對峙，一面各自主張對整體中國的主權，一面又各別發展自身的政治體制，而形成長期分裂的國家。爲了主張對整體中國的主權，遷台的國民政府不能不強調代表全國民意的憲法法統；爲了防止中共政權日逼的威脅，則又不能不強調實行民主憲政。換句話說，無論爲了維護國家主權或政府統治權的正當性，皆要先維護這一部現行憲法的正當性。這是政權賴以存續的前提，也就是政府遷台以來必得時時宣稱實行憲法之治的主因。但現實的情況又如何呢？

　　在行憲之前的訓政時期，當政的國民黨即以強人政治爲中心，推行黨國合一，以黨領政及以黨領軍的威權體制。這樣的體制當然會與

以孫中山先生民權觀念爲本的憲法規範發生若干扞格，但行憲後所改組的政府實質仍是建立在這一威權體制之上。我們可以看到政府在遷台後，一方面實施戒嚴，限制人民的人身、言論、出版、集會、結社等自由；一方面則建立所謂動員戡亂時期的非常體制，賦與總統絕對的權力，延長中央民意代表的任期，以及擱置憲法所規定的地方自治。在如此的戒嚴及動員戡亂的非常體制之下，憲法的若干重要條款皆遭凍結或扭曲，政府所一再宣稱的憲法之治只徒擁其名罷了，得其實的則仍是訓政時期行之已久的威權體制。

四十年來，國民黨運用所壟斷的政治權力，進而支配社會的各項資源，以鞏固所建立的威權統治。不過，由於體制本身在統治能力上的一些不可避免的內在缺失，如強人的消退、權力的濫用與腐化、人才的排斥等，再加上緊隨社會力、經濟力一併迸發的政治力，透過選舉及各種政治及社會運動所帶來的抗爭與衝擊，威權統治的結構乃開始鬆動。1986（民75）年9月，黨外的反對勢力，終於一舉突破黨禁，組成民主進步黨。在言論與出版方面，在突破黨禁之前一、二年間，反對言論的刊物就已此起彼落，愈禁愈多，過去的各種禁書也紛紛在市面出現。這些皆使得國民黨執政的政府不能不在次年的7月，正式宣布解除戒嚴，開放黨禁與報禁。戒嚴的廢除，對國民黨的威權體制來說，當然是一種挫退，但相對地，對民主政治的發展而言，則是相當的助力。在解嚴後的三年，民主化的改革則指向政府的結構，特別是國會。在立法院，無論國民黨籍及民進黨籍的增額立委，幾已一致地要求國會的全面改選與任期早過的資深中央民意代表儘速退職。這是進一步對動員戡亂時期非常體制的反彈，也是對民主政治進一步的追求。最近的幾個月，政治的抗爭且已超越民主化的改革，上升到國家認同與主權的改變，那就是「新國家、新憲法」運動。我們如把解除戒嚴及廢棄動員戡亂時期非常體制視爲對現行憲法的回歸，「新國

家、新憲法」的主張則要將現行憲法廢止。在我們看來，政治民主化的實現終究要落實在憲政的結構，否則，即不能產生規範的作用。但政治發展到今日，我們又將遵循怎樣的憲政結構呢？如廢止現行憲法，建立新國家，訂定新憲法，縱然所採用的是和平的方式，也仍然是一種政治革命。這一革命能否實現，以及應採用怎樣的新憲法作為建國的目標，皆不是短期內所能斷言，而當前民主化的進展，則又急需憲法的規範與保障，以取代威權統治的非常體制。在這樣的情勢下，現行憲法的回歸與修訂，可能是不能不作的選擇，因國民黨的威權統治雖凍結或扭曲若干重要的憲法條款，但仍可加以解消、糾正。換句話說，現行憲法仍可由名歸實，約束政府真正步入憲政之治。當然，現行憲法如不足以規範當前民主化的取向，那只有革命制憲的一途，別無他擇。但是否足以規範，這就成為當前最嚴肅而重要的課題。至於如何加以衡量，在我們看來，就必須對下面的幾個問題加以檢視：

1.現行憲法所根據的理念是否合於民主政治的特質？這牽涉到立憲的目的與精神的問題。

2.現行憲法所規範的政府體制是否合於民主政治的原則？這牽涉到權、責結構與運作的問題。

3.現行憲法可否包容動員戡亂時期的非常體制，而合於民主政治的規範？這牽涉到實質與形式的法效與適用的問題。

4.現行憲法可否適用在國家分裂中的狀態，而合於民主政治的運作？這牽涉到國家主權與適用範圍的問題。

以上所列的各項問題，實際就是多年來有關實行憲政的主要爭議。從而，對這些爭議的檢視乃成為本文重點之所在。但我們在檢視之前，必須先對民主化的概念及指標作一界定，否則即無法進而衡量現行憲法是否合於民主政治的要求。對民主化的觀察，我們原可運用多種概

念與指標；不過，本文所著重的卻在政治生活的結構與規範面，因如此才可與憲政問題的檢視相結合。至於純粹的義理與行為等方面的問題就非在本文的探究之列了。

　　從政治生活的結構面看，我們可就作為政治本質的權力概念，把政治生活界定為一個體系內，組成分子之間在權力互動上的交往。這種交往上的結構，在一個國家的政治體系，就可分成以下三類權力關係的基本規範：(1)國民之間的，所規範的是相對的權力地位；(2)國民與政府之間的，所規範的可再分為兩種，其一是政府權力的來源，其二是政府權力的範圍；(3)政府機構之間的，所規範的是政府的權力運作。一個民主取向的政治結構必須反應在以上三類權力關係的基本規範之上，那就是：(1)國民相對的權力地位是平等的，此即平等權的取向；(2)政府的權力是來自國民的授與，也就是由國民所主控的，此即自主權的取向；在另一面，政府的權力則具有限度，而相對地，國民的自由不可任加限制，此即個人自由權及社會自由權（或多元權）的取向；(3)政府的權力運作是制衡的，此即制衡權的取向。根據前面的分析，我們就可用平等、自主、個人自由、社會自由（或多元）、制衡等五種權力規範取向來界定民主政治的結構，並作為衡量的指標。[1]

　　我們釐清了民主取向的政治生活與結構規範的概念後，就可據以進一步將國家的政治體系分成三層權力角色的群體，再作一整體性的觀察。此三層群體是：(1)治權的社會，也就是行使統治權的階層與群體，正式的組織即政府。在民主政治，這個社會群體的組成操之於國民，所掌有的統治權亦來自國民，從而受國民的監督。政府的權力是制衡的，並由此保證政府既不可濫權，也不可受特權的操縱。(2)政權

---

[1] 有關的討論，可參見：胡佛、陳德禹、朱志宏 1978：3-40；胡佛 1987：1-32。

的社會，也就是行使國民主權或參政權以控制統治權的社會群體，此唯有在民主政治才能完滿形成。國民在行使參政權時，也須具有相對的平等權與自由權。(3)人權的社會，也就是享有個人及社會自由，免於政府限制的社會群體，此也唯有在民主政治才能充分體現。國民享有自由，當然是在相對平等的立足點上。[2] 我們在劃分了三層權力角色的社會後，就可以對民主化的取向得一整體的概念，那就是：奠定民主規範的結構，以建立治權的、政權的及人權的社會。一部民主憲法的結構就是對這種社會的政治生活所作的最高保證。

二、憲政理念與民主化取向

我們對民主化的取向及規範的指標加以界定後，就可以進而討論現行憲法是否足以規範當前民主化的第一個問題：所根據的理念是否合於民主政治的特質。這個問題對現行憲法的回歸來說，是十分緊要的，因這部憲法的制定，如憲法前言所稱，是「依據孫中山先生創立中華民國之遺教」，而中山先生在民權理論及憲政結構方面的遺教，則獨具特色，不盡類於西方的通說。此在制憲時期即曾產生過如何適用的爭議，政府遷台後，間或仍有不同的意見。[3] 最近所看到的幾部新憲法草案也都未再採用中山先生的理念。[4] 實際上，現行憲法所依據的遺教並非完整，主要的擬稿人張君勱就說得非常明白（張君勱

---

[2] 有關的討論，可參見：胡佛 1989。作者對此三層社會的分割，係根據政治科學的理論及自己的看法，並非來自新馬克斯主義者的觀點。另參見：Stephan 1988。

[3] 如雷震即有批評，參見：雷震 1956：2。

[4] 如，許世楷 1989；林義雄 1989。

1984）：

> 此稿之立腳點在調和中山先生五權憲法與世界民主國憲
> 法之根本原則；中山先生為民國之創造人，其憲法要義自為
> 吾人所當尊重，然民主國憲法之根本要義，如人民監督政府
> 之權，如政府對議會負責，既為各國通行之制，吾國自不能
> 自外。

中山先生的憲法要義，經張君勱以世界民主國憲法之根本原則加
以調和後，究呈現了怎樣的理念呢？現可用民主取向的概念及結構規
範的指標，作一檢視：

1.中山先生的民權理論及憲法要義皆來自他的一項核心理論，即
政權與治權的劃分。他所稱的政權是人民直接管理政府的力量，也可
稱為民權；而治權則是政府管理眾人之事的力量，也可稱為政府權。
用中山先生自己的話說（孫中山 1965b：頁壹一116）：

> 我們的計畫之中，想造成的新國家，是要把國家的政治
> 大權，分開成兩個：一個是政權，要把這個大權完全交到人
> 民的手內，要人民有充分的政權，可以直接去管理國事。這
> 個政權便是民權。一個是治權，要把這個大權，完全交到政
> 府的機關之內，要政府有很大的力量，治理全國事務。這個
> 治權，便是政府權。

人民要有充分的政權，就得掌握選舉、罷免、創制與複決等四項
直接民權；政府要有充分的治權，就得賦與行政、立法、司法、考試
與監察五項政府權。中山先生認為，人民如掌握了這四項政權，就有
了大權；如此，可以濟代議政治之窮；如政府獲得了這五項治權，就

有了大能，如此，可救三權鼎立之弊（孫中山 1965c：頁貳—2）。中山先生從政權與治權的劃分，所分裂出的此四個政權與五個治權，已成為現行憲法的基本概念。我們現在要問的是：政權與治權劃分的理論是否符合民主化的取向？答案則是相當肯定的。我們就民主政治的政權社會看，中山先生的四個政權正是社會群體直接用來控制治權的參政權或自主權。再就民主政治的治權社會看，中山先生的五個治權也正是統治階層受之於國民，而為國民所監督的統治權。我們將這兩個社會稱之為政權與治權，就是同意中山先生對這兩個權的概念（胡佛 1989）。

在一個民主的國家社會中，相對於政權及治權的兩個社會的，尚有以個人及社會自由權為主要內容的人權社會。中山先生雖也討論到人民的自由權，但並沒有進而連接到政權與治權的劃分，亦作相對的省察，以發展人權社會的理論。在另一面，他頗病中國人的自由太過，不能團結，以致成為一盤散沙，受到列強的欺壓，乃因而主張集合散沙，爭取國家與民族的自由（孫中山 1965a：頁壹—69-70）。不過中山先生這種自由太過的看法，並未成為現行憲法的基本理念。

2.現行憲法有無取向人權社會的理念呢。答案也是相當肯定的。我們從規範個人及社會自由權，以及平等權的各個條款看，現行憲法的人權理念完全來自英、美、法尊重人權的傳統，如特別重視對人身自由的程序保障即是。最值得一提的是：現行憲法採取對人權所謂憲法直接保障主義，也就是在原則上，法律上對自由權亦不得加以限制，此可見於憲法的第二十三條：「以上各條列舉之自由權利，除為防止妨礙他人自由，避免緊急危難、維持社會秩序，或增進公共利益所必要者外，不得以法律限制之。」表面看來，這一條款不過是形式上對直接保障主義的一種宣告，以示尊重人權而已，因法律可輕易地根據防止妨礙他人自由等四種非常寬廣的例外規定，加以限制，但實際則

不然。如在未修訂前的動員戡亂時期選舉罷免法，祇限定五項候選人可以做的競選活動，其他不問任何理由，一律禁止。這一規定就違背了憲法直接保障人權的理念，因法律充其量只能對觸犯前述四種例外的活動，作列舉式的禁止，但不能不問理由，對其他活動作概括式的禁絕。[5] 還有，所限定的五項競選活動，本在憲法的概括保障之下，也不必由法律做列舉式的特准。由於違背憲法直接保障人權的條款，選舉罷免法的這一概括禁止的規定，已不能不由政府在今年加以修訂。

　　3.中山先生在分割出四個政權與五個治權後，進一步將四個政權——選舉、罷免、創制、複決交由國民大會，在中央行使；另將五個治權——行政、立法、司法、考試、監察交由五個院，即行政、立法、司法、考試及監察等五院，在中央行使（孫中山 1965a：頁貳—9-10）。國民大會乃成為所謂的政權機構，五院則成為所謂的治權機構。我們現在要探討的是：在理念上，四個政權由國民大會行使，是否仍為政權社會的直接民權或自主權？作為政權機構的國民大會究為政權社會的政團，還是治權社會的政府機構？還有五個治權機構相互之間，以及與國民大會之間是否分權制衡？這幾個問題都關係到當前政治的民主化。

　　中山先生所主張的四個政權是直接民權，用來防止議會的獨裁（孫中山 1965a：頁貳—610），但在中央如付託各縣縣民所選出的國民大會代表行使，是否還能看成直接，即成問題。有人認為人民「隨時均可指揮其所選出之國民大會代表，……故四種政權，形式上縱由國民大會行使，實質上與由人民直接行使者，無所差別。因此吾人認定國民大會係以間接之方式，行使直接民權。並非一般之所謂代議機構。」（謝瀛洲 1962）。中國幅員廣袤，人口眾多，一縣的縣民又將採用怎

---

[5] 有關的討論，可參閱：胡佛 1980。

樣的方式「隨時」作出決定，「指揮」遠在首都國民大會堂中集會的
國民大會代表呢？如不能做到，而須委由國民大會代表自行判斷民意，
自作決定，那又何來人民的直接行使？再說，國民大會代表在首都集
會議事，隨時皆要表決，又如何能夠事事等待縣民遠在縣城所作成的
指令呢？由此可知，直接民權一經付託國民大會行使，無論形式或實
質皆將成為間接，而國民大會也就不能不是治權社會的代議機構（張
君勱 1984)，為政府的一環；中山先生防止代議政治流弊的理想，在
中央恐將落空。再進一步看，創制、複決兩個政權，既由代議機構的
國民大會間接行使，在制定法案的作用上，也就與一般國會的立法權
無異。換句話說，國民大會的創制、複決兩權與治權機關立法院的立
法權，皆是代表人民制法之權，性質相同，祇在名稱上不同罷了。也
有人認為立法院係政府之立場，行使政府權，為國家立法；國民大會
係人民立場，行使民權，以管理立法等（田炯錦 1955)。這是很難說
得通的，因兩者既皆係人民之立場，又皆係政府之立場。我們也可以
這麼說，四個政權祇能由人民直接行使於政權社會，如由代議機構的
國民大會行使於治權社會，那就是一種政府權，難再為民權或政權。
中山先生自己也說，「憲法公布之後，中央統治權，則歸國民大會行
使之。」（孫中山 1965d：頁叁─371）這個統治權實際就是政府權，
而國民大會代表，乃成為廣義的公務員。現行憲法在形式上設置國民
大會，作為政權機構，但在實質上則將所具有的創制、複決二權加以
凍結。這當然是一種理論上的妥協與調和，反倒是有助於防止國民大
會運用無法制衡的創制、複決兩權進行議會獨裁，頗合於民主政治的
精神，但在另一面，也留下一些扞格。如凍結仍可解凍，會造成制度
建構上某種程度的困擾。

　　中山先生以五個治權歸屬政府的五院，而為政府權，這是較少爭
議的，但五權的分立，應否再加制衡，就有相當不同的看法。反對的

理由是：「三權學說的精義，在使權與權間互相牽制均衡，以期政府無能。因此五權憲法的精義，既要造成萬能的政府，是不使權與權間牽制均衡的。」（陳之邁 1947:137）萬能政府的造成是否要使權與權間不相制衡而後可，中山先生並未作確切的說明。實際上，強調集權的政府也不見得萬能。這個問題牽涉到效能的概念，我們不能在本文探究。但現要強調的是：從民主結構的規範指標看，權力的不相制衡完全有損民主政治的取向。中山先生雖未談治權的制衡，但曾主張立法院由人民選舉代議士加以組織（孫中山 1965e：頁叁—145）。既是人民的代議士就不能不監督行政權，而發生代議制下的制衡作用，這應是合理的推論。

如中山先生的五個治權之間，應當制衡，但又將如何加以制衡呢？就五個治權的性質看，行政、立法、司法是對事的，構成一個面向，而考試、監察則是對人的，構成另一個面向。對事面向的制衡牽涉到政治的權責，屬於民主規範的一種。對人面向的制衡所牽涉的主要是行政的責任，屬於人事管理與監督的規範，而無關於民主政治的取向。但考試、監察兩院如牽涉到考試與監察的政策，則又屬對事的制衡與政治的權責。因之，此五個治權之間的制衡，必須在理念上釐清政治與行政的責任，否則，在民主政體的建制上，就可能失出或失入。在我們看來，制衡的觀念祇應用在政治的責任，而不必及於行政。總之，中山先生揉合西方的行政、立法、司法等三權及中國傳統的考試、監察等二權所設計的五院之治，可以與民主取向的制衡精神相合。現行憲法即表達出這一理念，不過，我們仍覺得，這一理念在考試與監察的政治權責與制衡上，　還不夠明確，會在制度上造成一些疏漏。

我們在上面就民主取向的三層社會：人權的、政權的及治權的，以及有關的權力指標，對現行憲法結構的主要理念，有所檢視。我們的發現是：憲法所依據的中山先生遺教，經西方憲政原理的調和，基

本上能夠合於民主政治的精神，儘管在中央行使政權及五種治權的制衡上，仍有一些扦格與疏漏。再進一步看，如憲法結構的主要理念能夠符合民主政治的要求，這就爲憲法的回歸與修正立下基礎，並指出方向。

三、政府體制與權、責政治

現行憲法的回歸與修訂雖有理念上的基礎與方向，但皆須落實在憲法規範的本身始能實現。我們在前面曾經指出，現行憲法在人權社會的自由權及平等權，以及在政權社會的自主參政權或直接民權等方面所表達的理念，皆合於民主化的取向。實際上，憲法的有關規範也足供回歸，無須修訂。但直接民權的四項政權及五項治權用在治權社會，我們在前面也曾指出，即使在理念上妥協、調和，而在規範上仍會產生某些扦格、困擾。還有，政府體制的權、責結構在妥協、調和的理念下，會受到怎樣的影響？這些就要檢視現行憲法是否足以規範當前民主化的第二個問題：所規範的政府體制是否合於民主政治的功效。現分數點，作一討論。

1.如前所述，在理念的妥協與調和下，現行憲法設置國民大會，行使中央的政權，但另以條款凍結創制、複決兩權的行使。憲法第二十七條第二項規定：「關於創制、複決兩權，除前項第三第四兩款規定外（修改憲法及複立法院所提之憲法修正案），俟全國有半數之縣市曾經行使創制、複決兩項政權時，由國民大會制定辦法並行使之。」全國過半數的縣市逾千，如平均每年行使兩項政權一次，國民大會得以開始行使的時日，當在千年以後；這一凍結實際等於打銷。但值得注意的是：憲法的凍結條款不是不可以修改。如經修改，恢復行使，

就會成為代議制下的另一立法權，不僅影響到立法院職權的獨立行使，且會破壞到行政院向立法院負責的內閣制，因行政院贊成而為立法院所否決的法案，或行政院反對而為立法院通過的法案，國民大會皆可作相反的複決以支持行政院，不使總辭。在另一面，亦可否決行政院所需的法案，逼使總辭。更嚴重的是：無論立法院及行政院皆無權制衡，加以對抗。這樣的國民大會既不能達到中山先生所欲防止的議會獨裁，甚且妨礙到正常代議政治的功能，此對民主化的取向當然有害。目前這一凍結條款雖仍然存在，但已遭國民大會在所制定的動員戡亂時期臨時條款中，予以擱置。也就是國民大會在動員戡亂時期可以恢復行使兩權。不過，在恢復行使的同時，臨時條款卻又授權總統「認為有必要時，得召集國民大會臨時會討論之。」（動員戡亂時期臨時條款第八條）如此又使原無實權的總統，可以藉召集國民大會臨時會的行使兩權，以影響內閣制的權、責結構，而立法院與行政院也同樣地不能對總統的決定，加以制衡與對抗。其結果會造成總統與國民大會相結合的另一決策體制，使得政府變為權責不清的雙軌制

我們的看法是：國民大會充其量也衹能如憲法的規定，限於總統、副總統的選舉、罷免，決定憲法的修正案；兩權的行使必須恢復凍結，臨時條款更應廢止。否則，現行憲法就不足以回歸。憲法的此種規定出於憲法草擬人張君勱據妥協、調和的理念所作的設計，但他另有進一步的看法，值得一錄（張君勱 1984）：

> 此僅為國大目前的地位，將來人民程度提高之日，總統選舉或四權行使，合四萬萬人直接辦理亦無不可。換詞言之，合四萬萬人而成為國民大會，此為我人對於直接民權的理想。

如要徹底解決國民大會的問題，仍是使之歸於無形，也就是政治

協商會議制憲十二原則第一條所定的:「全國選民行使四權,名之曰
國民大會。」至於總統、副總統的選舉也可參照該條以下的規定,由
縣級、省級及中央議會合組的選舉機關選舉。修憲權則可改歸立法及
監察兩院的聯席會議,修改後的條文,再交由選舉總統的機構複決,
這也是上述原則第十二條所定的。當然,這樣徹底的修訂,在當前的
國民大會,可說毫無實現的可能,所以,仍以嚴格地回歸憲法,凍結
兩權行使的規定,在現時較爲可行。

　　2.現行憲法一方面凍結國民大會的創制、複決兩權,使成爲類似
美國的總統選舉人團,一方面則以五個治權建構五權政府,而以行政
院與立法院作爲決定國家政策的主軸。在權、責的體制上,所規劃的
制度是:對總統而言,國家的法律、命令皆須經總統公布或發布,但
皆須經行政院長,或行政院院長及有關部會首長的副署(憲法第三十
七條)。對立法院而言,行政院院長係由總統提名,經立法院同意而
產生,並就其職權向立法院負責,方式是:立法院如通過行政院所不
贊同的議案,或不贊同行政院的重要政策,行政院得經總統的核可,
將立法院的決議退回覆議。如此時立法院再以三分之二的絕對多數維
持原議,行政院院長或接受,或辭職(憲法第五十七條)。我們從以
上政府的規劃可以清晰地看到,我國政府的決策體制是一相當完整的
責任內閣制。這個體制使行政院院長據副署權,而取得實權,並向立
法院負責;亦即政府決策的權與應負的責皆在行政院,總統祇有名義
上的象徵權力,所以也不負責。但過去多年來,在強人威權體制的統
治下,憲法的責任內閣制遭到相當的扭曲。行政院院長除強人自任外,
皆成爲強人總統的僚屬;憲法的規劃常被有意或無意地解釋成總統制。
在另一方面,現行憲法採取五權的制衡,而非三權,還設國民大會,
行使政權,選舉總統。這些也易使人認爲西方三權制衡下的內閣制,
在我國的憲政結構,不能適用。假如我們仍認爲總統具有大權,或內

閣制不能適用，現行憲法所規劃的責任內閣制就會繼續受到扭曲或誤導，那又將如何回歸呢？或是否足以回歸呢？行憲以來，多種不同的意見，此起彼落，我們無意加以論列，現祇對現行憲法的責任內閣制，再作數點討論：

(1)如前所述，政治的核心概念是權力，制度所規範的則是權力的相互作用，也就是權、責的關係。我們以此作為判斷制度的標準，即可直指本質，而不為浮相所蔽。現以權、責相對的觀念看，內閣制由內閣當決策之權，也由內閣向議會負政治之責，所以常稱為責任內閣制。在總統制，權、責皆在總統，縱設內閣，也祇是總統的從屬機構，故向總統負責。但美國的總統制，使總統向選民負責，國會雖能監督，但不能決定其去留。我們由上述可知，決定內閣制及總統制的基準是在：由內閣抑總統當決策之權及負政治之責，至於負責的對象是議會或民眾，以及用怎樣的方法與標準加以判定，皆與制度的性質無關。責任內閣制發軔於英國；英王原掌有最高權力，但後來實權移往國會與內閣，所餘祇名義。至於英王所發布的法律與命令，皆須內閣作最後的副署，於是副署就變成責任內閣制的一個重要部分：表示權在內閣。自從 1707 年女王安妮(Ann)拒絕批准蘇格蘭民團法案(the Scotish Militia Act)以來，迄今二百多年，英王對法令規章從未批駁或拒絕公布。也就是對國會及內閣的決定，皆予尊重，不作否定。英王的這種名義上的核定公布權，實質上已成為義務。後來很多國家的憲法仿效英制，但往往祇概括地規定內閣的副署權，而不及所有與此相關的憲制慣例，此使得不甚熟知英憲者，雖望文，而不能生義；且便利反對者作種種曲解，以達到破壞民主憲政的目的。

現行憲法既使行政院院長掌握副署權，且向立法院負責，總統在憲法上的種種權力，祇能如英王，徒存名義而已。這樣的制度，當然是責任內閣制。

　　實際上，憲法起草人張君勱在規劃現行憲法的內閣制時，就是以權、責關係的本質為準。至於負責的方法、閣員的身份等，則認為不必盡倣英國或他國制度。如在我國，立法委員不能同時出任閣員，閣員不負連帶的責任，不採取不信任投票制，採用覆議制等，這些皆與英制不一樣，但仍是內閣制。他強調放棄了不信任投票制，並不是放棄了責任政府制（張君勱 1984）。這與我們多年來的觀點完全一致。

　　(2)我們如還要質疑：現行憲法使總統有權核可行政院院長退回覆議的決定，這難道不是一種實權嗎？但我們所能獲致的結論也祇是：徒為形式，而無實質。換句話說，核可的規定可在形式上增加總統的尊嚴與地位，但在實質的制度上，並不產生作用。如前所述，內閣制的副署權已賦與行政院院長最後的決定權，總統不能批駁。於此情形，總統祇能核可，一如英憲的國王，怎能發生實質的作用！？現再看權責的關係，當權的行政院院長既要為自己的政策向立法院負責，如總統不加核可，即是強使不負責，此與民主憲政的原則就大相逕庭了。

　　(3)總統召集五院院長，會商解決院與院間的爭議，是否也具有特殊的意義呢?我們答案如前：徒為形式，而無實質。如果總統以私人的身份對爭議加以調處，其意義等於任何其他私人，不必訂為憲制。如看成是制度上的一種調處權，總統所能行使的也不過是名義，因實權則在具副署權的行政院院長。這也就是說，現行憲法所規定的內閣制，不因此一規定而受到任何影響。再進一步看，現行憲法 所規定的五院，其中立法、監察及考試三院的決策過程採合議制，院長個人對政策不能獨自決定，而司法則審判獨立，更非司法院院長所可干擾；所餘的，祇行政院院長具政策的決定權。在四個院的院長都無權作個人決定的情形下，如各院之間發生爭議，總統召集有關院長前來會商，又能作怎樣的實質決定呢？因之，這個條款充其量不過在說明五院之上尚有一位象徵性的國家總統，如此而已。

　　(4)行政院向立法院負責的方法，為退回覆議，最後則取決於出席議員三分之二的多數決。這種負責的方法類似美國總統制的規定，而有異於英國的解散國會，以新選的國會定去留。我們所採用的這種方法是否會影響內閣制的性質呢？我們在前面已經說明，內閣制的本質在於權與責的關係，即：內閣當權，向議會負責。至於決定責任的方法與所產生的結果，對這一本質並不產生影響。換句話說，我們不能誤方法為本質，而認為現行憲法下的行政院，因向立法院負責的方法與美國總統相似，就成為美國式的總統制。

　　從上面的討論，我們應可認定現行憲法所規範的政府體制確為責任內閣制，能夠合於民主化運作的需要，足可回歸。

　　3.在五個治權的制衡中，考試、監察及司法等三院雖可向立法院提案，但並不能像行政權具有退回覆議之權。在另一方面，行政院院長也可以副署權及退回覆議權，牽制此三院提請立法院通過的法案，而三院則無法對抗，失去平衡。這些皆須在回歸憲法時，就理念與規範上，作某種修訂。

四、非常體制與憲政結構

　　前面曾經指出，四十多年來，黨國合一的威權統治建立了一套所謂動員戡亂時期的非常體制，使得若干憲法的重要條款受到凍結或扭曲，我們如要回歸現行憲法，又將如何能加以包容與之共存呢？這就要檢視這套體制是否合於民主政治的規範，而成為我們所要探討的第三個問題。

　　我們現可列出非常體制中數種主要的規章，運用前面所建立的五項民主權力規範的指標，作一檢視，可見表一（胡佛　1987）。

表一　非常體制的違憲法規及影響

	1. 平等權	2. 自主權	3. 個人自由權	4. 社會自由權	5. 制衡權	對民主化的影響
一、動員戡亂時期臨時條款		(1) 賦與總統決定中央民意代表增選名額的特權。 (2) 賦與總統選舉海外中央民意代表的特權。 (3) 賦與總統決定是否召集臨時國民大會行使創制、複決兩權的特權。 (4) 賦與總統設置動員戡亂機構，調整中央政府機構與組織的特權。 (5) 賦與總統不定任期限制的特權。			(1) 不須向立法院負責。	(1) 影響政治權社會化的民主化。 (2) 影響政權社會化的民主化。
二、國家總動員法			(1) 禁止或使從事指定之各種工作及業務。 (2) 禁止或使指定所得之財產	(1) 禁止或使組織所指定的職業團體。 (2) 禁止罷工、怠工，及其他妨		(1) 影響人權社會化的自由化。

三、省府組織法

（一）省政府合署辦公總行細則

(1)無平等機會競選省主席。 (2)省主席無任期規定。	(1)省主席非由民選。	(1)不須向民意機構負政治責任。	(1)影響治權社會化的民主化。 (2)影響政權社會化的民主化。

四、臺灣地區地方自治法規

(1)無平等機會競選特別市市長。 (2)特別市市長無任期規定。	(1)特別市市長由民選。 (2)各級民意代表的名額由民意機構決定。 (3)除省政府外，各級地方政府及各級民意機構的組織、職權等皆由行政機構決定。	(1)特別市長及縣、市、鄉、鎮首長皆不須向民意機構負政治責任。	(1)影響治權社會化的民主化。 (2)影響政權社會化的民主化。

五、動員戡亂

(1)限制活動的期	(1)限定向公眾發 權。 (3)限制言論、出版、著作、通訊等自由。 (4)停止報社、通訊社的設立。 (5)停止、限制報紙、通訊稿的記載或使作一定的記載。 礙生產的行為。 (3)限制集會及結社等自由。		(1)影響政權社會化。

法規名稱	內容	影響
時期公職人員選舉罷免法	表政見的期間、時間、場次。間、工具、方式及助選人數，包括不得使用電視傳播媒體等。(2)禁止候選人之間的聯合競選活動。	的民主化。
六、提審法	(1)限非法逮捕拘禁，始能請求法院提審。(2)法院可以裁定駁回提審的聲請。	(1)影響人權社會的自由化。
七、檢察官與司法警察機關執行職務聯繫辦法	(1)嫌犯移送檢察官，而非法院。(2)檢察官可將嫌犯拘禁二十四小時以上。(3)司法警可借提嫌犯，不經法院同意。	(1)影響人權社會的自由化。
八、出版法	(1)根據雜誌的印行事先須經登記核准。(2)行政主管官署可以命令停止出版品的印行及撤銷其登	(1)影響人權社會的自由化。

	記		
（一）出版法細則	(1)行政命令可以限制報紙雜誌的數量。		(1)影響人權社會的自由化。
九、大法官會議釋字第31號解釋	(1)賦與立法委員不受任期限制的特權。(2)賦與監察委員不受任期限制的特權。	(1)無選民的民意監督，影響立法權的制衡。(2)無選民的民意監督，影響監督的制衡。	(1)影響法治權社會的民主化。(2)影響政權社會的民主化。
十、大法官會議釋字第122號及165號解釋		(1)限制地方議會議員在會議時的言論免責權。	(1)影響人權社會的自由化。
十一、大法官會議釋字第105號解釋	(1)同意出版法賦與行政命令以限制出版自由之權。		(1)影響法治權社會的民主化。
十二、內政部對國民大會代表任期限制釋覆公告	(1)賦與國民大會代表不受任期制的特權。	(1)無選民的民意監督，影響國民大會行使政權的制衡。	(1)影響治權社會的民主化。(2)影響政權社會的民主化。
十三、動員戡亂時期國家安全法	(1)行政院認定妨害安全、安定者不得入出國。		(1)影響人權社會的自由化。

十四、動員戡亂時期人民團體法	境。 (1)社會團體結社事，先須經核准，其集會須經許可監督。	(1)影響人權社會的自由化。
十五、動員戡亂時期集會遊行法	(1)行政院認定為和安全、秩序、公共利益者不得室外集會遊行。	(1)影響人權社會的自由化。

　　表一乃是根據民主化取向及結構規範的權力指標，對非常體制中若干重要的規範所作的分析。我們從各項分析中可以清晰地發現，這些非常規範已嚴重地影響到民主政治的發展，現行憲法根本無法包容，也無法回歸。我們認爲這些規範皆應加以廢棄，然後再根據回歸後的憲怯，重新建立民主的法制，以應政治及社會的需要。在以上的非常規範中，臨時條款的位階最高，對憲政的破壞最大。現就表一的分析，再對臨時條款作數點討論：

　　1.總統據臨時條款，可以不經行政院的同意及立法院的通過，而在憲法所設定的政府體制之外或之上，另行設立所謂的「動員戡亂機構」，決定大政方針。對於既有的中央政府也可同樣地調整其行政機構、人事機構及其組織。這樣的授權，可使總統既不受憲法，也不受法律的約束，僅以行政命令，即可將政府的組織、人事及政策，置於自己的掌握之下。至於賦與總統如此大權的時限：「動員戡亂時期」，則由總統自己決定何時終止，而總統又可連選連任，直至終身。由此可見，臨時條款所建立的非常政治體制，實破壞了現行憲制由行政院當權及負責的責任內閣制。更嚴重的是，因民意既無法經由立法院加以監督及制衡，又不能藉任期制，對專權預設藩籬，民權真已到了無可發揮的境地。這一非常體制當然係爲強人政治而設，但也會鼓動強人政治。用民主憲政的原則與制度衡量，那是無法視爲憲法的一部分的。

　　2.總統根據臨時條款，設置國家安全會議作爲動員戡亂機構。根據這個會議的組織綱要，總統爲會議主席，行政院院長及有關部長皆成爲會議的成員，而必須遵循主席的決定。這使得行政院院長由內閣制當權的閣揆，成爲執行主席，也就是總統，決定的僚屬。換句話說，在臨時條款的非常體制下，行政院院長已難再擁有憲法所賦與的最後決策之權。不過，在憲法體制的這一軌，行政院院長又須向立法院負

責。這樣的雙軌制，一方面造成權、責的不相當：總統有權，但無責，行政院院長有責，但無權；一方面會使得行政院對政治責任的推卸，而最為嚴重的則無過於分權與制衡原則的受損。

3.雙軌制除損害到行政與立法之間權與責的制衡體制外，也影響到憲法所規定的決策體系。前面所提到的國家安全會議已成為超於憲法所定政府體制之上的政府。這個會議下設國家建設研究委員會、科學發展指導委員會及國家安全局等，在職掌上實際皆與行政院所屬的部會重疊，因而同樣地造成決策體系內的權、責問題，且更進一步對責任內閣制的決策功能，加以破壞。

以上是從民主憲政的原則及我國現行憲法的體制，析述動員戡亂時期臨時條款之不能成為憲法。而所謂對憲法的「充實」，祇虛有其名，而破壞確為其實。實則，這一條款在法制的體系上，也是缺乏憲法的法效的，可見下述：

1.這個條款並非是憲法的修正案，而是國民大會所另行「制定」的，此在條款的前言中說得清清楚楚。「制定」與「修定」雖祇一字之異，但在法律的關係上則大有出入。制是新作，修是舊改；新作是一個獨自的結構，而舊改仍屬原有的結構；但這並不是說新作的結構與舊有結構之間了無關係。試以衣服為例，我們可修一舊衣，但不管如何綴補，仍屬舊衣，而新作則是另一件衣服；穿衣者會因新而棄舊，這就成為兩者之間的關係。此一形式邏輯，常見於法制體系，造成法效的階梯。現舉刑法看，這一法典曾經多次「修訂」，每次修訂，都改列新修條文，而刪除舊的，且明文記載修訂時日等。但不管如何修訂，仍為其刑法，仍保持其內在的邏輯結構。但後來立法院「制定」了一部戡亂時期檢肅匪諜條例，這是一部獨立的新法，但在處罰叛亂方面，則優先刑法而適用，成為具較高法效的特別法。此時刑法成為普通法，原有有關叛亂的規定，也並未被刪改，而是不能適用，也就

是法效的中止，而非消滅：如戡亂時期已過，檢肅匪諜條例廢止，立即就可恢復適用。用此兩例就可說明：國民大會所「制定」的動員戡亂時期臨時條款是一部新制的衣或法，而憲法則是從未經「修改」的舊衣或法，因原有的條文俱在，毫無損缺，更未見隻字記載何時「修訂」，此則爲法律形式所必備的。因之，兩者之間的關係祇能類似懲治叛亂條例之於刑法，亦即臨時條款的規定，對於憲法可優先適用，成爲憲法的特別法。不過，我們要在此鄭重指出的，也是前已說過的，在法律體系的法效階梯上，憲法爲最高，絕不能再有任何特別法優先適用於憲法的餘地，否則，憲法何能爲最高？因之，憲法除自作修訂外，不容任何他法的牴觸，牴觸者無效。現動員戡亂時期臨時條款的規定皆牴觸了憲法，這個條款自當無效，又怎能視爲憲法的一部呢？

前面強調憲法本身是完整的，並未經過「修訂」，此在 1948（民37）年 3 月第一屆國民大會開會時，提案「制定」臨時條款的領銜國民大會代表莫德惠就是這麼說的。他在發言中曾特別指出，臨時條款是在「不變更憲法條文之範圍內」所制定的。另一提案代表王世杰在說明理由時，也特別指出：「我們……不作憲法本身的修正，僅僅在憲法條文之後，再加上一個臨時條款。」既然憲法未經修正、變更，任何條款，不管置於何處，在性質上充其量也不過是一種特別法，而如前所述，無法生效。對於「制定」與「修訂」的問題，還得再就「結果」與「程序」一談。前述國民大會既不擬變更、修正憲法，但卻引用修憲的程序（總額五分之一提議，三分之二出席，出席代表四分之三決議）來「制定」臨時條款，希望經此轉折，達到實質上「修憲」的效果。在我們看來，引用修憲的程序不去修改，變更憲法，而去「制定」另一個條款，這個「程序」就與修憲的「結果」毫無關連了。我們最多祇能說，國民大會對臨時條款的「制定」，看得與「修憲」同等重要，但兩者之間並沒有等號。事實上憲法的形式體制仍然完整，

何嘗受到變更、修正。再進一步看，用修憲的程序所制定的臨時條款，能不能成為憲法的修正案呢？這個問題我們在前面已經解答過了，即：憲法本身如未經修改，任何想在實質上收到修憲效果的條款，在法效上祇不過是優先適用的特別法而已，總歸是無效的；就算所用的制定程序一如修憲，所得的結果，也仍然是一樣的。

2.我們前面一再談到臨時條款的「制定」與憲法的「修訂」，那麼，我國憲法本身對此又作怎樣的規定呢？我們試看憲法第二十七條就可發現：憲法祇規定國民大會可以「修改憲法及複決憲法修正案」，但並未賦與任何「制定」其他條款的權限。第一屆國民大會雖用修憲的程序來制定，而制定出來的臨時條款，也對憲法的若干規定，加以凍結，表面看來，如同修改，而實際政治，也如此安排，但我們卻不能為這些轉折的程序所惑，既存的現實政治所困，仍要直率地指出：國民大會無權「制定」臨時條款，而臨時條款祇是憲法特別法，並無法效。

綜合看來，我們認為動員戡亂時期臨時條款在政治的實質上，既違背民主憲法的原則，又破壞了現行憲法的體制；在法制的形式上，既牴觸憲法與特別法的原則，又欠缺具合法權力的制定機關，因而不生憲法的效力，也不能成為憲法的一部分。

五、憲政結構與分裂國家

現行憲法既在大陸所制定，而以整個中國為範圍，現國家分裂，政府侷處臺灣，是否還能繼續適用，以應當前民主化的需要呢？這是我們所要探討的第四個問題。

先從憲法的法效理論看，我們雖處於事實分裂的狀態，但並未放

棄憲法對大陸的適用。也就是說，憲法的法效仍然涵蓋整個中國，不過在大陸，因格於現實，成為適用上的不能而已。如能適用，效力即在。在這種法效的狀態下，如現實上祇能用在臺灣，就可以在臺灣的範圍內生效。換句話說，如國會祇限於臺灣一地所選出的代表，但法效的狀態仍然不變，中華民國的法統即可在這一憲法法效上延續。現行憲法的如此運作，既可涵蓋整體中國，避免造成中共藉口兩個中國或一中、一台，所作的挑釁，也可調和內部的獨、統的衝突。再就當前政治民主化的進展看，前已指出，也必得以現行憲法作規範，此無論獨、統人士皆是一樣。最近的三項公職選舉，獨、統人士皆曾參選，可為明證。總之，在面對中共挑釁、內部獨統之爭，以及民主化需求的三重壓力下，回歸憲法應是最能接受的制度性安排。

　　現行憲法雖在法效上足以回歸，但中央民意代表的產生上，仍以大陸為範圍，顯然不合今日在台民主化的需要。因之，如不作妥當的修訂，就不足以回歸。目前中央民意代表的名額由臨時條款授權總統決定，既違背憲法，也有礙政治的民主化，已如前述。我們主張不妨由總統宣告動員戡亂時期的終止，先使動員戡亂時期臨時條款失效，然後再按憲法第二十六條的規定，或再配合一些其他的措施，在自由地區選出數十位第二屆國民大會代表，一面使第一屆的代表全面解職，一面全面解決中央民意代表的產生問題。較妥的辦法之一是，增修一個憲法條款，授權法律，實質加以規定，即：「在全國過半數的省、市不能舉辦選舉時，其選舉辦法由法律定之。」法律係由中央民意機構的立法院所制定，如此授權，也符民主化的要求。

　　現行憲法在地方自治的規範上，也以大陸為範圍。現中央與省已等同，除非在臺灣地區採行多省制，當然也要加以修訂，否則，即會影響到民主化的進展。至於採多省制，亦應回歸憲法，制定省縣自治通則。

六、結　論

　　我國自行憲以來，即籠罩在強人的威權統治之下，憲政結構始終無法確立，民主化的進展即常失去依憑，難以落實。威權統治在一面巧取，一面豪奪之下，將現行憲法的理念予以扭曲，主要的規範加以凍結，並建立一套非常體制取代。但政府既已行憲，就不能不維持某種形式意義的憲法體制，如五院制的政府，有限度的選舉等，此使現行憲法在非常體制下，仍能形成一種對比，發揮某種牽制的功能，有助於民主化的推動。如反對強人的威權統治者，就可以實行憲法作為批評及抗爭的標準。近年來，戒嚴的解除，以及黨禁與報禁的開放等，與多年來回歸憲法的要求，實息息相關。這可以說是形式制度與實質發展之間的結合，我們認為這種結合應是未來政治進一步民主化的關鍵。那麼，現行憲法的規範結構須否在民主取向上，也能供作進一步的回歸呢？本文乃建立民主規範的指標及界定民主取向的概念，分別就現行憲法的理念、體制、對非常體制的包容及在國家分裂狀態中的適用等四個問題，加以檢視。我們的發現是：在廢棄非常體制後，現行憲法無論在理念、體制及分裂狀態中的適用上，如能作某種澄清、調整及修訂，足能供作進一步的回歸，為未來的民主化奠定基礎。

參考文獻

田炯錦，1955，《五權憲法解說》，臺北：中國新聞出版公司。

林義雄，1989，〈臺灣共和國基本法草案〉，《自立晚報》，11 月 6 日。

胡佛，1980，〈憲法保障與罪刑法定：對選罷法第四十八條的一點看法〉，《聯合報》，12 月 11 日。

胡佛，1987，〈憲政結構的流變與重整〉，《法學論叢》，16 卷 2 期，頁 1-32。

胡佛，1989，《民主政治的迷思與實踐》，中國民主前途研討會論文，臺北：時報文教基金會主辦。

胡佛、陳德禹、朱志宏，1978，〈權力價值的取向：概念架構的建立與評估〉，《社會科學論叢》，27 輯，頁 3-40。

孫中山，1965a，〈三民主義：民權主義第二講〉，《國父全集》，臺北：中央文物供應社。

孫中山，1965b，〈三民主義：民權主義第六講〉，《國父全集》，臺北：中央文物供應社。

孫中山，1965c，〈五權憲法：民國十年演講詞〉，《國父全集》，第一冊，臺北：中央文物供應社。

孫中山，1965d，〈建國大綱第二十四條〉，《國父全集》，臺北：中央文物供應社。

孫中山，1965e，〈孫文學說〉，《國父全集》，第一冊，臺北：中央文物供應社。

張君勱，1984，〈自序〉，《中華民國民主憲法》，臺北：宇宙雜誌

社。

許世楷，1989，〈臺灣新憲法草案〉，《自立晚報》，4 月 8 日。

陳之邁，1947，《中國政府》，上海：商務印書館。

雷震，1957，《制憲述要》，香港：友聯出版社。

謝瀛洲，1962，〈國民大會之本質及其應有之職權〉，《中央日報》，5 月 13 日。

Stephan, Alfred. 1988. *Rethinking Military Politics: Brazil and the Southern Cone*. Princeton: Princeton University Press.

論回歸憲法與強人體制

一、前言：回歸憲法

　　最近社會輿論各界，常將過去若干年來的國內政治，說成強人政治。在一般看來，這一意涵還不僅是指強人絕對地掌握了政治的權力資源，包括對人與對事，而且，在某種程度，把自身處於政治體制的規範之上，並加以支配；這也就是說，過去的政治運作，相當流於因人成事及因人設制的人治。但不管過去的情況如何，原有的強人政治在目前已逐漸成為歷史，至於未來是否會出現另一結構的強人政治？現尚不能斷言，不過，我們總希望未來的政治發展能落實到民主憲政。中國知識份子對民主憲政的盼望與追求已超過一個世紀，其間曾遍歷各種艱困與險阻，但進展到目前的政局，對民主憲政在我國的確立而言，可說是已到了一關鍵的時刻。我們為什麼這樣說呢？主要的理由在：強人政治的歷史突然中斷後，因人而設的那些制度，就難再適用了。這樣的變局雖然會帶來某些制度上的危機，但在另一面卻正是整建民主憲政的契機。我們不妨用幾個例子作一說明。過去若干年來，總統都具有歷史上極強的權威，行政院長成了部屬；任免由之，任期

隨之，而不像憲法所規範的，總統祇是虛位的元首，行政院長應當決策之權，並向立法院負責。將來的總統如欠缺那樣歷史的權威或是增額立委在當選後要求對行政院長同意權的行使，以往行政院長向總統效忠盡責的體制，當然就沒法維持了。如果我們不作調整，即可能引發政潮，製造危機。反過來看，我們如果加以調整，回歸憲法，豈不是建立民主憲政的契機麼？再說，過去的總統以歷史的權威因應現實的政局，可使國民大會訂定動員戡亂時期臨時條款，賦與決定有關的大政方針，設置動員戡亂機構，以及調整中央政府之行政機構、人事機構及其組織的絕對權力。如此的大權既無須向任何民意機構負責，更對行政院及立法院在憲法上所擁有的決策權力與地位，構成極大的影響。現在歷史的強人已去，我們如不作更張，未來的立法院與行政院很可能與總統的絕對權力因競合而發生衝突，導至危機。反過來看，我們如果以回歸憲法作為調整，不亦是建立民主憲政的契機麼？當然，我們還可以繼續再談些例子，不過，所要強調依然是：目前的變局正是我們一面化解原有強人體制的危機，一面開展民主憲政的契機。

　　民主憲政的契機，既可開展，但也正待開展。問題在我們如何重整原有的強人政治體制，使能歸於民主憲政。這個問題的最佳答案，在我們看來，就是回歸憲法，因我們現行憲法既有歷史可憑，方向可循，又有基礎可據。怎麼說有歷史可憑呢？近世以來，我國的仁人志士，為了追求自由民主，奮力推翻滿清的專制，才能成立中華民國，這一頁歷史雖然至為辛酸，但也極為光明燦爛。我們這部現行憲法的制定，即是其中的一座里程碑。這對熱愛中華民國的國人來說，已成為一個立國的象徵，而產生延續歷史傳統的神聖意義。在這樣的認同下，國家的觀念已在無形中與憲法相連，而在感情上交互增強，融為一體。我們現在談愛國就會想到行憲；在另一方面，我們主張行憲，也意在建設中華。因之，在這一意義上，回歸憲政當然有歷史可憑。

　　怎麼說有方向可循呢？多年來，我國民主憲政的觀念經常受到有意或無意的歪曲，憲政的體制更不斷遭遇種種勢力的破壞，但民主憲政倒底仍具某些共同的基本特質與含義，那是無法混淆得了的。我們如以權力關係的脈絡作爲政治的基礎，民主的特質就是平權、民權、人權、分權相互結合的有機體，而憲政則是以憲法對上述民主特質加以確保的政治體制。從而，在觀念與制度上與之背道而馳的，我們既不稱爲民主，也不視爲憲政。美其名爲憲法，而實質上並無憲政內涵的，我們也根本拒絕承認那是真正的憲法。用這樣的標準加以衡量，我們要強調，現行憲法是一部相當符合民主特質的憲法，儘管在具體的適用上，如有關中央民意代表名額等少數規定，還要在技術上作一些調整。所以，我們認爲未來民主憲政的建設，如能回歸憲法，也就能回歸憲政，那就是有方向可循了。

　　怎麼說有基礎可據呢？我們在 1948（民 37）年初根據現行憲法施行憲政時，動員戡亂的非常體制也跟著制定。自 1949（民 38）年政府播遷臺灣後，動員戡亂時期臨時條款經一再增訂，再加上長期的戒嚴，憲政體制一直未能全然建立，也未能獲得應有的尊重。但從另一角度看，臨時條款及戒嚴體制下的強人政治，也必須維持形式意義上的憲政結構，否則即會失去合法性及正當性的依據。於是，執政當局設計了一種微妙的雙軌制：一面按憲法的規定成立五院制的政府，另一面則設置臨時條款及戒嚴法下的非常體制，並以後者削弱憲制政府的權力與凍結憲法所保障的民權與人權。雙軌制的安排，在削弱憲政的體制上，雖已極盡微妙的能事，但至少已把五院制的政府樹立了起來，使憲政體制獲得形式的結構，並在非常體制下，進行某些功能。更可值得注意的是，雙軌制提供了一種對比。反對強人政治及非常體制者，就可以憲政體制作爲批評及抗議的標準。近年來，我們看到憲政具有突破性的進展，如戒嚴的解除，黨禁及報禁的開放等，實皆緣此而得。

這些都可說是為進一步的回歸憲法，奠定了可據的基礎。

我們從前面所述可知，回歸憲法既有歷史可憑，方向可循，基礎可據，這必然是我們未來建設民主憲政的努力所在。不過，我們肯定了現行憲法的回歸，也還未能把近 40 年來在強人政治下所建立的政治體制及所累積的若干觀念上問題，得一通盤的解決。換句話說，今日的變局縱然會使得強人的政治體制發生適用上的危機，我們如不能在觀念及制度上加以重整，也不見得就能把握得住開啟憲政的契機。談到重整，我們就先得解決多年來兩項嚴重的爭議：(1)我國政府體制是總統制抑內閣制？(2)動員戡亂時期臨時條款是否為憲法的一部分？老實說，這兩個問題的爭議都是強人政治的產物，而且也都在強人體制的籠罩下進行。對這兩個問題持肯定態度的，雖有各種理由，但大致皆支持強人的政治體制，且不少已置身強人政治的權力結構之中。反過來看，持否定態度的，同樣地也有各種理由，但也大致皆不能同意超越憲政的強人體制，而其中則甚少不被責為分歧或異端的。在爭議的實際過程中，對支持者的政治酬庸，對異議者的多方打擊，再加上龐大政治資源的用作宣導，使得有關憲政的討論，常成為敏感而具禁忌性的話題。憲政的觀念也因此變得愈來愈為混淆，真的成為「善未易明，理未易察」了。但民主憲政怎能無善？又豈能無理呢？我們對上述兩項爭議的解決，又怎能沒有民主憲政的善與理作為依據呢？不過，我們在揚善說理之前，還須再對某些基本的概念作一澄清，否則仍是無法撥開雲霧，見到民主憲政及我國憲法真面貌的。

1.憲法是規範政治的法律，一方面為法律的形式結構，一方面為政治的實質結構，而由此雙重結構的合致，產生規範的效果。在整體國家規範體系中，憲法不僅在法治結構上是國家最高的法，也是政治結構中最根本的規範。

2.憲法所規範的政治結構，實際是政治體系中各類組成份子或成

員之間的一套權力關係，而由三個主要部分所組成。(1)一般成員相互之間的關係。此是指政治運作過程中，一般成員之間應具有怎樣的權力地位。這是平權與特權之間的選擇。(2)一般成員與權威機構之間的關係。此又可再分爲兩種：其一爲權威機構應否向一般成員負責，而受其控制，其二爲權威機構對一般成員所行使的權力應否具有範圍，不得逾越。由此二者產生民權與專權，以及人權（可再分爲個人自由與社會自由）與極權之間的選擇。(3)權威機構相互之間的關係。此是指權威機構在權力運作的過程中，應否相互制衡。這是分權與集權之間的選擇。我們由上述可知，政治體系中的三類基本權力關係可推衍爲五種權力關係之間的選擇，而這些選擇則決定一個國家的政治體制之爲自由民主或專制極權。[1] 近世以來，若干西方國家重視平權主義(equalitarianism)、民權主義(popular sovereignty)、自由主義(liberalism)、多元主義(pluralism)及分權主義(separation of power)，並進而加以組合，構成政治的基本結構，再以法律加以規範，乃逕稱爲國家的結構法(constitution)，而我們則譯爲憲法。因之，就西方憲法的發展史看，所謂憲法原就具有特別內容，亦即根據上述五種主義，所訂定的規範。這些政治規範的主義就是所謂的憲政主義(constitutionalism)或原則。這些主義導致憲法的產生，兩者實互爲表裡，無論在歷史或概念上，皆無法相分。明乎此，就可了解我們在前面所強調的：凡是違背憲政主義的規範，縱引用憲法的名稱，在性質上，根本不成其爲憲法。我們之所以認爲現行憲法可作爲民主憲政的方向而回歸，就是因爲現行憲法是符合憲政主義的。

　　3.政治體系中權威機構的主要功能在決策，此在國家，即爲政府。

---

[1] 有關此一權力關係理論架構的試建與討論，可參見：胡佛、陳德禹、朱志宏：1978。

就前述憲政的意義衡量，一個國家的政府如果由民選所產生，為民意所監督，而向民意機構負政治責任，基本上即是民主憲政下的政府，至於採用什麼樣的決策及負責方式，初非所問。因之，英國的內閣制、美國的總統制、瑞士的委員制皆可成為民主憲政下的政府。不過，無論是那一種民主體制，皆必須權責分明：當權者必須向民意負責，而負責者必須當權，否則，民意的監督即失去真正的對象，而有損民主政治的運作。

4.從權、責相對的觀念看，內閣制由內閣當決策之權，也由內閣向議會負政治之責，所以常稱為責任內閣制。在總統制，權、責皆在總統，縱設內閣，也祇是總統的從屬機構，故向總統負責。但美國的總統制，使總統向選民負責，國會雖能監督，但不能決定其去留。我們由上述可知，決定內閣制及總統制的基準是在：由內閣抑總統當決策之權及負政治之責，至於負責的對象是議會或民眾，以及用怎樣的方法與標準加以判定，皆與制度的性質無關。

5.民主憲政發軔於英國，而在英國是歷經數百年從專制的體制中逐步蛻變而得，這種蛻變的痕跡，我們從英國的憲章及憲制的慣例中可以清楚地看到，其中最著的就是責任內閣制。這個制度仍維持王室，英王仍掌有最高權力，但僅存名義。內閣則運用副署制度，將所有實權移去。自上個世紀以來，英王對法令規章即從未批駁或拒絕公布。也就是對國會及內閣的決定，皆予尊重，不作否定。英王的這種名義上的核定公布權實質上已成為義務，後來很多國家的憲法仿效英制，但往往祇概括地規定內閣的副署權，而不及所有與此相關的憲制慣例，此使得不甚熟知英憲者，雖望文，而不能生義；且便利反對者乘虛蹈隙，作種種曲解，以達到破壞民主憲政的目的。

二、憲法與責任內閣制

　　我們對若干有關民主憲政的基本概念加以澄清後，就較易解決我國政府體制是總統制還是內閣制的爭議了。前面說過，我國目前的政府體制是一種微妙的雙軌制：一是憲法所規定的正常體制，一是動員戡亂時期臨時條款所規定的非常體制。我們要回歸的當然是合乎憲政主義的現行憲法，那麼，我國現行憲法所規定的究竟是怎樣的政府體制呢？對這個問題的解答，我們不妨先與民初的制度作一比較。在對比後，可能會有更深一層的認識。近幾年來，我們常常談到護憲，也看到護憲運動，但在我國的立憲史上，民國初年即開始護法，且導致南北的對峙及戰事，當時所護的法則為中華民國的臨時約法。這兩次運動在精神上固有相通之處，而最值得我們注意的，則是兩個法典所規定的政府體制也全然相似。既然相似，我們就很難作絕對不同的認定了，但實際上卻不然。在我們的學術界間則存在著相當耐人尋味的雙重標準。對臨時約法幾乎無人不認為是內閣制，稱得上是公認的典型，但對現行憲法則不少人堅持為總統制的某一型式。其中的原因究是為了替現實政治尋找理論根據，還是另有學術上的見地，就很值得我們重視了。我們現將兩個法典的有關規定，儘量先按原文排比，有如下表：[2]

---

[2] 臨時約法的有關規定，見：第二十三條，第三十條至四十條，第四十三條至第四十六條；現行憲法的有關規定，見：第三十五條至第四十四條，第四十七條，第五十三條至第五十八條。

表一　臨時約法與現行憲法所規定的政府體制

	臨 時 約 法	現 行 憲 法
1.總統的權力	1.代表政府統攬政務	1.對外代表中華民國
	2.公布法律，發布命令	2.公布法律，發布命令(經行政院院長之副署)
	3.統率全國陸海軍隊	3.統率全國陸海空軍
	4.制定官制官規(須提交參議院議決)	4.發布緊急命令(經行政院會議之決議)
	5.任免文武職員	5.任免文武官員
	6.宣戰、媾和、締結條約	6.締結條約及宣戰、媾和
	7.宣告戒嚴	7.宣布戒嚴
	8.接受外國之大使、公使	8.授與榮典
	9.提出法律案於參議院	9.大赦、特赦、減刑及復權
	10.頒給勳章、榮典	10.召集各院院長會商解決院間爭執
	11.宣告大赦、特赦、減刑、復權(大赦須經參議院同意)	11.核可行政院對於立法院決議案之退回覆議
	12.對於參議院決議事件咨院覆議	12.任命行政院副院長、各部會首長、政務委員(由行政院院長提請)
	13 任命國務員(國務總理及各部總長)及外交大使、公使(須得參議院之同意)	
2.內閣的權力	1.國務員於臨時大總統提出法律案、公布法律及發布命令時須副署之	1.行政院為國家最高行政機關
	2.國務員及其委員得於參議院出席及發言	2.總統依法公布法律、發布命令、須經行政院院長之副署或行政院院長及有關部會首長之副署
		3.向立法院提出法律案、預算案、戒嚴案、大赦案、宣戰案、媾和案、條約案及其他重要事項
		4.對於立法院之決議得經總統之核可，移請立法院覆議
3.政治的責任	1.國務員輔佐臨時大總統負其責任	1.行政院對立法院負責：A.向立法院提出施政方針、施政報告、接受質詢；B.重要政策為立法院不贊同時，經退回覆議，再經出席立法委員三分之二維持原案，行政院長應即接受或辭職；C.對立法院議決之法律、預算、條約等案，認為難行，經退回覆議，再經出席立法委員三分之二維持原案，行政院長應即接受或辭職
	2.參議院對臨時大總統咨院覆議事件，如有到會參議員三分之二以上仍持前議時，臨時大總統應公布施行	
	3.國務員之任命須經參議院之同意	2.行政院長由總統提名，經立法院同意任命

　　我們從表一的對比，就可對我國現行憲法所訂的體制作數點討論：

　　1.在民國初成時，臨時政府原根據臨時政府組織大綱採總統制，當時不設內閣總理，而由大總統總攬政權，並向臨時參議院負責。後來擔任臨時大總統的中山先生決定讓位於袁世凱，南方的革命政府乃改訂臨時約法，採內閣制，使內閣總理主政，並向臨時參議院負責；總統則居於虛位，以防袁氏的弄權。這一近代史實，向爲國人所熟知，即在當時也甚少有人，包括袁氏自己及其左右懷疑臨時約法爲內閣制的。我們從表一看，臨時約法所規定的也確實爲責任內閣制，因國務總理及各部總長具副署權，且必須經參議院同意，總統才能加以任命。副署權使總統享有的所有權力皆成名義，實際則由內閣行使。內閣當權，即應負責，所以國務員的任命，才須經參議院的同意。至參議院以覆議通過的議案，內閣當然必得施行，以示對民意機構的最後決定，加以尊重。這些皆與英憲所定內閣制的基本原則相當，且也符合憲政主義的要求。與臨時約法相比，從表一可知，現行憲法同樣地採副署制，總統的所有權力也皆爲名義。在政治制衡下，行政院院長的任命亦須經立法院的同意，而對立法院所覆決的議案，行政院院長如不接受，即須辭職，責任且更爲明確、重大。再從條文的規劃看，現行憲法對內閣當權的規定，較臨時約法還更爲明顯，如明定行政院爲國家最高行政機關，以及對立法院具退回覆議權；而臨時約法則將此權在名義上納歸總統。根據以上的對比與分析，現行憲法所規定的，何能不爲責任內閣制呢！我們如以臨時約法屬內閣制，反以現行憲法爲總統制，這樣的認定與爭議就非常矛盾難解了。

　　2.我們如還要質疑：現行憲法使總統有權核可行政院院長退回覆議的決定，這難倒不是一種實權嗎？但我們所能獲致的結論也祇是：徒爲形式，而無實質。換句話說，核可的規定可在形式上增加總統的尊嚴與地位，但在實質的制度上，並不產生作用。如前所述，內閣制

258 政治學的科學探究（五）：憲政結構與政府體制

的副署權已賦與行政院院長最後的決定權，總統不能批駁。於此情形，總統祇能核可，一如英憲的國王，怎能發生實質的作用！現再看權責的關係，當權的行政院院長既要為自己的政策向立法院負責，如總統不加核可，即是強使不負責，此與民主憲政的原則就大相逕庭了。

3.總統召集五院院長，會商解決院間的爭議，是否也具有特殊的意義呢？我們答案如前：徒為形式，而無實質。如果總統以私人的身份對爭議加以調處，其意義等於任何其他私人，不必訂為憲制，如看成是制度上的一種調處權，總統所能行使的也不過是名義，因實權則在具副署權的行政院院長。這也就是說，現行憲法所規定的內閣制，不因此一規定而受到任何影響。再進一步看，現行憲法所規定的五院，其中立法、監察、考試三院的決策過程採合議制，院長個人對政策不能獨自決定；而司法則審判獨立，更非司法院院長可干擾；所餘的，祇行政院院長具政策的決定權。在四個院的院長都無權作個人決定的情形下，如各院之間發生爭議，總統召集有關院長前來會商，又能作出怎樣的實質決定呢？因之，這個條款充其量不過在說明五院之上尚有一位象徵性的國家總統，如此而已。所以說，其意義不過為形式。

4.據表一，我們也可以發現，無論在臨時約法及現行憲法，內閣決定向議會負責的方法，皆為退回覆議，最後則取決於出席議員三分之二的多數決。這種負責的方法類似美國總統制的規定，而有異於英國的解散國會，以新選的國會定去留。我們所採用的這種方法是否會影響內閣制的性質呢？我們在前面已經說明，內閣制的本質在於權與責的關係，即：內閣當權，向議會負責。至於決定責任的方法與所產生的結果，對這一本質並不產生影響。換句話說，我們不能誤方法為本質，而認為臨時約法與現行憲法下的內閣，因向議會負責的方法與美國總統相似，就成為美國式的總統制。在我們看來，美國的總統假如改採英國內閣制的解散國會，也仍為總統制。理由無他，因權、責

皆在總統，此為總統制的本質，不是負責的方法所可改變的。我們並不是說方法不產生影響，但所影響的則在另一層次：政府的功能。上述退回覆議的方法，祇要政府獲議會三分之一的支持，就可維持不墜，繼續主政；但缺點在：政府如失去議會二分之一的支持，所有議案皆先要遭受二分之一的否決，處境已極為困頓，功能自然就會受損。近年來美國幾位困頓無力的總統，就是因失去國會的多數支持，而難以發揮能力的。英國則在議會二分之一多數決的基礎上，一面可投不信任票以倒閣，而內閣亦可解散國會，爭取新國會二分之一的支持。這樣的方法雖對政權的維持較為不易，但也很難產生困頓無力的政府，使政治衝突陷入長期的困局，不能徹底解決。

　　在上面，我們先將臨時約法與現行憲法所規定的政府體制作比較，以廓清若干爭議的矛盾及指出真正問題之所在，然後再作法規與制度的剖析，認定我國憲法所定的體制，在本質上確為責任內閣制，而能夠符合憲政主義的方向，加以回歸。但我國憲法所定的體制，祇是前述雙軌制中的一軌，另外的一軌則是動員戡亂時期臨時條款所設定的非常體制。這個非常體制所反映的實是強人政治，而在本質上與憲法所定體制的相異，正如南轅之於北轍。因之，憲法的回歸還不僅在於確認憲法體制之為責任內閣制，更要闢清此一非常體制之非為憲政，否則，回歸的道路仍是無法平坦的。

三、憲法與動員戡亂時期的非常體制

　　我國於 1948（民 37）年初行憲，動員戡亂時期臨時條款也就在同時由第一屆國民大會加以「制定」。政府播遷來台之後，先後再經國民大會作四次修訂，而成為目前非常體制的依據。我們說這一條款所

定的政府體制是非常的，主要是由於：(1)適用在一個設有特定期間的
「動員戡亂時期」，而這一期間的終止，則由總統決定；(2)凍結了憲
法所規定的正常體制；(3)停頓了民主憲政的正當功能；(4)分裂了形式
的法制結構。對於臨時條款的這些看法當然也有不少爭議，但其中最
核心的問題則在：這一條款是否合於民主憲政的原則及現行憲法的體
制，而構成憲法的一部分。前面曾強調，憲法在實質上如欠缺憲政主
義，根本不成其為憲法，那麼臨時條款是否合於憲政主義呢？我們的
答案則是否定的。這一條款對政府體制的規定，不僅破壞現行憲法的
責任內閣制，而且相當牴觸憲政主義中的民權與分權的原則。再從法
制體系的形式結構看，更缺乏法效，當然也不成其為具最高法效的法。
我們現也按條款的有關規定與現行憲制作一比較，再將所產生的影響
作一衡量，結果可見表二。[3]

　　我們從表二可以很清晰地看到，動員戡亂時期臨時條款所賦與總
統的權力，使得總統不再是虛位，而是政治實權的最高掌有者。總統
握有政治的實權也未必不為民主，前已談到，但民主憲政的總統制仍
是權、責相當，總統必須為政策向國會負責，不能獨斷，否則就無視
民意與民權，而流於專權。準此再看臨時條款中的總統，無論在大政
方針的決定及機構的設置與調整上，皆無須向民意機構的立法院負責，
此在本質上已非任何民主憲政的總統制，或可稱為「威權的總統制」
(authoritarian presidency)。這樣的制度，當然對民主憲政的原則與體系
造成極其嚴重的影響。現舉其要，略作說明：

---

[3] 臨時條款的有關規定，見：第一條至第六條，第八條;現行憲法的有關規
定，見：第二十七條第二項，第三十七條，第三十九條，第四十三條，
第四十七條。

表二　臨時條款中的總統權力：比較及影響

臨時條款中的總統權力	憲法中相對應的規定	臨時條款的影響
1.總統為避免國家或人民緊急危難等，可作緊急處分： (1)經行政院會議決議 (2)不須事先送請立法院通過或事後請求追認 (3)立法院得請求變更或廢止	國家遇有天然災害等，可發布緊急命令： (1)經行政院會議決議 (2)須事後送請立法院追認 (3)須依緊急命令法	(1)不影響行政院的實權 (2)減弱立法院的制衡權
2.總統、副總統得連選連任	總統、副總統任期六年，連選得連任一次	(1)有損民權的保障
3.總統得設置動員戡亂機構，決定大政方針等： (1)不須經行政院同意 (2)不須經立法院通過	總統依法公布法律，發布命令： (1)須經行政院院長之副署 (2)須經行政院會議之議決 (3)須經立法院之通過或追認	(1)破壞責任內閣制 (2)損害民權的行使 (3)破壞民意機構的制衡 (4)破壞憲法所規定的決策體系
4.總統得調整中央政府之行政機構、人事機構及其組織： (1)不須經行政院同意 (2)不須經立法院通過	同上	同上
5.總統得訂頒辦法，充實中央民意代表機構： (1)不須經行政院同意 (2)不須經立法院通過	同上	(1)破壞責任內閣制 (2)損害民權的行使 (3)破壞民意機構的制衡.
6.總統關於創制、複決案，得於必要時，召集國民大會臨時會討論： (1)國民大會代表不能自動集合 (2)不須經行政院同意	由國民大會制定辦法並行使之： (1)須俟全國有半數之縣、市曾經行使後	同上
7.動員戡亂時期之終止，由總統宣告： (1)不須經行政院同意 (2)不須經立法院通過 (3)行政院不得請求終止 (4)立法院不得決議終止	(1)立法院認為必要時，得決議移請總統解嚴 (2)緊急命令發布後一個月內提請立法院追認，如立法院不同意時，立即失效	同上

1.總統據臨時條款，可以不經行政院的同意及立法院的通過，而在憲法所設定的政府體制之外或之上，另行設立所謂的「動員戡亂機構」，決定大政方針。對於既有的中央政府也可同樣地調整其行政機構、人事機構及其組織。這樣的授權，可使總統既不受憲法，也不受法律的約束，僅以行政命令，即可將政府的組織、人事及政策，置於自己的掌握之下。至於賦與總統如此大權的時限：「動員戡亂時期」，則由總統自己決定何時終止，而總統又可連選連任，直至終身。由此可見，臨時條款所建立的非常政治體制，實破壞了現行憲制由行政院當權及負責的責任內閣制。更嚴重的是，因民意既無法經由立法院加以監督及制衡，又不能藉任期制，對專權預設藩籬，民權真已到了無可發揮的境地。這一非常體制當然係爲強人政治而設，但也會鼓動強人政治。用民主憲政的原則與制度衡量，那是無法視爲憲法的一部分的。

2.總統根據臨時條款，設置國家安全會議作爲動員戡亂機構。根據這個會議的組織綱要，總統爲會議主席，行政院長及有關部長皆成爲會議的成員，而必須遵循主席的決定。這使得行政院院長由內閣制當權的閣揆，成爲執行主席（也就是總統）決定的屬僚。換句話說，在臨時條款的非常體制下，行政院院長已難再擁有憲法所賦與的最後決策之權；不過，在憲法體制的這一軌，行政院院長又須向立法院負責。這樣的雙軌制一方面造成權、責不相當：總統有權，但無責；行政院院長有責，但無權；一方面會使得行政院對政治責任的推卸。而最爲嚴重的則無過於分權與制衡原則的受損。

3.雙軌制除損害到行政與立法之間權與責的制衡體制外，也影響到憲法所規定的決策體系。前面所提到的國家安全會議已成爲超於憲法所定政府體制之上的政府。這個會議下設國家建設研究委員會、科學發展指導委員會及國家安全局等，在職掌上實際皆與行政院所屬的

部會重疊，因而同樣地造成決策體系的權、責問題，且更進一步對責任內閣制的決策功能，加以破壞。

以上是從憲政主義的原則及我國現行憲法的體制析述動員戡亂時期臨時條款之不能成爲憲法。而所謂之「充實」，祇虛有其名，而破壞確爲其實。實則，這一條款在法制的體系上，也是缺乏憲法的法效的，現也可作一些討論：

1.這個條款並非是憲法的修正案，而是國民大會所另行「制定」的，此在條款的前言中說得清清楚楚。「制定」與「修定」雖祇一字之異，但在法律的關係上則大有出入。制是新作，修是舊改；新作是一個獨立的結構，而舊改仍屬原有的結構，但這並不是說新作的結構與舊有結構之間了無關係。試以衣服爲例，我們可修一舊衣，但不管如何綴補，仍屬舊衣，而新作則是另一件衣服；穿衣者會因新而棄舊，這就成爲兩者之間的關係。此一形式邏輯，常見於法制體系，造成法效的階梯。現舉刑法看，這一法典曾經多次「修訂」；每次修訂，都改列新修條文，而刪除舊的，且明文記載修訂時日等，但不管如何修訂，仍爲其刑法，仍保持其內在的邏輯結構。但後來立法院「制定」了一部戡亂時期檢肅匪諜條例，這是一部獨立的新法，但在處罰叛亂方面，則優先刑法而適用，成爲具較高法效的特別法，此時刑法成爲普通法。原有有關叛亂的規定，也並未被刪改，而是不能適用，也就是法效的中止，而非消滅。如戡亂時期已過，檢肅匪諜條例廢止，立即就可恢復適用。用此兩例就可說明：國民大會所「制定」的動員戡亂時期臨時條款是一部新制的衣或法，而憲法則是從未經「修改」的舊衣或法：因原有的條文俱在，毫無損缺，更未見隻字記載何時「修訂」，此則爲法律形式所必備的。因之，兩者之間的關係祇能類似懲治叛亂條例之於刑法，亦即臨時條款的規定，對於憲法可優先適用，成爲憲法的特別法。不過，我們要在此鄭重指出的，也是前已說過的，

在法律體系的法效階梯上，憲法為最高，絕不能再有任何特別法優先適用於憲法的餘地，否則，憲法何能為最高？因之，憲法除自作修訂外，不容任何他法的牴觸，牴觸者無效。現動員戡亂時期臨時條款的規定既抵觸了憲法，這個條款自當無效，又怎能視為憲法的一部分呢？

2.前面強調憲法本身是完整的，並未經過「修訂」，此在 1948（民37）年 3 月第一屆國民大會開會時，提案「制定」臨時條款的領銜國民大會代表莫德惠就是這麼說的。他在發言中曾特別指出，臨時條款是在「不變更憲法條文之範圍內」所制定的。另一提案代表王世杰在說明理由時，也特別指出：「我們……不作憲法本身的修正，僅僅在憲法條文之後，再加一個臨時條款。」[4] 既然憲法未經修正、變更，任何條款，不管置於何處，在性質上充其量也不過是一種特別法，而如前所述，無法生效。

3.對於「制定」與「修訂」的問題，還得再就「結果」與「程序」一談。前述國民大會既不擬變更、修正憲法，但卻引用修憲的程序（總額五分之一提議，三分之二出席，出席代表四分之三決議）來「制定」臨時條款，希望經此轉折，達到實質上「修憲」的效果。在我們看來，引用修憲程序不去修改，變更憲法，而去「制定」另一個條款，這個「程序」就與修憲的「結果」毫無關連了。我們最多祇能說，國民大會對臨時條款的「制定」，看得與「修憲」同等重要，但兩者之間並沒有等號。事實上憲法的形式體制仍然完整，何嘗受到變更、修正。再進一步看，用修憲的程序所制定的臨時條款，能不能成為憲法的修

---

[4] 當時所「制定」的臨時條款主要在授權總統緊急處置分權，但仍須經行政院會議的決議（第一條），立法院也可以決議加以變更或廢止（第二條），亦即還未破壞到內閣制的基本結構。後來的歷次改改，才加以破壞，造成雙軌制。王世杰氏曾親自語作者，他並不贊成此一雙軌制，特註明於此。

正案呢？這個問題我們在前面已經解答過了，即：憲法本身如未經修改，任何想在實質上收到修憲效果的條款，在法效上祇不過是優先適用的特別法而已，總歸是無效的；就算所用的制定程序一如修憲，所得的結果，也仍然是一樣的。

4.我們在前面一再談到臨時條款的「制定」與憲法的「修訂」，那麼，我國憲法本身對此又作怎樣的規定呢？我們試看憲法第二十七條就可發現：憲法祇規定國民大會可以「修改憲法及複決憲法修正案」，但並未賦與任何「制定」其他條款的權限。第一屆國民大會雖用修憲的程序來制定，而制定出來的臨時條款，也對憲法的若干規定，加以凍結；表面看來，如同修改，而實際政治，也如此安排，但我們卻不能爲這些轉折的程序所惑，既存的現實政治所困，仍要直率地指出：國民大會無權「制定」臨時條款，而臨時條款祇是憲法特別法，並無法效。

綜合起來看，我們認爲動員戡亂時期臨時條款在政治的實質上既違背憲法主義的原則，又破壞了現行憲法的體制；在法制的形式上，既抵觸憲法與特別法的原則，又欠缺具有合法權力的制定機關，因而不生憲法的效力，也不能成爲憲法的一部分。

四、結論：開拓新政

我國自行憲的四十年來，一直籠罩在強人政治的結構之下，我們的憲法雖如前述，有歷史可憑，方向可循及基礎可據，但始終不能健全發展，擺脫非常體制的壓制。我們今日要在所面臨的變局中，建設國人近百年來所嚮往的憲法，前途固然尚多艱困，不過，我們已有一關鍵性的歷史之鑰：回歸憲法。但要回歸憲法，先須重整強人政治的

非常體制，其中的要點則在澄清多年來作爲強人政治基礎的兩種觀念：
(1)我國憲法體制非爲責任內閣制，而是總統有權的一種總統制類型；(2)
動員戡亂時期臨時條款爲憲法的一部分。本文的主要目的即在運用法
學及制度的一些基本概念加以析論，並指出：我國的憲政體制確爲責
任內閣制，而臨時條款則非憲法的一部分。至於今後如何掌握回歸憲
法，開展憲政契機，還待有識之士的共同努力，現將我們的一些看法，
簡述如下，作爲本文之結：

　　1.我們必須建立憲政體制的共識與共信，並在此基礎上一方面根
絕強人政治的再起，一方面解消政治認同的危機。從我國整部的近代
史看，民主憲政的道路極爲崎嶇，其中的原因固不止一端，但國人對
憲政的欠缺認知與信念，應是最主要的。我們的傳統政治文化頗趨向
權威主義，而著重人治。專制政治乃緣此而生，而強人也就易出了，
如我們不能以正確的民主認知及深厚的信念加以破除，強人政治仍會
找到滋生的沃土，而民主憲政也就難得生根。我們今日的政治是變局，
而文化又何嘗不是變局，都是處在轉型的契機中。我們深盼輿論、教
育各界，對民主憲政作正確而積極的宣導與推動，不加歪曲、不予抵
制，更不可反其道而取媚於一時。我們深信未來國家的現代化建設及
社會的長治久安皆在於法治的確立，此捨民主憲政外，實別無他途，
放眼整個的世界，又何不如是呢？

　　除掉傳統權威主義的文化外，認同危機，也是最能影響民主憲政
的，特別是在民主文化欠缺或並不深厚的國度。試看：在國家危急，
國族主義高漲的時候，也正是強人出現最多的時刻。無可諱言地，我
們今日潛伏著國家認同及省籍衝突的危機，如不在根本上及時消解，
即會影響到民主憲政的進展。解消之道無他，即無分省籍，共同認同
於中華民國，並共同努力回歸到現行的中華民國的憲法。這就可以在
前面所強調的可憑的歷史上，再開創歷史；可循的方向上，再奮邁向

前；可據的基礎上，再更上層樓。這是我們所要向執政的及反對的政治領袖誠懇呼籲的。

2.時代在變，世界也在變，在這樣時空的交匯及交變點上所湧現的民主潮流是會越來越盛的。近年來我們在政治上不能不作適度的開放，就是明證。執政的政治領袖如能在今日的變局，順應民主的潮流，毅然地回歸憲法，廢棄非常的政治體系，一方面強化民意的結構，一方面破除特權的把持，果如此，不僅可化解政治體制本身的衝突，且可將民主憲政導向發展的正軌。[5]

我們甚盼執政的政治領導階層能向社會公開宣布回歸憲法的決心，並主動宣告動員戡亂時期臨時條款的廢止，然後真正實行責任內閣制。總統：統而不治，內閣：治而不統，使權、責相當，決策過程制度化。作為統的象徵，我們認為總統應超然於政爭之上，為各黨各派所尊重；且能代表中華文化，具有「作之師」的學養與道德，以統攝全國的民心，化解地域觀念，促進社會的整合與國家的團結。作為治的揆首，我們認為行政院院長應投身在黨政的競爭過程之中，而以卓越的識見，決策的能力，開創的氣魄，作為議會政黨的領導者，並推動整體政府的公務機構，執行決策，並為決策的成敗，擔負全部的政治責任。雙方這樣的配合，就能發揮內閣制既統且治的政治功能，使得強人政治下的特權與專權皆成為歷史的名詞。

3.責任內閣必須建築在健全的民意機構及政黨政治的基礎上。現在的中央民意代表機構，不僅結構老化，且極大多數的代表已不能代表民意。因之，我們應作全面的規劃，一面制定退職的辦法，以為過渡，一面則應設計一未來能代表全體民意的國會結構；也就是處在今日的變局，更應著眼未來的變革與開展。我們認為未來的民意機構應

---

[5] 較詳細的討論可參見：胡佛　1987

先設定代表的整個名額，採取小選舉區制以反應人口的自然結構及推動兩黨政治。任何遴選及特殊的省籍保障辦法，皆不應採取。在制度上，憲法對地區名額分配的規定，已不能適用。我們不妨修憲，增列一個條文，授灌法律解決，那就是：「在全國過半數的省、市不能舉辦選舉時，其選舉辦法以法律定之」。這祇是一個憲法條款的但書，但可併入憲法作爲經常性的規定。法律是由中央民意機構的立法院所制定的，這樣的授權當然可符合民主憲政的原則與體例。

　　至於未來國會體制及選舉辦法應如何確實訂定；政黨政治應如何在議會運作，而能轉化爲議會政黨；文官體制應如何保持中立，以避免政治干擾，進而可提高行政能力，發揮公權力的威權與作用；對於這些問題，我們主張成立一個超然的政治及法制小組，加以研討籌劃，因爲政治體制是政治運作的規範及政治競爭的規則，必須公允，而爲各方所尊重與接受，這就不是少數人的築室道謀所能濟事的了。　　（原載：中國比較法學會編，1991，《戡亂終止後法制重整與法治展望論文集》，臺北。

參考文獻

胡佛、陳德禹、朱志宏，1978，〈權力的價值取向：概念架構的建立與評估〉，《社會科學論叢》，臺北：臺灣大學法學院，27輯，頁 3－40。

胡佛，1987，〈憲政結構的流變與重整〉，《法學論叢》，臺北：臺灣大學法律學系，16 卷 2 期，頁 1－32。

國家結構與憲政改革

一、前　言

　　近年以來，朝野皆主張憲政改革，實際上，憲政也到了不能不改的境地。我國在 1947（民 36）年 12 月 25 日正式行憲，次年四月國民大會就通過了動員戡亂時期臨時條款，再過一年政府就播遷來台。一面宣布全國的戒嚴，一面數次增修臨時條款，我們的憲政體制乃受到嚴重的扭曲，縱非面目全非，也已難以辨識了。憂心國是及民主憲政前途的人士，早就呼籲「回歸憲法」，但言者諄諄，聽者藐藐，甚至為了掩飾威權主義的統治，不惜混淆及破壞憲政體制的精義，造成憲政觀念的大錯亂。經歷了將近四十年的戒嚴時期，政府在 1987（民 76）年 10 月宣布解除戒嚴，開放黨禁及報禁，威權體制終於在政治變遷中轉型。1991（民 80）年的 4 月間，國民大會廢止動員戡亂時期臨時條款，並通過國家統一前的憲法增修條文，政府乃據以決定在年底全面改選國民大會代表，進一步進行實質的修憲。目前修憲國民大會的選舉，正在開展，但憲法又將在實質上如何修訂呢？執政的國民黨在主導廢止臨時條款時，曾強調主要的目的在「回歸憲法」，實則臨時條

款授權總統「得設置動員戡亂機構，決定動員戡亂有關大政方針」的
規定，國民大會在廢止臨時條款時所通過的憲法增修條文中，又變相
地規定了進去，成為「總統為決定國家安全有關大政方針，得設國家
安全會議及所屬國家安全局」。有人指稱臨時條款已成為「落日條款」，
但在我們看來，再一次「日出」而已。

這樣的增修，究竟是「回歸憲法」，還是「回歸臨時條款」？從
這一問題，不妨續看最近執政黨修憲小組所討論的一些修憲議題，如
總統與行政院之間的關係，行政院與立法院之間的關係等等，我們不
禁要問：執政黨究竟要把我們政府的權力關係定位在那種體制之上呢？
我們憲法所規定的內閣制為什麼要受到既「落日」又「日出」的條款
的破壞呢？更重要的是，我們究竟需要什麼樣的憲政體制來推行我們
的民主政治呢？要檢討這些問題，我們必須先從破解自威權統治以來，
在憲政上所造成的錯亂觀念始。當然，要破解這些觀念，可從各種角
度加以觀察及釐清，但我現在所擬提出的祇限於一項，即：區辨國家
結構與政治體系內其他政治結構在憲政體制中的差異與作用。國家結
構的性質與意涵在整體憲政結構中，常晦而不顯，我們如能表而出之，
作一些透視，或能對我們的憲政體制獲致進一步的了解而有助於眼前
的憲政改革。下面試就思慮所及的數項重點，試扼其要，加以說明。

二、憲政體制與國家結構

政法學者皆知，憲法是規範政治的法，但一個政治體系則不僅如
傳統憲法概念所指的是「政府的構成及人權的保障」，亦即不祇是政
治角色的規範結構，還包括總體的統合結構及施政的功能結構。在國
家，總體的統合結構就成為國家結構。換句話說，一個政治體系共包

括三層政治結構，各具不同的層次面向、權力內涵及體系作用，我們可用一個表來解析：

表一　政治體系的三層結構

	面向	內涵	作用	特質
國家結構	體系的統合	總體的權力	認同的統攝	象徵性
政體結構	規範的體制	角色的權力	行為的定位	概括性
施政結構	政策的功能	參與的權力	價值的分配	分殊性

觀察上表，我們可以很清楚地看出三層結構在面向、內涵、作用及特質等方面的差異。現再作幾點討論：

1.在層次的面向上，國家結構是整體體系的一種統合的狀態。如組成一個國家的諸要素（如民族及民眾等）不能統合，而是分散的，這一國家根本是不成立的或是解體的。如果國不成其為國，任何由政治規範所構成的政體，主要為政府，以及政治與民間社會，皆是無所附麗的，所有的施政更是不必談了。由此可知，國家結構是最基層的，也是最根本的。在國家結構之上，才能建立規範結構的政體；也唯有在規範結構之上，才能發揮施政的功能。

我們對政治體系的三層結構有了以上的辨識後，再進而細察所有國家的憲法，即可發現，任何傳統憲政觀念所強調的政府及人民的權力結構，皆以國家結構為前提。而且，自第一次大戰以後，特別是第二次大戰以來，若干國家所制定的新憲法，非常注重所謂的福利國家的基本政策，甚至政黨政治及文官體制等（如亞洲的我國、日、韓、印度等；歐洲的西德、意、法及各共產國家等；中、南美及非洲新興的若干國家等）。這些皆是有關政策及施政與參與的結構。如從契約論的觀點看，憲法發展至今日，已成為三重的約定：合成國家、建立政體及施行政策。

2.再看權力的內涵，國家結構的權力是總體性的，由國家整體的組成份子所合成而生，主要的作用在達成國家認同的統攝，使國家的統合能夠永續。這種權力所要表達的既是一個統合而永續的國家，所以具有象徵性的特質。像君主立憲國家的國王、共和國的總統，以及國旗、國歌等，都是上述表達的一種徵表。實際上，大多國家的憲法都規定各種國家象徵的條款，也納入國民的資格（即國籍）與地位（如主權在民）、國土的範圍，以及元首產生的方法等。這些有關國家統合的權力結構，當然不同於在國家統合的基礎上所建立的政體，及其施政的權力結構。政體的權力結構主要係規範在體系運作的過程中，各種角色的權力地位及相互關係，由此產生政府機構的制衡，民眾的公民權及自由權等；也就是將各種角色的行為，加以規範。如此的結構概括了所有的權力角色，使各就各位，所以是概括性的。至於施政的權力結構，著重在參與的功能及價值的分配，而可在基本原則下，因人、因時、因地而有所調節，故具分殊性。

3.我們將國家、政體及施政的三種權力結構加以區辨，主要的目的是要進一步探究三者之間在權力運作上，究會產生怎樣的關係，特別是前二者，因常在觀念上相擾，且有關我們的憲政改革。現就此二者，作一討論，而暫置後者。首先，我們要強調的是：國家與政體的兩種權力結構，原可加以區隔，而不必是重疊的。在內閣制的國家，如美、日、印等，以元首為主的統合權力與以政府為核心的規範權力正是分別行使，各有統屬；而在總統制的國家，如美、蘇及中南美諸國，國家的元首即為政府的首長，統合與規範的權力合於一身，於是牽一髮而動全身。其次要指出的是：假如我們將統與治的權力概念區分，前者指統合之權，後者指規範之權，內閣制的元首確實是統而不治，而內閣則治而不統。但統而不治祇能說元首在實質上對治權為虛，但不能說元首一無權力，這個權力乃統。對內閣來說，國家是整體的

根本，元首的統權即是代表整體的國家，按照國民透過憲法的約定，對內閣的產生及種種的行為，加以「認證」。這種「認證」的統權雖為形式，卻將統合的國家與政府分開；這真是極為重大的政治作用，如何能不加重視？日本戰後的新憲法在這方面規定得很清晰、切實。這部新憲法一方面規定「天皇為國家及國民的象徵，其地位基於主權所在之日本國民之總意」，但不得過問國事；一方面又可依內閣的奏議，代表國家公布法律、政令，以及召集國會，認證國務大臣的任免等等。這種廣義的「認證」之權，使得以天皇為象徵的國家不致受到內閣人事及政策的更迭，而發生動搖。最後則要就兩種權力結構的分與合，對制度的民主性與穩定性作一評估，可見下表：

表二　「統」、「治」兩權對民主性與穩定性的影響

類型	體制	民主性	穩定性
兩權分開	內閣制	權責分明，內閣可隨時更迭，以符合最新的民意。	較易保持國家及政局的穩定
兩權不分	總統制	權責分明，總統定有硬性的任期，不能隨時更迭，以符合最新的民意。	較不易保持國家及政局的穩定
部份不分	混合制	權責不明確，總統具有治權，但不向國會負責，而總理則需負責。總統定有硬性的任期，不能隨時更迭，以符合最新的民意。	尚可保持國家及政局的穩定

我們從上表可知，純以制度立論，兩權分開的內閣制，當然最能符合民意及較易保持國家及政局的安定。再觀察歷史也大致如此；總統制除美國較能保持國家及政局的穩定外，其他實行的國家則大多不穩，而內閣制的國家則多較穩定。再上溯我國的歷史，皇帝兼領兩權，既易引起分裂性的變亂，且分裂後也不易統合，儘管傳統文化及民眾皆傾向天下的一統。

三、我國憲法所規定的國家結構

我們在前面所做的種種討論與評估，實際上皆是針對我國憲政體制的觀察而發。那麼，我國現行憲法所規定的國家結構又是如何呢？我們現在就可很明確地解答：我國憲法將國家與政體的權力結構，截然劃分，在本質上是不折不扣的內閣制。這種分立而自成體系的國家權力結構，可以從下面的各點清楚地看到：

1.國家元首的總統與政體的行政首長：行政院院長，不僅非是一人，而且元首的統權與行政院長的治權完全分開，毫無重疊。憲法明文規定行政院為國家最高行政機關，行政院院長的任命須經由立法院的同意，並對立法院負責，而總統所有代表國家公布法律，發布命令之權，皆須經行政院院長及各有關部會首長的副署（分別見憲法第五十三條、五十五條第一項、五十七條及三十七條）。副署是內閣制最緊要的制度，對憲法稍具知識的人皆知，內閣如具副署權即表明政體的治權在內閣，而總統根據憲法及法律所行使的種種公權力，一經內閣首長的副署，就都成為前述代表國家「認證」的統權。因之，憲法所授與總統的各種權力，從統率陸、海、空軍，任免文武官員，直到提名司法院正、副院長，大法官，考試院正、副院長，考試委員，監察院審計部長等，皆不過是對政體的治權所做的「認證」。總統的此類統權確可將國家結構分劃，收到前面所強調的穩定國家及政局的宏效。

2.在國家權力結構的組合上，總統由國民大會選舉所產生，而國民大會則主要由各區域的公民選舉代表所組成。由公民產生國民大會，再產生總統，如此構成一自成體系的國家統權結構，有別於由公民產生立法院，再產生行政院院長的治權結構。

3.憲法授與國民大會選舉及罷免總統、副總統的權力，此屬國家的統權結構，已如上述。除此以外，國民大會也有權決定國土的變更（憲法第四條）及憲法的修訂（憲法第一百七十四條第一項）。此兩權在性質上也屬於整體國家的結構，應無疑義。至於所具的創制及複決之權，實際仍然是代議制下立法權的一種，這就屬政體的治權結構，但憲法已予凍結，要等到全國有半數之縣市曾經行使，才能制定辦法實施（憲法第二十七條第二項），目前國家尚未統一，過半數之縣市的行使，當然無有可能了。

我們從上面的分析，確實可以清楚地看到，我國憲法將國家與政體的權力結構，加以區劃，設計成具有我國特色的內閣制。如我們能依照實施，既可隨時調節，符合最新的民意，也較能發揮穩定國家及政局的功效，這豈不是我們開國以來，視爲最高的政治理想嗎？朝野既主張憲政，那又何須捨近求遠，回歸臨時條款，而不回歸憲法呢？

四、回歸憲法

在我們看來，今天憲法最迫切需要修改的，其一是中央民意代表的選舉，其二是地方自治的實施。現前者已在第一階段修憲中完成，後者仍待努力，至於國家結構及政體規範的大變，不僅無需，且會造成整體憲政體制的散亂。在這樣的考慮下，我們的看法是：

1.總統的權力應嚴守憲法的規定，限於代表國家及「認證」治權的統權，不宜擴大到治權的範圍，造成權力的混淆與衝突。第一階段修憲授權總統決定有關國家安全的大政方針，得設置國家安全會議及所屬安全局。這一增修條文，不妨廢棄，使此來自臨時條款的錯亂規定，永遠「落日」，不再「日出」。

　　2.內閣制總統的人選主要在象徵國家的統合，國民的團結，故宜超出黨派，不介入政爭，因而不必如總統制下的總統，在爭取政權的黨派激烈競爭中，由民眾直選。因之，還不如維持憲法的規定，仍由國民大會間接選舉，以降低政爭，實施國家與政體分劃的內閣制為妥。

（原文為：「憲政改革與國家前途」研討會的論文，中華民國憲法學會、中國行政學會、民主文教基金會主辦，臺北，1991 年 12 月 8 日。）

國家結構與政體結構的解析

一、國家與政體

　　在西方憲政民主發展史上，國家(state)與政體(regime)之間的權力分合關係，一直是一個備受注目與爭議的主題。在英國的憲政體制下，「反對政府，忠於國王（女王）」乃是反對黨奉爲圭臬的信條，而英國的議會內閣制(parliamentarism)，則提供了一套分殊「國家元首」（國王）與「政府首長」的憲政機制。此種機制就是把國家與政體的權力分開，國王成爲國家結構的統合性象徵，但「統而不治」；政府首長則組成政體結構，進行施政，但「治而不統」。我們也可以說，國王具有國家的統權，政府首長則具有政體的治權。在這樣的憲政制度下，掌握政體治權的政黨領袖或政治人物，實際主導政局的發展與政黨政治的運作，而象徵國家統合的國家元首，平時雖不具政府施政的實權，但卻正因爲不具這種實權，反而能超脫於黨派政治之外，以「非黨派」(non-partisan)的國家領導象徵的角色，成爲政治權威的一個主要憑藉，也就是代表國家發揮統權的功效，在一旦政局發生變化時，例如黨爭激烈、內閣動盪的情勢出現，或因外在環境變化，發生重大災變或戰爭之際，這個平時「無實權」的國家元首，就可運用他的非黨派性的

角色，站在國家統合的立場，或者擔負起平息黨爭，挑選閣揆（政府首長）的任務；或者要求各黨派一致對外，成立「非常內閣」或「戰時內閣」，使國家安度難關。這種「代表國家」的所謂虛位型領袖，事實上往往可以運用他們的統權，以及本身不介入黨爭、政爭的特殊處境，成為「國家—政體」二分的憲政體制之下的安定性角色。這正是議會內閣制的主要特色之一，也是當今全球穩定民主(stable democracy)國家絕大多數均係採議會內閣制的重要成因。

　　但是，在其他的憲政制度之下，這種「國家—政體」分殊化的特性卻不一定存在。現試就總統制、半總統制、委員制的不同規定與經驗，分述如次：

　　1.在總統制(presidentialism)之下，總統身兼「國家元首」與「政府首長」兩種不同角色，「既統且治」，也就是既要承擔國家元首的統合性任務，也要負責政體的實際施政。這樣，不但將「國家」與「政體」二者混淆，也造成一旦總統個人政績不佳、民間聲望低落或同黨議員失去了國會優勢時，就會出現「跛腳總統」的困局，而且也可能會帶來政局不安、社會失序，以及「零和式選擇」的僵局，如政變等。這種事例在拉丁美洲、南韓、菲律賓，早已屢見不鮮。即使在制度設計上採取了「總統不得繼任」或「只能連任一次」等時間性的限制，但是依然無法解決此種困境。

　　2.在採取半總統制(semi-presidentialism)的國家中，總統與總理各有不同的執掌，總統個人且享有部份政體的治權或實權，並非「虛位」的國家元首。但是總統個人若涉入政黨間的權力運作太深，甚至是主導政體的動向，其角色就與總統制下的總統無異。在實際的運作經驗中，法國第五共和在 1958 年至 1986 年，以及 1988 年至 1993 年的施政經驗，就是這種情況的反映。至於 1986 年至 1988 年，以及 1993 年至今的「左右共治」經驗（即由左派總統與右派總理共治），則可說

是回到了議會內閣制的模型中，只是總統的角色不完全限於儀式性、象徵性而已。

但是半總統制的另一項實施經驗，亦即芬蘭模式（總統代表國家，負責對外事務；總理代表政府，負責內政運作）卻係「國家—政體」二元模式的另一種範例。在芬蘭的憲政制度下，總統擔負著「聯邦權」(federative power)，主要即係國防、外交等對外的權限，而總理則負責對內的「行政權」(executive power)。此一分權方式，本係洛克(John Locke)所設計的「三權分立」的主要內涵（即立法權、聯邦權、與行政權三權分立）。在美國立國之初，聯邦政府的主要權限也係「聯邦權」（除國防、外交外，也包括州際的貿易與警政、治安等工作），但在美國西部開拓與福利國家思潮勃興後，美國聯邦政府的權限大為擴張，已不再以「聯邦權」為限，而介入了廣泛的對內「行政權」的範疇。可是，在芬蘭卻因總統（代表國家）與總理（代表政府）的二元分立模式，而體現了「聯邦權」與「行政權」二分的分權理念。除了憲政制度設計的基本理念外，這也與芬蘭總統本人在當選後即退出政黨，成為超黨派領袖，以及芬蘭在美、蘇兩強間的中介性角色，國際地位的特殊處境，有著密切的關係。在此種分權的設計下，總統的外交角色特別突顯，而在芬蘭多黨體制的政治生態環境下，總統個人超黨派的角色，也特別能發揮折衝協調，穩定政局的作用，尤其是芬蘭總理任期甚短（平均一任為十三個月），因此總統在挑選總理的任務上，也具有十分關鍵性的作用。這些均係芬蘭式半總統制的特色。

另要強調的是，芬蘭總統並無專屬自己的機構和行政體系，他的命令與施政乃是透過內閣的國務會議而執行。在此一會議中，司法部長又扮演著法律顧問的角色，對於任何可能違法或違憲的措施，採取禁制性的建議。因此，在一般的情況下，芬蘭總統不可能超越憲法的授權，做出超出其法定職權以外的決定。此外，芬蘭的內閣總理及部

長均係由國會中的政黨協商而產生，必須對國會負責，因此，總統個人的決定必須得到內閣與國會的配合，才能發揮效力。相較之下，在法國的「半總統制」下，由於總統有個人領導的專屬機構（如國防最高會議），且有權簽署部長會議所通過的法令，有權解散國會，決定是否舉行公民複決投票等，因而總統個人不僅只是負擔者、仲裁者(arbitrator)、監護人(guardian)，也成為最重要的決策者，實際上往往也是執政黨的最高領袖（總理則為他所挑選的僚屬）。在這樣的情況下，法國總統往往變成「帝王式的總統」，其權力有時甚至較美國的總統還大。但這僅限於總理與總統為同一黨籍的情況而言，如果屬不同黨派，總統的實際權力就要大幅度地削弱了。

3.瑞士實施「委員制」，政府的國務委員會是由七位部長所組成。委員（部長）的任期四年，自 1959 年起，這七位委員一直是由四個主要政黨（基民黨、社會黨、激進民主黨和中間民主聯盟）以 2:2:2:1 的比例分配。前三黨各得二席，最後的一黨分得一席。因此，瑞士乃形成一個超越黨爭的全國性大聯合(grand coalition)，亦即一種「舉國一致」的內閣。至於瑞士的總統（國家元首），則係由七位委員中的四位輪流出任，每人任期一年，不得連任，其權力與其他委員完全相等。就此而論，瑞士並無單一的「政府首長」，而係集體領導，「國家元首」也純粹是象徵性及儀式性。再加上政府乃是依照主要黨派而分配部長席次，因此更突顯出一種舉國一致、高度共識的特性。

我們如以政體作為觀察的主體，根據以上對各種制度的扼要分析，當前民主國家的政體結構，可約略分為兩種類型：

1.「國家－政體」二分形態。包括議會內閣制、芬蘭式半總統制、法國式「左右共治」的半總統制和瑞士委員制。

2.「國家－政體」合一形態。包括總統制與法國式「非左右共治」的半總統制。

二、國家結構與政體結構

　　國家元首象徵國家的統合，必須超出黨派，代表國家行使統權。此在憲政的運作上，主要的意義即在：代表統合的整體，對政體的組合及施政，加以確認。但國家的統合具有多種形式，而形成不同的組合結構；不同結構的國家元首，行使的統權也不盡相同。現再就不同的組合，進一步觀察國家的結構，包括單一制、複合制及國協制等，分述如下：

　　1.單一制(unitary system)。中央政府享有最高權力，地方政府在中央政權領導下，在憲法和法律規定的權限範圍內，行使其職權。此一制度又分為二種類型：

　　(1)中央集權型。如法國，地方政府在中央政府的嚴格控制下，行使職權。中央委派官員或由地方選出之官員，代表中央管理地方行政事務。通常地方首長兼具中央與地方的雙重身份，一方面代表中央，依照中央命令行事；另一方面則作為地方官員，管理地方行政事務。

　　(2)地方分權型。如英國，由地方居民自組地方公共機關，依法自主地處理本地區事務，中央不得干預。中央政府若發現地方議會有越權行為，可訴諸司法機關糾正。

　　2.複合制(federal system)。嚴格說來，在此一體制之下，並不存在中央與地方關係，而係權限不同的中央之間的關係。此制又分為兩個類型：

　　(1)聯邦制(federation)。如美國，除聯邦具有中央的政治權力外，各邦（州）也有相當自主的政治權力，而且兩者均有各自的憲法。在某一程度上，邦（州）具有這樣的自主權，可說是邦（州）的中央權限，所謂的「雙重聯邦制」(dual federalism)，即是指此而言。但是在

聯邦之內，公民有統一的國籍，聯邦政府的權力及於國民全體。過去聯邦政府多享有對外的聯邦權(federative power)，如國防，外交權，但在福利國家及社會福利制度建立後，聯邦政府的權力頗見擴增，亦及於一般之財政、內政等事務。

(2)邦聯制(confederation)。如歐洲共同體及美國獨立之初的邦聯。邦聯是由若干主權國家為了特殊目的組成的「國家聯盟」，彼此間有條約及義務，但仍強調各成員國的主權與獨立。在邦聯制之下，各成員國的公民並無統一的國籍，邦聯國會亦不能對各成員國的人民行使直接權力，唯有當各國同意此一法令後，才對各該國人民發生法律效力。總之，各成員國仍係主權獨立的國家。

3.國協制(commonwealth)。如大英國協、獨立國協。此係基於歷史、傳統或政治、經濟等方面的密切關連，而形成的「國家集團」，但各自仍係完全主權獨立的國家。以大英國協為例，成員國之間並無正式的條約義務，其決議對成員國亦無約束力。

根據上述各種國家結構的分類，並結合前述政體結構的分類，現將當前各主要民主國家的憲政體制，作一整理，如表一。在表一中，有幾項重要的特性，特別值得注意：

1.絕大多數的民主國家都採取議會內閣制，此實與「國家－政體」二分的制度設計有關。亦即不會因政爭與黨爭而影響到對國家的認同，而國家元首「統而不治」的角色，在關鍵時刻或危機發生時，更能發揮統權的穩定性作用，使國家主權的統合與全民團結的共識不致產生動搖。以泰國為例，軍力干政、黨派傾軋與流血政變的事例屢見不鮮，但對泰王（國家元首）的效忠，確是鞏固泰國國家穩定的重要支柱。相對地，在政變頻仍的海地、波利維亞等中、南美國家，以及東亞的南韓、菲律賓等國，卻因採取「國家－政權」合一的總統制，政權一旦更迭，國家元首亦隨之易位，進而造成國家結構不穩的困境。如前

所述，即使在總統制國家採取了「限制總統任期」，用以避免獨裁或「跛腳總統」持續太久的困境，但是依然不能解決國家結構與政體結構混淆的問題。

表一　當前主要民主國家的憲政體制

	國家結構		
	單一制	聯邦制	邦聯制/國協制
政體結構：			
議會內閣制	英國、愛爾蘭、瑞士、挪威、荷蘭、西班牙、匈牙利、義大利、紐西蘭、以色列、日本、泰國	加拿大、澳洲、奧地利、比利時、德國、印度、馬來西亞	大英國協（多數係議會內閣制）
總統制	南韓、菲律賓、埃及、哥斯大黎加	墨西哥、南非、俄羅斯、美國	獨立國協（多數係總統制）
半總統制	芬蘭、法國、葡萄牙		
委員制		瑞　士　、　烏　拉　圭 (1951-66)	

2.在議會內閣制國家中，實施君主立憲的國家均採單一制（馬來西亞係例外，而其國王也因聯邦制的設計而採取各邦蘇丹輪任制）。至於採取共和制、而國土幅員廣的國家，則多採聯邦制。除此之外，採取聯邦制也與其歷史傳統有著密切的關係，德、奧採取聯邦制，實與其統一的歷史傳統有關。相對地，義、法等國採取單一制，也係歷史傳統與統一過程影響的結果。但是近來義大利又出現了「聯邦制」的訴求，顯示國家結構的制度安排並非一成不變的。

3.採取總統制的國家，多以美洲、非洲、亞洲為限，其中僅有美國與哥斯大黎加二國為穩定民主國家，其餘皆係新興民主國家。一般

而言，採取單一制的總統制國家，總統權力最大。而在聯邦制之下，聯邦政府與州（邦）政府各擁有部份權力，總統職權自然亦受限制。在人口眾多，幅員廣大的國家，幾乎多實施聯邦制，美、俄均不例外。

4.在前共黨世界實施民主化之後，多採取總統制或半總統制（匈牙利是唯一的例外）。此實與人民要求直選總統，並藉以突顯國家主權，有著密切的關係。除此之外，共黨國家「社會主義民主」強調直選與直接民主的的傳統觀念，以及民主化轉型過程中議會民主基礎的薄弱，也均是這些國家不易選擇議會內閣制的主因。這也是導致這些國家民主發展不穩的關鍵因素之一。

5.採取半總統制的國家，均採單一制，而採取委員制的少數幾個案例，均採聯邦制。這些皆與各國建國的歷史與特殊的民族及政治傳統有關。

6.中華民國係採取單一制的國家，孫中山先生在民初曾明言反對「聯省自治」的主張，並倡導均權制，亦即一種「中央—地方」分權的制度。但是在政體結構方面，究竟是採取總統制或議會內閣制，則在不同階段有不同看法。不過國民黨人多傾向總統制，而中華民國憲法的制度設計確是採議會內閣制，但在過去 40 年的實際經驗中，除了嚴家淦擔任總統，蔣經國擔任行政院長這一段期間係回歸憲法，採議會內閣制外，其餘多數時間，則係「總統有權，行政院長負責」的半總統制，與法國第五共和的情況較為相類（左右共治的經驗除外）。

三、未來中國憲政體制的設計原則

綜合以上的分析，我們可對未來中國憲政的政治結構，作一些原則上的設計。現分別就政體結構及國家結構，加以說明：

1.政體結構。主要的設計原則是民主與穩定。民主的原則著重在分權制衡，且權、責相當，亦即：有權必須有責，有責必須有權。穩定的原則，則是將政體結構與國家結構分立，不使政府的改組，影響到國家的穩定。根據我們在前面的討論，符合這兩項原則的，則是議會內閣制。但議會內閣制也有多種形式，如採取三權分立制，不妨參考英國的制度，但可使國家元首由中央及地方議會的議員選舉。而國會的結構，也可另作設計。孫中山先生的五權制，經張君勱先生的改良後，設計成 1947 年的中華民國憲法，其中的五權制衡，兼顧事（行政、立法、司法）與人（考試、監察）兩者，也有其特色，可供參考。

2.國家結構。國家元首可由中央及地方議會議員間接選舉產生，已如前述。再從國家組合的結構看，原則上可採多元統合的複合制，使其符合國家中各民族及特殊地區民眾的傳統，以及國家未來發展的需要。在設計上可分爲四個層次：

(1)國協：未來地區經濟的發展，可能會造成大中華經濟組合，如此，可能進而會組成政治上的國協。

(2)聯邦：在民族及民情特殊的地區，可組成聯邦。各邦皆自定憲法，具有相當的自主權，但無權退出聯邦。如西藏、新疆、臺灣，以及一國兩制下的香港、澳門皆可納入。中國如果走上統一之路，臺灣亦可考慮以此一方式加入。

(3)民族自治區：包括大陸現有的若干民族自治區，如內蒙、寧夏、廣西等地。各自治區實施高度自治，情況類似西班牙境內的巴斯克、卡塔羅尼亞及加里西亞三自治區。

(4)地方自治的省區：主要爲大陸現有的各省，但實施分權自治，就地區特性，發展社區意識，主動推展省區建設，並進而奠定民主、安定及國家統合的基礎。　（原文由作者與周陽山教授合作完成，為「未來中國國家結構與憲政體制學術研討會」的論文，柏克萊加州大學亞洲研究

所、二十一世紀中國基金會及聯合報系文化基金會聯合主辦，美國柏克萊加
州大學，1995 年 3 月 31 日）

總統民選與憲政結構的變化

一、總統民選的意義

　　縣市長剛選完不久，修憲問題又逐漸浮上我們的政治檯面，各種的議論，包括總統提前直選，以及雙首長制等等，都已先後問世。我國憲法在短短幾年內一修再修，將來對總統改為民選的方式還要再修〔憲法增修條文第十二條第二項規定，須於 1995（民 84）年 5 月 20 日前修訂〕，這樣修下去，對我國未來憲政會產生怎樣的影響呢？非常值得我們關注。本文擬從憲法的角度，檢討大家共同關心的總統民選以及總統在憲法中職權變化的問題。

（一）選舉方式

　　過去幾年一般所討論的總統民選方式，大致分為兩種，即：委任直選與公民直選，而這二種方式又牽引許多政治上的爭執。總統究竟由何種方式選舉，若只限於方法上的爭議，問題則比較單純，若含有一些政治上的考慮，就關係到今後憲政的發展與政局的變化了。

　　從比較憲法的觀念看，大部分實施總統制的國家，根據嚴格的三

權分立原則，總統都是直接由民眾選舉，以取得民意基礎，而與國會及司法相互制衡。內閣制的國家則不然，大部分實施內閣制的國家，元首有的是由繼承而來，如日本天皇、英國女皇、比利時、瑞典等國家的國王；有的則是由間接選舉產生，如德國。內閣閣員多兼國會議員，向國會負責，但也有少部份內閣制國家元首產生方式是透過直接選舉，如奧地利；內閣閣員也有不兼任議員的，如荷蘭。不過，有些總統制國家的元首亦經由間接選舉產生，如印尼。由此不難看出，選舉方式與政治體系的權力安排，並無必然關係。

中華民國憲法基本上屬於內閣制的憲法，總統是代表國家的虛位元首，而由國民大會代表民眾選舉總統。也就是在南京制憲時，一方面採取內閣制的精神，另一方面由國民大會來選舉總統。總統是虛位，這與多數內閣制國家相符。

近幾年，國人對總統選舉方式，看法分歧。若單純只是選舉方式的改變，選出的總統仍是內閣制的總統。當然，也可維持無給職的國民大會，由其代表人民選出總統。這些對憲政的影響，不會太大。換言之，在維持內閣制的前提下，總統的產生可以維持現狀，由國民大會選舉；也可改由公民直選或委任直選。由於選舉方式並不必然與總統制、內閣制那麼相關，因之，無論委任直選也好，公民直選也罷，若是為了因應現實環境，所做的必要調整，而不是改變政府體制，那也不要緊。但選舉方式的變化，如目的在改變整體憲政體制，就值得我們深思了。

（二）修憲歷程

總統選舉的方式是否牽連到憲政體制的改變，這些必須從過去的修憲歷程，作一觀察。

　　從 1990（民 79）年國是會議的議憲，經歷其後兩年的所謂兩階段修憲，不少主張總統直選的人士，目的就是要將制度改為總統制，而不是象徵性的修改總統的選舉方式而已。其實在政治轉型的過程中，總統制最可能發生，民眾一方面痛恨獨裁，另一方面又很依賴威權，這在民主文化尚並未成熟的情形下，很容易重回強人政治的老路。

　　臺灣在強人時代過去後，假如能回歸憲法，廢除臨時條款，實施內閣制，則民主政治必能步上正軌。一般而言，內閣制的制度設計，富有包容性，可關照到各種不同階層的需求，實現所謂協和式(consociation)的政治。對族群或社會問題都有助益。此外，在內閣制的政府結構，國會具有倒閣權，內閣總理不像總統制容易演變為強人政治。因此，從民主角度看，臺灣實在不宜實施總統制，而應實施內閣制。

　　在前兩階段修憲的過程中，即有人認為臺灣需要一位有權的省籍總統，才能滿足臺灣民眾的需要，真正體現臺灣主權。另外，也有些人主張制定基本法，把中華民國憲法凍結。基本法主張者也比較傾向總統制。像這類主張，都相當出於省籍的情感。

　　再看國是會議，當時流行一種說法，就是憲法修改，沒有底線。果真如此，憲法的基本精神與結構，都可變動。二次大戰後，很多國家的憲法規定了某些立國的基本精神與制度是不得修改的，這顯然說明了憲法的修訂是有底線的。如果沒有底線，憲政秩序又如何求其穩定呢？筆者當時則堅決主張回歸憲法，不主張對憲法作太大的變動。實際上，國是會議的走向，最後變成是兩黨協商。民進黨提出民主大憲章，那是一種制憲的行為，如此顯然不是在原有憲法的基礎上，進行討論了。

　　總統選舉的方式在國是會議中引發最尖銳的衝突。持政治本土化者，極力主張總統直選；主張維持現狀者，則強力反對總統直選。後

來國民黨與民進黨進行磋商，折衷結果，總統的產生方式「由全體人民選舉」。一則取消國民大會對總統的間接選舉，二則打消公民直選的要求。此一共識經國是會議通過後，國民大會選舉總統的權被取消掉，那麼國民大會留下又有何用呢？欲解決此一難題，同時為了讓國大代表能夠接受，憲法必得進一步修改。這樣一來，憲政改革就變得東挖西補，愈來愈複雜了。

國是會議的共識究竟為何？很讓人生疑。民進黨要制憲，國民黨要修憲，怎麼會有共識呢？即使退一步說，國是會議果真有共識，此一共識是否可以做為一項修憲的正當法源，也有可議之處。因為國是會議是李總統召開的，於法無據。若要修憲，原有正當途徑可循，可以經由國民大會或立法院提案，國民大會複決。召開國是會議完全是採用了體制以外的途徑。不過，我們從基本法的主張、國是會議的召開，到民進黨提出民主大憲章的整個過程看，不難發現總統直選的最終目標，是要走向總統制，而非單純變更總統的選舉方式。

國是會議中，所以會出現憲法的存廢問題，主要是由於本土的政治意識抬頭，有些人以省籍觀點看憲法問題，認為這部憲法是南京制定的，留到大陸去用，在臺灣不適合。另外，堅持總統直選也與臺灣情結有關。為了滿足本省同胞在政治上的地位，總統選舉具有象徵的意義，如果總統選舉由本省同胞一票一票來投，多少有凝聚認同臺灣的作用。換言之，總統直選的訴求，完全根源於本土政治意識的高張，對於政府體制，反而欠缺全盤考量，以致憲政問題變得複雜。例如總統直選與擴權後，與內閣制的憲法，彼此是否矛盾？總統、國民大會與五院間的權力關係，又應該如定位？類似問題，皆未作周詳與深遠的考慮。

在國是會議閉幕後，執政黨修憲小組對總統選舉方式原朝委任直選的方向規劃。但在我們看來，總統委任直選後，國民大會的地位必

然出現危機。再者,這個制度的設計亦有瑕疵。委任直選既然在國大選舉時,將總統人選列入選票中,一併由選民圈選,而當選的國大代表,將來一定得支持該總統候選人,此種做法,不如公民直選來得省時、省力。此外,若是多人競選,如必得過半數,而非比較多數始可當選,則第一回合如無一候選人的票數過半時,第二回合祇得讓國大代表不受委任的限制,逕行投票。此一做法,並未釐清選民與國大代表間的委任關係,亦即究採委任制抑或法定代表制。

1991(民80)年底,國民大會代表全部改選後,執政黨進入第二階段的修憲。但在三中全會時出現了所謂「急轉彎」的問題。原先國民黨修憲小組所規劃的是委任直選,施啓揚與馬英九兩位先生還四處宣傳委選的長處。但李總統則主張將公民直選及委任直選應兩案並陳,似乎有意改委選爲直選,結果引發三中全會的政潮。最後經過妥協,國大在修憲時通過將總統選舉方式,留至1995(民84)年5月之前解決。憲法增修條款第十二條第一項及第二項規定:「總統、副總統由中華民國自由地區全體人民選舉之。……前項選舉之方式,由總統於中華民國八十四年五月二十日前召集國民大會臨時會,以憲法增修條文定之。」顯而易見地,國民大會已無權選舉總統、副總統;而總統選舉究竟採公民直選或委任直選,則無定論。該項修正已把一個完整的憲法,變成有瑕疵的憲法。由於總統選舉方式未決,造成憲法上總統產生的空白,此爲中外憲政史上少見的異象。因爲總統產生力式不明,如一旦總統、副總統不能視事時,國家就無元首了。此一「空白憲法」問題,對憲法造成結構性的破壞。

(三)臺灣本土意識與憲政主義的糾結

就制度面而言,象徵臺灣本土的族群意識與憲政主義的精神,是

兩種不同層次的問題，但此二者卻同時對臺灣未來，構成深遠的影響。本土的族群意識升高後必然會影響到憲法的結構，甚至威脅到既有憲法的生存。故總統選舉方式衝擊到整個憲政的結構。

在臺灣意識主導下，國民黨的主流派相當主張總統直選及總統制。民進黨先提出民主大憲章，再進而進行制憲，另訂臺灣共和國新憲法；在政府體制上，所採用的是總統制而非內閣制。由此可見，現在關於總統直選問題的辯論，大家已離開了憲政主義的範疇，而陷入族群意識的糾結，這是憲政發展過程中極為不幸而很難解決的事。前面曾經提到，內閣制以國會與行政為主軸，當內閣與國會無法解決政治衝突時，國會可以倒閣，內閣也可對抗，如解散國會，以化解行政、立法間的衝突。但總統制元首大權在握，而且任期固定，國會無法加以推翻，總統亦無法解散國會。一旦國會與總統間對立尖銳化，憲法不能提供解決的方法，有時會演變成以武力解決。前些時，俄羅斯總統葉爾辛炮轟國會，把政敵關進監獄，造成政局的動盪，就與所採用的總統制有關。

由於總統制本身缺乏彈性，而且總統可挾民意以自重，故在發展中國家，我們常見強人政治，伴隨總統制而來，嚴重破壞憲政體制。在發展中國家，總統制可能符合民意的需要，但領導人也很容易為了個人改革的理念或政治現實，不願遵守憲法，將原本單純的政治問題，演變成憲政危機。如今在俄羅斯、中南美地區，由於實施總統制所造成的政治動盪，使經濟成長、社會安全都亮起紅燈。臺灣對此應引以為誡，大家應致力於化解族群間的衝突，建立起憲法本身的威信。站在憲政主義的立場，最佳的方案是維持我國原有憲政結構於不變，如此，一方面可使國家在政治變遷中，付出最小的代價，二來可讓憲政主義在穩定中逐漸成長，茁壯。

總之，總統的選舉方式，並不一定能決定政府體制的性質，但在

臺灣政治的發展，則不盡然，因為許多人希望透過總統直選來實現總統制的主張。儘管憲政主義在面對臺灣族群意識時，受到嚴重的挑戰，但是我們不應任其發展，因為唯有使憲政結構穩定，族群意識才不會如脫韁的野馬，而能有所節制和依循，這樣也才能緩和臺灣內部的省籍衝突，並推動民主政治的進步。

二、總統直選對總統權力的影響

目前的情況是，在共同的本土意識主導下，國民黨的主流派及民進黨都主張總統直選及擴大總統權力，這兩股巨大勢力的合流，將使憲政結構發生根本性的轉變。

（一）修憲引發的憲政結構變動

實質上，兩次修憲過程中的紛爭與妥協，包括總統選舉方式和「空白憲法」的形成，都與前述的政治生態，密切相關。如今憲法一修再修，第三階段修憲還要彌補前一階段憲改留下的空白。大致上，下一階段憲改，有三項方案可以選擇：一是回歸憲法，維持內閣制；二是總統選舉採委任直選，其他政府體制不變；三是採公民直選，擴大總統權力。第三方案就是國民黨主流派及民進黨目前所主張的。

第二次修憲後，雖然選舉總統的方式留下了空白，但國民大會已無選舉總統之權，對憲政體制造成極大的影響。當前的難題是，國民大會已無選舉總統之權，但仍未廢除。倘若廢除國民大會，將會對國民黨本身建黨的意識形態及政治結構帶來莫大的衝擊，所以至今國民黨的當權派仍強調五權憲法的政府體制不會改變。在此情況下，一方面，既然要保有五權憲法，如果又要廢除國民大會，那是行不通的；

另一方面，國民大會係由選舉產生，如今要修憲廢除自己，國大代表也未必肯這麼做。當初在本土意識的影響下，國大代表不敢反對總統民選，但想要進一步取消國民大會本身就不可能了。既然國民大會不能選舉總統、副總統，修憲時必須給予一些補償，於是在第二階段修憲時，乃賦與同意監察院、考試院及司法院的有關人事權。

　　監察委員於第一階段修憲還是規定由省議會、北高兩市議會選舉產生，但在第二階段修憲改由總統提名，經國民大會同意任命。監察院的變動，連帶引起考試院與司法院的變動。因爲過去考試院正、副院長及考試委員、司法院正、副院長及大法官皆由監察院行使同意權，如今監察院的產生方式改變，使同意權轉移到國民大會。如此一來，不僅國民大會的權力擴張，連同總統的職權也增加了。這一修改不僅嚴重破壞了原先內閣制的精神，也模糊了五權憲法中政權與治權的分際。

（二）統權與治權的概念區分

　　國家和政府是屬兩個層次的不同概念。在空間上國家是統合的、總體的，不可分割的；在時間上是千秋萬世的。國家之中，可能有不同的政黨，不同省籍的人口，不同的制度。政黨可交替執政，改組政府，但不影響國家的存在。在權力的分割上，國家所掌握的是「統權」；而政府所掌握的則是治權，亦即負責治理，決定政策。如果政策不得民心，可將政府替換，而國家並未因此消失。依我淺見，內閣制的長處，就是將國家與政府的權力清楚劃分。國家的「統權」由國王或虛位總統來代表，以英國爲例，女王代表國家整體，其權力是統權，作用應爲國家認証(affirm)政府及政策的合法性與正當性。女王在國會中宣讀執政黨的政綱，即表示國家認証執政黨政府的合法性及政策的正

當性。英國女王到大英國協其他成員國訪問，亦是宣示英王的統權。

　　統權在內閣制國家，由元首行使，總理則行使治權；總統制的國家兩者則合而為一。我國憲法屬於內閣制，統權與治權是分開的。總統行使統權，而國家結構則由總統及國民大會合組而成，故國民大會原先有選舉總統、副總統之權，和五院無關。五院屬於治權的範圍，代表政府的結構。國民大會的另一職權是修改憲法，修憲是國家的事，在性質上是統權。還有變更領土的權，亦然。至於國民大會依憲法規定享有創制、複決二權，這兩權本應由公民直接行使，若交由國民大會行使，則是代議制。因此早年制憲時，便以嚴苛的條件凍結國民大會創制、複決兩權的行使。此雖修正了中山先生的原意，但仍符合國家結構與政府結構區別的要求。可是，上次修憲將前述監察等院的人事同意權賦與國民大會，這樣一來，國民大會涉入治權的領域，紊亂了原先的憲法設計。

　　總統制由於統權與治權集中在國家元首一人身上，無法劃分清楚，這在政府動盪時，國家根基也會隨之動搖。前面提到俄國的葉爾辛、以及秘魯的藤森都是眼前的例子。而內閣制國家，由於統權與治權分開，就不會出現這種問題。例如前次泰國軍力鎮壓反對派人士時，泰皇超然於黨派之外，代表國家與內閣總理交涉，要求蘇清達辭職，使軍事強人的鎮壓行動，終歸失敗。此即內閣制較總統制安定的主因，因為憲政危機時，內閣制元首可以出面化解危機，不像總統制的總統往往捲入政爭，本身已惹是非，很難再以統權的角色，解決憲政的紛爭。

　　內閣制下，代表治權的政府如果變動，並不影響國家元首繼續行使統權；國家元首可依循國會意見，任命新政府，甚至可以在沒有絕對多數黨的國會中，協調出行政首長人選。換言之，藉由統權的行使，使政府成立，維持治權運作的順暢。反觀總統制則不然。總統制的制

度設計過於僵硬，政府出了問題，國家亦受波及，無法解開政治死結。假如俄國有一位更超然的代表統權的虛位元首，依憲法上所賦與的職權，出面調停葉爾辛與國會的鬥爭，或許不致於發生炮轟國會的事件。

（三）副署權的涵義與存廢問題

臺灣自兩階段修憲後，總統直選的方式雖然還未決定，但實際上已朝總統擴權及公民直選的方向規劃。此不僅破壞了憲法內閣制的精神，而且統權與治權又糾纏不清，使得國家與政府的分野，愈來愈模糊。今日許多憲政運作的障礙，其實來自過去兩階段修憲時，欠缺整體思考所造成的。從前臨時條款中賦與的總統特權，竟然在修憲時予以保留，譬如增修條文第九條所列：「總統為決定國家安全有關大政方針，得設國家安全會議及所屬國家安全局。」此原本是臨時條款賦與總統的特權，本身已屬違憲，如今卻讓這些機構在制度上合法。總統現握有原為動員戡亂時期決定國家大政方針的權力，也因而自認擁有統帥權、外交權、決定大陸政策等權，如再加上新的三院有關人事的提名權，其權力的擴大，可想而知。值得注意的是，總統既擁有統帥等權，卻不向立法院負責，而成有權無責的總統，這與民主政治權責相當的原則，是大相違背的。

此外，增修條文也模糊了行政院長的副署權，如這次總統送至國民大會提名監察委員的咨文，並無行政院長的副署，而監察委員的任命令卻有行政院長的副署。在我們看來，行政院長在提名時即有憲法所規定的副署權，而非僅在總統公布的任命令，才象徵性地出現行政院長的副署。副署權之不受尊重，可見一般。依憲法的規定，總統任何公開的文件皆須得到行政院長的副署，以符合內閣制的精神，但實踐上則受到現實政治的曲解，流於形式。副署權的式微，總統的權力

相對提高，將會危及憲政的發展。

　　有人主張監察、考試、司法三院有關人事的提名權，不須行政院長副署，這也是曲解而另有用意的。若參考先進民主國家的經驗，權力制衡是以行政權為核心的，美國的三權制衡中，大法官由總統提名，經參議院同意任命，就是此意。日本最高法院的院長也是由內閣提名，再由天皇任命的。我國三院有關人事的提名由行政院長副署，這是制衡的一部份，並無不妥之處。行政院長的施政若有違憲疑慮時，可由司法院大法官會議解釋，判斷是否違憲；監察院必要時也可對行政部門行使糾彈權；考試權則是為了保持文官中立原則，獨立行使職權。所以行政院長的副署權運用在三院院長提名，主要就是發揮制衡的力量。換言之，行政院對於三院有關人事的提名均須副署，這完全符合民主政治的制衡原理。若總統形式上保留行政院院長的副署權，卻不允許行政院院長副署司法、考試、監察的人事提名，這就誤解了以行政權為核心的制衡原理了。

（四）總統直選與國民大會的問題

　　如今國民大會與總統組成的國家結構，已經遭到破壞。現在國民大會每年集會一次，稱之為「臨時會」，由總統召集。由於國民大會有了同意權後，必須常常集會，以行使相關的同意權，造成臨時會召開的次數比常會要多的反常現象。再加上國大開會時可聽取總統施政報告，檢討國是，提出建言，而建言是否具有拘束力？總統是否必須接受？再：建言對行政院及對立法院是否有約束力？憲法並無明文規範。

　　現今國民大會雖然沒有選舉總統之權，但憲法另提供補償，使享有上述的其他權力。如年年開會，一方面行使同意權及向總統的建言

權，另一方面，又可行使修憲權，再加上其人數眾多，儼然成為憲政體制上的龐然大物。將來如國大的多數黨與總統、行政院院長或立法院的多數黨不屬同一政黨，必然會引起政治上的扞格，如不同意總統提名的人選，建議改變政府的政策，以及介入總統、行政院、及立法院的政爭等。這些缺失檢討起來，皆肇因於當初修憲時沒有整體考量，遷就政治現實所致。

（五）行政院的存廢問題

前已述及，行政院長的副署權已被削減，倘如民進黨所主張，建立總統制，進一步取消行政院，則問題必然更加嚴重。若五院之一的行政院不存在，如再依據三權憲法，一併取消考試、監察兩院，五院的政府體制即無法維持，國民黨的意識形態、政治理念、立黨精神、包括總理中山先生的象徵意義將徹底瓦解，中華民國之存在亦岌岌可危，因此，行政院的存廢攸關國家的根本，不可不慎。

此外，監察院已由省議會選舉變更為由總統提名，國民大會同意，徹底改變了原來監察院的地位。按張君勱先生之原意，監察委員雖為國會議員，但沒有立法權，僅單獨行使監察權，兼具中國御史大夫的傳統及西方國會的優點。但現在監察委員任命方式改變，相當於刪除了一個國會，這已牽涉到憲章而非憲律的問題，是十分嚴重的事。

三、結　論

最後必須強調，當前我們的政府體制已做了大幅度的變更，若還預備進一步改變行政院的地位，成為實質的總統制，不僅憲法基本結構與精神將淪喪為政治勢力的犧牲品，而且從長遠看，由於憲法經常

修改，將得不到大家信任與尊重，同時總統制又是培養政治強人的處所，這對臺灣地區民眾的福祉將大爲不利。因此，爲了國家的安定，筆者仍然主張回歸憲法的內閣制，不能贊成將憲法修成總統制。

今日臺灣與中共在主權問題上，糾結不清，關係緊張；對內則有族群所引發的國家認同問題。在我們看來，惟有回歸以一個中國爲基礎的中華民國憲法，才能解決目前所遭遇的種種艱困。未來的發展仍難以逆料，畢竟政治應該是由實力(force)進入法力的狀態，才能視爲一種進步。因之，任何政治的變動，最好能放棄以實力對抗的手段，透過法力來解決問題。法的根本建立在憲法之上，有了憲法，其他相關法律才有所歸依。一旦憲法核心受到破壞，憲法之下的制度，即所有法力便失去了依託，政治結構將無法維持與運作，此即是所謂的「政治退化」。國人若不能加以反省，繼續以不同理由，不斷扭曲原來的憲法，我們極可能走上「政治退化」的道路，回到以赤裸的力量，不斷鬥爭，頻頻產生政潮的可悲境界。　（本文原發表於「中華民國政治轉型的新挑戰學術研討會」，中國政治學會主辦，臺北，1993 年 12 月 19 日。）

各國創制複決制度之比較研究

一、前　言

　　創制(initiative)與複決(referendum)是人民直接參與立法工作的兩種
方法，故亦合稱直接立法制(direct popular legislation)。從純粹理論的
觀點看，這個制度是最能表現民主主義的理想的。如人民欠缺對立法
的直接控制，主權在民的原則難免就落空了。不過我們對一個制度的
評估，不能單就理論價值的一面看，實效可行的觀念，必須著重。有
時理論價值很高的制度，不定即良於行。有時在某一環境下，能順利
地發展，但在另一環境下，即無發展的可能。換句話說，制度必須與
環境相配合，亦即制度必須有它自己的背景，如缺乏必須的背景因素，
這個制度就很難發展了。

　　直接立法制本不是易行的制度，它需要特定的背景。我們在下面
先就幾個實行此制的先進國家加以檢討，然後再對制度的本身作進一
步的研究。

　　1.瑞士：直接立法制先盛行於瑞士，後來逐漸影響到歐美各國。
在十九世紀末及二十世紀初，各國公法學者特予注意，認為是民主政

治中的新猷。瑞士雖是個蕞爾小邦，但在這方面的貢獻是很輝煌的。

但瑞士的直接立法制，有它成功的背景，此即人民民主行為的傳統，地理環境的配合，及現實政治上的要求是。

瑞士自羅馬帝國覆亡後，為日耳曼人所佔，日耳曼人定居在瑞士東北部的山陵地帶，未與羅馬遺民相混，仍保持舊有的風俗及制度。他們的部落仍實行著古老的民會(Lande-gemeinde)制度，自由民在民會上直接選舉官吏及制定法律。以現代的眼光看，民會的形式很簡單，但它卻培養出瑞士人民民主行為的傳統。瑞士自第六世紀起雖曾歷經動亂，所幸還能守住這種傳統。十八世紀以後，法國大革命爆發，自由主義運動亦波及瑞士，瑞士人民卻能以自己的傳統相與結合，而發展出現代形式的直接立法制。

民主行為的傳統雖是基礎的，但尚需其他因素的配合。先以地理環境說，瑞士是一小國寡民的國家，據 1959 年的資料，土地僅 15,941 平方公里，人口僅 5,235,000 人，即每平方公里為 328.4 人。這個數字是有助於實行直接民權的。

次就社會的結構說，瑞士操德語的民族雖佔 71.9%，但操法語的亦佔 20.4%，操意語的佔 6.0%，操羅馬語的佔 1.1%。各民族的文化，色彩不同，利益關係亦各異，要求個別的保障為勢所難免。這是聯邦制度的根源，也是直接立法制的起始。

最後再就現實政治的需要說，瑞士人民對 19 世紀末期的代議政治不表滿意。當時瑞士的議會中，小黨林立，意見分歧，不能收到代表人民立法的實效。為了糾正此弊，瑞士人民乃要求實行直接立法制。

把上述的因素合併觀察，當可對瑞士能順利實行直接立法制的原因，有一全盤的認識。

2.美國的若干州：與瑞士比較，美國亦有長遠的民主傳統。美清教徒的祖先是「主權在民」的擁護者，他們當時在東北部新英格蘭區

實行的村鎮會議(town meeting)，與瑞士的民會相似。美國的這種傳統，
已使它在未悉瑞士的制度之前，已逐漸走上這個途徑了（喬治亞州
Georgia 在 1776 年即採憲法創制的規定）。但美國後來的直接立法運
動，是以瑞士的制度為模式的，因當時瑞士的制度已很完備了。

　　以地理因素說，美國地區十分遼闊，但州的面積與人口可與瑞士
相比。據 1960 年的統計，人口較少的內華達州(Nevada)為 281,348 人，
奧立岡州(Oregan)為 1,756,366 人，人口最多的紐約州(New York)為
16,600,000 人。從此數字看，直接立法制在美國各州是可以實行的，
擴充到全國就不行了。美中央不採此制，地理因素的困難亦是主因之
一。

　　美國亦是聯邦制度，很注重各邦的特殊利益，此增加人民自治的
精神；再當時（20 世紀初）美國的州議會十分腐敗，成為少數特殊勢
力者的工具，「議會沒落」，「政治封建主義」的口號，使各州人民
擁護直接立法制以加糾正。有些學者說，如果沒有代議政治的腐敗，
可能還不會出現直接立法制，此話確有相當的道理。

　　3.德國：第一次大戰後，美、瑞的直接立法制為德國所仿傚。德
國也是一個聯邦主義的國家，但德國聯邦的成立，是經由戰爭與壓力
而來，遠較美、瑞為強制。德國聯邦的實際組織者是普魯士，普魯士
是利用戰爭及民族意識來統一德意志聯邦的，後來更誇張民族意識向
外發展。在這種軍國主義的口號下，民主行為是不易生根的。民主行
為傳統的缺乏，很影響德國直接立法制的運行。

　　德國自第一次大戰後，制定威瑪憲法，採用創制及複決制。威瑪
憲法是德國民主思想者及法學家的精心傑作，可惜因為背景因素的欠
缺，而是短命的，祇維持了 14 年。但這個憲法有關直接立法制方面的
規定，仍是值得我們重視的。

　　威瑪憲法一方面強調民主主義的觀念，一方面亦想藉直接立法制

來解救代議制上的難題。根據憲法的規定，總統與第一院或兩院間就某項法案發生爭議時，可將爭議的法案提交人民複決，以作最後的決定，這個設計完全是基於政治上的考慮的。再威瑪憲法對行使直接立法制的手續也規定得很嚴，即複決需二十分之一公民的簽署，創制需十分之一公民的簽署，這與德國的地理因素不相配合。威瑪憲法時代，直接立法的行使大多失敗，實與此有相當的關係。

從上面的分析，可知直接立法的運行，非徒托空言理論所可濟事的，背景因素的具備與否，是很重要的關鍵。

4.制度本身的比較研究：前面係就直接立法制的背景因素加以敘述，此是先制度而存在的，亦即是制度賴以生根成長的土壤，無此土壤，其他的努力均將是飄浮而不易收到實益的。

有時土壤已經具備，但有多種制度可以栽培，如何採擇就成為一價值判斷的問題了。這須就制度的本身及周圍的環境加以研究，看那種可以長得最好、最快。

為了進一步了解直接立法制的這種價值，我們須就其本身再詳加研討。下面先從它的意義及內容說起。

二、創制及複決制的意義與內容

直接立法包括兩大部份，即創制與複決。一般說來，創制是公民親自制定或修改法案的權。它行使的對象可為憲法，可為法律。如為憲法，乃稱憲法創制；如為法律，乃稱法律創制。它行使的方式，可為直接，可為間接。如為直接，乃稱直接創制；如為間接，乃稱間接創制。所謂直接，乃部份公民直接向公民提出法案，請求表決；所謂間接，乃部份公民向其他機關（大多為議會）先提出法案，然後再視

情形，決定是否提請公民表決。再說複決，複決乃公民親自否決或認可議會所提法案的權。它行使的對象可為憲法，可為法律或決議。如為憲法，乃稱憲法複決；如為法律或決議，乃稱法律複決。它行使的方式，可為強制，可為任意。如為強制，乃稱強制複決；如為任意，乃稱任意複決。所謂強制，即所有法案必須提請公民複決，才能決定是否生效；所謂任意，即法案經部份公民或其他機構要求時，始交公民複決，決定是否生效。

從上述的分析中，我們已可對此制度有一初步比較性的聯想；即就創制言，直接創制，似較易表達公民的意思，但間接創制，似可予法案多一層的考慮；就複決言，強制複決，似較易保障公民的權利，但任意複決，似可減免法案的遲延生效。在雙雙比較中，我們復可發現，理論的維護與行使的時效之間有對立的跡象存在。這種對立的程度如何？調和與配合的可能性怎樣？皆須進一步地加以研討。

三、複決制的比較研究

我們在提到直接立法時，習慣上常將創制放在複決之前。但實質上，複決制的行使是較創制為先的。故在本節我們先研究複決，並舉出十個國家列一簡表，以明各國實行的大致情形。

參考表一所示，我們可作推論與說明如次：

（一）關於憲法複決部份：

1.表列的 10 個國家，除西德外，皆採憲法複決制。這一事實可以說明，採行直接立法制的國家，多列憲法複決為首要。這可就理論及實效兩方面加以解釋。就理論說，憲法是國家的根本大法，牽涉到人

民與國家及政府間的基本合約問題，如有變動，自應經人民自身的同意。就實效說，憲法的規定是著重於原則性的，修變的機會比較少，如遇修變而使人民複決，當不會過份加重人民的負擔，或影響法的持續性。在著重理論及兼顧實效的情形下，各國多採憲法複決制，且對複決的內容不加限制，即祇要是憲法問題，皆可複決。

表一　十個國家的複決制

	憲法複決		立法複決	
	採用情形	行使方式	採用情形	行使方式
瑞士聯邦	完整採用	強制	原則採用	任意
美國各州	完整採用	多數強制	原則採用	多數任意
德意志聯邦				
威瑪時代	完整採用	任意	原則採用	限制任意
西德	不採用		限制採用	強制
法國	完整採用	限制強制	限制採用	強制
義大利	完整採用	限制任意	原則採用	任意
澳大利亞	完整採用	強制	限制採用	強制
日本	完整採用	強制	不採用	
大韓民國	限制採用	強制	限制採用	強制
西班牙	完整採用	強制	限制採用	任意
菲律賓	完整採用	強制	不採用	

但上述的觀點，近 30 年來有點改變，即對於憲法複決，日漸著重實效上的考慮。這一是因為二十世紀的 30 年代以後，工業社會的進步與人民生活的複雜，使得人民無法多分精力到政治活動上去；一是因為直接立法的先進國家，在行使憲法複決上並不十分愉快。如前所述，憲法原應規定原則性的，但在瑞士及美國的若干州，瑣碎及專門性的

立法有時也滲入憲法，而增加憲法的變動性。此既易加重人民的負擔，亦易減低人民對憲法複決的興味。美、瑞兩國對憲法複決投票率之低，乃有目共睹的事實（其詳見後）。在 1952 年，美路易斯安那州曾使選民複決一超過 32,000 字的憲法修正案，這確超過人民的負擔能力以外了。實效的著重，即是在這些經驗下形成的。二次大戰後的南韓憲法對此有敏銳的反應，規定憲法複決僅限於「有關國家安危，致限制大韓民國主權，或變更領土之重要事項。」（大韓民國憲法第九十八條第五項及第七條之二）即對複決的內容加以限制或附以條件，直接立法制中最易付諸實行的憲法複決制，似乎因近年來實效上的考慮，而減低它的完整或絕對性了。

2.在上述採用憲法複決的 10 個國家中，8 國採用強制複決制。這是著重憲法重要性的自然結果。但依前所述，近數十年來，實效的觀念日被重視，故第一次大戰以後制定的憲法都對憲法複決的行使附有條件。除前舉的大韓民國在內容上加以限制外，法國（第四及第五共和）憲法、德威瑪憲法、及義大利新憲法都在行使的方式上另有規定。法憲原則上仍採強制複決，但附以條件。德威瑪憲法及義憲則捨強制的方法而改採任意的憲法複決。現分述如下：

據法第四共和憲法的規定，憲法修正案如在二讀時經國民議會三分之二的多數通過，或經兩院（即參議會及國民議會）同以五分之三的多數通過，即可不強制舉行公民複決（法第四共和憲法第九十條第四項）。再據法第五共和憲法規定，若共和國總統，將憲法修正案提交國會兩院聯席大會表決，則可避免交付人民複決，但在這種情形，修憲案須經投票五分之三的多數贊成，始可獲得通過（法第五共和憲法第八十九條第三項）。從上面的規定看，法國是想以加強代議制的運用，來取代憲法複決制。亦即認為議會如用較慎重的程序及絕對的多數表決，是可以代表民意的。直接立法本是用來濟代議制之窮的。

如代議制獲得救濟，何妨加強行使？因它確是比較便捷的。

　　德威瑪憲法及義大利憲法採任意複決制（西德不採用），據 1919
年德國威瑪憲法的規定，如議會不顧參議院的抗議，議決修改憲法，
參議院得在 2 星期內要求提交人民複決（威瑪憲法第七十六條第二
項）。這項複決因繫於參議院的是否請求，所以是任意性質的。威瑪
憲法關於修憲事項，規定須國會三分之二以上的決議。人民對此修憲
案可以提出複決的要求，但須完成嚴格的條件，即唯有在議會議員三
分之一請求延期公佈下，而具備二十分之一選舉權人的簽署，始可提
出申請。這一嚴格條件實際上已使任意複決無法實行，試想既有三分
之二的議員通過修正案，何再來三分之一以上的議員加以反對請求延
期公布？就算這個機會尚有，但已是微不足道了。故威瑪憲法規定的
修憲任意複決制，毫無實質上的作用。義大利憲法關於憲法的修改規
定須經兩議院繼續兩次的審議通過，兩次審議期間至少須相間 6 個月，
第二次審議投票時，須經各議院議員絕對多數的同意。此一修憲案，
在公佈後 3 個月內，如有一院議員的五分之一，50 萬選舉人，或 5 州
議會的請求，應交付人民投票複決，但修憲案在第二次議院投票時，
若各議院皆以三分之二的多數通過，則不須提交人民複決（義大利憲
法第一百三十八條）。義國的這項憲法任意複決制附有可不提交人民
複決的條件，此條件如果完成，亦即兩院果以三分之二的多數決第二
次通過修憲案，任意複決制等於失效，故從法理上講，義國這個制度
的效力更為薄弱了。

　　我們從採取絕對憲法強制複決制的國家看到義國的附條件任意制
及西德的不採取複決制，會有一個感想，即憲法複決制當為大多國家
所願意採行，但所用的方式卻有愈變愈為調和的趨勢。這個趨勢自第
一次大戰後尤為顯著，因威瑪德國、法、義、大韓民國、西德的憲法
皆是第一次大戰後的產物，後四國的憲法更為第二次大戰後的產物，

我們可深入一點的說，第二次大戰後的各國政治制度，固然崇尙民主，但亦十分注重實效。

　3.採用憲法複決制的各國，實際上的使用情形又如何呢？我們就上舉的單位來看，行使得較多的爲瑞士及美國各州。其他各國大多未曾使用或絕少使用（法第四共和修憲變成第五共和時曾使用複決制一次）。故我們就瑞士及美國的實例加以檢討，可能有助於對這個制度的進一步了解。瑞士自 1948 年至 1960 年止共行使創制、複決計 198 次，其中關於憲法複決爲 76 次。在這 76 次中，51 次爲人民所接受，約佔全體的 67%強，但這 51 件憲法案皆是由立法機關所提出而交付人民複決的。人民自己所提出的憲法創制案，都不易在複決時爲全民所接受。1974 年至 1960 年間，人民所提的憲法創制案計 45 件，其中經公民複決所接受的僅 7 件，亦即 38 件爲公民所否決，此佔 80%強。在被否決的 38 件修憲案中，議會曾就其中 9 件另擬對案，結果這 9 件對案卻有 6 件被公民接受。上述的這些事實，頗值得我們的注意，因瑞士人民在行使憲法複決制時，對議會的提案反較對部份人民的提案來得信任，這表示出代議制度在目前的政治制度中，仍有它的優越性。代議制度下的代議士或議員，可以集中時間與精力從事立法，亦可在議會反覆商討法案的內容與結構，如此所制定的法自較一般人民所提出的，來得周詳完整。西方的學者，如布萊士、威爾遜之流，認直接立法的最大功用是在糾正及監督議會的作爲或不作爲，這是很有見地的。美國各州的情形與瑞士亦相仿，我們可舉該國實行直接立法制最著成效的奧立岡州爲例，奧立岡州在 1902 至 1930 間共行使州憲修正案 107 次，其中由人民創制提出的爲 58 次，由州議會提出的爲 49 次。就 58 次人民的創制修憲案說，經複決通過的爲 22 件，被否決的爲 36 件，此佔 62.1%。就 49 次州議會的修憲案說，經複決通過的爲 22 件，被否決的爲 27 件，此佔 55.1%。兩相比較，我們可以知悉奧立岡州人

民對州議會的提案比較贊成，似乎亦認議會可以代表人民立法。

　　4.採取憲法複決制的國家，一般人民對修憲案取捨的態度怎樣，與這個制度本身的運用很有關係。我們可先從上列 10 個國家的直接立法運動來看，在這些國度鼓吹直接立法制最烈的，大多是激進派的政黨與團體。美國在 1890 年以來的 10 年中，直接立法運動被廣泛地推展，主要的活動者多為激進的黨派團體，如社會勞工黨(Socialist Labor Party)、美國勞工聯盟(American Federation of Labor)、國家人民黨(National People's Party)、勞工協會(Knights of Labor)、農人同盟(Farmers Alliance)等。在威瑪憲法時代的德國，推動直接立法的也是比較激進的政黨，如社會民主黨(Socialist Democratic Party)、國家社會主義勞工黨(National Socialist Labor Party)等。在瑞士，社會黨(Socialist Party)在直接立法方面的活動，亦頗令人注目。這些激進黨派與團體似乎很想影響人民的觀點與態度，但實際上它們的觀點與政策並未因此而使人民易於接受；也就是說，人民對比較激進的政策與論點常採慎重與保留的態度。有些激進的人士曾想像人民的直接立法應較代議制的間接立法來得激進，但事後證明這種想法亦並不正確。以瑞士為例，凡有關社會法案，擴大聯邦權法案及加強課稅法案等，皆不易在複決中為人民所立即接受；瑞士社會黨在 1894 年所發動的工作權創制案，第一次提交人民複決即遭否決，這個法案直到 1947 年才被人民接受。1900 年的強迫勞工參加保險的法案，在該年被否決，到 1912 年才被接受。1876 年提交複決的聯邦單獨發行紙幣權案，在該年被否決，後在 1880 年又遭否決，直到 1891 年才獲得通過。也有始終不被接受的，如統一各邦選舉資格案，在 1875 年首遭否決，在 1877 年又遭否決，迄今未能通過。以美國為例，情形亦同。美奧立岡州關於婦女投票修正案，在 1906 年的複決中遭否決，在 1908 年又遭否決，直到 1910 年才被接受。威瑪德國的情形，容或有過，因所有的社會及激進立法，全部未

獲接受（有名的舊王侯財產沒收法，在 1926 年被否決）；國民解放法在 1929 年被否決。上面的這些實例，可以證明人民在取捨複決案時的小心與穩重的態度，這個態度可使擔憂直接立法會被濫用的人士放心，因人民決定不致濫用。但從另一角度看，也可發現一般人民對新事物的缺乏認識，因認識的缺乏：祇得抱慎重的態度，對之不妄加贊可，如此乃使新的政策與制度受到延擱，也連帶使社會的進步受到阻礙。議會制度中的議員，在這方面的認識，當然較一般人民為優，所以議會中的立法有時反較直接立法為進步。議會所提的修憲法案之所以較易為人民接受，就是因為一般人民對議員的識見給予較高的評價並願意接受的緣故。直接立法之不能取代議會立法，這也是主因之一。

（二）關於立法複決部份

1.在前述採行憲法複決的國家中，兼採立法複決的要少去兩國（菲律賓與日本）。憲法為國家的基本法，也可以說是母法，如有變動，當然宜交給人民作最後的決定，比較合於人民主權的原則。在複決進行中，即算會發生中斷法效及增加政府及人民負擔的情形，但為了在憲法複決必得維護人民主權，也就不能顧及得太多了。一般立法的重要性，在層次上，應在憲法之下，所以有些國家為了實效上的考慮，每捨去民主的原則而不予採用；即予採用，亦多採任意的形式，少採強制的形式。在表一所列的國家中，除去菲、日根本不兼採立法複決制外，西德基本法所規定的立法複決制，現能實行的機會近於沒有。按西德關於地域的調整，可以聯邦法律行之，但須提交人民複決（西德基本法第二十九條第一、二、三、四項）。不過西德基本法第二十九條第六項規定：「地域調整應於本基本法公布日起三年內為之，苟因德意志其他部分之加入而需要調整時，則於加入時起二年內為之。」

西德基本法（正式名稱爲德意志聯邦共和國基本法）是在 1949 年 5 月 23 日公布施行的，迄今已滿 3 年的時效期限，亦即目前在西德所轄的境內，已無實行立法複決的可能了。法條上所留下來的唯一可能是「其他部分之加入而需要調整時。」這項規定在實質上僅是一種政治上的宣告，缺乏實用上的價值，因德意志全境何時可以合併，合併的方式可否即依這一項規定辦理，仍是值得懷疑的問題。大韓民國關於這項複決制的行使，僅限於重要的事項，該國憲法第七條之二規定：「凡有關國家安危，致限制大韓民國主權，或變更領土之重要事項，經國會議決後，須有衆議院議員選舉權之國民三分之二以上之投票，及其有效投票之三分之二以上之贊成。」由這一個條文看來，大韓民國的立法複決制，是不能用於所有的法律同議案的。且該條規定的重大事項，也不會輕易發生，所以此複決制的行使，也不會是經常的。法國（包括第四共和及第五共和）、澳大利亞、西班牙的情形與大韓民國相似。法國第四共和憲法規定對外條約的生效，須經法律之批准，但條約中所涉及的有關領土之讓與、交換、及合併等事項，「非經有關人民允諾，不生效力」（第四共和憲法第二十七條）。這是以領土的變更爲立法複決的唯一重大事項，較大韓民國的規定尤嚴。第五共和憲法除仍保留對外條約中有關領土的讓與、交換及合併，須經當地人民複決的條款外（第五共和憲法第五十三條第三項），又加了幾件重大的事項。第五共和憲法第十一條規定：「如遇政府在國會會期內提出建議，或國會兩院提出聯合建議，而用政府公報刊告者，共和國總統得將有關公權組織、聯邦協議之認可、或國際條約之批准等法案，只要其不違反憲法而可影響政府之職權者，提交人民投票複決之。」第五共和所加列的幾件重要事項即：有關公權組織、聯邦協議之認可、或國際條約之批准等事項，此較第四共和爲寬。但這新加幾項的複決，是任意的，而不是強制的。澳大利亞聯邦對此制行使的範圍僅限於州

域的變動。聯邦基本法第一百二十三條規定：「聯邦議會經州議會及大多數州選民之同意，得依據協定條件增減或變更州之境域。」西班牙基本法對於此制的行使對象亦給予限制，該國基本法的國民複決法第一條規定：「元首得因法律之特殊重要性，或因公共利益之要求，為盡忠國家起見，將議會草擬之法律案，提交國民複決。」就這一條的規定看來，西班牙的限制似較前引其他各國的限制為鬆，因重要事項既在法條中未予列舉，元首即可自由認定行使，但從另一個角度看，元首因不受列舉項目的束縛，他如不顧「公共利益的要求」而不去認定行使時，其他機關或人民也就無法置喙了。

上面所舉的大韓民國、法國、澳國、及西班牙等國所賦予人民的複決權，僅限於特別的事項，也就是各該國在原則上不採用立法複決制，但就事項的特別性作原則否定的例外肯定。

2.現在我們再看看瑞士聯邦、美國各州、威瑪德國及義大利的情形怎樣。在瑞士，聯邦的普通法律與議會的決議每混雜不清（一般國家的法律案，如公權組織、預算、條約案等，在瑞士常為議會的決議），但在複決制的行使上，卻因法律與議決的不同而有所差異。即對法律案的複決，祇要有投票權者 3 萬人或 8 邦之請求，即可交付人民投票複決，不設任何限制，這是表一所列採取複決制的國家中最寬的規定。但對議決的複決，則因拘束力與緊急性的特殊而有所限制。據瑞士聯邦憲法的規定，人民所可複決的決議，僅為一般而不具有特別緊急性的（聯邦憲法第八十九條第二項）。所謂「一般」，係指具「一般拘束力」的決議而言。換句話說，人民不能為欠一般拘束力的或單純的決議行使複決權。這是原則肯定的例外否定。至一項議決的是否具有一般拘束力，則任由議會自由決定（國民複決法第二條）。這樣一來，議會即可多一種運用來減少複決的行使。在實際上，議會確曾表決有關政治組織的決議為欠一般拘束力的決議，以避免人民複決的行使。

關於緊急性的決議也是一樣，人民不得對它行使複決權。至一項決議的是否為緊急性的，亦任由議會決定（國民複決法第二條）。這個規定也是原則肯定的例外否定。聯邦議會的藉此而打消人民的複決，是無庸多說的，但後來聯邦議會愈用愈甚，連變更法律的決議，也表決為具緊急性的決議。人民乃表不滿，終於 1944 年提出創制案加以限制，並經複決通過，列為憲法第八十九條增補第四、五、六項。這個修正案規定：「聯邦緊急性之決議，在聯邦議會通過後一年內，如有三萬公民或八邦之請求複決，結果未為公民批准者，則於一年後失效，惟聯邦議會得再度提出。聯邦緊急性之決議，若有抵觸聯邦憲法之處，應於聯邦議會通過該項決議後一年內，提交公民及各邦複決，如未提交公民及各邦複決，在一年期終了之後，自動失效，且不得再行提出。」議會濫用緊急性決議的情形，乃因此而稍減。瑞士聯邦對條約案的複決，亦特加規定，予以限制，此可見聯邦憲法第八十九條第三項：「訂立國際條約不規定期限，或在十五年以上者，經三萬公民或八州政府的要求，亦得由人民表決認可或否決之。」換句話說，凡國際條約的期限在 15 年以下者，就可不必送交人民否決；可由一方解除的條約，亦不得舉行公民複決，至一條約是否為應交公民複決的條約，亦任由議會決定。由此看來，聯邦議會的締結條約權，雖受例外否定的限制，但仍有相當的自由。

美國的多數州，對立法複決制亦採用原則肯定的例外否定制，亦即原則上採取立法複決制，但對某些事項不准採用，是為例外。這種例外事項，在美國多數州以緊急立法為限，不若瑞士的複雜。關於緊急立法的內容，美國多數州曾加列舉，所以比較確定易行。我們仍以奧立岡州為例，奧州的緊急立法係以維護公共和平、衛生或安全為限（1902 年憲法修正案第四條第一款），議會可以普通多數決宣佈緊急事件的存在而予立法，對這種法律，人民不得請求複決。這項規定當

然給予議會擴大解釋及濫用的機會，所以奧州的人民在 1912 年特別提出一項修憲案，賦與州長否決法案中所列「緊急狀態」的權，這項修憲案旋被人民接受。

德威瑪憲法及義大利憲法對立法複決制亦加以限制，亦規定原則可行，而否決特定的例外。這些例外事項與美國多數州不同，不必冠以緊急狀態。威瑪憲法第七十五條第五項規定：「預算、租稅法及俸給法，除大總統命令者外，不得交付國民投票。」義憲第七十五條第一項規定：「如有選舉人五十萬人或五州議會之請求，應舉行人民投票，以決定法律或具有法律效力之行為之全部或一部之廢止。人民投票對於有關租稅、預算、大赦、特赦、及承認國際條約批准之法律，不得舉行之。」兩個憲法皆特定財政法案不能交付複決，因人民若對此法案複決不當（如作過分的削減），很易影響政府政策的推行，不如仍交議會監督，比較能得合理的結果。義憲所特定的赦免人權案，其理由也不外如此。

如將以上關於立法複決制的敘述，再加綜合觀察，可以將此制分成下述的數種型態：

(1)完整採用—瑞士聯邦（限普通法律）。

(2)原則採用，特定例外事項不採用—瑞士聯邦（限議會決議及條約）、美國多數州、德國（威瑪憲法時代）及義大利。

(3)原則不採用，特定例外事項採用—大韓民國、法國（第四及第五共和）、澳大利亞及西班牙。

(4)原則不採用，特定例外事項的採用可能性甚少—西德。

(5)全部不採用—菲律賓、日本。

這五種型態出現的先後正好與五種型態順序的先後相符。從這點我們可清晰地看到直接民權與間接民權之間相輔相成的趨勢。這個趨勢是直接立法將更著重相輔與監督的地位，而非著重直接行使的目的。

　　3.採用立法複決制的國家，在行使時所運用的方式，與該國複決制的性質有密切的關係。大體說來，凡是完整採用或原則採用而特定例外事項不採用的國家，行使的方式多是任意的；亦即立法複決制的行使，繫於某項條件的完成，否則可不行使。在瑞士聯邦，須有 3 萬公民或 8 州政府的請求。在美國多數州，須有至少百分之五公民的請求，在德（威瑪憲法時代），情形比較複雜，須：(1)議會議員三分之一以上請求延期公佈法律，再經選舉權人二十分之一聲請時；或(2)議會對選舉權人十分之一所提的創制案加以否決，而將該案交付人民投票時；或(3)參院與議會意見相左，總統於三月內，將爭執之點，交付人民投票時。上述諸國，因係原則採用，如行使時必須強制，則對象太多，將不勝其煩；人民的精力時間固無法負擔，且亦影響法效的進行，所以不如採用任意制，反而較能配合實效，並顯現出直接立法制的價值。強制立法複決的採用，多屬原則不採立法複決制，而於特定例外事項採用的國家。既然原則不採用，僅少數重要事項採用，將此少數事項使人民必得複決，自不會耽擱時效，且可收直接民主之效。此在大韓民國、法國、澳大利亞、西德皆如此，僅西班牙例外（由元首自由衡量）。由上可見，形式應是實質的一種配合，如不能配合，這個制度就大有問題了。

　　4.立法複決制實際運用的情形怎樣？在上述原則不採用而例外特定事項採用的國家，這方面運用的經驗絕少，因特定的事項總是不多的，使用的機會自亦不同了。所以這方面的經驗應當從原則採用的國家中去找，也就是說應從瑞士聯邦、美國各州、行使的經驗中去發掘（威瑪德國壽命不長，經驗不多，此處從闕）。先就瑞士說，瑞士聯邦從 1874 年至 1914 年的 40 年中，提交人民複決的案子（包括決議與條約）共 31 件，其中僅 12 件獲得通過，亦即百分之 61 的案子被否決。從 1874 年至 1960 年的 86 年間，共有 67 件提交人民複決，其中僅 25

件獲得通過，亦即 62%的案子被否決。這個統計數字可以證明出，人民主動要求複決的議案，確有不合人民意思的地方，所以多數不獲通過。但這並不表示議會的立法不能代表民意，祇能說明人民可以判斷不喜的議案，且有能力予以打銷。瑞士自 1874 年至 1919 年間，議會通過的法律及議決計達 1150 件，其中在性質上可舉行公民複決的（即係一般而非具緊急性的）共 350 件，但實際上真被要求複決的，自 1874 年至 1913 年間，在 284 件中僅有 31 件，祇佔 11%；自 1905 年至 1919 年間，在 62 件中僅有 3 件，祇佔 5%。如此比較，一方面可以看出議會立法的優越代表性，一方面也可看出，任意（主動）複決確可維護人民的利益，以收監督議會之效。一般瑞士的公法學者，咸認任意立法複決制的行使，可使議會更具代表性，這種想法是信而可徵的。美國各州的情形與瑞士相若，下面的統計可以證明：自 1897 年至 1925 年間，美實行任意立法複決制的 16 個州，共有 173 件法案提交人民複決，結果祇有 64 件獲得通過，亦即 63%的案子被否決。再以美國奧立岡州爲例，該州自 1902 年至 1930 年間，共有 8 件議案交人民複決，結果 3 件通過，5 件否決，亦即 60%的法案遭人民拒絕。由瑞士及美國各州的統計可知，凡是人民覺得有問題而請求複決的案子，大致 60% 以上有被否決的可能性。

四、創制制的比較研究

在實行直接立法制的國家中，採複決制的國家較多，兼採創制制的國家較少。我們仍就前舉的 10 個國家先製一簡表，以明大概，然後再分點作較深入的探討於後。

表二　十個國家的創制制

	憲法創制		立法創制	
	採用情形	行使方式	採用情形	行使方式
瑞士聯邦	完整採用	間接	不採用	
美國各州	完整採用	直接及間接	多數原則採用	多數限制間接
德意志聯邦				
威瑪時代	完整採用	間接	原則採用	限制間接
西德	不採用		限制採用	間接
法國	不採用		不採用	
義大利	不採用		原則採用	間接
澳大利亞	不採用		不採用	
日本	不採用		不採用	
大韓民國	限制採用	間接	不採用	
西班牙	不採用		不採用	
菲律賓	不採用		不採用	

關於憲法創制部份：

1.在前述 10 個採用憲法複決的國家中，兼採憲法創制的，僅得 4 國。如除去威瑪憲法時代的德國不算，僅得 3 國，此即瑞士、美國的部份州及大韓民國。瑞、美兩國自 19 世紀末葉以來即實行憲法創制制，算得上是資深的國家。它們在這方面的傳統與經驗，使這個制度能被維持下去。其他國家的憲法比較起來是新進的，這些新進的國家，祇有大韓民國 1 國採用憲法創制制，其餘的一概捨棄，這一點是很值得人玩味的。除去理論不談，一般說來，複決比較創制易於為人民行使。創制須人民自己提案，自己辦理簽署，還要自己投票表決，手續的負

擔的確是很重的。大凡普通百姓對政治多採保留態度，積極主動的不多，如再遇到麻煩的手續，將更減低他們積極的興趣，創制之不易行使，其故在此。複決的情形略好，因人民至少無須自己草擬法案。對另一個法案加以判斷去捨，本質上是被動的，是較易行使的，各國的普採憲法複決制，不是無因。理論上，憲法創制制或複決制皆是人民直接意思的表達，皆是對國家最高法律的控制，應當是不分軒輊，一體重要的。但由於運用的困難，卻有不同的結果，實效觀念在此複被強調一次。

2.複決制的成效與所採的方式是強制或任意有關，創制制的成效則與所採方式是直接或間接有關。間接的創制是一定數目的人民向議會提出法案，議會可加以審議修正或另提對案交人民複決。議會的組成份子，對法案制定及判斷的能力較普通人民為高，如由他們先作一番考慮，對法案的通過會發生重大的影響。即使創制案為議會的內容相反的對案所取代，仍不失為創制問題的解決辦法。且對案是根據創制案而來，不管內容如何，總是出於人民的主動，不失創制制的本旨。直接創制則由一定數目的人民，直接向人民提出法案，不須先經議會考慮。這個制度雖較簡捷，但因欠議會的討論，法案本身常有欠缺，在表決時反而易發生問題。我們在前面曾經提到，人民因形成優良創制案的不易，已影響到創制制本身的取捨，如採取的國家捨間接而就直接，無疑使這個制度更加難於維繫了。在前舉 4 個採憲法創制制的國家中，大韓民國採間接創制制，50 萬以上具眾院議員選舉權者得向議會提案（大韓民國憲法第九十八條第一項及第四項），德威瑪憲法亦採間接創制制，據該憲法規定，有選舉權者十分之一可以向議會提出憲法創制案，議會須有三分之二以上議員的出席，出席議員三分之二以上的同意，可將提案通過。如議會對提案不加變動，即無須提交公民複決，否則仍須提交（威瑪憲法第七十三條第三項，第七十六條

第一項）。瑞士聯邦對憲法的創制，可分全部創制及部份創制兩種。
全部創制僅能提出原則，部份創制可提出全案。但不論全部或部份，
皆須經國會的先行審議（瑞士聯邦憲法第一二〇條第二項，第一二一
條第五項），故爲間接制。美國部份州的情形比較分歧，但大體說來，
多數州兼採直接及間接制。直接與間接的取捨則基於請求人數的多寡。
以加州爲例，該州如有 8%以上選民的簽署，可直接向人民提出憲法
創制案請求複決；如有 5%以上選民的簽署，可向州議會提出憲法修
正案請求審議，此時州議會若不願接受，可再向選民直接提出（1911
年加州憲法修正案）。由上面的四個國家看來，憲法創制制以採間接
的方式爲主，如此較易維護及發揮此制的特色。瑞士自 1874 至 1960
年間，議會對憲法創制案曾提出 9 件對案，其中有 6 件被接受，可見
議會的作用了。

　　3.整體檢討，憲法創制是不易行使的。我們現再就實例來看，瑞
士聯邦自 1874 至 1960 年，人民共提出憲法創制案 45 件，其中經人民
複決贊成的僅 7 件，換言之，人民自己否決掉的有 38 件，此佔 84.4%。
自 1935 年至 1960 年，聯邦人民共提出憲法創制案 20 件，其中經複決
通過的僅 1 件，亦即 95%的創制案由人民自己否決。美國的情形相差
無幾。自 1900 年至 1926 年，美國部份州總計提出憲法創制案 214 件，
其中獲複決通過的僅 69 件，亦即 145 件遭人民自身否決，此佔 67.7%。
這些統計數字說明部份人民簽署贊成的法案，常不爲多數人民所喜。
這裏面，有原則性的，有技術性的。就原則說，創制法案每顧簽署人
的利益，內容難免偏激，反不如議會議員能考慮週詳，兼顧各方面的
利益，所以創制案並不如議會的議案，易爲人民接受。就技術說，人
民不易提出完美的法案，此其一；創制法案在簽署時，易爲少數人操
縱，不能真正代表簽署人的心意，此其二。此二點可使法案在複決時
爲人民所拒絕。美現有 12 州實行憲法創制制，近有許多實例可以證明

許多富豪及巨商常利用此制達成私人逃稅的目的。他們僱用人員招攬簽署，及租用傳播工具廣爲宣傳，以便提出對己有利的法案，如 1960 年加州高爾夫球場低稅率案即是。也有若干州，利用此制提出種族隔離等法案，使少數人的利益無法保障，故有許多美國人主張，創制案應經議會的審議，如此可收互相調和及監督之效。

關於立法創制部份

　　1.採立法創制的國家又較採憲法創制的國家爲少。在前舉的 10 個國家中，僅美國某些州、德國（威瑪憲法時代及目前的西德）與義大利等 3 國採用。德國的威瑪憲法雖對立法創制有所規定，但已爲陳跡，僅可供後人的參考。西德現行憲法雖採立法創制制，但也失去時效。按西德憲法第二十九條第二項曾明定：「邦之一部份地域，由於一九四五年五月八日以後之邦域調整，未經人民投票而變更其邦籍者，在本基本法生效時起一年內，得依人民提議，要求修改有關邦籍之決定。」該基本法係於 1949 年 5 月公佈生效，迄今早滿 1 年的期限，所以西德憲法的規定，已經失效。除去德國，祇剩下美國的某些州及義大利了。採用立法創制國家的趨向減少，由此可見。這種趨向的形成與制度的實用性大有關係。如前所述，創制的行使較複決爲難，故採用創制的國家較採複決制的國家爲少。就創制說，憲法創制較立法創制來得重要，且行使的機會較少，故採用立法創制的國家亦較採憲法創制制的國家爲少。此種實效上的考慮，前面已經討論過，此處不贅。現祇需再舉一例，即瑞士聯邦從未採用立法創制制（各邦除 3 邦外採用），雖曾有人累次提請實施，但始終未能獲准。該國是最適宜推行直接立法的國家，也因顧慮到立法創制案在聯邦的不易制定及對聯邦集權的可能影響，而未能採行。

2.現就憲法規定，再將此制加以比較察看。德威瑪憲法第七十三條第三、四兩項規定：「有選舉權者十分之一，請願提出法律案時，亦應付國民投票。此項請願，應提出詳細之法律案。政府應附具自己意見，將此法律案提出議會。若議會不加以任何變更，可決國民所請願之法律案時，不必舉行國民投票。預算法、租稅法及俸給法，除經大總統命令者外，不得交付國民投票。」德意志國民複決法（1923 年修正公佈）第二十九條規定：「以完整之法律案申請許可國民創制者，非經一年期間，不得就該案再度提出申請。」從這兩個條文看來，德威瑪憲法所規定的立法創制制是間接行使的。行使時且受有限制，即非經 1 年不得提出同一內容的創制案。間接行使的優點，可見前述，1 年的限制，則可以防止此制的濫用，以維法效，亦是很好的設計。但法案須完整提出，對人民卻是一項負擔，因一般人民的法律素養較差，不易提出毫無瑕疵的整個法案。如法案提出時有瑕疵，就會影響複決的通過，故不如提出立法意旨，讓政府或國會補充爲佳。關於創制的對象，就條文解釋，似乎不受限制。但在實際處理上，不得交付國民複決的預算案、租稅案、及薪俸案，亦不得申請創制。如此處理亦是懼怕一般人民對財政不易作清晰的了解及公平的判斷。威瑪憲法的制度，可說是原則肯定而特定事項否定的制度。義大利的情形與此大同小異，人民得以 5 萬人的簽署，作成法律草案條文，向議會行使提案權（義憲第七十條及七十一條），再對租稅、預算、大赦、特赦、及國際條約等案，亦不得行使複決權（義憲第七十五條第一項）。美國許多州的情形各有不同，如以阿克拉荷馬州爲例，該州實行立法創制，須 8%合法投票人的簽署；提案應經民政廳長向州長提出，州長應將提案交人民複決。由人民所否決之提案，在 3 年以內，不得再要求創制，但經合法投票人 25%簽署者，不在此限。

上述 3 個國家的規定，對立法創制的行使多加限制。限制的程度

較對立法複決爲嚴。以簽署人數論，在威瑪憲法，請求複決祇須二十分之一，但提出創制需十分之一；在美國阿克拉荷馬州，請求複決祇需百分之五，但提出創制則需百分之八。立法創制是主動性的行使，故應加以限制，否則爲人濫用或操縱，反有害於法治的持續性與穩定性。在目前的工業社會中，人民不可能集中精力或花費大量時間在立法的創制上。在這種情形下，就須慎防人爲的操縱，而宜作合理的限制。

3.行使立法創制的實況與行使憲法創制的實況大致相若，即爲人民接受的比率不高。以美國說，自 1900 年至 1926 年間，實行此制的各州共提出 226 件立法創制案，結果祇 87 件經複決通過，139 件遭否決，此佔 61%。關於這方面的檢討已詳前，現從略。

五、結　論

從以上的比較分析中，我們對直接立法制的整個運行狀態，或可看出一些具體的形象。先從靜態看，直接立法制中的憲法複決爲多數國家所採用。其次爲立法複決及憲法創制。採立法創制的國家最少。我們可就前舉的 10 國作一圖如圖一。

從圖一中，我們可看出直接立法制在運用上的消長情況，這情況正顯示出，各國在採用此制時，對理論及實效所作的各種考慮。對此可從兩方面再加深入的探討：一是有關創制與複決方面的，一是有關憲法與法律方面的。

創制與複決雖同屬人民的直接立法行爲，但在理論上，創制是積極的，是制定法案的行爲；複決是消極的，是審核法案的行爲。兩相比較，前者似較重要。然而就實效論，審核的工作易爲，制定的工作

難做。制定法律，不但需對事理有深度的認識，且須具備法律的專門知識，故一般國家每委諸專家去做。審核法律，祇須認清一般利害所在及具備普通社會常識即可，不須專才積學。二者之間在這方面的差異，使各國在採用直接立法制時，有不同的安排，即多採複決制，而少採創制制。創制在理論上雖較重要，但非一般人民所易於行使，故多數國家為了實效上的考慮，乃不得不略予犧牲。

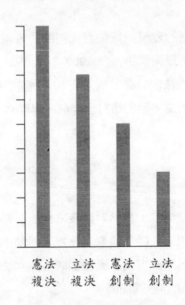

憲法　　立法　　憲法　　立法
複決　　複決　　創制　　創制

圖一　直接立法制的運作

　　就憲法與法律說，憲法是國家的根本法，如有變動即意味著人民與國家或政府間的基本合約有了變動，這是大事，故無論如何應讓人民認可：複決。也就是說，創制若不易為，複決必得許可，因這是主權在民原則的最後表現。法律的法效，次憲法一等，且須因時制宜而制定或修改，對此，創制固不易配合，就云複決，也缺乏實效性。因

法律的變動遠較憲法頻繁，如使人民時時複決，不但有損法之持續性，且亦過份加重人民的負擔。各國基於這種考慮，故多採憲法的直接立法，而少採法律的直接立法。再配合創制與複決的關係看，在憲法或法律的直接立法中，又多採複決制，而少採創制制。

　　綜合一看，就成了圖一中的順序了。

　　直接立法在理論及實效上，尚有若干次一層的配合及調和處，如有關對象的限制，方式的不同（強制或任意、直接或間接）等。這些在以前各節中曾分論過，現一概從略。

　　我們對直接立法再從動態看，亦曾發現兩種事實，一是新興各國對直接立法制的採用愈來愈少，或採用的範圍愈來愈狹（二次大戰後，採用直接立法制的新憲法，多僅限於憲法複決一項）。一是實行直接立法制甚久的國家，近有減少採用的趨勢。瑞士是直接立法的發詳國，近有若干邦，竟廢止實行。美國採用直接立法的各州，自 20 世紀的 20 年後，亦逐漸減少採用，以致甚多美國人對創制，複決二字竟不知意指何事。有些規定很嚴的州，每利用其他的手段以逃避直接立法的實行。如阿利桑那州，以「緊急性」為藉口，使 80% 的法案不受複決的控制。這些事實皆在說明，直接立法的實際運行有衰退的現象。

　　衰退的原因是多方面的，前述實效上的考慮即佔很重要的位置。再近代的人是忙碌的，如他們的代表真能代表他們的意思去立法，又何苦再勞自己去直接立法呢？直接立法的引用，本是濟代議制之窮的，如其窮已獲得救濟，直接立法的目的也就達到了。一般說來，代議制之窮一是表現在議會的專橫不去代表民意，一是表現在議會的紛亂不能代表民意。關於此點，已因兩黨政治的流行，政府解散或對抗議會權能的加強，以及人民選舉權的普遍及定期行使，已使代議制獲得不少改善，較前更能代表民意了。在這種情形之下，很難盼望人民去加強實行在實效上較緩的直接立法制的。

　　但這並不是說直接立法制已失去作用。一種制度的作用不可僅看它的表面，必得要看它裏層所具的威脅力或影響力。現各國對直接立法雖減少使用，但它對議會立法所具的監管力，仍然很大（議會立法如無法代表民意，直接立法可隨時取而代之），議會立法怎能不時時注重配合民意呢！有人說直接立法是備而不用的武器，我們認爲這種武器不須動用，就靠存在，即可發生作用了。　　（原載：《各國行使創制、複決兩權之利弊得失》，1964，臺北，國民大會秘書處。）

政黨及利益團體與監察院

一、前　言

政黨在監察院的作用，可表現在兩方面，一在職權的行使方面，一在組織的形成方面。監察院有它本身的目的，這些目的須賴它所具有的各種職權來達成。但要行使職權，必須要有組織，組織的內涵如何，頗影響職權的行使，所以組織的形成與職權的行使及目的的完成之間，具有十分密切的相關關係。一個政黨固可單獨影響某一監察委員的行使職權，但最好的辦法莫過於透過組織的控制來徹底達成黨的目的。一個壓力團體雖不若政黨的政治色彩之濃，但亦可獨立地或透過政黨的作用來影響監察委員，以達成自身的特殊目的。

就監察院的職權來說，監察院主要的職權共有七種，即：同意權、彈劾權、糾舉權、糾正權、審計權、監試權及調查權。這七種職權雖各有各自的目的，但有些職權較多政治捭闔的餘地，有些職權則較少政治活動的可能。也就是說，有些職權在行使的過程中易受政黨及壓力團體的影響，有些職權在行使的過程中，則不易受政黨及壓力團體的影響，此與每個職權的性質有關。

同意權行使的對象是司法院正、副院長及大法官、考試院正、副

院長及考試委員。這些皆是政府中的高級官員，俱爲特任。他們的能
否獲得監察院的同意，不僅關乎政府及執政黨的成敗，抑且涉及個人
自身的榮辱。在得失成敗之間，自須愼重。政治上的爭取與排斥，在
這種情形下當然不可避免，且必然明顯化。

　　彈劾權與糾舉權是對違法失職人員的糾彈，較具司法的性質，但
糾彈的結果不定會產生行政或司法上的懲戒與罪責，另一面卻對被糾
彈的人，構成莫大的威脅。如果真受到懲戒與刑罰，自身的公務前途
立即受到打擊，一生皆蒙受不利的影響。如被糾彈的是執政黨的政策
執行人或主要的幹部，難免使黨及政府亦受到牽累，所以彈劾權與糾
舉權的行使，有時會引起強烈的政治反應。

　　糾正權是針對政府的行事而設，最具政治的效果。此權大可及於
中央政府的大政方針，小可及於低級機關的辦事實務，也就是說，政
府的動、靜、行、止，隨時皆在糾正權的籠罩之下。政府或執政黨能
否順利執行它的政策，與糾正權息息相關，糾正權的必然成爲政治運
用的對象，自不待言。

　　調查權是在行使其他職權時，對事實真象預作調查的權能。它本
身僅是一種手段，而不是最後的目的，亦即唯有在配合其他監察權的
行使時，才發生作用。不過調查的所得，往往會構成具體的嚴重後果，
如糾彈案的能否成立，即以調查的有無所得而定，所以調查權的行使
即等於作了一次警告，而爲人重視，因之，亦較多政治運用的可能。

　　其他的兩種職權，即審計權與監試權，所帶的政治色彩較爲淡薄。
所謂審計權是著重政府財務的審核與監督，且專設審計部以司其事；
所謂監試權，是對考選機構所舉辦考試的監督，祇有在舉辦考試時才
有實行的機會。上述二種權能在行使的過程中，似皆偏重專門性與技
術性的考慮，而與政治上的縱橫捭闔，距離較遠。

　　就監察院的組織來說，監察院有院長、副院長、各種常設的委員

會、各種特種委員會、因糾彈案而組成的審查會、全體委員組成的大會及審計部與秘書處等行政單位。在上述的組織中，有的易成為黨派及壓力團體活動及爭取的對象，有的則不易成為活動及爭取的對象。這也要看每個組織的性質與作用而定。

院長與副院長按監察法規的規定，雖不能控制或指揮監察委員職權的行使，但對內、對外都是監察院的最高首長，是深受國人尊敬的崇高職位。對這兩個職位的爭取，自然牽涉到政治上的活動，尤以黨派間的爭取為最。

各種常設的委員會對糾正權的行使，有決定性的作用。按監察法規的規定，凡是糾正案非經常設委員會的通過，不能成立。委員會的委員雖可改任，但至少有一年的固定任職期限，故易為黨派及團體活動的對象。

各種特設的委員會，多數因院內的特種事務而成立的，如法規研究委員會、整飭紀律委員會、經費稽核委員會、公報編審委員會等等。這些委員會實際上多不牽涉監察權的行使，對監察權不發生積極的作用，所以不太成為政治活動的對象。一般說來，黨派對這些委員會常表現出不爭取的態樣。

因糾彈案而成立的審查會，於糾彈權的行使有莫大的關連，最為各界所重視。但此種審查會的委員不是固定的，按監察法規的規定，是採輪流制，因之，會議組織的本身，在事先無法作有效的爭取，而作進一步的控制。政治的運用祇能影響各個審查會的個別委員。

監察院院會係全體委員所組成，它的活動就是全體委員的活動，所以政治的運用必須以各個委員為目標。再院會雖可作多方面的討論與決定，但關於具體職權的行使，仍須交各職權單位。糾舉及彈劾權固無論，即在政府施政檢討與改進方面，亦祇能促常設委員會注意糾正。這一監察院的最高會議，除選舉正、副院長外，黨派上的運用不

致太激烈。

　　至審計部、秘書處及其他行政單位，皆是專門性及技術性的機構，政治上的縱橫捭闔與監察權的消長情形，在這些機構較難看到，所以機構本身不易成為政治爭取的對象。

　　上面是就監察委員的職權行使情形及組織形成狀況，加以概括性的討論，這一討論，可使我們得一初步的線索，來追尋政治運用的所在及黨派與壓力團體的活動情形。追尋的程序完全是一種動態的研究，不免要牽涉到不少現實的問題。我們今日所置身的社會，是處於緊急狀態下的一個較為特殊的社會，政黨的運用在事實上並不能完全公開，有不少禁忌仍是存在著的。在這種情形下，收集動態的材料會遭遇不少困難，即就所搜集的材料而獲致的發現，恐亦不能和盤托出。作者當本審慎的態度寫作，可能有許多註腳因運用上的困難，而不能列入，但文責自負。

二、監察院內的政黨組織

　　政黨的產生與活動是近代政治史上的一大特色，在理論上說，民意可藉這種政治性的自動組織(voluntary group)，而能系統化、計劃化、步驟化地納入及反映到政府的施政之內。在實際上說，無論是多黨國家、兩黨國家或一黨國家，執政的人物莫不藉政黨的組織與運用，來控制及維持政權。多黨與兩黨國家，政府的基礎必須建築在民意機構的黨的多數席次上，黨的重要性可不必多說。即在一黨專政的國家，政府的結構與施政，亦必藉黨的嚴密組織與控制，才不致發生鬆懈及其他不良的結果。詳細點說，這一專政的黨為了保持政權與實行政綱，必須消極地阻止其他反對團體的活動，與積極地發揮黨的力量至各方面。經常可以看到的現象是：

1.黨對民眾的組織與控制。此常須付出較大的心力與精力，因所懸的目標已超出兩黨之間的競爭均勢，而是一黨優勢的永久掌握。這好像騎在一匹千里駒上，看來平穩快速，但必須具有良好與緊密的駕御術。

2.黨對民意代表的組織與控制。除了極少數的帝王專制國家以外，近代國家，無論採用那種國體與政體，政府的產生大都採用人民選舉的方式，即由人民選舉議會，由議會產生政府。一黨專政的黨，也是透過組織的活動，由人民、議會而到政府的控制。在這一過程中，議會是一主要的環節。它一方面是人民的代表，是民意的表現所在，一方面又是政府的產生者、支持者與監督者。多黨或兩黨國家，反對黨所代表的反對民意是大家能聽得到的，但在一黨專政的國家，相反的民意每不易被聽到。實際上，人民的代表來自各地域與各階層，自有不盡相同的各種意見。一黨的政策雖有綜攝的作用，要不能完全泯除異見，黨應如何運用，才能使自己的政策與執行過程，不受同黨議員的抨擊，而保持一黨的絕對優勢，是值得重視的問題。

3.黨對政府各級機構的控制。機構是層級的組織，人事屬指揮的系統，一黨取得專政的地位後，對這方面的控制當然比較易為。不過在兩黨或多黨的國家，除政務官外，一般官吏多能保持中立的地位。在一黨專政的國家，因政府缺少變動，一般官吏易受黨的控制。至獨立的司法機構，是否可全然超出黨的影響之外，亦是值得注意的問題。

　　總之，要保持一黨的絕對優勢，必然要走上嚴密組織與控制之途，因稍涉疏忽，即會使努力白費。

　　中國動亂數十年，自民國以來，曾歷經北伐、抗戰、剿共諸役。各役皆在不平常的環境下由國民黨負責推動實行，國民黨由此掌握絕對的優勢，是歷史的因素使然。但國民黨是贊成民主憲政的，希望配合特殊的環境，用軍政、訓政、憲政的漸進程序來達成。事實上國民

黨早已還政於民，實行憲政，惟因共黨叛亂，政府播遷來臺，一切又進入特殊狀態。中央民選機構因此不能改選，無法徵詢民意，國民黨的絕對優勢自仍繼續存在。再政府自遷臺後力謀反攻復國，執政的國民黨熱望加強領導，以促使全國上下振作奮發的心情，亦是可以體會出的。所以到目前為止，國民黨是掌有絕對優勢的政黨，其他的兩個政黨（民社黨與青年黨）是處在劣勢的陪襯地位。在最近的將來，這個情勢恐怕不易改變。

　　國民黨雖在監察院佔絕對的優勢，但在黨籍監委間，卻因政見及利害關係的不同，而分成派系。派系在行使各種職權時的對立情形，難免使執政黨中央憂慮會抵銷黨的領導作用。且派系意見的相反，會產生接近中央與不接近中央的情形，此更易使中央感覺有加強領導的必要。領導的加強是使監委職權的行使，能符合中央的意思，中央與各派系監委之間在這方面的運用，是相當複雜的。一般說來，最基本的辦法是經由層級組織來控制，所以對層級組織的了解，乃成為研究監院「利益模式」(pattern of interest)活動的中心工作之一。

（一）監察院內的國民黨

國民黨監察委員黨部改造委員會

　　國民黨在監察院最早成立的組織，是「國民黨監察委員黨部改造委員會。」這個改造委員會設立於 1950（民 39）年 11 月，正值整個的國民黨在整頓與改造期中。所以要了解監委黨部改造委員會的性質與產生的目的，就不能不先了解整個國民黨的改造原因與經過。

　　大陸的撤守與政局的敗壞，無疑地使國民黨最高當局決心將整個黨的組織，加以整頓與改造，希望能藉此進一步達成復國建國的目的。

該黨總裁蔣中正氏曾經對此有過一段扼要的說明（張其昀 1952:7-8）：

　　當我在三十八年初，離職退休，痛切反省之後，對建黨立國
的根本大計，反共抗俄的基本政策，從個人的懺悔，同志的規戒，
革命環境的剖析，世界局勢審察的結果，才確定了本黨今後革命
的方針。乃於三十九年七月，向六屆中央執監委員會提出本黨改
造方案，著手於黨的改造。我們知道：黨在失敗之餘，如不徹底
改造，即將失去其領導國民革命完成反共抗俄的中心。這樣，本
黨革命歷史，必將垂絕無疑。

　　蔣氏對黨的失敗看得很重，曾強調「戡亂失敗最後的一步，還是
在黨的失敗」；黨的失敗原因須作檢討，結論是：「黨的失敗主因，
是在三民主義信仰的動搖。至於第六屆全國代表大會以後，中央組織
之龐大複雜，內容之紛歧矛盾，是亦為黨務失敗原因之一」（張其昀
1952:16）。在蔣氏親自籌劃下，國民黨在 1950（民 39）年 8 月成立
中央改造委員會，並擬定「改造綱要」，作為工作實施的藍本。根據
綱要的規定，改造後的黨應是「革命民主政黨」，組織原則是「民主
集權制」。發展組織，執行政策的方針是「原則領導、一元領導、民
主領導」。中央改造委員曾對黨的組織作過通盤的考慮，對當時複雜
而紛歧的現象，確曾力加改進。監察委員黨部改造委員會，就是在中
央改造委員會成立三個月後組成的。

　　監委黨部改造委員會所負的改造任務，當然是有限制的，主要在
加強同志的團結及增進與中央間的親密關係。據一位監委相告，當時
的情形是監委遷臺不久，大家的生活尚欠安定，且多來自地方，對中
央的情形不熟，再對職權行使的經驗亦不足，所以在改造委員會成立
之初，黨務方面的活動並不十分活躍。這情形要到 1952（民 41）年以

後才慢慢有所改進。從另一方面看，儘管改造委員會在前二年的黨務活動不強，但此委員會的組織成立，已足表示中央對監委同志的重視，認爲有嚴密組織，齊一步驟的必要。這一原則，中央一直維持到現在，但其間曾發生若干職權行使時的控制問題，而形成一種動態政治的利益活動現象。

　　按中央的規定，監委黨部改造委員會的改造委員共 7 人，其中 3 人爲常委，任期 6 個月，即每半年由 3 人輪流一次。另置總幹事 1 人，幹事 1 人，協助辦理行政事宜。7 位改造委員皆由中央所遴派，處在五院之一的崇高地位，他們頗有政治上的地位與作用，故爲一般人士所矚目。中央後來任命的委員以少壯的監委爲主，對年老資深的未多考慮。此與中央起用少壯新人的決策似甚符合。7 位委員是：孫玉琳、王澍霖、侯天民、張國柱、郝遇林、于德純。就監委的全部名單看，這 7 位委員皆不是資深的，其時監委中有黨中的元勛于右任、居正、鄒魯、丁淮汾等人，但皆未列入委員的名單中。改造委員會每兩星期開會 1 次，討論一般事宜。黨員大會每兩個月開會 1 次，討論全體事宜。大會開會時，主席臨時推定，大多由資深者出任，中央例派主管同志到會指導。中央改造委員會的秘書長張其昀氏及改造委員張道藩氏及袁守謙氏等，即常常出席指導，並利用這一機會，轉達中央的決策與意見。一般說來，那時開會的氣氛相當調和融洽，黨與委員間無甚隔閡，監委職權的行使亦尚未積極，故與黨的利益根本上不產生衝突。改造委員會下 7 個小組是最基本的單位，小組長亦係由改造委員兼任。大體上小組的劃分係按監院委員會的分法，每組約 10 人左右。

　　監委黨部改造委員會是一種合議制的組織，一切決定必須採用決議的方式。行政事務則由 3 位常務委員負責推行。委員會的內部行政結構很單純，1 位總幹事，是韓克溫，另有 1 位幹事，是蒙維翰。韓氏是監院的參事，蒙氏是科員，但他們主要的職務是處理黨部的事務。

這一種以機構正式職員的名義來處理黨部事務的情形，在臺灣很是習見，尤其在民意代表的獨立黨部及公營事業黨部爲然。

國民黨中央黨部改造委員會，下設 6 個組，由第五組負責與監委黨部的聯絡工作。當時中央尚未設立政策委員會，監院本身的業務也不複雜，黨政的關係可以稱得「單純」二字。據說中央改造委員兼第五組主任袁守謙氏在監委黨部開會時，尚有閒情翻閱與讚賞監院院長于右任氏的詩集，由此可見袁氏對監院的尊重與會議時的輕鬆狀況。這一種輕鬆局面愈到後來愈不易出現。在 1965（民 54）年，黨政的關係似乎發展到了緊張的高峰，黨中央的大員因部分監委黨員不合作的態度，弄得焦思急慮，痛心疾首，最後且不惜訴諸黨紀與改組黨部，這些將在以後各節敘述。

監委黨部的改造委員會隨著中央黨部改造工作的完成，在 1953（民 41）年 11 月結束。從 1950（民 39）年 11 月該委員會的成立算起，一共維持了整整 3 年的時間。這一段時間可稱爲監委黨部的初創時期。綜合說來，初創時期有下列的特色：(1)黨部組織的確立。監院以前沒有單一的黨部，從此有一獨自的組織。中央的改造工作是想將已受嚴重破損的黨新生起來，新生的第一要務是黨的組織的改造，這點在監院是完成了。(2)黨部組織的簡單與工作的輕易。因監院的職權尚未充份展開，黨政關係比較單純，組織亦不需複雜。(3)監委黨員之間的關係尚不十分親密。監委黨員多來自各省市地方，以前多不熟識。黨員之間的黨性強弱，亦有不同。少數來自邊疆地區的委員過去與中央的關係，可能並不十分濃厚，加上職權尚未開展，親密的關係有待建立。(4)派系的分別不明顯。職權未行，來往不密，派系利害的衝突尚未充分出現。有人說黨中的張維翰派或團派與陳肇英派或黨派已有分野的

跡象，[1] 但據熟悉黨派情形的某人士相告，國民黨內黨、團派的形成，早在行憲後第一屆監委選舉前。當選後的部分監委，已可目為團派或黨派，不過相互之間在監院自成系統互結陣線的情形，在改造委員會時期尚未顯著。亦有人說團派早在監院遷臺前的南京時代即有所接觸，但不為其他監委所警覺。不管如何，在改造委員會時期，派系的觀念可能已漸漸醞釀，但還沒有到明顯出現及衝突的程度。

國民黨監察委員黨部

監委黨部的改造工作完成後，改造委員會結束，監委黨部組織正式成立，時在 1953（民 42）年 11 月。

正式的黨部組織仍採 7 委員制，但增 3 候補委員。此 7 委員不再由中央黨部任命，而改由全體監委黨員選舉，每年舉行 1 次。7 委員每半年另選 3 常務委員，負責處理經常的事務。這 3 位常務委員習慣上將每月分成上、中、下三旬，由 1 人負實際責任。協助處理黨務的仍是 1 總幹事與 1 幹事。1964（民 53）年 3 月，黨部任務增加，於是增設 1 秘書長，由中央遴派監委同志出任，總幹事則改成秘書，幹事仍舊。

自從監委黨部成立以後，監院本身的各項組織與職權也日漸正常，且有所改進與發展。政府是 1949（民 38）年遷臺的，當時情況的紛亂，不待多說。監委追隨政府由各地倉促撤退來臺，處境亦十分不

---

[1]　監院中的團派，係過去與三民主義青年團有關係的委員；黨派係過去與中國國民黨中央黨部有關係的委員。黨團雖於民國 35 年（1946）合併，但過去人事關係仍然存在，故有團派，黨派之稱。團派又稱張維翰派（簡請張派），黨派又稱陳肇英派（簡稱陳派），非因張確為團派的領袖，陳確為黨派的領袖，乃因張、陳二氏齒德俱尊，受人敬重，故形式上以張代表團派，陳代表黨派，時間較久，遂又有張派，陳派之說。

安。後來蔣中正氏復任總統,改造國民黨並努力建設臺灣爲反共基地,
政府的基礎乃逐漸鞏固,監委的生活亦日漸安定,監院的各項活動從
而開展。如前所述,改造委員會時期是一初創而較不安定的時期,黨
部成立後的時期則是邁入成熟與茁壯的時期。在改造委員會時期,監
委之間關係不夠親密,但在黨部時期,大家的關係則日趨親密,且有
共同的休戚感。以往大家來往不密,遷臺後則多集住一地,增多往還;
以往大家注意力分散各地,遷臺後大家注意力集中一處,減少隔閡。
大陸時代有地方政治的分野,自遷臺後亦完全解消。舉例來說,與桂
系關係密切的廣西籍監委如陳恩元氏與王贊斌氏,已不再帶有過去的
政治立場,而專心於國家監察權的行使,爲世人所尊重。與西北馬氏
關係深切的監委如康玉書氏,不但毫無地方色彩,且熱心行使職權爲
監院黨派的主要人物。再與山西閻氏關係甚密的楊貽達氏,歷年在監
院尤多建樹。總之,監委自播遷來臺,經過改造委員會時期的一段由
不定至安定的歲月,已因客觀環境的改變,徹底泯除以往地方政治的
分歧,而在臺灣開創監院的新局面。

　　黨部時期除去上述監委之間的關係有實質上的增進外,監委職權
的行使也大爲加強。由於這兩項因素,使關係較密及意見較近的監委
慢慢接近,結果形成派系。如說團派或張派已先有基礎,現在則是與
團派利益相對立的黨派或陳派的形成與崛起。這個大派以舊中央黨部
派爲核心,加上其他地方派的黨員,甚至民、青兩黨黨員組成。自從
出現了派系以後,監委黨部的工作就不再輕鬆,與中央黨部的關係也
就開始緊張了起來。一般說來,派系的對立,在選舉時最爲尖銳。據
某派的監委說,團派在監院委員會召集人選舉時頗多活動,最初尚不
爲大家所注意,後來有人慢慢發現團派的存在,於是互相結合另成一
派加以對抗。這一派人數眾多故稱大派。大派在第一次副院長出缺選
舉時,因多人參加競選而形成分裂,結果分出李嗣聰派及金維繫派。

　　除了選舉，派系在職權的行使上也有明顯的分別。大致張派主張服從黨的領導，多配合政府的施政，少打擊政府的威信。陳派則贊成獨立行使職權，爲政府肅清官邪，不喜政黨多加干涉。李派與金派比較溫和，但較接近陳派。監委黨部的委員是由監委同志選舉產生的，所以委員中有各派的人士，中央欲求各派人士組成的監委黨部來推行黨的決策，自然有所困難。因某派人士所贊成的政策，不見得爲他派人士所接受；他派人士雖然在內心上反對，但站在組織統屬的立場上，不能不表面接受，結果也祇能做到徒有其表而無其實。

　　黨部時期一直維持到 1965（民 54）年 11 月，總共是 12 年整。現將歷屆委員的名單及黨派關係列表於后：

表一　國民黨監察委員黨部的歷屆委員及所屬派系

	委員姓名	所屬派系	備　　註
第一屆	侯天民	張派	
	王澍霖	陳派	曾轉至金派，又回至陳派
	曹德宣	陳派	
	丁淑容	陳派	
	袁晴暉	張派	
	劉耀西	張派	
	陳嵐峰	陳派	
第二屆	侯天民	張派	第一次再任
	陳大榕	陳派	
	郝遇林	陳派	
	王文光	陳派	
	鄧蕙芳	張派	
	王冠吾	李派	原爲陳派，後轉李派
	王秋華	陳派	後轉金派
第三屆	孫式菴	金派	原爲陳派，後轉金派
	張岫嵐	陳派	
	劉耀西	張派	第一次再任

	康玉書	陳派	
	衡　權	陳派	
	陳達元	張派	
	孫玉琳	張派	
第四屆	田欲樸	張派	
	張一中	李派	原為陳派，後轉李派
	劉巨全	張派	
	于鎮洲	陳派	
	王　宣	張派	
	丁淑蓉	陳派	第一次再任
	郭學禮	李派	
第五屆	張建中	李派	原為陳派，後轉李派
	侯天民	張派	第二次再任
	張一中	李派	第一次再任
	張維貞	張派	
	王澍霖	陳派	第一次再任
	陳大榕	陳派	第一次再任
	孫玉琳	張派	第一次再任
第六屆	王文光	陳派	第一次再任
	李嗣聰	李派	
	余俊賢	李派	
	馬慶瑞	陳派	
	侯天民	張派	第三次再任
	張維貞	張派	第一次再任
	趙季勳	李派	原為陳派，後轉李派
第七屆	王枕華	金派	第一次再任
	金越光	張派	
	康玉書	陳派	第一次再任
	楊貽達	陳派	
	孫玉琳	張派	第二次再任
	張建中	李派	第一次再任
	張一中	李派	第二次再任
第八屆	張建中	李派	第二次再任

	張一中	李派	第三次再任
	王澍霖	陳派	第二次再任
	張岫嵐	陳派	第一次再任
	劉巨全	張派	第一次再任
	陳葵仙	張派	
	陳嵐峰	陳派	第一次再任
第九屆	張　中	李派	第三次再任
	楊宗培	張派	
	郭學禮	李派	第一次再任
	康玉書	陳派	第二次再任
	王　宣	張派	第一次再任
	衡　權	陳派	第一次再任
	孫式蕃	金派	第一次再任
第十屆	張一中	李派	第四次再任
	陳葵仙	張派	第一次再任
	侯天民	張派	第四次再任
	郭學禮	李派	第二次再任
	丁淑蓉	陳派	第二次再任
	王枕華	金派	第二次再任
	郝遇林	陳派	第一次再任
第十一屆	康玉書	陳派	第三次再任
	張岫嵐	陳派	第二次再任
	張維貞	張派	第二次再任
	張國柱	張派	
	張建中	李派	第三次再任
	郭學禮	李派	第三次再任
	王澍霖	陳派	第三次再任
第十二屆	張國柱	張派	第一次再任
	張建中	李派	第四次再任
	張一中	李派	第五次再任
	田欲樸	張派	第一次再任
	馬空群	陳派	
	陳江山	陳派	

	王枕華	金派	第三次再任
第十三屆	張一中	李派	第六次再任
	郭學禮	李派	第四次再任
	馬慶瑞	陳派	第一次再任
	楊貽達	陳派	第一次再任
	王澍霖	陳派	第四次再任
	陳葵仙	張派	第二次再任
	王贊斌	張派	

　　從表一看來，陳派是比較佔優勢的。在十三屆委員會中，有 5 次佔最多數席。有 6 次與其他派系共佔最多數席，祇有 4 次爲次多數席。張派勢力略遜，有 2 次佔最多數席，5 次與其他黨派共佔最多數席，6 次佔次多數席。李派的人員雖較陳派及張派爲少，但活動的能力很強，有一次佔最多數席，4 次與其他派系共佔最多數席，6 次爲次多數席或少數席。金派的實力最弱，僅有 6 次，且皆爲最少數席。

　　所有十三屆當選的委員中，有 1 位當選過 7 次，他是李派的張一中。有 4 位當選過 6 次，他們是陳派的王澍霖，張派的侯天民及李派的張建中與郭學禮。有 2 位當選過 4 次，他們是陳派的康玉書，與金派的王枕華。有 5 位當選過 3 次，他們是陳派的丁淑蓉、張岫蘭、張派的孫玉琳、張維貞與陳葵仙。有 13 位當選過 2 次，他們是陳派的陳大榕、陳嵐峰、楊貽達、馬慶瑞、郝遇林、王文光、權衡，張派的王宣、劉耀西、張國柱、田欲樸、劉巨全，金派的孫式菴。從以上統計加以分析，李派人物的活躍可得到進一步的證明；如張一中當選過 7 次，名列第一，張建中當選過 5 次名列第二，郭學禮當選過 4 次名列第三，較陳派及張派皆爲優異。陳派祇得 1 人當選 5 次，列第二（王澍霖），1 人當選 4 次，列第三（康玉書），張派在前 3 名中僅得 1 人當選 5 次，列第二（侯天民）。李派原從陳派分出，份子不多，是

　　監院的小派，但一向站在較溫和的地位，所以能左右逢源，在陳派與張派的爭執中獲得漁翁之利。李嗣聰氏從副院長的當選到院長的當選，似乎與這一有利的形勢有關。

　　就歷屆出任黨部委員的人選計算，一共是 39 位，約佔全體人數的百分之廿六。當選的委員，尤其是當選次數較多的前幾名委員，似皆是各派系對外的代表人物。據我們訪問接觸所得的印象，似皆具謙和而豁達的性格及協調折衷的能力。歷屆黨部委員的選舉，各派在事先亦的確有所安排，大致根據所掌握的票數而推選委員的數目與人選。在每屆選舉前，各派內部均先有集會與商談，並推出人員競選，如有票數不足或餘票情形，相互之間且有所談判與交換。某張派委員曾告，李派委員的產生，張派曾以餘票協助。由此可見，黨部委員之間政治運用的一般。在歷屆委員中，另有一現象值得注意的，即各派的首腦人物多未出現在委員的名單中，如陳派的陳肇英、梁上棟，張派的張維翰，金派的金維繫等是，另李派的李嗣聰亦祇出現過 1 次。這個原因可能是派系的首腦人物已多為中央的評議員，而不願再加入下級監委黨部的委員選舉，亦可能因為黨部是各派代表接觸協調的場合，首腦人物以不必親自露面談判為佳。不管原因如何，監委黨部的委員似亦為各派內的少壯派。還有一般外界所熟知的監委，如陶百川、陳志明、曹德宣、曹啓文、黃寶實等等，或從未當選，或僅當選 1 次。他們可能在派系的運用中，並不居於舉足輕重的核心地位，亦可能徘徊在派系的邊緣，而不願深入，有損超然獨立的立場。如陶百川氏對監委職權的行使，公正、熱心而負責，曾不自承屬於任何派系，但亦有張派人士指為屬陳派。至少可以證明陶氏願採較超然的立場，可稱為派系的邊緣人士。

　　在監委黨部之下，是監委黨員所組成的小組，這是最基本的組織，每組約 10 人左右。如前所述，小組的組織在改造委員會時代已經成

立，小組長由改造委員兼任。自 1952（民 41）年起，組織的改造工作逐漸完成，小組長乃改由小組黨員推選，此成爲監委黨部的第一屆小組。到 1967（民 56）年 1 月爲止，監委黨部共產生廿五屆小組。在第九屆小組（民 45 年選出）以前，各屆小組組長每隔半年改選 1 次，此後，每隔 1 年改選 1 次。再前三屆小組每屆的總數是 9 個組，四屆以後則爲 10 個組。一般說來，小組的劃分，是依照委員會的劃分而定，每 1 個委員會成爲 1 個小組，委員會的召集人常被同時推選爲小組的組長。這個辦法定得很巧妙，一方面可使各派委員因委員會的自由參加而同屬一個小組，避免小組劃分時人選組合上的困難。另一方面，黨部可透過小組的組織而影響委員會的決定，達成黨的政策與目的。不過，在實際上，藉小組控制委員會的目的並不能順利達成，小組黨員間因派系而意見不一，在控制上自難絕對有效。此正如委員會在開會討論時不能完全一致一樣。再小組雖配合委員會組成，但本身卻是最基本的單位，對政策無決定的權。比較重要的或具政策性的黨務，仍在黨部討論。如黨部有所決定，再交小組配合執行。由於以上種種，一般黨員對小組的活動似乎並不十分關懷與熱心。

　　自監院進入黨部時期以來，政府的行政也日趨繁複，監委行使職權的機會也就隨之日漸增多。監委的職權主在糾彈，但在對人、對事方面難免與行政的觀點有所出入，於是黨部出而協調，形成黨政的複雜關係。中央鑒於黨政關係的急待加強，特在 1959（民 48）年設立「中央政策委員會」作爲強化的機構。這個機構成立後，中央對監委黨部的監督又多了一層，即在組織上受中央委員會第一組的監督，在政策上則受中央政策委員會的監督。

國民黨監察委員黨部整理委員會

1964（民53）年11月10日監院院長于右任氏病故，次年監院開始籌備院長與副院長的改選工作，這一改選使得監院派系的對立發展至最高潮。在副院長競選時，黨中央曾提名張派的張維翰氏，嚴厲禁止他派人士競選，但陳派終推于鎮洲氏對抗，使張維翰氏在第三次投票始獲當選。陳派人士的「違紀」競選，使黨中央認為情形嚴重，非加整頓不可。另一面，各派經尖銳衝突後，感情上已生裂痕，亦應加以協調化解。於是中央決心改組監委黨部，於1965（民54）年11月命令成立「國民黨監察委員黨部整理委員會」。這個委員會共有委員7人，由中央在各派中遴選任命，姓名是：金維繫、孫式菴、袁晴暉、郝遇林、馬空群、余俊賢、黃芫軒。1966（民55）年9月郝遇林因油商行賄案繫獄，改由蔡孝義出任。上述的7位委員計陳派2人（馬空群、郝遇林或蔡孝義），張派2人（袁晴暉、黃芫軒），李派1人（余俊賢），金派2人（金維繫、孫式菴），而由金維繫氏為召集人。金委員在監院為派系首腦之一，且德高望隆，老成持重，在競選時尚能保持黨方立場，所以整理委員會成立後，被任為召集人。其他各派系的委員，比較起來亦多屬穩健而不過偏激的人士。中央屬意他們似亦希望監院黨部組織逐步走上穩健平和之途。整理委員會另設書記長1人，由中央任命監委侯天民氏出任。侯氏秉性平和中正，待人接物皆出之誠信，對基督教義尤能篤信，故不為同仁反對，而為中央信任。在派系立場看，侯氏為張派，親近政府，此亦是中央考慮的因素之一。監院黨部整理委員會於1965（民54）年11月成立後，於1966（民55）年11月奉命延長一次，所以現在監院的黨部組織仍在整理的非常狀態中。

（二）監察院內的青年黨與民主社會黨

　　與執政的國民黨相較，青年黨與民主社會黨，實在是兩個小黨。但這兩個小黨亦具有長遠的歷史淵源與獨自的主張，可以代表中國知識份子另兩派人士的想法。在共產黨抵制我國制憲工作時，青年黨及民社黨毅然與國民黨合作，使制憲工作順利完成；後再參加行憲工作，曾一度參與政府，成為國民黨的友黨。自政府播遷來臺以後，兩黨的內部發生嚴重的分裂，力量大為分散減弱；面對高度革命性的執政黨，實在不能發生任何在野黨的監督作用，甚至兩黨的團結工作，及部份經費皆賴國民黨從旁協助。迄至目前為止，兩黨內部問題仍未徹底解決。青年黨曾分裂至 6 派，即中國青年黨臨時全國代表大會（簡稱臨全會）、中國青年黨黨務委員會（簡稱中園）、中國青年黨整理委員會、中國青年黨革新團結委員會、中國青年黨自清運動委員會、中國青年黨改造委員會。1966（民 55）年 10 月後 3 派合併組成「大團結聯合委員會」，故現仍有 3 派。民社黨與青年黨的情形相若，幾經分裂爭持後，現亦有 3 派，即八常委派、劉政原派、向構父派。年來，兩黨內部各派系力謀大團結，且有不少進展，但是否可底於成，尚待觀察。

　　監察院內的青年黨籍及民社黨籍的監委為數甚少，目前計青年黨 6 人，為：葉時修、胡阜賢、陳翰珍、楊群先、丁俊生、劉永濟。民社黨 4 人，為：毛以亨、李緞、劉行之、柴峰。兩黨在監院皆未設有形的黨部，且因兩黨內部分裂，不能齊一步驟，所以對黨籍監委毫不產生有效的控制作用。兩黨監委在這方面享有甚大的獨立自主權。就院內同籍監委之間的關係說，亦並非十分緊密。但在重大事件時，常互作商議。如在上屆院長、副院長選舉時，青年黨籍監委同志即曾數度會商應採取的一致行動，且曾傳出亦將提名候選人說（羅璜 1965）。在行使一般糾彈權時，他們之間各有主張與立場，看不出有完全一致的跡象。

　　兩黨籍監委與國民黨籍監委之間，並無多大隔閡，且相處日久，相互之間滋生感情與了解，無論於公於私且多合作互助處。如青年黨籍監委葉時修氏，主張勵行糾彈權，對院務熱心負責，與國民黨籍陳派監委甚爲接近。他在查案與提案時，亦常與國民黨監委共同進行，毫無扞格。再如青年黨籍監委劉永濟氏，亦主張監察權應獨立行使，在俞鴻鈞案發生時，劉氏曾數度爲文與國民黨籍監委陶百川、曹德宣、黃寶實等氏桴鼓相應，而傳誦一時。

　　兩黨監委聯合起來共有 10 位，此約佔監委總額的十分之一，在國民黨籍 4 派的分歧狀態下，頗具舉足輕重之勢，此在院長、副院長選舉，以及同意權行使時最爲明顯。國民黨中央由第六組負責與兩黨連絡，在每屆院長、副院選舉及同意權行使前，皆由六組負責人出面邀請兩黨監委餐聚或茶會，請予執政黨提名人以支持，兩黨監委對執政黨亦常藉此機會提出意見或建議。

三、監察院內國民黨的活動情形

（一）黨及監委同志的政策與意見

　　政黨應否在監察院活動是一個頗值得尋味的問題。本文曾就監院各種職權的性質來分析政治活動的可能性，並指出同意權，糾彈權（糾舉與彈劾）及糾正權等，易受政治活動的影響。一般說來，同意權與糾彈權是對人的，而糾正權是對事的。在對人的同意權與糾彈權當中，同意權是對政府司法院正副院長、大法官及考試院正副院長、考試委員人選的決定，無法避免政黨的活動；糾彈權是對違法失職公務人員的糾舉與彈劾，具有司法檢察的性質，故亦有人認爲應超出黨派，獨

立行使,不受它的影響或牽制。對事的糾正權涉及政府的政策及執行,此在民主國家多爲議會的職掌,故亦難免政黨的活動。

由於監察院所具職權性質的不同,使得監院政黨的活動在理論上處於一種易生爭辯的地步。如監察院完全是一個帶有司法性質的機關,政黨至少在法律上應禁止活動;如監察院兼爲一個政治的場所,政黨的活動在法律上即難以禁止。若說將前者禁止,後者開放,在實際的活動上,恐怕是很難做到。

在監察院內的委員之間,對政黨的應否活動,及監委應否接受政黨活動的影響,亦見仁見智,各有不同的看法。某些委員雖強調今日的監委與古代的御史制度並不完全相同,但卻承襲古御史的直言精神,認是「風霜之任」。他們似著重監院糾彈權的司法性質,反對政黨的干涉。監委陶百川氏是這派思想的最佳代表,他在 1960(民 49)年 12 月發表了〈脫黨的邊緣〉一文,其中有一段說道(1967a:74):

> 中央(按指國民黨中央)認爲監察委員同志應該支持本黨的行政院長,而今予以彈劾,乃反對本黨,因而認爲應受黨紀處分。我是彈劾案十個提案人之一,而且被認爲是主要份子,於是瀕臨了被整肅的邊緣。我們的辯解是說監察院好比一家外科醫院,監委的任務是開刀,而且祇是開刀而已。同黨的行政人員,如果違法失職而曲予優容,將何以整飭紀綱,治療病疾?我們依法行使職權,除非玩法弄權,不應被認爲違反黨紀。……監察委員是「風霜之任」,以得罪人爲本分,以批評時政爲常業,捨此,別無他事可做。在黨部的意旨與監察院的意旨之間,在黨的要求與國家要求之間,在黨紀與國法之間,在人情與良心之間,我常須作痛苦的選擇。選擇前者,我可左右逢源,選擇後者,難免要冒黨籍的危險。

　　陶氏主張不能對違法失職者優容，認此不違反黨紀，此將糾彈權的司法性質表露無遺。在陶氏的心目中，大概認為糾彈權是監院最主要的職權。陳派監委的主張大致與陶氏接近，某一監委曾經表示，為堅持獨立行使職權，縱使開除黨籍，亦在所不惜。

　　監院中亦有某些委員著重監院政黨運用的重要，認為在某種場合，政黨的活動不可避免。他們對目前中國政治的特殊性質有充份的認識，主張加強執政黨的領導，不可稍與違背。張派的委員多接近這一類的思想。某一監委曾告，黨中央的決定，類皆經過審慎考慮，如驟加違背，徒增中央的困難。某委員亦認為今日一切措施皆應以反攻復國為前提，違此者，決不應去做；執政黨現肩負此一重擔，如認某人不可糾彈，某事不可糾正，監委應多加體會，切不可作無味的爭議，增加執政黨領導上的困難。

　　不管上述兩派人士的感想與主張如何，事實上，政黨，尤其是執政黨，在監院有經常的活動，範圍並擴及到對人及對事的兩種職權。執政黨的這類活動原則上是不公開的，所以資料的搜集很困難，現就所知，加以分析說明於后。

（二）黨對監察權行使的影響

對糾舉權及彈劾權的影響

　　執政黨的國民黨是國內控制一切的大黨，在目前 78 位監委中，共有 63 位是國民黨籍。如國民黨中央能有效控制國民黨籍的監委，監察院當一唯中央的命令是聽。

　　不過，如上所述，有不少監察委員主張糾彈權（此處僅指糾舉權及彈劾權，下同）應獨立行使，這些委員實際上大多是國民黨籍的人

士。分析起來，影響他們這種想法的因素固多，古御史「風聞言事」「直言無隱」的歷史精神，似是他們行爲的最高準則。這一精神當時鼓勵他們不惜犯顏與執政黨中央相抗，某些監委常在文章與詩句中，讚揚到前代有名的御史及其直聲。執政黨對他們的控制與影響，有時會遭遇到不少困難。

執政黨在傳統上對監院糾彈權的行使也並非不加尊重。不少老成謀國的黨人確曾抱著「言者無心，聞者足戒」的態度，以視監察院。一位訓政時期曾任監察委員的人士相告，在訓政時期，國民政府主席林森氏不但尊重監察院的職權，且時加慰勉鼓勵，與當時的監院于右任院長配合無間。

行憲初期的監院在糾彈權行使方面，亦受到執政黨的尊重，在政府未遷臺之前，監委無論在中央及地方皆甚少受到黨部的干擾。在1948（民37）年間，廣州選出的黨籍監委袁晴暉氏曾以金融波動問題，糾舉廣東省主席宋子文氏。宋氏其時爲國民黨的顯要，但袁氏在糾彈的過程中，並未受到黨方的制止（袁晴暉 1966）。在地方行署方面，監委的職權與地位甚受地方最高當局的尊重。據甘寧青行署的監委康玉書氏見告，當時該區域的最高軍政首長郭寄嶠氏，每以重大的事項相商，對康氏所揭發的某失職縣長，立予撤換，從未利用黨的組織有所牽制（康玉書 1966）。閩臺行署的監委陳志明氏，亦稱當時臺灣省政府主席陳誠氏對於臺省若干重大的興建改革事項，都曾與陳委員商談，陳委員亦能知無不言，言無不盡，不但積極地建議政府決定施行的政策，且消極地協助政府防患於未然。陳主席對陳監委的意見頗爲推重，亦未曾藉黨的力量加以約束（陳志明 1966）。

自政府遷臺以後，大局有劇烈的變動，全國的規模限於一省，所有的典章制度，不能不有所更張。在監院方面，閩臺行署撤消，臺省的監察事宜，由全體監察委員直接擔任。行憲初期監院與行政機構之

間的關係乃漸漸發生變化。以前政府管轄的範圍廣大，所轄的官吏眾多，監委對少數官吏（尤其是地方官吏）的糾彈並不影響政府的威信。行署監委是中央遣派，目為大員，地方長官不能不加尊重，中央且可藉監委的巡察，以監督地方官吏的是否盡職。黨部在這一種情形之下，無須多作干預。遷臺後的政府結構縮小甚多，所轄地區不大，官吏亦較少，監委全體集中監察，耳目可及於全省。偶有糾彈，各地易知，案件稍大即牽涉中央，所以易受各方的重視。執政黨的中央黨部自遷臺改造以後，決定嚴密組織，勵行革新，對監委同志的言行，自較往日注重。再政府本身的最大任務是反攻復國，為達此神聖的使命必須全國上下，齊心一志，對內、對外不容稍有破壞政府威信之處。從此行政機構對監委的糾彈，較以往日漸關心，黨部以組織的力量從中協調控制，逐漸成為不可避免的現象。

監院的設置本為肅清官邪，但在肅清的過程中，如何不偏不倚，不妨害政府的威信，不干擾政策的推行，確是一種藝術。動盪之局，長才難覓，如何使才盡其用，不因微小的缺失，斲傷向前的銳氣，也是政府當局關切的事。在這許多錯綜的因素下，監委的某些糾彈，不一定獲得執政黨的諒解，而執政黨對某些官員的保全，又不一定獲得監委的贊同。黨部運用的結果，亦不能使全部監委同志完全與中央同一意志，有時反促使派系的明顯化。不管監委之間的派系如何，政黨的運用，自遷臺後，確日漸加強，現雖沒有明確的資料說明從何時、何案開始，但它並非一朝一夕忽然而來，則可以斷言。

大致說來，從 1950（民 39）年至 1957（民 46）年是政黨逐漸開始運用的時期。這個時期是緊接著行憲初期而來，多少仍繼承著那時期較為放任的精神。運用的情形約略可從 1954（民 43）年 7 月陶百川氏所發表的〈一個監委的「狗生哲學」〉一文中看出。陶氏在這篇文章中指出，他與其他 3 個監委在 4 年前，即 1950（民 39）年，曾擬對

石油公司的張前總經理提一個糾彈案。這個案子後來似乎並不獲執政黨中央的諒解，在兩年後的一個黨方檢討會上，陶氏特向幾位黨內高級負責人說(1967a:70)：

　　如果諸位先生正式決定要我們不追這個彈劾案，以我個人來說，誼當遵命，但請給我們一個通知，俾得聊以解嘲。關於本案，我們已經叫了兩年，大家都已聽到，而且已經「聲聞於天」。將來大家如果決定不辦，看門狗能有什麼辦法呢！

　　從這一番話中可知，執政黨對 1950（民 39）年陶氏等所提的糾彈案已加干涉，不過還任他們叫了兩年，亦即他們在 1950（民 39）年擬提這案時，尚不遭遇執政黨的反對，尚能保持比較放任的精神。後來執政黨盼望不再追究，所用的方法似乎是協調重於強制，因並未見一紙黨方強制的命令。陶氏當時對這種情形已有牢騷，他說(1967a:71)：

　　即是僅僅行使了糾彈權，有的監察委員已經變成了「目標」。因為執政當局總覺得家醜不可外揚。他們甚至以為外國來賓都讚美我們的政治清明，而監察委員卻還說某也貪污，某也違法，豈非是自掏糞坑，破壞了政府信譽！所以監察委員提出一個較大的糾彈案時，不獨被糾彈的人恨之入骨，而執政當局亦往往怪他們不顧大體，甚至報以惡聲。……監察委員發覺違法失職而糾彈，正像看門狗看見賊來而高吠。養狗的目的原是如此，奈何人們竟然忘了這個目的，而反怪他從「自我陶醉」的「清秋大夢」中叫醒來為可恨呢！。

　　1957（民 46）年，行政院長俞鴻鈞氏被劾，這在監察史上是一件大事。彈劾的情形將在以後敘述，現在所要指出的是：這件案子使得

執政黨中央認有加強監委同志黨紀的必要。陶百川氏是當時十個提案
人之一，當時中央認為提案同志不但不支持本黨的行政院長，反加彈
劾，乃是反對本黨，因而認為應受黨紀的處分。他事後回憶說
(1967a:74)：

> 我是彈劾案十個提案人之一，而且被認為是主要份子，於是
> 瀕臨了被整肅的邊緣。……後來還是由於蔣總裁的寬容精神，沒
> 有把整肅問題提出來，而替代整肅辦法的總登記辦法，也經蔣先
> 生一再考慮之後，擱置起來。

考慮黨紀的處分似乎從此案開始，不過未予實行。無論如何，黨
的運用已強化得多，有幾位陳派的委員相告，他們從此感受到黨的日
增的壓力。

黨的壓力雖然日增，但並不能將監委同志完全控制。有些監委，
正如陶百川氏所說的，抱定不義之事，「子不可不爭於父，臣不可不
爭於君，……黨員不可不爭於黨」（陶百川 1967a:75）。糾彈案的審
查成立，在糾舉為 3 人，在彈劾為 9 人，皆不是很大的數字，「爭於
黨」的監委可優為之。執政黨在這種情形下運用，的確感覺到吃力而
困難。

從另一面看，執政黨中央並不是無視於監察院的職權與監察委員
在肅清官邪方面的貢獻；中央的高級負責人，無論在私下或在監委黨
部的大會上，皆曾有過肯定的說明。不過因為環境的特殊，不能不對
某些監院的決定加以過問。黨中央強調這完全是政策性的，換句話說，
非政策性的案子，監委可自由處斷，政策性的案子必須請示中央以後
辦理。但政策性一詞究應作何解釋？某些監察委員對此不能無疑。某
些政府的政務官決行國家的大政，如牽涉這類官員可能是政策性的，

但事實上曾經發生，省黨部據縣黨部報稱某縣級人員情有可原，請中央轉知監察同志不必糾彈等類的事件，黨中央是否亦以此為政策性的？所謂政策性是以官吏地位的大小為準，還是以案件的大小為準？這些問題給黨方與監委同志同樣的困擾。

總之，從俞鴻鈞案發生以後，黨方與監委同志間的關係愈趨複雜。主張「爭於黨」的監委，感覺處境十分困難，黨中央亦覺得某些監委不能貫徹中央的決策。

1962（民51）年執政黨實施黨員總登記，這是國民黨建黨史上的一塊里程碑。總登記的目的是：「為了整頓黨紀，團結精神，重整革命陣營，完成革命任務。」（黨員總登記手冊）。執政黨曾檢討大陸撤退時的失敗，認為那時黨的組織與紀律陷於廢弛衰頹，以致不能發揮革命的精神。總裁蔣先生對民意代表同志的登記，曾說過一段意義深長的話（蔣中正 1958:67-8）：

> 我亦知道有些中央級民意代表同志以為其今日對黨已無所望，更無所求，故其再做黨員只有負擔，並無利益。所以我在今日決不怪大家對黨失望或失態，亦不怪大家對主義或領袖失了信心。因之，我個人對他們的心境及其所蘊藏的隱情，乃是十分諒解的。所以我總是不斷為他們研究出路，使他們如何得到一個解脫機會，可使其言論行動能夠充分發揮其自由意志，以免其留在黨內徒受拘束和牽累。最後研究結果，只有提出這黨員重新登記的辦法。凡是其有不滿反共革命的現狀，或已失去其對黨與領袖信心的，都可在此登記時期，不再登記，就算是脫離本黨，還他自由。

如果決定入黨，就必須要盡到黨員的義務。蔣先生提出四種義務：

第一、實踐革命民主政黨的精神，信守其入黨誓約，而不能違反。第
二、貫徹反共抗俄的國策，擁護反攻復國的措施，而不得破壞。第三、
執行中央黨部的決議，集中全黨革命力量，而不再紛歧。第四、篤信
革命領導的中心，泯除個人過去恩怨，而不分派系。（蔣中正　1958:85）
監院內的監委同志都是黨齡甚久的老黨員，沒有一個願意脫黨，都辦
了重新登記的手續，署名於「中央從政幹部規約」。

　　「中央從政幹部規約」的規定，對監委同志監察權的實施甚關重
要。規約的主要內容有四點，即：一、恪遵入黨誓詞。二、服從　總裁
領導，接受上級及所屬組織之決議。三、基於本人職務所擬提出有關
重要政策性之主張與重要提案，均先透過組織之討論與決議。四、嚴
守黨的紀律，不直接間接作違背反共抗俄國策之言論與行動，不利用
職務圖謀取利，損害黨譽。其中第二條完全是針對民意代表而發的。
黨員重新登記對黨員是一種新的考驗，黨員既已接受這一考驗，就必
須實踐所簽署同意的規約。此後監委同志如提出有關重要政策性的主
張與重要提案，自宜先透過組織的討論與決議，執政黨中央亦可根據
規約的規定，加以要求。

　　所以說自 1962（民 51）年黨員重新登記後，執政黨中央與監委同
志間的關係，又邁入一種新的境界。站在黨的立場，對監委同志貫徹
黨的決策，乃成為必然，過去放任的現象必須終止。這個新的勢態，
使得監委同志向黨中央請求釋示：在何等範圍之內行使職權，可不必
報請中央同意。亦即規約第二點中所說「重要政策性之主張與重要提
案」的含義究竟如何？據某監委見告，中央似曾同意涉及院長以上的
案件為重大案件，必須透過黨的同意，其餘可自由決定。不過根據後
來情勢的發展，中央不但認為牽及部長以上的案子為重大案件，亦可
自定何者為重大的案件。如 1965（民 54）年初有朱既等 3 人聯名檢舉
前湖南省主席黃杰，內政部長連震東違法失職，中央一組即曾通知監

委黨部應視此案為重大案件，須注意案情的發展，隨時與中央連絡。黃杰並非部長級官員，但他在臺擔任軍政要職，中央乃視為重大案件處理。上述雙方對重大案件的解釋，似未見諸文字，正確性究竟如何，不敢斷言。

不管重大案件是院長以上，或部長以上，甚至為省主席以上，這類重要官吏的糾彈案倒底不多。一般皆是普通官吏的案子，對這類案子，執政黨中央是否就可放手不管，一任監委同志自由糾彈呢？這亦復難說。某監委曾指出，監委曾提案彈劾臺北市前市長黃啓瑞，即因審查人員到會不足而告流會一次。不出席的委員被認為是親中央的所謂「護航派」，故假定與黨的從中活動有關。再陶百川、黃寶實二監委認為最高法院推事陳綱、廖源泉審理黃啓瑞案有違法失職之嫌，擬提案彈劾，結果陳、廖二推事為文反駁指責，執政黨的中央日報曾特予披露他們的第一次聲明，且為中央日報所獨家刊載，某些監委亦懷疑中央日報幕後是否另有中央人員指使操縱。這些皆可說明黨與監委之間的關係，並未因重大案件的劃分，而獲得根本上的解決。

對黨的日增的活動使得監委之間的關係亦連帶發生了變化。親中央的監委，如以前所述的某些張派人士，對糾彈案皆抱著審慎的態度；主動提案的人，日漸其少，對會議的出席亦不十分踴躍；比較積極的，常將提案的內容先請監委黨部轉中央核示。如 1964（民 53）年某監委擬彈劾某銀行高級人士，雖將彈劾文由監委黨部轉中央核復，後以中央不同意而作罷。他們有時與中央配合，以不出席的方式抵制彈劾案的審查會，使流會打銷。他們日益與中央接近的情形，使自身派系的色彩更為明朗化。陳派的人士向較積極，但他們多為資深的黨員，過去與黨的關係甚為密切，在黨的活動下，有些不多講話，保持沉默；有些偶發牢騷，但在表面上對黨不作正面的批評；有些則仍堅持「爭於黨」的原則，繼續強調「風霜之任」的重要。這一類堅持監察權的

監委同志，雖然人數不多，但由於他們的蓬勃朝氣，而受到社會的重視。他們不願脫黨，亦不願否認爲黨員，卻又不願黨方多加干預，他們最望將規約中重要案件一詞有一固定的解釋，俾能在某種範圍內放手糾彈，不必開罪於黨。他們亦常用多種技巧以避免黨的干預提案。提案的後果，難免遭受黨方指責，即在提案的過程中，有時亦無法擺脫黨的監督。他們爲此每感抑鬱難伸，唯一的安慰可能是輿論界的同情，和人民的喝采。

上述的情形，很多監委皆在私下有所談論，他們在公開的場合雖無過多的表示，但亦可略窺一二。1963（民 52）年 12 月 24 日大華晚報的「國會春秋」曾載：

> 另一位憂時憂國的委員則嘆息到：監察院犯了「交差主義」
> 的毛病，……他直率地指出：監察院最大危機在情緒低落，人人
> 清茶一杯，做魏晉之「清談」。今日之監院是清風徐來，水波不
> 興，出席會議，蜻蜓點水。

這段話內所說的「情緒低落」，原因固多，黨的干預可能是重要因素之一。試舉該年 2 月院會討論彈劾殷臺案爲例，殷臺案是殷臺公司租廠造船，中途撤退，造成殘破局面，監察院經財政、經濟、交通三委員會第二次聯席會議討論後，推委員陳肇英等 5 人先作調查，後來第三次聯席會根據陳委員等的報告決議「對於本案主張彈劾，提報院會」。監院第七百八十五次院會於聽取這個報告之後，未引起討論即很快地決定「交由財政、經濟、交通三委會處理」而告一結束。1963（民 52）年 2 月 14 日的大華晚報報導說：

> 據若干委員表示：「經院會決定交三委員會處理，雖然三委
> 員會的決議是主張彈劾的，但以目前情勢來看，恐怕不容易提出

彈劾了」，至於為什麼不容易提出彈劾案呢？他們都不願作任何進一步的解釋。

這一轉變恐怕不能不說與黨的運用有很大的關係罷！1966（民55）年的監院檢討會上，一位積極的監委黃寶實氏直言無隱地說：

> 很多人認為最近監委的工作情緒低落，是受了三位委員涉嫌黃豆案被捕的影響，這是不對的。真正使大家情緒低落的原是最近監察院提重大糾彈案件時，事前、事後常受到干涉，監察院的主要職務是糾彈權，把糾彈權拿掉，監察院等於無事可做。

1966（民55）年12月9日聯合報有一篇「監委閉門談家務事」的報導，其中說：

> 談到糾彈案件的審查會，幾位認真做事的監委都感到痛心疾首，因為他們勤於調查政府官員的失職行為，並提案糾彈，卻有一些以替政府官員護航為職志的委員，勤於阻撓。這些人要是糾合了多數志同道合的委員，出席審查會，把糾彈案件否決掉，要不然就勸別人不出席，使審查會流會，使糾彈案件冷凍下來。同樣是監察委員，有人費盡心血伸張監察權，有人卻不遺餘力的抵制，監院內部的力量互相抵消，又如何能克盡糾正官邪，澄清政風的責任？

這幾位「認真做事的監委」的感觸，不管它的代表性如何，至少會使得他們自己沮喪的。1964（民53）年5月，一位認真做事的監委陶百川赴美考察，就曾引起社會人士的關心，怕他獨善其身，一去不返。他確也一度考慮暫時留美，曾致函國內採訪國會新聞的記者，其

中說道：「道不行，乘桴浮於海，雖聖人亦不得不去父母之邦」（陶百川 1967a:81）。字裡行間似有難言的苦處，他的道不行，似可解釋為監察權的不易行使。

　　上述黨與「爭於黨」監委同志間的關係，到 1966（民 55）年的 8 月 3 日發展到一個新的高潮。該日監院就所謂五大疑案中的東亞貸款案，一案彈劾財經兩部部長陳慶瑜與李國鼎及經濟部工業司長牛權琯。這個彈劾案雖轟動一時，但並不為執政黨中央所滿意。中央認為此案涉及兩個部長，無論如何應屬重大案件，提案的監委同志應事先徵求中央的同意才是。據說在監委黨部整理委員會的某次會議上，中央派來指導的某高級人員，曾直率指責此案未善予運用組織。按自社會流傳政府政策性貸款的弊端後，監院財經兩委員會即推定 5 人專案小組負責對中華毛紡、東亞、震旦、大秦、味新等 5 公司作全面的調查。專案小組的 5 位委員是王文光、吳大宇、金越光、于鎮洲、王澍霖。他們多為監院中的積極份子，其中 4 人屬於陳派。據說彈劾案的調查，彈劾文的撰擬及審查會的開會，皆在保密的情況下進行，某提案委員甚至一再強調，這次彈劾案能夠順利提出，歸因於監察院上下的保密成功。1966（民 55）年 8 月 4 日的聯合報對此曾有一段生動的敘述：

　　　　到了下午三時許，監察院委員休息室坐著好幾位委員。在大熱天，這種「出席率」相當不尋常。後來一位委員才低聲對記者說：「等一下有大案子，我們要審查彈劾經濟部長李國鼎和財政部長陳慶瑜等人的案子，也就是東亞公司的案子！保密成功，大概會通過！」……在審查會結束後，王文光委員輕鬆的告訴記者說：「早上碰到你，我一句話都不敢講，怕消息走漏了，彈劾案通不過。」王文光話中有因，因為過去應邀審查重大彈劾案的監

察委員，常常因某種原因臨時缺席，難怪昨天開審查會以前，幾
位提案委員那麼神秘！

　　提案委員的保密對象可能是多方的，但執政黨中央可能是其中最
重要的。無論如何，此案的能夠順利提出，表示「爭於黨」的監委同
志的成功。事後他們曾向中央辯解說：此案僅涉及部長而非院長以上
人員，他們的自由彈劾，應不屬於規約重大案件的範圍以內。

　　專案小組的 5 位委員繼東亞彈劾案的提出後，於 1966（民 55）年
8 月 23 日續提大秦案，彈劾臺灣銀行董事長陳勉修，總經理毛松年等
5 人，這是專案小組的預定行動，不過，「由於東亞案打草驚蛇，處
理大秦案時因無法保密，還受到了很多干擾，後來彈劾案還是在驚險
的形勢下通過的」（參見：吳炯造 1966），「臺銀幾位主要負責人知
道監察院也在暗查，而且彈劾案隨時可能提出，他們就用盡種種辦法，
向監察委員展開活動。據幾位查案監委說，在立法院質詢結案後，陳
勉修和毛松年曾由一位人士陪同，分頭『拜訪』他們，並希望提糾正
案，不要提彈劾案。有些監委怕見面不好說話，只好躲到其他地方去
看卷及起草彈劾案文」（吳炯造 1966a）。陳、毛二位所用的種種辦
法，至少不是瞞著黨中央的，有一位人士陪同分頭拜訪，且建議改彈
劾爲糾正，此位人士如說在黨政界沒有地位，是不易使人相信的。

　　據說執政黨中央對大秦案亦復表示不滿。東亞案與大秦案，不僅
牽涉財經界的主要人士，且引起社會廣泛的注意，有人稱之爲政治風
暴。執政黨中央，怕在反攻復國前夕，引起社會上的錯覺，除透過監
委黨部整理委員會表示不滿外，並請勸導專案小組的監委同志，祇能
到此爲止，不能再續提其他糾彈案，因專案小組除調查東亞及大秦案
外，尚預定調查中華毛紡、震旦、味新等公司貸款案。監委黨部整理
委員會曾決議請中央邀約專案小組監委同志切實協調，會商解決辦

法，另請中央邀約全體監委同志舉行座談會，對監院政策性的問題交換意見。

1966(民55)年9月14日，執政黨中央委員會邀請黨籍監察委員，就有關五疑案舉行座談會，並由中常委谷正綱主持。谷氏表示對已提出的東亞及大秦彈劾案，決依法秉公處理，黨方將不予干預。但盼望監委同志與黨方能加強聯繫，溝通觀念。據報導有20餘位監委同志在座談會中發表意見，綜合說來，一部分監委認爲當前社會風氣的敗壞，部分官吏的貪污舞弊是事實，而監察院所提的彈劾案，是協助政府糾正不良風氣，希望政府能依法秉公辦理。一部分委員指出調查委員在查案過程中，確是非常辛苦，認真和公正，黨方如有什麼意見，可以在事前提出（聯合報 1967）。執政黨中央與專案小組監委同志間也有過密切的接觸，勸他們與黨密切聯繫，暫緩追查其他案件。

黨方在事後所採取的措施有效地阻止了專案小組進一步的行動。據說一位中央決定性的人士曾鄭重勸告大家必須站在整個國家與社會的立場，不可再作違背中央決策的行爲。「爭於黨」的某些監委雖有骨骾在喉，在這樣氣氛下，祇有不吐，最多作點消極的抵抗。專案小組監委同志之一的王澍霖，常被認爲是年輕而積極的監委，以往對監院分配的工作，很少逃避推辭，但後來力辭監院中央巡察經濟組的巡察工作，「有些監察委員則認爲王澍霖是上月間提出兩大彈劾案五提案委員之一，最近情緒低落覺得多一事不如少一事，因此，連對經濟部的巡察也不感興趣了」（聯合報 1966a）。

從1962（民51）年黨籍總登記起，直至1966（民55）年東亞及大秦彈劾案的提出爲止，黨方力謀黨籍監委間齊一步驟，與黨密切合作。另一方面，某些「爭於黨」的監委同志也力謀監察權的發揮，在可能範圍之內，擺脫黨方的牽制。東亞、大秦案的保密進行，以及事後黨方的措施，皆足以說明雙方激盪消長的情形。1966（民55）年9

月 26 日，距大秦彈劾案提出後僅一個月零幾天，政府因油商行賄案飭司法機關函准監察院的同意，逮捕涉嫌受賄監委同志于鎮洲，孫玉琳及郝遇林等 3 人。黨方認為不能正己，焉能正人，表示整頓綱紀的堅強決心，曾透過監委黨部整理委員會要求黨籍監委同志一體支持。監委黨部整理委員會為操慎重計，曾在事前推派委員金維繫及余俊賢與中央洽談。中央曾說明對涉嫌監委同志決不姑息的態度。他們將中央的意思在監院集會討論，同意逮捕案之前，向監院正、副院長及有關委員提出報告，監察院會議，始同意 3 委員的拘捕。這件轟動朝野的大案，如說對監委同志的情緒不發生影響，其誰能信？某些監委同志對此事的反應是複雜的，他們一方面贊成監委本身的自清，一方面又傷感 3 監委同志的被捕，因他們皆是黨內的老同志，過去皆曾為黨服務，著有勞績。這次黨方於事先事後皆無所矜恤，是否因歷年來黨政關係不能完全協調，而爆發出的火花？有些監委特別懷念故院長于右任，認為于先生是黨國元老，一言而為天下重。在過去的黨政關係上，于先生兩肩擔負無比的重任，一面對黨，一面對院內同志，但事事皆能舉重若輕，行若無事，使監察權的行使，保持相當的局面。自于先生逝世後，先有副院長的僵持競選，導致于鎮洲及曹啓文的開除黨籍；次有東亞及大秦案的風波；最後發生油商行賄案的逮捕。這一連串的事實，無可置疑地說明黨政關係的惡化。如于先生在世，黨中央會尊重他的意見，監院內的某些積極的監委同志亦會服從他的指示，不致弄成不歡的結果。陶百川氏對制度中的人的行為因素看得很透澈，他在美考察時，一聽到于先生的死訊，就感覺沮喪。他寫給監察院續假的信中說：「百對監委職務，甚感力不從心，在右老逝世後，即擬引退」（陶百川 1967a:93）。在寫給國會記者的信中說：「近因右老逝世，更感無能為力，是以亟思引退」（陶百川 1967a:81）。1965（民54)年 4 月 15 日的自立晚報曾著社論,對陶先生的這一感觸有所策勉,

值得一錄：

　　　　竊陶先生之意，或以為監察院之所以能糾彈檢舉，使貪頑不
　　法之徒因而無可遁形者，乃全持於院長一人之聲望。而院長一
　　死，即事無可為，此實為一過於消極的想法。須知，監察權為 國
　　父手創五權之一，行憲後經憲法明定為國家制度。絕不能因一院
　　長之死，而對整個監察權的行使遽失信心。與此相反，唯其于院
　　長死去，所有監委諸公始更有其不可諉卸的責任。此所謂國家永
　　在，而人事無常，一制度的維繫，必持有無數之後來者。

　　經過一度低潮之後，監委對糾彈權的行使也開始作自我檢討，希
望能振衰起弊，善盡職責。1966（民55）年12月5日監院特將總檢討
會休會一天，改開全院委員秘密座談會。此會的召開曾於事先推選吳
大宇、陶百川、葉時修、金越光、張一中等5委員準備討論提綱等工
作。他們在決定提綱時，原擬列入對外關係一項，「他們認為，監察
院在處理某些重大案件時，如果能先與有關方面溝通觀念，並取得諒
解，將有助於內部意見的協調，避免發生不必要的誤會，進而提高監
察委員的工作情緒」（吳炯造 1966b）。但這一想法，後來認為不宜
在全院座談會中提出，應讓有資格的監委在另一場合提出，所以作罷。
由此可知，監委們對黨政的協調認為是十分重要的，亦希望配合改善。
但要如何配合改善，這應參考蔣總統，即執政黨總裁，在1966（民55）
年8月30日所舉行的國父紀念月會上所講的話（聯合報 1966b）：

　　　　特別是民意代表—監察委員，行使其監察權，他的一言一
　　行，都對國計民生有重大關係，他的地位與權力，乃是很崇高的。
　　凡是政府官吏，貪污不法的行為，依法自有其彈劾糾正之權。只
　　要綜名覈實，適得其份，乃是其職責範圍以內之事。但是對行政

的政策與施政方針有關者，應該特別慎重，尤其是在目前建設臺灣，反攻復國時期，若其行使不得其道，而妨害五權憲法的功能，並且破壞了反攻復國的國策，那不僅是喪失了五權政體的效用，而且阻滯了反攻復國的大業。其結果，無異間接助長共匪垂死的命運，而延長了我大陸同胞的苦痛。大家須知，在我們復興基地上，匪諜份子正在無孔不入的做這一工作，不可不特別注意和警惕。

對同意權的影響

根據憲法第七十九條及八十四條的規定，司法院院長、副院長、大法官及考試院院長、副院長、考試委員由總統提名經監察院同意任命。監察委員的此項同意權，在性質上是消極的，僅能打消他們所不同意的人選，而不能推舉他們所同意的人選。在權能的行使上，亦不是毫無拘束，因司法院及考試院是五院中涉及專門職務的兩院，它們的首長必須具備專門的學經歷；大法官及考試委員是兩院執行專門職務的人，當然更應具備專門的學經歷，他們所應具備的資歷，現且規定在司法院組織法及考試院組織法之內，[2] 總統在提名這些人選時，固然必須顧慮到他們的資歷，監察委員在行使同意權時，亦必須考慮到他們的專門資格，而不能輕易藉口其他理由，隨便否決。

就政黨運用的情形來看，執政黨的總統及監院的監委同志皆受到上述情形的影響。一方面，總統必須提名黨內的專才，另一方面，監委對所提名的專才，無法輕率加以否決。執政黨在這種情形下，對監委同志的運用也就變得輕易得多。

---

[2] 參見：司法院組織法及考試院組織法。

　　如前所述，在行憲的初期，執政黨較為放任，監委同志對同意權的行使十分自由，但對當時總統所提名的人選多予同意，不過亦有極少數的人選遭受否決。從這個例子可以證明當時黨的運用並不十分嚴密。

　　遷臺以後，黨的運用加強，總統所提名的人選皆獲通過，從無被否決的例子。當然候選人所獲得的同意票有多、少的不同，但此僅能說明少數監委同志的未予支持，不能說明黨的提名不成功。實際上，黨對少數資歷較差的人選的支持，常獲得效果。最近一次考試委員的提名，不少監委同志曾指出其中少數人資歷欠佳，但後來因執政黨中央的運用，終獲同意。某監委曾坦率指出，某人選學識、學歷及經歷皆不足從事為國掄才的考政，但總裁高齡碩望，既予提名，何能再加否決，使總裁不快。所以最後考慮再三，仍投票同意。1966（民 55）年 8 月 12 日的聯合報曾刊載，某些監委對考試委員人選侯暢和黃麟書曾表懷疑，因前者學術資望不夠，而後者常年居住香港，但（聯合報 1966c）：

　　　　到了監察院行使同意權的前一天，由於有關方面的說明，提名黃麟書的理由，已獲得監委的諒解。因此被認為可能被否決的只剩侯暢一人。……昨天一大早，監察院院會開始以前，一些支持侯暢的人就趕到監察院議場，請監委們不要和侯暢為難。……在開票的時候，多數人的目光都集中侯暢，……負有輔選重責的執政黨監察院黨部書記長侯天民「目不轉睛」的瞪看侯暢的有效票，當同意票超過三十七張時，侯天民笑了。

　　從上面的敘述，可以看到執政黨的運用情形。

　　一般說來，執政黨在提名人選後，常由總裁或中委會招待監委同

志茶會說明提名經過,請予同意。如第四屆考試委員經總統提名後,執政黨的中央常務委員會特於投票前一日(民國 55 年 8 月 10 日)舉行茶會,招待黨籍監委同志,並由中央常務委員嚴加淦氏主持。中委會的秘書長谷鳳翔氏曾在會中說明提名情形,請監察同志一體支持等語。另執政黨中央第六組主任陳建中氏,一組主任張寶樹氏亦在投票前一日,宴請民青兩黨及無黨無派監委,說明提名經過,望能同意等等(聯合報 1966d)。中央除作上述的直接活動外,常透過監委黨部影響委員,使提名獲得完全成功。

對糾正權的影響

如前所述,糾正權是對事的事後監督權,亦即對行政機關措施的失當,於事後提出糾正,促使注意改善。憲法第九十七條規定說:「監察院經各該委員會之審查及決議得提糾正案,移送行政院及其有關部會,促其注意改善」。如果行政機關不注意改善,且拖延不加處理,監察院可以「質問」,監察法第二十五條規定說:「行政院或有關部會接到糾正案後,應即為適當之改善與處理,並應以書面答覆監察院。如逾期二個月仍未將改善與處置之事實答覆監察院時,監察院得質問之」。行政機關的改善與處置是否適當?亦即行政機關有無盡了「注意改善」的能事?是由監察院主觀加以認定。如監察院認為不滿意,可再提糾正案;如認為案中的行政人員有違法失職的情事,且可加以糾彈。在法理上說,糾正是對事,糾彈是對人,但在實際效益上說,糾彈案卻是保證糾正案能發生效用的手段。事是人的作為,事的進行的不當,往往是人謀的不臧。要使人與事截然分立,在行為學上說,根本是不通的。所以由事的不當,追究人的責任,是十分自然的事。憲法既賦監察院以糾彈權,欲使監察院不使用此權來保證事的改善,

當然是不可能的。某位憲法學者認爲行政院如不執行糾正案，將不受任何憲法上的制裁，此不僅是皮相，且在事實上辦不到（陶希聖1958）。一般說來，監察院的監察委員，無分黨派，是贊成監察院可利用糾彈權作爲糾正權的後盾的。監委曹德宣氏曾率直地說(1958a)：

> 糾正案必須兌現，行政院負有必須採行的責任，否則惟有根據憲法第九十七條第二款……之規定而提彈劾案，這是天經地義的。設無糾彈案以督促糾正案之實現，則糾正案即將落空，糾正案若落空，則所有憲法第五十七條規定行政院向立法院負責之各款，亦就隨之而落空。

糾彈權可作爲糾正權的後盾而促使糾正案的能夠實行，實是因爲糾彈案可產生懲戒上的直接威脅與結果，使人不願攖其鋒鋩。糾正案的本身是對事的「注意改善」，行政機構還可在「注意改善」中，大做其文章，它的威權性比起糾彈權來，當然就弱了一點。監委劉永濟氏說(1958)：

> 憲法所賦予監察院對於行政機關的監察權，約有三種：曰糾正；曰糾舉；曰彈劾；這三者雖是各自獨立，有時也可以說是相關連的。糾正是比較輕微的處分，所以憲法上只規定移送行政院及其有關部會，促其注意改善；但若置不改善，其程度進而至於失職或更甚而有違法的情事，那麼便可提出糾舉或彈劾。這自是由於監察院視察情形而定。

劉氏認爲糾正是「比較輕微的處分」，是就效果的觀念來說的。實際上，政府的官員也視糾正案較糾彈案爲輕，因在「人」的方面不受直接的牽制，可保留顏面；在「事」的方面，最多設法改善，尚有

迴旋的餘地。監委因大秦案彈劾臺銀總經理毛松年等，毛即曾透過各種關係，請監委改提糾正案（吳炯造 1966a），但結果未成。

糾正案既是「比較輕微的處分」，執政黨對它注意的程度就不若糾彈權之甚。對普通的糾正案，常任監委同志自由處理。且有時以糾正案來換取對糾彈案的緩和。這個情形除前述毛松年案外，尚有臺省糧食局長李連春案。據說監委本來擬對李連春提彈劾案，後因執政黨中央的疏通而改爲糾正案。

彈劾案因性質比較直接而嚴重，所以執政黨中央與監委同志間常有爭論，且一直發展到對「中央從政幹部規約」第三條的不同解釋問題（吳炯造 1966a）。這個情形在糾正案似乎比較模糊。黨中央與監委同志間，似乎並未對何種事或何機關的事的可糾正或不可糾正，取得一共同的協議。也就是說，黨中央的影響監委同志的行使糾正權，並無一個固定的標準。實際的情形是以事態的嚴重性作爲決定的標準，而決定的權是操在執政黨的中央。

就實例來觀察，如前所述，俞鴻鈞彈劾案是執政黨與監委同志間關係變動的重要關鍵。俞鴻鈞彈劾案在事實上是由於糾正案的未能適當處理，演變而成。在 1956（民 45）年的 7 月，監院的財政委員會認爲一般公教人員待遇過低，而行政院美援運用委員會人員待遇卻優厚至 5 倍，因向行政院提出糾正案。行政院的答復說美援會人員與美方機關經常接觸，所以不能不參酌美方華籍人員待遇辦理，目前無法減低，遂遭致監院的不滿，於是財政委員會在 1957（民 46）年 2 月再提第二次糾正案。行政院對這個糾正的答復說：減少待遇足以影響工作的情緒或引起職員的離職，所以不能接受。到了 1957（民 46）年 3 月，監院 10 個委員會聯合決議，向行政院提出「杜絕浪費調整待遇」的糾正案。政院逾了二個月的答復期限才加答復。監察院認爲行政院並未作適當的改善，於是根據監察法第二十五條、三十一條，及該法

施行細則第三十九條的規定，邀約政院俞鴻鈞院長列席監院 10 委員會
聯合調查會議備詢。俞氏認為行政院院長列席監院會議備詢，在憲法
及監察法均無明文規定，拒絕列席。因此，引起憲法及監察法的解釋
問題，而成為行憲以來的軒然大波。最後監委蕭一山、陶百川、吳大
宇、王文光、余俊賢、熊在渭、陳大榕、劉耀西、于鎮洲、陳志明、
劉永濟等 11 人對俞鴻鈞提出彈劾案，後經公務員懲戒委員會決定予以
申誡處分，而迫使俞氏辭職。這個彈劾案，牽涉到以前的 3 個糾正案，
這 3 個糾正案的提出，似乎並未受到執政黨中央的巨大壓力。但等到
第 3 個糾正案提出後，俞氏不願列席備詢時，黨中央才力謀監委同志
服從黨中央的決策，不逼迫俞氏列席，亦不另提彈劾案。中央曾說明
俞氏不因糾正案而備詢，是經過政院政務委員會的決議，且經過黨中
央常會的批准，故須尊重。起初黨中央認為可以說服監委，秘書長張
廣生且曾報告中央認為「可以講得通」（慕容貞 1958:207）。但後來
事實的發展，證明監委同志不顧黨方的影響，仍提出彈劾案。這一演
變，使得某些敏感的外籍記者認為是「國民黨內部分裂的開始」（凌
雲 1958:210）。美國時代雜誌報導說：「此一彈劾案使大多數政治觀
察家感到驚異，因為大家原以為經執政黨上層人物之調停，可使政府
之行政監察兩部門妥協」（英文中國月報 1958:184）。大多數監委同
志堅決否認黨的分裂，不過對黨中央某些同志，尤其是某政論家的言
論，十分不滿，認為不得不爭（陶百川 1958）。他們指出俞氏因處理
糾正案不當，而拒絕往監院備詢，是毀損監院制度本身的威信，後果
十分嚴重，所以無法接受中央的勸導。不管監委同志的理由如何，黨
中央未能成功地處理糾正案是一事實，此導致黨中央對以後關係的注
重。據說有一位政要對這件事曾公然作這樣的說法（凌雲 1958:211）：

　　我們目前最要注意的，是國民黨的黨紀問題。假使國民黨的黨紀，不能約束黨員在黨外的行為，則任何一位有魄力的政治家，恐怕都無法做好行政院長。

　　自俞案以後，黨的控制力較前加強，重大的糾正案提出不多。有某些案子在進行時，常因黨中央的勸導而中止。試舉一案來看，我國行憲後，司法行政部仍隸屬於行政院，甚多憲法學者及民意代表認為有損司法獨立的原則，要求高、地兩院改隸司法院；大法官會議亦鄭重解釋高、地兩院應改隸司法院。政府當局對改隸事原則上亦表贊成，但因事實上的困難，認為必須先對細節問題有妥善的安排，然後才談改隸，所以尚停留在研究階段，未能立即付諸實行。監委同志中力主改隸的，曾數度計劃促使早日實現。據說他們在監委黨部的黨員大會中曾提出議案，請求中央從速設立專案小組，研究策劃進行，甚至引用監委黨部組織規程第五條「本黨部黨員大會對於重要案件如有大多數出席黨員之意見與中央決定不一致時，應由中央推派委員到會說明；必要時得請總裁親臨指示」的規定，提案恭請總裁親臨指示。不管黨內的決策究竟為何，他們卻從未違背中央的決策，在監院委員會提出任何糾正性的議案。

對調查權的影響

　　監院的調查權實際上是一種手段權，即監委在查案時可憑藉它收集資料、認定事實，以作為提案（糾彈及糾正）的根據。所以嚴格說來，調查權本身並不具有獨立的目的，不構成監察權的主要內容。但「工欲善其事，必先利其器」，調查權的是否能夠順利行使，既關係到糾彈等案的能否具體成立，這個權的重要性也就不能等閒視之了。

　　調查權在憲法上的根據是第九十五條及九十六條。九十五條規定

說：「監察院爲行使監察權，得向行政院及其各部會調閱其所發佈之命令及各種有關文件」。九十六條規定說：「監察院得按行政院及其各部會之工作，分設若干委員會，調查一切設施，注意其是否違法或失職」。爲了補充上述的憲法規定，監察法及其施行細則曾分別以第五章及第六章來詳細規定調查權的施行細節（凌雲 1958:211），監察法第廿五條甚至認爲對行政院及有關部會的「質問」，亦是調查權的一種。該條規定說：「行政院或有關部會接到糾正案，應即爲適當之改善與處置，並應以書面答復監察院，如逾二個月仍未將改善與處置之事實答復監察院時，監察院得質問之」。

執政黨對監委同志行使調查權的影響是隨著糾彈等案而來的，但調查權的行使並不一定表示糾彈等案的必然成立，所以執政黨對它的關心程度，也就比較糾彈等案來得減低一點。一般說來，與糾彈等案的情形一樣，執政黨中央對大案的調查影響較重，對一般小案的調查，常不加干預。俞鴻鈞案對監院調查權的行使，亦發生重大的影響。俞氏不願赴監院接受「質問」，曾引起監委及輿論界的廣泛非議。但俞氏的這一決定，曾經過執政黨中央常會的通過，亦即曾受到執政黨中央的支持。從另一角度看，也可以說是黨中央對監委同志調查權行使的一種干預（主張國家的行政首長不便前往監院備詢）。俞氏除去拒絕備詢外，對監委劉永濟、吳大宇偕同秘書程祖劭及審計郭承緒赴中央銀行調查他被控浪費國帑，破壞人事制度一案有關資料，亦加拒絕，曾謂：「需要請示」。[3] 這句話當然亦意味著政黨的影響作用在內。

除去俞案外，某監委同志亦告，曾有其他大案因涉及黨國的重大政策與機密，而不能徹底調查。

自俞案以後，執政黨中央對監委同志監察權的行使，逐漸加強注

[3] 參見：監察院對行政院長余鴻鈞申辯書審閱全文 1958:52。

意，使得某些監委同志感覺從事調查工作的日漸困難與吃重。但某些
「爭於黨」的監委同志仍能在高度保密的情形下，明查暗訪，提出東
亞及大秦兩彈劾案（參見：聯合報 1966d）。執政黨中央雖對此兩案
表示十分不滿，但在監委同志從事調查及收集資料時，並未有所警覺
而加以適時的干預。由此可見，黨中央對監委同志的運用，不算十分
成功。

對重大院務的影響

　　監察院為國家的五院之一，具有崇高的地位，它的正、副院長的
人選、委員會的組織以及院務會議對內、對外的意見及決定，常為國
人所矚目，亦為執政黨中央所密切注意。

　　監察院的正、副院長對監委的行使監察權，雖無決定性的影響，
但對內「院長綜理院務，並監督所屬機關」；[4] 副院長則在院長因故
不能視事時，代理其職務。[5] 對外他們代表監察院從事官式活動，為
神聖監察權的象徵，其地位的崇隆自是不言可喻。監委同志及執政黨
中央對正、副院長人選的關注，亦自在意中。行憲的初期，執政黨中
央對正、副院長的選舉並未作直接而積極的干預。據說首任院長于右
任氏的當選十分自然，因于氏本任訓政時期的監察院長，且為黨國元
勛，監委同志皆覺由于氏出任最為得宜。當時監委同志中尚有其他黨
國元老，其地位與于氏相埒，如居正、丁淮汾及鄒魯等氏即是，執政
黨對之皆同樣敬重，所以對于氏的出任，僅由中央作間接的表示。據
某監委同志相告，總裁曾在某一監委同志聚會的場合，委婉說明己意，

---

[4]　參見：監察院組織法第六條第一項。

[5]　參見：監察院組織法第六條第二項。

謂如由我選舉，我當選舉于氏。總裁的意思當然爲監委同志所尊重。
至於首任副院長的選舉，則略有競爭，最後由劉哲氏當選。黨中央在
這次副院長的選舉中，據說並未作明顯的活動與操縱。政府遷臺後，
監委同志間的派系逐漸形成，尤其在劉哲氏逝世後補選副院長時，最
爲明顯。由於派系的競爭，執政黨中央乃採取由監委同志先作假投票
的提名制，即由監委同志先用假投票的辦法選出一人送請中央參考，
再由中央正式提名此人爲候選人從事競選。這個辦法是比較尊重監委
同志的辦法，亦是中央不表示立場，不加控制的溫和辦法。在監院第
一次補選副院長的選舉中，梁上棟氏運用這個辦法脫穎而出，當選副
院長。梁上棟氏逝世後，發生第二次補選副院長的問題，黨中央仍採
取同樣的假投票提名制，先由監委同志選出可能的提名人。當時已有 2
大派及 2 小派的各別對壘，尤以兩大派之間爲甚。後來由於派系的運
用，李嗣聰氏以獲得張派的最後支持，而在假投票中獲勝，最後由黨
中央提名，而順利當選爲第三任監院副院長。李氏原屬監院最大派系
的陳派，後來因欲自作競選，乃脫離陳派，而自成系統。這次競選李
氏以小派而獲勝，完全由於運用的成功。據張派的人士說，張派因與
陳脈相持不下，故轉而支持李氏，但附有「君子協定」，即將來李派
於院長的可能出缺時，支持張派的候選人。1964（民 53）年院長于右
任氏故世，副院長李嗣聰決定辭去副院長，競選院長，於是產生正副
院長的一併補選問題。這時張派亦推張維翰氏競選院長，並指出曾與
李派於 1958（民 47）年間訂有「君子協定」，李嗣聰氏應支持張氏，
不應再出競選。李派則認爲李氏於副院長任內作風穩重和平，且於于
右任氏逝世後一直代理院長，與各界關係良好，繼續當選院長，一切
可收駕輕就熟之效，何必轉讓他人，對「君子協定」事，不置可否。
張派因此與李派關係十分緊張，且傳出寧願與陳派合作以打擊李派的
說法（參見：羅璜 1965）。陳派仍是大派，他們的策略似乎是與李派

合作,推舉李嗣聰氏出任院長,再由李派支持陳派的人士當選副院長。派系之間的縱橫捭闔,使正副院長的選舉進入微妙之境。這時陳派的人士主張仍採用假投票的辦法,即利用張、李之間的矛盾,使自己的策略成功。張派不反對由中央直接提名,因該派一向支持中央立場,且被譏爲「護航派」,憑此關係,中央不至使張派完全落空。執政黨中央的決定是院長人選先由中央直接提名,結果李嗣聰氏獲提名,而告順利當選。[6] 在決定副院長人選時,陳派曾多次向中央表示,盼仍照往例由監委同志假投票來推薦,張派則反是,力主中央堅持立場,直接提名,結果中央決定直接提名張維翰氏爲候選人。陳派以自身爲監院的大派,卻一切落空,乃自作假投票,推于鎮洲氏出而競選。于氏不顧黨中央的勸告,積極競選,使得副院長的選舉弄成一波三折的僵持局面。陳派最後在中央的嚴厲指責下,始作讓步。張維翰氏在第三次投票中,才告當選。[7] 這次選舉,黨中央用全力支持黨方提名人,且爲整頓黨紀,於選舉過後,開除違紀競選的監委同志于鎮洲氏的黨籍,另公開爲文支持于氏的監委同志曹啓文氏,亦同遭開除黨籍的處分。中央且因此改組監委黨部,成立整理委員會,使負責整理重建的工作。從以上所述,黨中央對正、副院長的人選,日漸注意,此可由監委同志的假投票制,轉變到直接提名制一事,可以證明。將來執政黨中央在這方面的控制相信不會趨向鬆懈。

　　根據憲法第九十六條的規定,監院「得按行政院及其各部會之工作,分設若干委員會,調查一切設施,注意其是否違法或失職」,再按憲法第九十七條的規定,監院「經各該委員會之審查及決議,可提

---

[6] 於 75 人中共得 72 票而當選。

[7] 第一次投票張氏與于氏的比例爲 38 票對 34 票,第二次的比例爲 37 票對 31 票,第三次投票爲 52 票對 2 票,張氏當選。

出糾正案，移送行政院及其有關部會，促其注意改善」。由此可知監院的委員會是內部很重要的組織。在行憲的初期，某些監委同志對委員會召集人的位置感覺重要，曾作各種努力加以爭取。自遷臺以後，監委本身無法改選，出任召集人的機會日漸增多，且召集人本身並無實權，且須多負召集的責任，故已不爲大家所熱烈爭取，漸漸變成輪流出任的狀態。但監委同志間既有派系的壁壘，究由何派輪任何種委員會的召集人，仍然值得研究。這一問題黨中央似乎甚少干涉，常由監委黨部自身協商決定。據報導監委同志因第四屆副院長的競選，弄得意見分歧，感情破裂後，黨部的整理委員會即首先負起協調與團結各派的工作。它的第一個成就即協商各派互相推定各委員會的召集人選。監委黨部的作用由此可見。

　　關於監院院務會議所決定的事項，黨中央常視事項的性質，加以事前或事後的干預。一般說來，對於普通的或例行的事項，中央甚少過問；但對於重大事項，則加過問。至於何者爲重大，任由中央自定。在行憲的初期，中央不太注意院務會議的決定。遷臺以後的最初數年，似亦不太重視，如 1953（民 42）年監委同志酆景福等 64 人提案請大法官會議解釋高、地兩院應否歸屬司法院的問題，即未聞受到黨中央的干擾，儘管黨中央對改制問題並不表示熱烈。自俞鴻鈞案以後，有黨員總登記的實施；中央對黨紀的重視，似日甚一日。但仍有「爭於黨」的監委同志，在某些場合不能體會黨的意思。第四次副院長的「違紀競選」與因此而來的開除黨籍處分，皆可說明黨與某些監委同志間的衝突情形。到了 1966（民 55）年的 9 月，發生了轟動一時的油商行賄案，有 3 位監委（孫玉琳、郝遇林及于鎭洲）受到牽連。其中 2 位（孫玉琳、郝遇林）是監委同志，一位是被開除黨籍的原執政黨監委。執政黨中央對這件案子力主追究到底，並不以涉嫌的監委爲執政黨的同志，而有所姑息。執政黨的中央委員會且曾分函各監委同志，希對

中央的決策加以支持，並請同意司法機關必要時逮捕或拘禁涉嫌監委的要求。9 月 23 日臺北地檢處根據憲法第一〇二條的規定，正式請求監院同意逮捕或拘禁 3 涉嫌監委。監院特在 27 日召開秘密院務會議，經仔細討論後，予以同意。黨中央認為這件案子是十分重大的事項，所以對院會的決定在事先加以影響。

在司法機關請求逮捕或拘禁涉嫌 3 監委時，甚多監察委員認為請求的手續有欠周詳，他們在同意的決議文中說道（中央日報 1966）：

> 貪污禍國殃民，本院素所痛嫉，歷年以來迭加糾彈。同人如有犯者，自應依法嚴懲，若法院因此申請逮捕或拘禁，本院在了解案情後，自應迅予決定。但憲法第一〇二條既以許可或不許可之權，授予本院，本院必須為慎重之行使，故該主辦法院應將該委員涉嫌犯罪之事證，於申請時通知本院，作為本院許可與否之依據。今據臺北地方法院檢察處九月二十三日北檢沛寒字第一二一一六號要求逮捕或拘禁本院委員三人之來文，僅謂：「（一）本處偵辦五十五年偵字第二七六號貪污罪嫌一案，對於貴院監察委員孫玉琳、于鎮洲、郝遇林將予偵訊，必要時並將逮捕或拘禁。（二）茲依憲法第一〇二條規定函請許可，迅賜惠復」。既未敘明事實，更無任何證明，甚至各該委員究竟涉嫌何一案件，亦僅告知其代號。本院如果就此一紙空文，即予許可，則此例一開，任何地方法院首席檢察官一人，皆得援例以一紙空文要求逮捕拘禁民意代表，而該民意機關勢必祇好照例輕率許可，則憲法保障民意代表，使其敢於盡言責，糾官邪，而不慮構怨、結仇、攀誣、誣害之意義，從此盡失。民意機關監督政府之功能，勢必因之大為斲傷。是則一案而開惡例，殊非國家之福。本院因此認為必須審慎從事，以重法治。頃據李院長及蟄秘書長報告向臺北地方法

院檢察處焦首席查詢經過，獲悉本案情形，爰經院會於研究討論後，決議許可該檢察處對各該委員於必要時予以逮捕或拘禁。

這一決議文說明了監院當時同意的勉強心情。自 3 監委經司法機關拘禁後，監委同志陶百川氏即本著決議文的原則，草擬「監察院審議拘捕監察委員申請許可案程序草案」，並獲其他 27 位監委的連署擬向院會提出。這個草案自然是因為不滿司法機關的行動而引起的，但司法機關的行動原則上曾獲得黨中央的支持，所以黨中央覺得陶氏的草案仍以暫緩提出為佳，於是利用組織力量，促請陶氏等提案監委同志將草案擱置。中央曾函請監委黨部整理委員會轉知陶氏暫緩提出，另由有關單位研商處理。整理委員會並推委員金維繫、余俊賢及書記長侯天民轉達中央意旨，希勿提出。中央政策委員會且曾邀約有關監委同志交換意見，認此為政策性案件，希監委同志接受中央的意旨，暫緩提案。陶氏等提案監委同志，在此情形下，乃不得不暫時擱置。到了 11 月監院召開年度檢討會時，陶氏等擬舊案重提，曾請監委黨部整理委員會轉陳中央，謂此案不應長久擱置，應在檢討會上提出等語。中央表示仍不同意，云已由中委陶希聖等人組織的專案小組研議，在未有決定前，監委同志應暫緩提出。結果此案乃告打消。這是中央影響院會決定的另一最明顯的事例。

（三）黨的活動方法與黨紀

民青兩黨籍的監委實際上較少組織上的活動與連絡，所以不易看出活動時所運用的方法。執政的國民黨籍監委則佔絕大多數，且黨的活動頻繁，對監察權的行使，常構成最大的行為影響力，它所運用的方法與步驟頗值得加以檢視。

執政黨在監院已有監委黨部的組織，一切活動自以透過黨部的組

織爲佳。但實際上，監委本身派系分歧，監委黨部並不能完全加以控制，普通祇能做到轉達及配合執行中央的意思，以及協調黨內派系的糾紛與摩擦。對中央而言，監委黨部的決議亦並不能獲得中央的絕對重視，一切仍需以中央的意旨爲主，故不是一個能獨立發生作用的黨部。不過作爲一個承轉協調的機關，監委黨部亦負擔不少任務，亦發生不少作用。就例行的黨務言，它規劃及督促所屬的小組，經常將中央發交的資料及決策轉交黨員參閱及實行。黨員亦可藉監委黨部的會議，將自己的見解反映至中央。在監委黨部開會時，中央亦常派員出席指導，並趁此集會，闡釋中央的政策與態度，以及表明對監委同志的希望等等。中央派來出席的人員例爲高級人員，常見的爲第一組的主任或副主任。例如監委在彈劾東亞及大秦案後，中央即派一組副主任出席監委黨部整理委員會議，說明中央對此兩彈劾案的不滿情緒及對提案同志不諒解的情形，並希望監委同志不能對所謂 5 大疑案中的其他 3 案再有所舉動等等。監委同志亦有透過黨部請示中央是否可提某一彈劾案，亦有透過黨部作成某種決議請中央考慮執行等，如監委同志陶百川及黃寶實氏因黃啓瑞案提案彈劾最高法院 2 法官，此 2 法官在報端發表聲明反駁，黨方機關報中央日報特率先刊載，且著短論表示同情，監委同志即曾在黨部會議上作成決議，請求中央糾正及制止。

監委黨部因不能完全控制監委同志，發生不了決定性的作用，於是對某些重要的案子常主動請求中央逕自處理，以減輕自身的困難與責任。如監院通過東亞及大秦彈劾案後，招致中央的不滿，監委黨部整理委員會因未能貫徹中央的意旨，特開委員會檢討及會商如何謀求將來配合改進的辦法。最後委員會仍是推到中央去逕自處理，曾建議由中央第一組邀約監院 5 人調查小組協商解決辦法，另請中央委員會邀約全體監委同志舉行座談會，以便相互直接交換意見。

　　監委黨部既感覺某些重大事項必須推往中央，中央更感覺在某種場合，必得逕自出面，始能把握時機，發生效果，於是中央常直接與監委同志發生連繫，而產生較大的作用。

　　中央所直接使用的辦法可分為若干種，有時單獨使用，有時併合使用，要看實際的情形而定。第一種辦法是中央直接對監委同志發出命令，希遵照辦理。如在司法機關準備請求監院同意逮捕或拘禁涉嫌油商行賄案 3 監委時，即直接分函各監委同志，希屆時支持，監委黨部整理委員會僅獲函件的副本。這一辦法多數在時機緊迫的場合使用，這種「官式」命令的行文辦法，恐怕祇能產生「官式」的表面效果，如無其他辦法的配合運用，作用不會太大。第二種辦法是採用會談的辦法。這一辦法被經常使用，方式亦多。最習見的是「黨政關係座談會」。執政黨中央常認為比較重大的事項為政策性的，所以監委同志必須接受中央政策性的決定。遇此情形，中央常召開「黨政關係座談會」來解決。通常主持座談會的多為中央的政策委員會，有時亦由中央一組配合舉行。規模小的座談會，祇由少數的有關監委同志及政策委員會與一組的負責人參加；規模大的，由全體監委同志加上政策委員會與一組負責人，以及其他的中委參加。小規模的座談會舉行的次數較多，如彈劾最高法院 2 法官案，中央即曾邀請提案監委同志陶百川、黃寶實等舉行座談會；再如陶百川氏等 27 人擬連署提出「監察院審議拘捕監察委員申請許可案程序草案」，中央政策委員會即曾舉行座談會，邀約有關提案監委同志參加，交換意見。大規模的座談會舉行的次數較少，此種座談會多半不固定一特定的議題，而具廣泛檢討及交換意見的性質。如俞鴻鈞案及第四屆副院長選舉案，使得中央與監委同志間關係十分緊張，於是舉行全體監委同志參加的黨政關係座談會，冀能經過自由交換意見及相互檢討後，重建融洽的關係。除上述的「黨政關係座談會」外，中央委員會亦常邀請監委舉行會談，

一方面聽取監委同志的意見，一方面傳達中央的政策與意旨。這種會談多在行使同意權前行之，如1967（民56）年8月中常委嚴家淦、谷正綱等人代表中央邀請全體監委同志舉行茶會，並提出大法官人選徵求意見，請予支持等是。以上所列各種會談的辦法，有時採用餐聚的方式，有時採用茶會的方式：餐聚的方式多用在小型的會談，它有爐邊會商的輕鬆，參加的人較多自由發揮的機會。茶會用在大型的會談，有類似會議的性質，但較官式會議略為輕鬆。一般說來，會談的辦法易導致黨政之間的直接交流，能發生橋樑的作用，尤其是小型的「黨政關係座談會」常能收到預期的效果。不過黨中央與某些「爭於黨」的監委同志間，每存有「先天」上的隔閡，如「爭於黨」的監委同志堅持嚴屬實行監察權，尤其是糾彈權，認非如此不足以肅整官邪，而肅整官邪是為黨及國家清除敗類，有益而無害。但黨中央則有政策性的考慮，認重大彈劾案必須經過黨的核准，否則無以適應非常時期的緊急情況，甚至反為奸人所利用。

　　第三種辦法是由黨中央的委員或各單位負責人與監委同志間，作個人的接觸。個人間的接觸包含私人的情感在內，較一般「官式」的來往當然來得親切。監察院內的監委同志在大陸時代多曾出任黨政要職，其中以省級黨團委員及主持人為多。他們可以說是國民黨的老同志，且皆有過不少貢獻。來臺後雖專任監察委員，擔當「風霜之任」希望「直言無諱」，但與黨中央的舊淵源與老關係仍然存在。黨中央在必要時自會考慮這些因素而加以運用。如在第四屆副院長選舉時，發生僵持的局面，使中央提名人張維翰氏不能順利當選，中央即曾邀請黨中耆舊及與某些監委同志有特殊淵源的中央評議員及中央委員，從中化解說服。他們曾分別拜訪或邀宴某些舊日同僚或下屬的監委同志懇談，勸說他們改變態度。如廣東籍的元老馬超俊氏即曾與廣東籍監委同志袁晴暉、余俊賢、鄧蕙芳等七、八位有所接觸；另有其他中

委亦曾分別邀宴關係委員爲張氏鞏固票源。我國社會十分重視人際關係，這種「情」、「理」兼施的辦法，頗能收到一時之效。

第四種辦法，也可以說是最鄭重的辦法，即由總裁親自出面邀約有關少數監委同志或全體監委同志講話，希能服從黨的意思。監委同志在簽署「中央從政幹部規約」時，即已自願同意第二點的規定：「服從總裁領導」。他的親自出面講話，應當最能收得效果。如俞鴻鈞案提出後，總裁即曾邀請監委同志聚餐，要求團結合作，以固國本，對監察權必須善爲應用等。他的講話對當時頗爲混亂的黨政關係獲得澄清的效果。再如于右任院長逝世後的補選院長、副院長案，監委同志間對候選人問題爭執甚烈，最後乃由總裁親自決定直接提名，並邀約全體監委同志聚會，宣佈人選，使得選情獲得開朗。總裁且曾進步召見監委的中央評議委員李嗣聰、陳肇英、丘念臺、陳志明、錢用和、張維翰，中央委員陳達元、候補中委郝遇林，囑協助副院長候選人張維翰競選成功。在監委黨部整理委員會成立後，總裁亦曾召見整理委員有所垂詢訓示。

第五種辦法是訴諸黨紀，即欲以黨的紀律與處分迫使監委同志服從黨中央的決定。這種辦法具有強制的性質，當然不是中央監委同志所樂見的。黨紀的直接效果是違紀的同志個人，但間接的效果是警戒所有的同志。不過決定一項黨紀處分的分際是很不容易的。監委同志是黨中的高級人員，遽予處分，很可能失去一高級的黨員；如處分不當，亦易使其他同志寒心。國民黨是群衆的政黨，且是「革命的政黨」，同志間不僅有共同的理想與抱負，且具有革命的友誼，何忍對一高級而具有歷史貢獻的黨員出之於處分？再者黨是人民的團體，即使對某監委同志加以處分，並不能喪失他的監委身份，它的作用仍是有限制的。由於以上的種種考慮，黨中央對監委同志的黨紀處分，一直採取極爲審慎的態度，能避免時即儘量避免。例如俞鴻鈞案甚使中央不滿，

曾有對提案委員實行黨紀處分的議論，但「我們蔣總統的意見怎樣的
呢？他在三年前雖對俞案不甚滿意，但在整肅我們提案監委聲中，他
始終沒有採取整肅的步驟，……蔣總統待人接物常能顧到情、理、法
三者，所以國民黨在他領導之下是統一的，團結的」（陶百川
1967b:33）。但此以後，黨中央要求全體黨員精誠團結，勿作違反黨
方決策的行為。1962（民51）年更實行黨員總登記，使黨員「在反攻
復國之前，通過這一抉擇、考驗，來提振全黨同志的革命精神，純化
我們黨的革命組織」（蔣中正 1963:2）。組織強化的結果，黨紀的觀
念也比以前受到重視。計自俞案以來有監委同志曹德宣，於1930（民
19）年在「自由中國」雜誌為文發表政論，犯有錯誤，曾經中央常務
會議決議，予以停止黨權3個月的處分。自黨員總登記實行以來，監
委同志曹德宣又於1964（民53）年11月27日及12月17日，先後在
自立晚報發表「紀念本黨建黨七十週年」及「我對當前政治的意見」
兩文，被認為有違國策，迎合分歧份子的主張，經中央紀律委員會的
檢舉，中央常務委員會於1965（民54）年2月13日決定開除黨籍。
另有監委同志于鎮洲，因於監察院第四任副院長選舉時，不服從黨的
命令，違紀競選，經中央紀律委員會的檢舉，中央常務委員會於1965
（民54）年11月17日決定開除黨籍。再有監委同志曹啟文因對監院
副院長選舉一事，連續在「時與潮」周刊發表攻擊黨部及同志的文字，
並明白表示違紀助選，經中央紀律委員會的檢舉，中央常務委員會於
1966(民55)年1月18日決定開除黨籍。據云上述同志在開除黨籍前，
中央及監委黨部負責同志曾婉言勸告，但未受尊重。現錄中委會開除
曹德宣氏黨籍的正式理由如下，以明中央的根據：

　　　查被檢舉人曹德宣曾刊文報端，發表違反國策之惡性言論，
　並肆意攻擊本黨及政府，迎合分歧份子主張及共匪統戰策略等事

實，……依黨章第五十六條第三、第七、第八各款之規定，黨員應貫徹黨的決策及決議，並不得在黨外攻訐黨員或黨部，或有損黨譽之行為。又依中央從政幹部規約第三款之規定，中央從政幹部基於本人職務所擬提出有關重要政策性之主張與重要提案，均應先透過組織之討論與決議。核被檢舉人之所為，顯屬違反上開黨的紀律，情節至為重大，……經中央派負責同志加以勸導，毫無悛悔之意，其蔑視黨的紀律，實為顯然。爰依黨員違反黨紀處分規程第二條第三款決定處分……。

　　以上 3 位監委同志的被開除黨籍，在國民黨黨史上是一件大事，此可表示出黨中央今後維持黨方決策的決心。直到現在為止，黨中央開除黨籍的決定，在監委同志間仍盪漾著不同的感想與反應。即以被開除黨籍的人說，亦甚感遺憾。曹德宣氏曾寫信與友人說：「……開除黨籍，甘願接受，至對於三民主義之信仰，革命精神之貫徹，決不因此而稍變……」（曹德宣 1965:88）。是曹氏仍戀戀不忘國民黨精神之所在。

　　上舉的五種執政黨中央的直接活動辦法，有難、有易，可分開、可合用，須視事項的性質而論。但就五種辦法的次序看，如能運用第一種辦法，即由中央直接發出一紙命令，就可收到效果，此是上策，但不易辦到。如能運用第二種辦法，即經由會談的方法達成，自亦甚好，此為民主政黨的常規，應加強運用。如需運用到第三種辦法，即經由中央耆舊的人情關係，已出政黨的一般關係之外，略嫌勉強。如尚需運用第四種辦法即借重總裁個人的威望，已表示組織本身的欠缺活力。如再需運用第五種辦法，即訴諸黨紀，以求貫徹，此莫非借諸處分以懾人？已接近「以力服人」的程度了。從上面五種辦法運用的次序研究，亦可看出黨本身的問題，值得注意。

（四）黨與「爭於黨」黨員之間的關係

中國的政黨是在非常的環境下建立及成長起來的，所以帶有非常時期的特色，而與民主國家的政黨不盡相同。以執政的國民黨來說，它的前身及本身皆是革命的團體，具有革命的主義、精神及紀律，決不同於兩黨政治下的政黨。也可以這麼說：中華民國的誕生及成長，就是基於該黨的誕生及成長，它自認應負擔這個國家的主要責任，以完成它的革命任務，自是十分可以理解的。但自 1948（民 37）年國民黨結束黨治，還政於民，實行憲政後，國民黨在政治方面的運用，與前到底有些不同。在黨治時期，黨政關係合而為一，黨的決定就是最高的決定，具有政治上的最高效力，從政人員必須服從。自從進入憲政時期，國家有一套憲政制度，政黨退居人民的政團，已不能使自己的決定凌駕憲政制度而上。執政黨雖仍可影響本黨黨員，但從政黨員卻另須遵守政府的法制，至少有此藉口以抗衡黨的決定，故執政黨雖仍然當政，要不如黨政合一時期的那樣指揮方便。

行憲以後，黨政既非必然的結合，如有一段承平時期的培育，可能使黨政關係步上民主國家的常規，可惜自行憲以來的 19 年，國事一直處於板蕩與不安之中。政府遷臺以後，勵行反攻復國的政策，並列為國民革命的第五次任務，執政黨乃不得不重整革命精神，嚴肅革命陣營，緊密黨政關係，以完成此一革命的神聖使命。但國家既進入憲政，黨治的恢復不太可能，執政黨又如何使從政黨員在憲政制度下，來配合黨的決定？反過來看，從政黨員又如何在憲政制度下來推行黨的決策？這些問題皆是困擾的問題，不易獲得輕易的答案。

今試以監察權的行使為例，如果一高官同志違法失職，非適用憲政程序加以彈劾即不能振人心，肅綱紀，但黨方認為此案一經宣揚，等於暴露黨政的弱點，不僅供給敵人宣傳的資料，且可動搖人民的信

心，所以應交由黨方處理。擬提案的委員同志，抑是履行憲政所交付
的責任，逕予彈劾爲理得，抑是移交黨中央處理，而不自過問爲心安，
取捨之間實是一痛苦經驗。有不少監委同志常在這痛苦的抉擇下，徘
徊瞻顧；也有監委同志，試爲自己尋求答案，以消除心中的塊壘，監
委同志陶百川氏說（陶百川　1967 b:32）：

> 政黨生活是近代的事情，我於是又向近代政治學者求答案。
> 我發現「現代民主政治」名著的英國大學者、大政治家蒲雷士(Lord
> Bryce)爵士在他另一名著「公民精神的障礙」中提出一個明確的
> 答案，他主張以國家利益為標準，而以本人的良心判斷為依歸。
> 他說：「所謂政黨的精神，要看個別特殊問題的重大與否，來決
> 定它適用的程度。如果它是一個嚴重影響國家利益的問題，政治
> 家應該不顧一切以行其心之所安。但是那個問題如果是次要而沒
> 有深遠影響的，他在責任上應該為黨而放棄他自己的意見」（頁
> 八九至九十）。因此「在小的問題上，不致影響行政部門的命運
> 的，黨員有隨時反對它的自由。他應該把民間各式各樣的意見反
> 映於行政部門，他應該警告它不得藉口黨誼黨德來嚇阻言路，而
> 行政部門因此可以受益。……臨到重大的事情，牽涉到國家利益
> 的，他應該把國家利益置於黨誼、黨德和黨紀之上，而設法推翻
> 那個行政部門，不應讓它錯下去」。一位現代的政治家，美國新
> 任副總統，詹遜先生，也有一句名言：「我是一個自由人，一個
> 美國公民，一個參議員，一個民主黨員。我照著這個次序的先後
> 來考慮問題」。這是說，凡是在參議員立場上不許做的事情，雖
> 然他的黨要他做，他也祇有敬謝不敏。

　　陶氏舉蒲雷士的話，強調大事應該自主，小事不妨接受黨的意見，

正與執政黨的觀念相反。執政黨的態度是，大事必須透過黨的決定，小事不妨自便。「中央從政幹部規約」第三條規定得明明白白：「基於本人職務所擬提出有關重要政策性之主張與重要提案，均先透過組織之討論與決議」。再看執政黨的中央紀律委員會主任委員馬超俊氏所說的話(1966)：

> 大家都知道，今天國家和黨的處境，需要我們的是：「只有團結，方能生存，如果衝突，只有滅亡」（總裁訓詞）。……還有少數從政幹部，每有提出有關重要政策性之主張或重要提案，不先透過組織之討論與決議；而對黨部或黨員之批評，也不依黨的檢討批評制度，透過組織反映，遽然刊諸報章雜誌，不但違背其登記規約與嚴守黨的秘密之規定，更易造成意見分歧、矛盾、衝突之不良現象，予敵人以挑撥，滲透顛覆之機會。凡此種種，倘不及早改正，其後果將不堪設想。……本黨自行憲以後，發揚民主精神，實行還政於民，而以執政黨的身份執政；惟自共匪全面叛亂，大陸淪陷以後，本黨又負有反攻復國，繼往開來的使命，「從前面一點來說，本黨是一個民主的政黨，從後面一點來說，本黨又是一個革命政黨，也就是一個戰鬥的行動集團」（總裁訓詞）。所以本黨是兼有一般民主政黨與革命民主政黨兩者之特性和責任的。現在我們國家的情勢既和英美不同，加以共匪滲透顛覆的手段，無所不用其極，本黨更需要統一意志，集中力量，提高警覺，以完成其神聖的使命。這是本黨和英美政黨不同的地方，也是本黨需要黨員恪守紀律的道理。

馬氏的這番話似乎是針對陶氏等「爭於黨」的見解而發，但兩者針鋒相對，並未互解心中的疑慮，反將黨政與憲政，民主政黨黨員與

革命政黨黨員之間的矛盾，烘托得格外明顯。

　　這個矛盾，執政黨需要克服，因執政黨人士認爲非如此不足以完成革命的任務。「爭於黨」的監委同志亦需要化解，因非如此不能順利行使職權。執政黨的辦法是逐漸強化黨的組織，爭取具有相同觀念的監委同志的支持，並輔之以黨紀。「爭於黨」監委同志的辦法是強調獨立行使監察權的責任與必要，希望執政黨明示在何種範圍內可自由行使職權。近十多年來，監察院內的黨政關係，就是在上述兩種辦法內消長。

　　執政黨先有監察院黨部的組織，自俞鴻鈞案以後，逐漸加強黨的控制與運用，並有黨員總登記的措施。自第四屆副院長的僵持競選案發生後，則改組監委黨部，成立整理委員會，並開始運用黨紀，開除 3 監委同志的黨籍，以純化黨的組織。

　　「爭於黨」的監委同志，在行憲初期尚覺有充份的自由。自遷臺以後，逐漸感覺到中央的影響力，但早先的影響力是散漫而消極的，譬如使黨營報紙不刊登糾彈案的新聞。監院曾於 1952（民 41）年 2 月糾正物價上漲案，1955（民 44）年 6 月再度糾正勒令刊物停刊案。「全案並經監察院送登新聞，但是中央日報和中華日報……一字不登」（陶百川 1967 c:54）。往後愈來愈具體而積極，俞鴻鈞案發生時，中央日報對監院曾作有計劃的反駁與攻擊，但監委同志尚有能力爲文對抗，「某報接二連三的社論或專論說是本院不能要行政院院長列席本院調查會備詢，……昨天的專論又說本院彈劾行政院長，是增加行政院在憲法上倒閣的原因。就這些言論來說，國父手創的五權憲法中的監察院，是面臨風雨飄搖了。我們每一位監察委員看到這些言論，內心都相當惶恐，深切憂慮」（黃寶實 1957：1214）；「中國國民黨中央常會何以支持俞鴻鈞院長不列席？不知何所依據？亦令人百思而不得其解，無論在國父遺教、三民主義和反共抗俄國策中，均找不到理由。……

最後猶不勝其傷感憂慮者，……國民黨中央負責諸先進（俞鴻鈞及中央常務委員）反爾對於憲法及監察法，多所誤解，致使國人對於國父遺教及現行之五權憲法根本上發生動搖，較諸共產黨主義匪徒之摧毀我國家，顛覆我政府，其危險不相上下」（曹德宣 1958b:135-6）。1962（民51）年舉行黨員總登記，某些「爭於黨」的監委同志，頗不自安，曾請求中央解釋「黨部管理監委同志的界限」（陶百川 1967a:35-7），因「事關黨員對黨負責之範圍，以及監委依法盡忠職務之程度，過寬過嚴，皆非所宜」（陶百川 1967d:37）；並建議須透過黨部討論及決議的重要糾彈案「可否以關於總統、副總統者為限？如不以此為限，則請將不許自由糾彈者之官銜一一列舉。此項官銜，應不甚多，為杜爭議，務請明列」（陶百川 1967d:37）。據說中央曾同意院長級以上為重要糾彈案。最近的 5 年，有 3 監委被開除黨籍，有 3 監委因案繫獄。五大疑案經彈劾其二後，其餘即告終止。這些皆表示黨的影響力的日漸強大，也可以說是黨的影響力在長，而「爭於黨」監委同志的抗衡力在消。

　　具有「爭於黨」思想的監委同志在監院不算少數，且多為活躍的人士。他們認為糾彈權的主要對象是違法失職的公務人員，如加肅清，對黨、國及反攻復國的政策祇有百利，而無一害。一位監委同志說（陶百川 1967e:10）：

　　　執政當局和黨國巨頭，尤應聽任監察院多提糾彈案，不加阻撓，聽任司法機關依法審判，不加干涉，庶幾官常可以格外振肅。

　　另一位監委同志說（馬空群 1965:102）：

　　　有權有勢的人包庇貪污，袒護貪污，怕人把貪污的事實檢舉出來，用盡種種方法把它壓下去，掩蔽起來，使大事化小，小事

化無，說是家醜不可外揚，怕影響國際觀瞻，影響國援。這種官官相衛，包庇貪污的作風，當然更助長了貪污的風氣。……那再不想方法整飭，必致紀綱蕩然，百政廢弛，政治一天一天的腐化下去，到那無以自拔之境。

他們的觀點並非全無理由，但有時並不一定能獲得執政黨中央的重視。

在西方民主國家，黨的中樞常由國會議員同志與執政同志聯合組織而成，英國是政黨運用最得法的國家，她的保守黨的中心組織即在下議院。工黨的總部雖在議會黨部之外，但議會黨部的意見常發生決定性的力量。美國的民主黨、共和黨亦是以參、眾院議員為領導的中心，黨的政策及黨魁一樣產生於議員之中，至少是獲得議員的支持。我國目前是一黨專政的局面，中央總部高置於國會議員同志之上，而構成另一系列的層級組織。國會黨員參與中央決策的機會不多，並不構成中央組織的核心人物。以監察院來說，監委同志中獲選為中央委員的，目前祇得一人（陳達元氏），此與西方國家政黨運行的情形，甚有差異。監委同志間雖有監委黨部的組織，這個組織僅是中央系統下的一個附屬機關，它的決議祇能供上級參考，並不發生拘束的力量，所以最多是一個承轉與協調的所在。以監委的重要性論，監委同志掌有同意權及糾正權，此涉及國家高級人員的任用及對事的監督，如認具有政治重要性，為何不使之多參與中央的決策，而使處於受命的狀態？監委同志心中或未必甘願，但這是黨的結構使然。監委同志亦掌有糾舉權與彈劾權，如中央亦認確具司法的性質，似可透過黨的組織使能精確地實施，甚至不加干涉；如認相當於美國國會議員的彈劾權，亦具有政治上的重要性，則亦應使監委同志多參與中央的決策。監委同志如不能參與中央的決策，而中央的決策又不能獲得監委同志的質

成，雙方必然產生隔閡。由隔閡而發生誤會，這是黨的不幸。將來是否可使監委黨部的決定，在某種情形下，多受到中央的尊重，應是值得考慮的問題。

四、利益團體與監察院

（一）利益團體的意義

「國者人之積」，國家是人的集合的團體，已不須多論。但人不僅是屬於國家（一個具有政治利益的團體），且屬於各種不同利益(interest)的團體。人因有各種不同的需要及各種不同的價值觀念，於是形成各種不同的利益。利益相同的人，自然會結成一個團體，以謀其利益的實現。利益愈多，競爭愈多，從而團體愈多，所以 Leslie Lipson (1954:35)教授說：「需要如此的不同，衝突是如此的經常發生，團體的數目就會如此之多」。多元論者認為人追求的目的是多元的，所以社會及國家亦是多元的（參見 Lipson 1954:148），此語用來說明團體的特性，並無不妥。

歷史學派的學者亦曾追溯國家的起源至最雛形的政治團體，認為人生而成群，群合為國家。現且不論國家的起源究竟如何，就現有的國家分析看，在國家的團體內，確有若干其他利益團體的存在。如具有各種不同商業利益的人，所組成的各種商業團體；具有各種不同工業利益的人，所組成的各種工業團體；具有各種不同宗教利益的人，所組成的各種宗教團體等等。人就是透過這些團體而屬於國家。這些團體有時合作，有時衝突，一以利益的實現為準。政府的作用，則是利用它的統治力，促進利益的實現，協調利益的衝突。它的衡量與選

擇，構成很複雜的政治現象。

　　每一政治現象實包括若干錯綜的政治行為。這些政治行為仔細分析起來並不是孤立的、個人的，而是團體的、社會的。精確一點說，是團體中的個人的，團體之於政治不言可喻。尤其自廿世紀以來，人類生活的連帶性大增，依賴政府作為的程度亦大增，「福利國家」一詞，寢假變成「無限政府」的根據。政府的統治力既無限地及於一切，團體利益的實現即必須與政府的政策一致。在民主的國家，承認「自動說」(voluntarism)，予人民自主組織的權，於是有多黨或兩黨，以及自主的各種利益團體。利益團體可支持某黨主政，亦可反對某黨主政。在政黨組織政府後，可影響政府的決策或抵制政府的決策。反過來看，政府源於黨，黨須顧及利益團體，利益團體則基於相同利益的人，如此而產生的政府是以人為主，所以是民主的。Gwendolen M. Carter(1957:175)教授說：「一個國家內大的或小的利益團體如能自主組織，互相在平等的地位上自由活動與競爭，這對民主不但不是一種危險，而是一種表現」。在民主國家，尤其是美國，利益團體的活動是生動、有力而正當的。美國重要的利益團體甚至聘用高級人員作為游說者(lobbyist)，在國會長廊活動，企圖影響國會議員，進而影響政府的政策。這種「長廊政治」亦被認為是合法的。V. O. Key, Jr.(1964:17)教授認為民主政治的主要工具是政黨制度，如要了解美國的政黨制度，則必先了解美國的壓力團體（即利益團體），他說：「團體利益是政治歷程中生氣蓬勃的力量，要了解美國政治，必須具備對主要團體利益及其在公共政策上影響的知識」，Key 教授直以利益團體的活動，為美國民主政治的特徵。

　　極權國家的情形則反是。George Kennan(1947:566-82)在分析蘇聯社會時說，蘇聯是共黨專政，不合於黨的團體不能存在，所以蘇聯的社會是空虛的、中斷的、也是脆弱的。當然蘇聯的政治也是不民主的。

　　承認多元的團體利益，正視及容忍利益團體的活動及所施的影響力或壓力（因此利益團體亦稱壓力團體)，都是民主觀念的一環。一個社會是否是開放的(open)，似乎亦可以此標準來作衡量。

（二）中國的利益團體

　　中國進入共和政體祇是近數十年的事，以前是古老的帝國，人民皆習於專制的傳統。儒家雖富民本主義的色彩，但社會結構完全是權威式的(authoritative)，政治組織及過程完全是極權式的。在這一環境下，當然不易滋生近代的民主觀念。共和以來，至少懸民主為國家的價值目標，但因歷史上無此傳統及生活方式，當然無法一蹴成功；且此數十年間動亂頻仍，內憂外患交相煎逼，一般人皆誤以實力即權力，民主的進展因而不能不遲緩。不過自 1925（民 14）年 7 月 1 日國民政府成立以來，民權的觀念，大有進展，利益團體的組織與活動亦日漸增多。1948（民 37）年，國民黨還政於民，實行憲政，憲法中曾特別明定利益團體的合法地位。按憲法第廿六條有關國民大會代表的選舉，第六十四條有關立法委員的選舉，皆曾明文規定職業團體可推選人選，其名額以法律另定。以職業團體受憲法的直接保障，不可謂不進步；以地域代表制兼採職業代表制，不可謂不新穎。此皆民主觀念進步的好現象。另一方面憲法第十四條亦規定人民有集會及結社的自由，「除爲防止妨礙他人自由，避免緊急危難，推持社會秩序，或增進公共利益所必要者外，不得以法律限制之」。[8] 不過政府自遷臺以後，又處於緊急的狀態中，且已正式宣布戒嚴，一般人民及利益團體的活動，自非承平時代可比。

---

[8]　參見：中華民國憲法。

　　政府雖處在特殊的情況下，另一方面卻配合臺灣的各種條件，努力發展經濟，獲得舉世所重的成果。因經濟活動的頻繁，有關經濟利益的各種利益團體亦日漸組織完密及逐漸作較有力的活動。不過目前國內的經濟情況，尚不若英、美等高度開發國家，企業界長期性及計劃性的積極活動，似不多見。再政府的經濟政策亦多管制性及計劃性，不能一任企業界的充份自由，此對利益團體的活動並不構成鼓勵的因素。

　　目前國內的利益團體，大致可分為數大類，即：(1)商業性的團體，此包括各種商業同業公會；(2)工業性的團體，此包括各種工業同業公會；(3)農業性的團體，此包括各種農業公會及會社；(4)礦業性的團體，此包括各種礦業公會；(5)職工性的團體，此包括各種職工會；(6)專門職業性的團體，此包括各種職業公會；(7)宗教信仰性的團體，此包括各種教會；(8)地域性的團體，此包括各種同鄉會，華僑會；(9)血緣性的團體，此包括各種宗親會；(10)學術性的團體，此包括各種學會；(11)文教性的團體，此包括各種教育會、體育會、音樂會等；(12)其他因特殊關係事件及共同愛好所結合的團體，此也括同學會等。上述的各種利益團體，大多有地區性的及全國性的組織，且有層級關係。以律師專門職業團體為例，縣有縣律師公會，全國有律師公會的全國聯合會。以商會為例，縣有縣商會(且由縣內各種商業同業公會推選代表組成)，省有省商會，全國有商業公會全國聯合會。我國對上述各種團體的設立，採登記制，即必須先向政府各級有關機構申請許可設立，經有關機構審查認為符合特定條件後，始准成立，其間每一步籌設手續，皆必須經過政府的核定。登記成立後，各種重要活動或改組人事等，均仍在政府有關機構的監督之下，如全國性團體的召開大會，就必須向內政部核備，並請派員指導。有關利益團體的組織種種，不在本文的研究範圍之內，現姑從略。

執政黨對利益團體的組織及活動，向極重視。在中央特設第五組
專司其事。另尚設有各特種黨部，各產業黨部，以組織生產及勞動群
眾。一般說來，所有利益團體莫不與執政黨發生緊密的關係。黨方更
經常透過各種黨部的層級組織，以影響利益團體，進而影響其成員。
國內目前執政黨最為強大，其他小黨不足與京，因之，執政黨在利益
團體方面的活動，很少遭到其他政黨的阻撓或競爭，可稱相當順利。

　　照一般國家的常情，利益團體每以立法的國會作為主要的活動場
所。我國立法機構為立法院，所以立法院應為利益體團最重視的對象。
但我國為五院制，除立法院外，尚有監察院，掌有糾彈等權。監察院
的糾正權，可以對行政機構的措施，在事後加以糾正，促使改善，另
有糾舉及彈劾權以鎮懾違法失職的官吏，作為糾正權的保證。利益團
體在這種情形下，自會爭取監察院的同情與支持，至少使對政府不利
於己的措施予以糾正，促其改善。

　　不過，如前所述，國人對近代的民主觀念，尚不普遍熟悉，利益
團體的直接對立、監委的活動，或立、監委在某種程度上接受利益團
體的活動，是否被視為正當，尚很難說。1966（民 55）年 9 月所發生
的油商行賄案，使這個問題面臨新的考驗。所謂油商行賄案，據司法
機關的判決書所載，是植物油公會為了保持會員廠商的既得利益，希
望政府限制設立新廠及減低黃豆進口的稅率等等。公會派出一位游說
員，它的總幹事，作各種活動，曾洽請數位立委及監委向政府官員游
說請託，並在立院通過減低稅率的議案。據稱這數位立、監委曾接受
大量的活動費，司法機關認係賄款，終以貪污罪嫌將有關人犯判刑定
案。如以英、美利益團體在國會的活動情形相較，這個案子不但在實
質上，而且在觀念上，大有值得研究的餘地。我國憲法承認職業代表
制，如立院內的職業代表為他的職業團體作有利的活動，應當不是違
法的，問題可能出在對活動方式及手段的看法問題。現姑不管是非如

何，此案發生後，大爲阻嚇利益團體向立、監委的活動，也使得利益團體不肯稍洩過去與立、監委之間的活動情形，此使得研究工作的進行受到困難。下面特就各種利益團體及具有相同利益的群眾向監察院的活動情形作一分析。

五、利益團體的成案分析

（一）利益團體的提出及各種個案

據監察院公報所記載的資料，從 1950（民 39）年 11 月至 1965（民54）年 10 月的 13 年間，共有利益團體及利益群眾所陳訴的個案 257件。[9] 這些個案，皆是用書狀作成送到監院。書狀的形色有用代電，有用請願書、陳情書、呼籲書；有用建議書、意見書；少數是用對政府陳訴書的副本。有的書狀直接請求監院對某事予政府以糾正，有的未明白指出，但用意完全一樣。監察院收到這些書狀後，由審閱室按案件的性質，移至有關委員會處理。委員會是決定糾正案的場所，所以移往處理最適當不過。

（二）個案的分析

現就上述 257 個案所提出團體及群眾的名額、性質及提案數，作一分析，如表二：

---

[9] 257 件個案的列表分析在本文省略，但可見傅啟學、胡佛等著 1967：947-1020。

表二　利益團體及群眾的陳訴案

	案數	備　　註
商業性團體	90	除各商業公會外，尚包括合作社、報關業、運輸業等
工業性團體	25	
農業性團體	21	
漁業性團體	5	
礦業性團體	1	
職工業性團體	17	
娛樂業性團體	10	
專門職業團體	12	
政治性團體	10	
文教性團體	6	
宗教性團體	1	
地域性團體	11	
特殊利益團體	4	
專門利益群眾	20	
特殊利益群眾	24	

　　從表二可知，商業性團體提出的案件最多，爲次多數的三倍以上。工業性團體亦佔甚大數字。專門利益群眾所提出的亦不下於工業團體。所謂專門利益群眾是指具某種專門職業的人，爲本身利益聯名向監院陳訴，但事先並未組織一特定性的團體。他們職業多屬職工或農民，如鹽民、漁民、機工、蕉農、酪農、運輸員工、船員、果農、菸農、茶農等等。特殊利益群眾的個案亦佔24，他們是因同具某種特殊利益而相約聯名向監院有所請求，如某群要求復學的軍中現役青年、拆遷戶的居民、被迫遷讓的大批租戶、請求來臺的香港難胞、火災區的難民、轉讓民營的工礦等四大司的員工、抗議公車更改路線的居民

等等。農業性團體所提出的為 21 件，職工性團體為 17 件，皆不算少數。專門職業團體提出的為 12 件，但其中多為中醫師公會的個案，其他職業公會幾乎甚少提出。政治性團體提出的亦有 10 件，此 10 件幾盡為琉球革命同志會所提出的，實際上是該會的各種主張，等於是一案。其他在 10 件以下的，可以不論。

合併起來看，農、工、商各團體及群眾所提出的案子佔絕大多數，物質利益的重要性由此可見一斑。

監院由委員會受理及處理案件，各種委員會所配得案件的情形如表三。

表三　監察院委員會所處理的案件

	案數	備　註
經濟委員會	100	
財政委員會	41	
財政經濟委員會聯席會	2	
內政委員會	41	
交通委員會	37	
財政交通委員會聯席會	2	
外交僑務委員會	4	民國四十二年後分成外交及僑政二委員會
外交委員會	10	
僑政委員會	9	
教育委員會	8	
國防委員會	2	
司法委員會	1	

表三所示各委員會以經濟委員會受理的案件最多，較次多的財政委員會高出一倍以上。其次為財政、內政及交通委員會。其餘的委員會所配得的案子皆在 10 件以下。監院的經濟委員會確是最忙碌的委員會，尤其涉及工商界團體。它的委員牽入利益團體活動的機會應當較

多，據說以前甚活躍的某幾位監委即常以經濟委員會爲參加的基本會。

　　受理案件的委員會雖不同，若以案件本身的性質看，不同委員會所受理的案件可能具同一的性質。今試以物質性利益，政治性利益，文教性利益，及宗教性利益爲劃分的標準，監院所受理團體利益的案件，有 218 件屬物質性利益，有 30 件屬政治性利益，有 8 件爲文教性利益，祇有 1 件爲宗教性利益。

　　宗教性案件絕少，此約略可以說明我國宗教方面所產生的問題不多，人民所享有的宗教自由頗爲充份。文教性的案件亦不多，此亦足說明，我國在文教上的措施尙屬公允。美國爲黑人平等教育問題，曾有若干團體活動，此在我國從未之見。政治性案件必須取決於大環境的政治氣候，此非監院所可解決，所以提出的當然不多。即就所提出的來看，多爲琉球革命同志會的主張，此類主張涉及國際政治問題，監院亦祇能送請政府當局參考，難有徹底匡正的辦法。物資性的案件佔絕大多數，可見物質生活在社會生活中的重要性，亦可見我國經濟發展情形及所發生的問題。

　　從案件內容分析，輕微或偶發性的事故比較多，利益團體或群眾遇到此類事故，乃向監院陳情，請促使有關機構改善。利益團體普遍性的或長期性的事故比較少，但監院委員會遇到此類事故，皆甚慎重處理。在所有的個案中，有幾件牽涉到酪農、菸農、蕉農、漁市場從業人員、鹽民等利益的案子，可稱得上長期及普通的案子，但這些案子，佔的比例尙不足二十五分之一。

（三）監院的處理及結案情形

　　監院有關委員會接到案件後，皆要提會討論。會議的第一次決定

大多是推派委員（輪值委員或推定委員）調查研究或分函有關機關答復。有些建議性的案件，亦常決議送請某研究小組參考，而就此結案。案件經調查研究後，調查委員須向會議提出報告，有時亦連帶建議解決的辦法。案件經有關機構函復後，亦須提出會議討論。這時會議可作第二次決定，如覺調查研究內容不太嚴重，或函復內容可以滿意，會議即可將文件存查，並將經過情形批答原訴人結案。如覺事態嚴重或函復內容不能滿意，會議可決議再加調查或請有關機關再復。此時亦可逕提糾正案或待再調查或函復後再提糾正案。如有關機關在調查的過程中已自動改善或謀求補救的辦法，糾正案亦可不提，逕將改善及補救情形批答原訴人結案。

在前列的所有個案中，委員會提出糾正的僅有 9 案。其餘的除未調查完畢或未函復的外，皆予存查，批答結案。所以團體利益真正獲得監院加以救濟的，比較少見。監院的糾正權是事後對行政機構不當措施的糾正，各行政機關能證明牽涉的案件確有政策性的根據，或僅有手續上的誤解或誤失，監院即不便正式提出糾正案，指責其措施不當。監院所提出的 9 件糾正案，其一是「糾正臺灣省政府委員會決議將鐵路局貨運服務所改組為公民合營運輸公司措施欠妥案」，這個案子是根據全省各地鐵路局貨運服務所員工近千人的多次陳訴而來，因貨運服務所由公營轉為公、民合營，將影響全體員工的生活，且不一定必要，故加糾正。其二是「糾正臺省府改訂魚市場管理規則及合併漁會、漁業生產合作社案」。這個案子也是根據全省甚多地區魚市場從業人員及魚類商業同業公會的陳訴而來，因改訂管理規則，漁會參加魚市場，魚市場從業人員即面臨失業危機，乃加糾正。其三是「糾正臺北市家畜市場管理機構及辦法不善案」。這個案子雖然由於零售肉商的揭發，認為由家畜公司董監事管理市場，加重剝削，會影響肉價。監委亦甚感當時肉價波動，於民生發生影響，故加糾正。其四是

「糾正臺灣省物資調節委員會以外匯購進府綢，遲遲未予加工，且未能及時配售，殊失調節之意案」。這個案子是臺北市被服工業同業公會所提，其中指出物調會進口府綢製造襯衫，不依公開比價，交廠承製，有違審計法規。監院亦認物調會自毀調節的原則，且未能普遍招商估製，不但不公平，且於審計法規有失，乃加糾正。其五是「糾正臺灣省菸酒公賣局收購菸葉辦理欠妥案」。這個案子是根據各地菸農的數次陳訴而來。菸農以公賣局收購菸葉價格過低，並利用獨佔市場的優勢，加以控制操縱，認為影響本身的生活，要求改善。監院以公賣局辦理不當，乃提案糾正。其六是「糾正現行稅務罰鍰案件，經法院裁定後，無法救濟，似應由主管機關詳擬補救辦法，送請完成立法程序，以保障人民權益案」。這個案子是由臺灣區橡膠工業同業公會指陳司法行政部以命令立法，其所屬各級法院對於財務罰鍰案處理不善，特訴請監院糾正，監院認為此案涉及人民司法權益的根本問題，故加糾正。其七是「糾正臺灣省糧食局將進口日本自行車，向農民換取稻谷，違背國家工業政策，浪費外匯案」。這個案子是根據臺灣區交通器材工業同業公會的陳訴。監院認為政府既保障國內自行車製造工業，現糧食局卻決定進口自行車以換取稻谷，實違國家政策，故予糾正。其八是「為發展臺灣乳業，有關機關早經商定計劃，呈侯核定，行政院迄未確立政策，付諸實施，以致糾紛迭起，枝節橫生，影響國民生計，有損政府信譽，特依法提案糾正，應請行政院注意改善」。這個案子是根據各地酪農的陳訴，指控本省奶品加工廠拒收酪農鮮奶，使生計頻陷絕境，請監院促使政府改善。監院認為此案不但有損酪農利益，且危害乳業發展，故加糾正。其九是「糾正臺灣物資局毛豬外銷業務措施失當，政府主管機關實施毛豬政策發生偏差」。這個案子是根據香港肉商聯誼會的多次陳訴而提出。監院認有不合理的情事，且影響忠貞僑商的信心，故促請政府改善。以上的 9 個案子，在

所有的個案中，的確牽涉的人數較廣，利益時效性較長，亦且牽涉到政府的政策及原則問題，所以提案糾正，促其改善。

（四）利益團體及群眾所用的方法

　　大多數提出個案的利益團體及群眾，僅將書狀遞送監察院，即告了事，以後很少再加過問或敦促。但較嚴重的案子，利益團體及群眾也嘗試作多方的活動。習見的是喚起輿論的注意，如刊登大幅廣告，籲請各界，包括監察院在內的五院，以及其他有關機構主持正義等等。如前述酪農等案，均在報端有所登載。某監委見告，輿論所重視的案子，亦確能引起監委的注意。另外以多數人奔臨監察院請願的方式，亦能引起監委的重視。此時監院定有值日委員，如在院會，定然推派委員接見。前述的禁止自行車進口案，皆有人員至監察院請願。此的確增加監委對此等事件的注意力。至利害團體是否派有專人與有關監委連絡，使能接受自己的觀點，或請代向政府說項，刻下尚欠具體的資料，加以證實。油商行賄案的判決是指明植物油商會曾由總幹事出面連絡活動，但認為涉及活動費的致送及收取，應加刑罰。涉嫌的總幹事及監委復加否認，似亦不願承認活動的正當性。目前比較規模宏大的利益團體，對與立、監委活動連絡一點，皆諱莫如深，加以否認，資料更為難得，縱有傳聞亦難加以引用了。　　（本文自作者原著摘錄而成，原載：傅啟學、胡佛等著，《中華民國監察院之研究》，1967，臺灣大學政治學系研究小組印行，頁 903-1027。）

參考文獻

《中央日報》，1966，9 月 27 日。

《聯合報》，1966a，9 月 7 日。

《聯合報》，1966b，8 月 31 日。

《聯合報》，1966c，8 月 12 日。

《聯合報》，1966d，8 月 11 日。

《聯合報》，1966d，8 月 4 日及 5 日。

《聯合報》，1967，9 月 15 日。

《黨員總登記手冊》，頁三。

〈譯文〉英文中國月報第 2 卷第 2 期。載：牛嶠編，1958，《政監兩院法理爭議論叢》。臺北，山水人物雜誌社。

〈監察院對行政院長俞鴻鈞申辯書審閱全文〉。載：牛嶠編，1958，《政監兩院法理爭議論叢》。臺北，山水人物雜誌社。

吳炯造，1966a，〈彈劾大秦案一波三折〉，《聯合報周刊》，8 月 27 日。

吳炯造，1966b，〈監委閉門談家務事〉，《聯合報》，12 月 5 日。

凌　雲，1958，〈可喜的法治精神〉，《香港上海日報》，2 月 7 日。載：牛嶠編，《政監兩院法理爭議論叢》。臺北，山水人物雜誌社。

袁晴暉，1966，〈監察委員袁晴暉先生訪問紀錄〉，12 月 1 日。

馬空群，1965，〈我國重言路的傳統精神〉。載：馬空群，《悶局與新機》。臺北，文星書局，再版。

馬超俊，1966，〈恪守革命紀律〉。《中央日報》星期專論，12月26日。

康玉書，1966，〈監察委員康玉書先生訪問紀錄〉，11月22日。

張其昀，1952，《國民黨的新生》。臺北，中央文物供應社。

曹德宣，1958a，〈質諸中央日報九日社論及憲法學家一夕談〉。《自治半月刊》，13期。

曹德宣，1958b，〈行政院長俞鴻鈞不列席問題〉。載：牛嶠編，《政監兩院法理爭議論叢》。臺北，山水人物雜誌社。

曹德宣，1965，〈給陶委員百川的一封公開信〉。載：陶百川，《回國前後》。臺北，三民書局。

陳志明，1966，〈監察委員陳志明先生訪問紀錄〉，1966年11月24日。

陶百川，1958，〈評憲法學家一夕談〉。《聯合報》，1月22日。

陶百川，1967a，《回國前後》。臺北，三民書局。

陶百川，1967b，〈脫黨的邊緣〉。載：陶百川，《知識分子的十字架》。臺北，文星書店，5版。

陶百川，1967c，〈聯合報與監察院〉。載：陶百川，《知識份子的十字架》。臺北，文星書店，5版。

陶百川，1967d，〈黨部管理監委同志的界限：請中央黨部解釋黨員總登記辦法函稿〉，載：陶百川，《知識份子的十字架》。臺北，文星書店，5版。頁35-7。

陶百川，1967e：〈一個監察委員的狗生哲學〉。載：陶百川，《知識份子的十字架》。臺北，文星書店，5版。

陶希聖，1958，〈憲法學家一夕談〉。《中央日報》星期專論，1月12日。

傅啓學、胡佛等著，1967，《中華民國監察院之研究》，臺北，臺灣大學政治學系研究小組印行。

黃寶實，1957，〈五權憲法與倒閣〉，《監察院公報》，第 199 期。

劉永濟，1958，〈讀憲法學家一夕談後〉。《公論報》，1 月 16 日。

慕容貞，1958，〈蔣總統痛切陳詞〉，《紐司週刊》，月 10 日。載：牛嶠編，1958，《政監兩院法理爭議論叢》。臺北，山水人物雜誌社，頁 207。

蔣中正，1958，〈革命民主政黨的性質與黨員重新登記的意義〉。

蔣中正，1963，〈黨員總登記的意義和黨革新的要務〉。2 月 25 日講詞。

羅璜，1965，〈監察院長選舉波濤起伏〉，《聯合報》，8 月 6 日。

Carter, Gwendolen M., John H. Herz, and John C. Ranney. 1957. *Major Foreign Powers*. New York: Harcourt, Brace.

Key, V. O., Jr. 1964. *Politics, Parties, and Pressure Groups*. Fifth ed., New York: Crowell.

Kennan, George(Mr. X). 1947. "The Sources of Soviet Conduct." *Foreign Affairs*. 25:566-82.

Lipson, Leslie. 1954. *The Great Issues of Politics*. New Jersey: Prentice-Hall.